Taiwan
臺灣歷史綱要

從史前到戒嚴，發生在臺灣本土的7個年代記錄

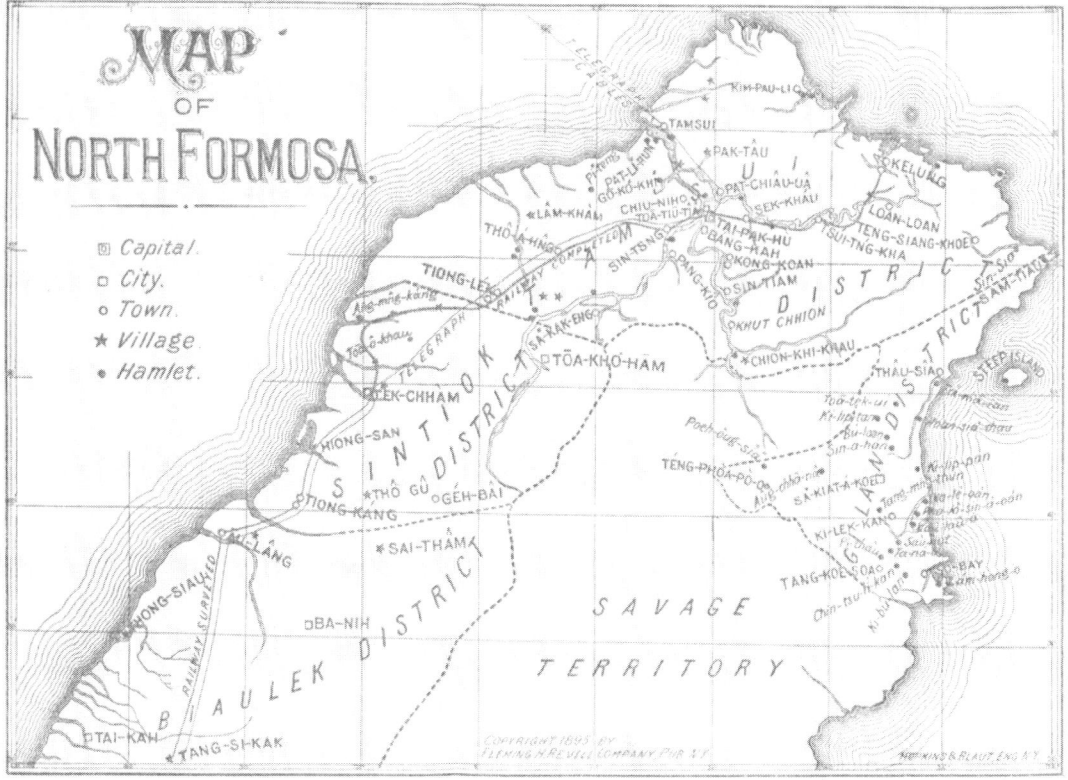

陳孔立 —— 主編

History

目錄

第一章
早期臺灣

  第一節 地理環境和早期住民 001
  第二節 早期住民的社會生活 006
  第三節 早期臺灣與大陸的關係 012

第二章
荷蘭入侵的 38 年

  第一節 荷蘭和西班牙的入侵 020
  第二節 殖民統治下的社會經濟 025
  第三節 殖民統治與反抗鬥爭 031

第三章
明鄭時期

  第一節 鄭成功收復臺灣 040
  第二節 大陸移民與臺灣開發 047
  第三節 鄭氏政權的對外關係和鄭清關係 062

第四章
清代前期

  第一節 康熙統一臺灣與經濟發展 071
  第二節 移民社會的結構與內外關係 091
  第三節 清政府的統治與社會矛盾 112

第五章
清代後期

- 第一節 外國入侵與對外貿易的發展 130
- 第二節 由移民社會向定居社會的轉變 141
- 第三節 臺灣建省與近代化的開始 153
- 第四節 反對日本占領的鬥爭 169

第六章
日本統治的 50 年

- 第一節 殖民統治的建立 184
- 第二節 社會經濟的殖民地化 194
- 第三節 民族抵抗的社會運動 211
- 第四節 殖民統治的強化與戰時反日活動 222

第七章
當代臺灣

- 第一節 臺灣光復 231
- 第二節 國民黨的專制統治 238
- 第三節 經濟的恢復與發展 247
- 第四節 社會與文化的變遷 256
- 第五節 本土化和自由化的推行 270

第一章
早期臺灣

第一節 地理環境和早期住民

一、地理環境

臺灣由臺灣本島及蘭嶼、綠島(火燒島)、琉球嶼、龜山嶼、彭佳嶼、釣魚島、黃尾嶼等 22 個附屬島嶼,澎湖列島 64 個島嶼組成,總面積 36,006.2245 平方公里。

臺灣位於中國大陸東南海上,其西與福建省僅一水之隔,最近的距離是 130 公里;其東是太平洋,離海岸 30 公里,便是深達 4,000 米以上的海溝;臺灣以北有琉球群島,通往日本本土;以南隔巴士海峽,與菲律賓群島相望。遠古時代,臺灣與大陸連成一體,後來臺灣島才和大陸分開。從海底地形來看,臺灣海峽海底河谷有向南及向北兩大河系,這種海底河谷地形是臺灣海峽還是陸地的時候,由陸上河谷侵蝕形成的。[001] 最深處不過 100 米,過半地域深度只有 50 米。從海底河谷看出臺灣與大陸原本連成一體。臺灣就在中國東南沿海的大陸架上。

---

[001] 林朝棨.《從地質學說臺灣與大陸的關係》,載《中原文化與臺灣》,臺北市文獻會,1971 年版,第 199—222 頁。

第一章 早期臺灣

由於臺灣與大陸緊密相連，因此在地形、海域、氣候和植被等方面與隔海相望的福建十分相似。在地勢上，臺灣是一個多山的島嶼，由幾條平行於島軸的山脈組成。中央山脈貫穿南北，北起蘇澳，南到恒春半島，全長 340 公里，3,000 米以上的高峰林立。中央山脈西側為雪山山脈、玉山山脈和阿裡山山脈。位於平原和山地之間是臺地和丘陵。平原包括河流沖積平原和海岸平原，分佈於島的周緣，主要有西部的嘉南平原、南部的屏東平原和東北部的宜蘭平原。[002] 福建也是一個多山的省份，境內山嶺聳峙，丘陵起伏，在中部和西部有兩列山脈，丘陵面積較大，而平原面積較小，只占全省面積的 10% 左右。

臺灣的氣候與福建一樣同屬於亞熱帶海洋季風氣候，夏長冬短，氣溫較高。平原氣候自 4 月以後平均溫度達 20℃以上，其中，6 月至 9 月，平均最高溫度超過 30℃。冬季除高山以外，各地最冷月份的平均溫度，均在 15℃以上。[003] 福建全省各地，除山地和局部海拔較高的丘陵地區外，年平均氣溫多在 17℃—22℃之間。臺灣雨水豐富，濕度較大，除西部沿海一帶雨量較少外，其餘各地年平均降水量均在 1,500 公釐以上，山地雨量更大，平均在 3,000—4,000 公釐以上。福建絕大部分地區年降水量也在 1,200—2,000 公釐之間。每年冬季形成大陸境內的西北季風，影響到臺灣。閩臺氣候帶有海洋性特點。

臺灣的土壤、植被也與福建大體相似。在山區廣泛分佈石質土和經灰化而成的各種灰化土，在低丘崗陵區主要是黃棕壤和紅棕壤，在沿海低平地區為肥力較高的沖積土和貧瘠的鹽土。閩臺兩地終年高溫多雨，地形複雜，加上有不同的土壤類型，因此，生物植被繁殖力旺盛，種類繁多。臺灣的森林群系就有海岸林群、熱帶雨林群、硫磺泉植物群、亞熱帶與暖溫帶雨林群、暖溫帶山地針葉樹林群、冷溫帶山地針葉樹林群、亞高山針葉樹林群等。[004]

遼闊的海域，漫長的海岸線是閩臺地理環境的又一特徵。臺灣島周圍散布著澎湖列島及釣魚島群島等眾多島嶼。臺灣本島的海岸線長達 1,250 公

---

[002] 石再添主編．《臺灣地理概論》，中華書局，1987 年版，第 13—16 頁。
[003] 石再添主編．《臺灣地理概論》，中華書局，1987 年版，第 26 頁。
[004] 石再添主編．《臺灣地理概況》，中華書局，1987 年版，第 86—87 頁。

里，大部分海岸比較平直，但也有比較好的港口，如北部的基隆港、南部的高雄港和安平港。福建東瀕臺灣海峽，海岸線漫長曲折，達 3,051 公里，全省大小港灣共 120 個，其中較大的有 14 個。良好的海域條件使閩臺自古以來對外交通和海上貿易都比較發達，兩地之間的來往比較方便。

二、早期住民

1971 年，在臺南縣左鎮鄉發現人類右頂骨殘片化石，1974 年，又在同一地點發現人類左頂骨殘片化石，經學者研究，是屬於晚期智人，即現代人，其年代距今大約 3 萬年，被命名為「左鎮人」。這是至今發現的臺灣最早的住民。考古學家認為，在 3 萬年前更新世晚期，臺灣和大陸相連，「左鎮人」是從大陸東南經過長途跋涉到達臺灣的。

臺灣早期住民的成分比較複雜，有屬於尼格利佗種的矮黑人，也有屬於琉球人種的琅嶠人，但大部分屬於南亞蒙古人，他們是直接或間接從大陸移居臺灣的。南亞蒙古人發源於中國北方，一支從東部沿海南下，散居在東南沿海一帶，古稱百越；另一支從西北南下，散處於中國西南山地，則稱百濮。百越族又分許多支，有東甌、閩越、南越。其中，閩越主要居住在今浙江南部和福建東部沿海，《淮南子》稱「越人習水便舟」，是一個善於航海的民族，有一部分閩越族渡過臺灣海峽，直接進入臺灣。

閩越族是何時遷移臺灣的呢？有的學者認為：在新石器時代中期或晚期，有一支越族自中國東南沿海分數批渡海到了臺灣，一部分留下來與先住在那裡的矮黑人相融合，後來成為泰雅、賽夏、布農、朱歐等人的祖先。這些早期住民多數住在北部，其祖先來自大陸，「所以至今仍保持有古代越、濮諸族的一些文化特徵，如缺齒、去毛、文身、黥面、獵首、吹口琴、著貫頭衣、住干欄屋、行崖葬及室內葬、腰機紡織以及父子連名等等，而和南方諸族有頗大的差異。」

臺灣學者從史前考古學的角度論證大陸古人類直接到達臺灣，指出，在第四紀出現幾次的海進和海退。每當海退時，海平面下降，古代人類趁此機

第一章 早期臺灣

會，由大陸進入臺灣。例如，距今 12,000 年至 4,500 年前，發生海退，大陸與臺灣、澎湖連成一片，大陸的繩紋陶文化人進入臺灣。到下一次海進時，他們遷移到臺地丘陵區，或進入山區，由於交通不便，文化發展受阻，長期保守其由大陸所帶來的原始文化和古代社會制度。

今日的泰雅人就是繩紋陶文化人的後裔。距今 4,500 年至 2,000 年前，因出現海退，臺灣本島出現大面積的海岸平原，為人類提供良好的耕種和居住條件。同時，臺灣海峽變淺易於渡海，於是，居住於大陸北部海岸區的黑陶文化人，趁機進入臺灣中部和南部的海岸平原，從事耕種。他們就是圓山文化人和龍山形成期文化人。由於中南部平原區已被占據，圓山文化人便遷入較為狹窄的臺北盆地、淡水河岸和北部海岸。到下一次海進時，廣大平原被海水淹沒，居住北部的圓山文化人和居住中南部的龍山形成期文化人，被迫逐漸遷入丘陵和臺地。現今的賽夏人文化比泰雅人較晚，但從臉部刺墨來看又比凱達格蘭人和第二黑陶文化人較早，所以可以斷定，他們是圓山文化人的後裔。現在的布農人是製造黑色陶器的能手，從其地理分佈、傳說、口碑以及制陶技術看，他們是龍山形成期文化人的後裔。至於凱達格蘭人、第二黑陶文化人、含砂紅灰陶文化人，則是在以後的海退期間，由中國大陸渡海而來的。凱達格蘭人(包括蛤仔難人祖先)住在北部，第二黑陶文化人在中部，而含砂紅灰陶文化人則在南部，他們都是會駕船、打魚、農耕、撈貝的大陸沿海居民。凱達格蘭人還會探礦、冶煉，他們的文化水準比較高，今日部分的平埔族就是凱達格蘭和第二黑陶人的後裔。曹人屬於含砂紅灰陶文化的子孫。[005]

早期住民除大部分從大陸直接移居之外，還有一部分是從南洋群島移居來的南島語族。據人類學家研究，古代有幾支越人和濮人經過中印半島到達南洋群島，他們分別與古印度奈西安種人相融合，成為原馬來人，其中大部分與先住在當地的尼格利佗種人結合。另一些則未同尼格利佗人結合，其中的一支經由菲律賓群島進入臺灣，這些人是現在魯凱人、排灣人、雅美人、阿美人、卑南人的祖先。南部和東部的魯凱人、雅美人、排灣人和卑南人，

---

[005] 林朝棨·《概說臺灣第四紀的地史並討論自然史和文化史的關係》，載《考古人類學刊》第 28 期。

第一節 地理環境和早期住民

其體質、語言和風俗與南洋群島之馬來人有許多相同之處。在體質上，雅美人身長、頭長、頭幅小，頭型指數為闊型，眼睛圓而大，與菲律賓土人最相近。在語言上，言語之聲調尤為相似，數位的讀音多與菲律賓的馬來語相同，其他字聲也相似。在文化特質上，臺灣土著居民中也保留著印度奈西安文化系統的多數原始文化特質，如燒墾與輪休、鍬耕、鹿獵與野豬獵、獸骨懸掛、手網與魚筌捕魚、弓箭、腰刀、木杵臼、矮牆茅屋、腰機紡織、貝飾、拔毛、缺齒或涅齒、刳木、藤竹編簍、編蔗席口琴、弓琴、鼻笛、輪舞、獵頭與骷髏崇拜、親族外婚、老人政治、年齡階級、男子會所、多靈魂觀、鳥占與夢蔔、室內蹲葬、文身、幾何形花紋、父子連名、雙杯與並口飲等。[006]

從神話傳說也可看出臺灣東南部各土著居民與南島語族的關係。如臺灣南部和東部土著居民的神話傳說，多數與海洋有關。阿美人傳說，在很久以前，某地有一個部落，全體成員出海捕魚，下海不久，突然發生了強烈大地震。在山崩地裂時，海水也變成滾熱，於是，絕大多數人遭滅頂之災，僅有一對聰明的姐弟，幸能駕著一隻小船，手抓一把糯米，在海浪滔天之中逃生。這一對姐弟最後漂到臺灣東部拉瓦山上，姐弟二人為繁殖人種著想，就結為夫妻，後來他們又生下許多子女，一代一代漸漸繁殖成一個部落。卑南人也傳說他們的祖先來自太平洋的小島，靠近臺東附近，叫做巴那巴那揚（Panapanayan）。直到今天，他們舉行祭祖時，仍須面對綠島及蘭嶼方向祭拜。雅美人傳說在太古時代，南方來了一位神人，他先創造小蘭嶼，再創造蘭嶼，返回南方，不久又回到蘭嶼，製造竹神和石神，生出男女，他們就是雅美人的祖先。[007] 從以上部分族群海上發祥的傳說可以看出，他們的始祖是從南洋群島渡海而來的。考古學者認為南島語族及其文化起源於中國沿海，而向南洋一帶發展；[008] 作為大陸特徵的考古遺物，如石器、有段石錛、有肩石斧等，也出現在臺灣及南島語族的文化圈內[009]。

---

[006] 衛惠林．《臺灣土著族的淵源和分類》，載《臺灣文化論集》（一），中華文化出版事業委員會，1954年版，第 32—33 頁。
[007] 陳國鈞．《臺灣土著社會始祖傳說》，幼獅書店，1964 年版，第 7—8、66、81—82 頁。
[008] 張光直．《中國東南海岸考古與南島語族的起源》，載《南方民族考古》第 1 輯，1987 年版。
[009] 安志敏．《香港考古》，載《文物》1995 年第 7 期。

第一章 早期臺灣

綜上所述，臺灣早期住民的一部分是由大陸東南沿海直接渡過海峽，進入臺灣的，他們成為泰雅、賽夏、布農等人的祖先；另一部分與東南亞南島語族的古文化特質有許多相似之處，包括魯凱、雅美、阿美、卑南等，其祖先是從菲律賓群島及印尼各島嶼及中南半島遷來的，因此與南島語族有著密切的關係。有些日本學者指出，臺灣史前文化中，不但有濃厚的大陸北方文化要素，而且所謂「南方要素」也有許多是由大陸沿海傳入臺灣的。「臺灣先史文化的基層是中國大陸的文化，此種文化曾分數次波及臺灣。」[010] 不少中國學者也持類似觀點。[011]

第二節 早期住民的社會生活

一、舊石器文化與社會生活

臺灣舊石器時期的人類遺址主要有兩處：一是臺南左鎮鄉的人類頂骨化石遺址，另一處是臺東長濱鄉的八仙洞遺址。左鎮在臺南縣的東南，境內四面環山，屬丘陵地帶，有一條溪流，名為菜寮溪，每當大雨滂沱、河水暴漲之後，溪邊顯露出很多化石、石器和陶片等。1971年11月，臺灣學者在左鎮鄉發現了人類右頂骨殘片化石，1974年1月，又在同一地點發現人類左頂骨殘片化石。根據右頂骨的氟及錳含量的研究，其年代距今有3萬年至2萬年，這就是「左鎮人」，屬於舊石器時代後期。[012]

八仙洞位於臺東縣北端羅漢山上，屬長濱鄉。1968年3月，臺灣學者在八仙洞發現洞穴的堆積中不僅有新石器時代的文化層，並且有年代更為古老的紅色土層。後來臺灣大學考古發掘隊在潮音洞、海雷洞及乾元洞的底層發現很豐富的舊石器時代先陶文化，獲得大量先陶時代的遺物，其中有石質標

---

[010] 轉引自陳奇祿等著《中國的臺灣》，中央文物供應社，1980年版，第97頁，金關丈夫、鹿野忠雄等人的觀點。
[011] 例如：凌純聲《臺灣先史學民族學概觀序》，徐松石《東南亞民族的中國血緣》，劉芝田《菲律賓民族的淵源》等。
[012] 宋文薰：《由考古學看臺灣》，載《中國的臺灣》，中央文物供應社，1986年版，第112、105頁。

本數千件,骨角器近百件及許多獸、魚骨,命名為「長濱文化」。由於各洞穴海拔高度不同,而有早晚之分,高度越低,年代越晚。學者對於具體年代有不同的看法,[013] 但大都認為長濱文化在距今 15,000 年至 5,000 年前。1979 年,在臺北市士林區芝山岩背後的水田中,發現一件典型的礫石砍器,也屬於長濱文化,說明臺灣北部也存在這種文化。

在長濱文化層中發現數以千計的有人工痕跡的石片和石器,這些石質標本中大型的石器較少,大部分使用矽質砂岩、橄欖岩、安山岩及輝長岩等質地較為粗鬆的礫石製成,多數石片是直接敲打礫石面加以片解的,因此保全了礫石的原有外皮,只有少量的石片有第二步加工的痕跡。另有一批石器是用石英、燧石、鐵石英等質地較為緻密的石料製成,一般都較小,最大的一件長僅 8 公分,但加工方法較為精細,可分為邊刃刮削器、尖器、刀形器。這些石器的出現,說明在漫長的歲月裡,臺灣的早期住民賓士在茫茫的原野中,追捕野牛、野鹿、大象等野獸,在海邊捕撈魚、蚌,用石片切割獸肉,刮削獸皮,挖掘塊根,砍砸野果,與自然界展開艱苦的鬥爭,過著狩獵、捕撈而兼採集的原始生活。

在遺址中還發現骨角器,這些骨角器可分長條尖器和骨針兩種,長條尖器是將獸長骨的一端或兩端加以削尖,或者一端為關節,另一端逐漸削尖。骨針加工比長條尖器精緻,反映了早期住民有較高的骨器製作技術。他們利用骨針縫製獸皮,作為防禦寒冷、保護身體的服飾。在長濱文化的潮音洞的先陶文化層,發現 3 件木炭標本,在乾元洞先陶文化層中找到少量的木炭粉末,這說明早期住民已經用火來照明取暖、防禦猛獸和燒烤食物了。

二、新石器文化與社會生活

從臺北到臺中、臺南以及臺東都發現了新石器,其中有新石器前期遺存,也有新石器後期遺存,可以大坌坑文化、鳳鼻頭文化、圓山文化和麒麟文化作為代表。

---

[013] 宋文薰,《由考古學看臺灣》;安志敏《閩臺史前遺存試探》,載《福建文博》1990 年增刊。

第一章 早期臺灣

　　大坌坑遺址位於臺北八里鄉（俗稱八里坌）埤頭村的觀音後山北麓，出現了多層的文化層次。第一層為繩紋陶文化層，第二層為赤褐色素面陶文化層（圓山文化層），第三層為赤褐色方格印紋厚陶文化層，第四層為赤褐色網紋硬陶文化層。最下一層約 10 公分厚，出土的陶片為棕黃色或紅褐色，質粗含砂，體厚而粗重，手制，少數素面，多數有繩印紋，是用裹著繩索的印棒自上而下轉動壓印出來的。同時出土少量石器，有打制和磨制兩種。[014] 這種以繩紋粗陶及打磨石器並存為主要文化內涵的大坌坑文化，在臺灣分佈很廣。經碳−14年代測定，在距今 5000 年至 3700 年前，屬繩紋陶文化晚期。[015]

　　鳳鼻頭文化遺址，主要分佈在西海岸的中南部，自大肚山起向南到島的南端和澎湖列島。其典型代表是高雄縣林園鄉鳳鼻頭遺址，包含各文化層的遺物，該遺址的上層為刻紋黑陶文化層，中層為印紋紅陶文化層，下層為大坌坑文化層。紅陶文化層的主要遺物是泥質磨光紅陶。器形有大口盆、碗、細長頸的瓶、小口寬肩的罐、穿孔圈足的豆和圓柱形足的鼎，制法多屬手制，然後拍印上繩紋或席紋，有的陶片上有刻畫紋和附加堆紋，少數的杯片或缽片還有深紅色的彩畫。[016] 黑陶文化的石器與紅陶文化基本相同，主要有鋤、斧、鑿等，仍為磨制，但製作更為精美，陶器以橙紅陶、黑陶和彩陶為主。黑陶形制有杯、豆和圓底罐等，仍為手制，但有慢輪修整的痕跡，全面打磨光亮，色深黑，體薄，紋飾有刻畫的線條紋、波紋，也有用貝殼刻畫的紋飾。

　　臺灣北部出現的圓山文化，距今有 4000 年至 3500 年，其代表遺址是臺北市北端的圓山貝丘，遺物分兩層，下層屬大坌坑文化，上層則是圓山文化的代表。與此文化同類型的還有大坌坑遺址上層、芝山岩、大直、尖山等數十處，遍佈於淡水河兩岸和淡水河上游基隆河、新店溪、大漢溪沿岸的臺地上。圓山文化的石器類型很多，最能代表這一文化特質的有磨制大錛、平凸面大鋤、扁平石鑿、有段石錛、有肩石斧、石槍頭及石箭頭等。圓山文化的陶器大多數是淺棕色素面的罐形器，其中有許多帶有一對由口唇到肩上的豎

---

[014] 劉斌雄．《臺北八里坌史前遺址之發掘》，載《臺灣文獻》第 3 期。
[015] 黃士強．《臺南縣歸仁鄉八甲村遺址調查》，載《考古人類學刊》第 35、36 期合刊。
[016] 韓起．《臺灣省原始社會考古概述》，載《考古》1979 年第 3 期。

第二節 早期住民的社會生活

行把手，而顯示其獨特的風格。這些圓山式素面陶器的表面，往往出現大片塗上的紅褐色顏料，或出現彩繪點紋或彩繪條紋，此外，圓山陶器的外表還偶見有施印網紋的，這也是圓山期文化不同於其他文化的另一特點。[017]

此外，在東部沿海一帶，還有與臺灣其他地區完全不同的巨石文化，其代表是臺東縣成功鎮麒麟遺址，最大特色是由岩棺、石壁、巨石柱、單石、石象、有孔石盤等組成。

在新石器時期，早期住民的活動範圍進一步擴大，他們不僅使用磨光的石斧、石錛等較進步的工具，在茂林草地上，獵取野鹿、羚羊、野豬以及其他飛禽走獸，而且還製造石箭頭、網墜，從事水生動物、植物和魚類的撈取，從圓山文化遺址出土的帶有倒刺的骨角魚叉，說明當時的漁獵技術已有所進步。

此外，農業種植業已經出現，從圓山文化出土大量的石鋤、石斧和鳳鼻頭文化出土大宗的石刀來看，當時已開始種植和收割農作物。此外，營埔遺址還發掘到印在陶片表層裡的稻殼遺痕，雖然稻殼已在燒陶過程中成為灰炭，但稻殼的外形仍完整地保留下來，據農業專家鑒定它屬於印度亞種的栽培種[018]。在牛稠子遺址的紅陶文化層還發現粟粒的遺跡，出土的黑陶紋飾，壓印紋有圓圈紋和斜行線紋，圓圈紋是用小管形器壓印上去的。據專家鑒定，這種管形器是粟類之稈管，而斜行線紋應是由粟穗壓印而成的[019]。

隨著社會和生產力的發展，石器製造技術，已從打制發展到磨制。在新石器時代早期的大坌坑遺址裡還有打制與磨制石器並存的現象，磨制也比較粗糙。到圓山文化、鳳鼻頭紅陶文化，主要是磨制，而且磨制技術逐步提高，石鋤、石斧、石刀的刃口比較鋒利，其中長方形和半月形帶一孔或兩孔石刀，是為了裝上木柄，便於使用。鳳鼻頭黑陶文化層中的石鋤、石斧、石錛、箭頭、石刀等製作更為精美。

新石器時代的臺灣住民開始燒制陶器，在圓山文化遺址的底層大坌坑文

---

[017] 宋文薰．《由考古學看臺灣》，載《中國的臺灣》，中央文物供應社，1986年版，第123、128頁。
[018] 宋文薰．《由考古學看臺灣》，載《中國的臺灣》，中央文物供應社，1986年版，第123、128頁。
[019] 劉斌雄．《臺中清水鎮牛罵頭遺址調查報告》，載《臺灣文獻》第6卷第4期。

化層發現用草拌泥搭蓋的半圓形低屏壁，據推測是擋風燒陶的窯址。制陶技術也不斷改善，早期都是手制，用泥條盤築陶坯，體厚，而且厚薄不均勻，而鳳鼻頭遺址的黑陶雖是手制，但經慢輪修整，全面打磨光亮，體薄，最薄的地方只有二三公釐。陶器的種類也多種多樣，有盛儲器如罐、盆；有飲食器如碗、盤；有炊具如釜、甑；有的還安上支腳。此外，還有陶紡錘、陶網墜等生產工具。陶器的裝飾，製作精美，佈滿各種花紋，有刻畫上去的和壓印上去的各種繩紋、席紋等，極少數的杯片或缽片的外面有勾連形或平行線的深紅色的彩畫，色彩鮮豔，形象生動，古樸優美。

農業、手工業的發展，為臺灣早期住民改善居住環境提供了條件，他們已開始走出洞穴，建築房屋。如鳳鼻頭紅陶文化遺址，坐落在海岸的一個高臺地上，最頂上是居住區。發現有一所房屋遺址，長方形，東西向，殘存的西南角，有七個柱洞，洞柱間隔90公分，但西面中間的兩個柱洞較寬，相隔180公分，是門。柱洞插入地面約40公分深。洞口覆蓋一層土瀝青，是為了防潮，土瀝青的使用反映了當時木結構的建築已有一定的技術水準。這所房屋是干闌式建築。[020]

三、兩岸古代文化的比較

近年來考古學的新發現，將閩臺兩地的古人類與文化關係推前到舊石器時代晚期。臺灣發現左鎮和長濱兩處古人類遺址，福建的清流、漳州、東山也發現古人類化石。清流縣境內的古人類牙齒化石，推測是舊石器時代晚期的晚期智人所有，經研究確定為距今1萬多年。[021]漳州人類化石是一段脛骨，其絕對年代距今1萬年左右。東山人類化石是一段肱骨，絕對年代約距今1萬年前後。雖然，從年代看，福建人類化石比臺灣左鎮人晚一些，但根據對牙齒結構的對比研究，左鎮人、清流人、東山人和柳江人，同屬中國舊石器時代南部地區的晚期智人，他們的體質形態基本相同，都繼承了中國直立人的一些特性。可見左鎮人和清流人存在著共同的起源。[022]

---

[020] 韓起‧《臺灣省原始社會考古概述》，載《考古》1979年第3期。
[021] 尤玉柱等‧《福建清流發現的人類牙齒化石》，載《人類學學報》1989年第3期。
[022] 尤玉柱主編‧《漳州史前文化》，福建人民出版社，1991年版，第123頁。

第二節 早期住民的社會生活

再從出土的石器來看，長濱文化的舊石器是用在水裡磨滾過的礫石打制的有一面或兩面打擊的砍砸器、刮削器等，其制法與大陸南方發現的舊石器十分相似，尤其是與湖北大冶石龍頭、廣西百色上宋村兩處出土的礫石砍砸器在基本類型和製作技術上沒有什麼差別。考古學家認為，「這裡的礫石石器屬於華南的工藝傳統。」[023]臺灣學者將長濱舊石器與周圍同一階段的文化石器進行比較研究，也認為由各種條件及已知考古資料來說，臺灣長濱文化的祖籍是中國大陸。[024]

以繩紋粗陶為代表的大坌坑文化，以印紋細陶為代表的鳳鼻頭文化和圓山文化，都和大陸東南、華南地區新石器文化有很大的相似性。大坌坑文化的遺物在大陸東南沿海各地廣泛存在，1968 年，臺灣學者在金門島富國墩發現夾砂陶為主的文化遺存。1985 年至 1986 年，福建省博物館在平潭島的殼丘頭遺址也發現了與富國墩遺址相似的文化遺址。因此，考古學界把這類型的文化遺存稱之為「富國墩—殼丘頭文化」。[025]富國墩遺址陶片的刻印紋和貝印紋，與臺南八甲村遺址相近。殼丘頭遺址出土的石器，打制與磨制並存，與大坌坑文化有許多相同和相似的文化因素，但也有不少差異性。因此可以說，大坌坑文化的產生「與大陸早期新石器的繩紋陶有著某些聯繫」。

鳳鼻頭文化「是繼承大坌坑文化而繼續發展的，當然接受大陸文化的影響也更加顯著」。[026]鳳鼻頭紅陶顯然受到大陸東南沿海地區馬家浜—良渚文化的影響，當這種紅陶類型文化在臺灣中南部擴展時，又受到福建閩江下游曇石山文化的浸潤。曇石山文化中層出土陶器以夾砂陶印紋硬陶為主。紋制為拍印的條紋和交錯條紋，還有一定數量的繩紋。這些特徵與鳳鼻頭紅陶文化十分相近。再從其文化層的年代看，屬於鳳鼻頭紅陶類型文化的南投縣草鞋墩遺址，其碳 –14 測定資料為距今 4,000±200 年，正與曇石山中層的年代相吻合。鳳鼻頭上層的素面和刻畫黑陶文化與曇石山遺址上層以及福建福清

---

[023] 安志敏，《閩臺史前遺存試探》，載《福建文博》第 16 期。
[024] 宋文薰，《長濱文化發掘報告》，載《中原文化與臺灣》，臺北市文獻會，1971 年版，第 241—260 頁。

[025] 陳存洗，《福建史前考古三題》，載《福建文博》第 16 期。
[026] 安志敏，《閩臺史前遺存試探》，載《福建文博》第 16 期。

第一章 早期臺灣

東張遺址中層的遺物十分相似，同屬於閩臺地區以幾何印紋硬陶和彩陶共存為特徵的古文化遺存。

圓山文化以彩繪陶、印紋陶、有段石錛，有肩石斧、巴圖石器為主要特徵。儘管在大陸還暫時找不到基本相同的遺存，但有許多文化因素表現了密切的聯繫。其中有段石錛起源於長江下游，在河姆渡文化和馬家浜文化便出現原始的形制，到良渚文化時又進一步發展，同時在華南分佈也很普遍，臺灣圓山文化中出現的有段石錛，顯然有大陸文化的影響。有肩石斧起源於廣東珠江三角洲，主要分佈在兩廣、雲貴各省。圓山文化中的彩繪陶、印紋陶及殷周式的雙翼銅鏃、石刀、玉玦等，也顯然受到大陸的影響，只有巴圖石器是臺灣特有的遺物。

此外，臺東麒麟的巨石文化可能受到浙江南部里安、東陽巨石遺址的文化影響。[027] 鵝鑾鼻發現的史前遺址，與大陸東部或東南部古代文化有關。卑南發現的玉玦耳飾，則與東南亞及大陸沿海地區發現的新石器時代的玦耳飾極其相像。在臺東縣成功鎮發現的馬武窟「海蝕洞人」，採用「蹲踞葬」，臺灣考古學家認為，這種葬式廣見於廣東、廣西史前文化遺址，「海蝕洞人」很可能與大陸有關。

第三節 早期臺灣與大陸的關係

一、早期的史籍記載

三國時代的吳國黃龍二年（西元230年），吳王孫權派遣將軍衛溫、諸葛直率領1萬名官兵「浮海求夷洲及亶州」，到達夷洲。夷洲在什麼地方歷來都有爭論，有的認為在今天日本或沖繩，但大多數學者認為夷洲即今日臺灣。有的學者指出：「夷洲之方向，地勢，氣候，風俗與臺灣極相似，舍臺灣外無可指，且近時日本人曾在臺北發現指掌型之古磚，推其時代即屬於三

---

[027] 安志敏，《浙江省支石墓的調查》，載《考古》1995年第7期。

第三節 早期臺灣與大陸的關係

國,故夷洲之為臺灣,絕無疑義。」[028]有的學者認為,成書於西元264年至280年的《臨海水土志》所記的夷洲,在地理方面無一不與今日之臺灣相合,如方位:「夷洲在臨海東南」,臨海郡北起浙江寧海一帶;氣候:夷洲「土地無雪霜,草木不死」;物產:「土地饒沃,既生五穀,又多魚肉」;文化特徵:如鑿齒,「女已嫁,皆缺去前上一齒」,臺灣北部的泰雅人,直到明清時期,仍有此風,男女青年相愛,男「鑿上顎門旁三齒授女,女亦鑿三齒付男,期某日,就婦室婚,終身依婦以處」。又如獵頭,勇士「戰得頭,著首還,中庭建一大材,高十餘丈,以所得頭差次掛之,歷年不下,彰示其功」。臺灣土著居民長期保持這種風俗,「所屠人頭,挖去皮肉,煮去脂膏,塗以金色,藏諸高閣,以多較勝,稱為豪俠雲」。據上所述,《臨海水土志》描述的夷洲就是當時臺灣的情況。[029]吳國孫權派遣官兵前往夷洲,規模很大,時間很長,前後經歷一年之久,衛溫、諸葛直到達夷洲後,由於疾疫流行,水土不服,「士眾疾疫死者十有八九」,不得不帶領數千名夷洲人返回大陸。[030]這是中國軍隊第一次到達臺灣。同時,這次行動使丹陽太守沈瑩有可能通過到過夷洲的官兵和由官兵帶回的夷洲人,詳細地瞭解夷洲的情況,寫出《臨海水土志》,留下了世界上有關臺灣情況最早的記述。

隋煬帝於大業三年(西元607年)下令羽騎尉朱寬與海師何蠻一同入海,經過艱難的航行,終於到達流求(臺灣)。因「言不相通,掠一人而返」。第二年,隋煬帝又令朱寬再去慰撫,但「流求不從」,僅取其布甲而返。大業六年(西元610年),派遣武賁郎將陳稜及朝請大夫張鎮州率領東陽(今浙江金華、永康等地)兵萬餘人,自義安(今廣東潮州)起航,到高華嶼,又東行二日到䵷嶼,再航行一日,便至流求。當地土著居民「初見船艦,以為商旅」,相繼前來貿易。這說明當時已常有大陸商人在那裡通商,所以當地居民見到船艦才習以為常。陳稜要求當地酋長歡斯渴剌兜投降,遭到拒絕,於是隋軍「虜其男女數千人,載軍實而還」。[031]

---

[028] 林惠祥,《臺灣番族之原始文化》,國立中央研究院社會科學研究所專刊第3號,1930年版,第93—94頁。
[029] 淩純聲,《古代閩越人與臺灣土著族》,載《臺灣文化論集》(一),中華文化出版事業委員會,1954年版,第4—16頁。
[030] 《三國志》,卷60全琮傳、卷47孫權傳,中華書局,1959年版,第1384、1136頁。
[031] 《隋書》,卷81,流求國傳,中華書局,1973年版,第1825頁。

第一章 早期臺灣

隋代稱臺灣為流求，但《隋書》中的流求指的是什麼地方，歷來有不同的看法。早在 19 世紀末，荷蘭學者施列格（Gustave Schlegel）在《古流求國考證》中從地理方位、王居及民居、政治、衣飾、兵器、戰爭、學術與宗教、外貌風俗及習慣、喪事、動物等 12 個方面，詳細論證古中國地理家記載之流求，即今日之臺灣。此外，中日許多學者也都主張流求即臺灣。但也有少部分學者認為流求即今日之沖繩。如果用《隋書·流求傳》與《臨海水土志》互相印證，並與臺灣土著居民的生活形態相對比，可以看出其中的歷史淵源。

二、澎湖駐軍與巡檢司的設立

關於漢人在臺灣地區的活動，在唐朝有施肩吾《島夷行》一詩述及，但因沒有其他史料可證，許多人懷疑其真實性。到宋代，就有了明確的記載，樓鑰《汪公行狀》指出，乾道七年（1171 年）四月，汪大猷知泉州郡，「郡實瀕海，中有沙洲數萬畝，號平湖，忽為島夷號毗舍邪者奄至，盡刈所種」，汪大猷認為原來春季遣戍，秋暮始歸，花費太大，因而在當地造屋 200 間，「遣將分屯」。[032] 真德秀的《申樞密院措置沿海事宜狀》則直接提到澎湖：「朱寧寨去法石七十裡，初乾道間，毗舍耶國入寇，殺害居民，遂置寨於此，其地闕臨大海，直望東洋，一日一夜可至澎湖。」[033] 因此，《汪公行狀》所雲海中大洲「平湖」應為澎湖無疑。稍後，宋人趙汝適的《諸蕃志》寫道：「泉有海島曰澎湖，隸晉江縣。」有的史書還說澎湖「宋時編戶甚蕃」。[034] 從上述記載中可以看出，當時澎湖已有不少居民，並在那裡定居，而且已經從事糧食和經濟作物的種植。更值得注意的是，宋朝政府已經在澎湖戍兵防守，澎湖在建制上已經歸福建晉江縣管轄了。

宋代大陸人民遷居臺灣地區的原因，從福建來說，主要是隋、唐、五代以來中原人口多次南遷，使福建得到開發，但由於山多地少，土地一般比較貧瘠，產糧不多，而人口成長卻很快。唐天寶元年（742 年）福建五郡共

---

[032] 樓鑰．《攻媿集》，卷 88，汪公行狀。
[033] 真德秀．《西山先生真文忠公文集》，卷 8。
[034] 沈有容．《閩海贈言》，卷 2，陳學伊諭西夷記，臺灣文獻叢刊第 56 種，第 34 頁。

9.1萬餘戶，41萬多人。到南宋紹興三十二年（1162年），達139萬餘戶，282.8萬餘人，400年間，人口增加近6倍，以致出現地狹人稠、生活困苦的狀況，正如北宋末年方勺在《泊宅篇》中寫道：「七閩地狹瘠，而水源淺遠，其人雖為勤儉，而所以為生之具，比他處終無有甚富者。」其次，寺院經濟的惡性膨脹。五代十國時，福建佛教勢力大肆擴張，王審知「雅重佛法」，增設寺院267所，到北宋初年，泉州已有「泉南佛國」之稱。到南宋時，泉州寺田已占土地總額7/10，漳州寺田多達6/10，這就使得一般民人所占土地更少。第三，政治動亂迫使一部分人民遁逃臺澎。沈文開在《雜記》中說：「宋時零丁洋之敗，遁亡至此者，聚眾以居。」[035]《噶瑪蘭志略》也說：「宋零丁洋之敗，有航海者至此。」由於以上各種原因，大約北宋末年，最遲於南宋時，已有較多的大陸漢族人民東渡臺灣海峽，到澎湖從事打魚、撈貝和耕種。

到了元朝，到澎湖的漢人更多，他們已在此地建造茅屋，過著定居的生活，不僅到海上捕撈魚蝦，而且在島上種植胡麻、綠豆，放牧成群的山羊，形成男子耕、漁、牧，女子紡織的聚落社會。大陸漢人開拓澎湖之後，開始向臺灣島發展。據親自到過臺灣的元代著名地理學家汪大淵所著《島夷志略》記載，當時臺灣東部高山峻嶺，林木蔥郁，西部平原土地肥沃，種植黃豆、黍子。大陸商人將處州的瓷器等貨物運到臺灣與當地土著居民交換硫磺、黃蠟和鹿皮。

隨著大陸人民的不斷遷居澎湖，宋、元王朝也開始經營臺灣地區，南宋乾道年間已派兵到澎湖巡防。元朝至元二十八年（1291年），海船副萬戶楊祥請求帶兵6,000人前往流求招降，如其不服就發兵攻擊，朝廷從其請。當時有從小生長福建沿海、熟知海道利病的吳志鬥主張先從澎湖發船往諭，瞭解水勢地利，然後發兵。當年10月，元政府命楊祥為宣撫使，給金符，吳志鬥為禮部員外郎、阮鑒為兵部員外郎，給銀符，往使流求，這是元朝經營流求的開始。第二年，他們從汀路尾澳起航，船行不久，望見一個低而長的島嶼，楊祥以為已到流求，率眾船停靠島邊，命令劉閏帶領200餘人分乘11

---

[035] 周鐘瑄·《諸羅縣誌》，卷12。

第一章 早期臺灣

艘小船上岸。島上的人聽不懂他們的話,引起爭執,元軍被殺 3 人,不得不撤到船上,繼續航行,抵達澎湖。第二天,因吳志鬥失蹤,只好返航,招諭流求的任務沒有完成。過了 5 年,成宗元貞三年(1297 年),元朝政府改福建省為福建平海等處行中書省,並由福州「徙治泉州,以圖流求」。同年 9 月,福建平章政事高興派省都鎮撫張浩、福州新軍萬戶張進二人率軍再次赴流求招諭。這七八年是元朝積極經營臺灣的時期。大約就在這個時期,為了便於在流求的活動,元朝在澎湖設立了巡檢司。《島夷志略》記載,澎湖「地隸晉江縣,至元年間,立巡檢司,以周歲額辦鹽課中統錢鈔一十錠二十五兩,別無差科」。巡檢職位很低,秩九品,「職巡邏,專捕獲」,其下有巡邏弓手,專管查緝罪犯,在澎湖還可能兼辦鹽課。澎湖巡檢司的出現,說明了元朝政府已經在這個地區設置了行政管理機構。[036]

三、明代漢人遷居臺灣

朱元璋建明朝以後,為了防止方國珍、張士誠部逃亡海上的殘餘勢力捲土重來,也為防止倭寇的騷擾,在東南沿海實行「遷界移民、堅壁清野」的政策。以澎湖「居民叛服不常,遂大出兵,驅其大族,徙漳、泉間」。但是,遷界政策不能完全阻止福建沿海人民繼續遷居澎湖的趨勢,內地農民為了逃避沉重的賦稅負擔,「往往逃於其中,而同安、漳州之民為多」。至明代中葉,日本侵襲雞籠、淡水時,福建官紳就提出要設防的建議,福建巡撫黃承玄也奏請加強澎湖防務,並隨時察視臺灣。當時前往臺澎的漢人更多,其中有的漁民先在澎湖列島捕魚,接著又到臺灣中南部的魍港一帶,然後擴展到雞籠、淡水等北部漁場。這些漁民在島上搭寮居住,成為常住居民。因此,天啟二年(1622 年),荷蘭艦隊到達澎湖時,發現有 3 個漢人在看守「小堂」(即天后宮),又在該處看到數隻山羊和豬、牛,據說在島的北部還有許多漁夫居住。當他們航行到臺灣島時,有兩個漢人到船上,引他們到臺窩灣。荷蘭人在臺窩灣港附近,發現許多漢人與當地土著居民住在一起,大員港附近

---

[036] 1955 年,榮孟源在《歷史研究》第 1 期發表《澎湖設巡檢司的時間》一文提出,設巡檢司的時間應是元世祖至元,排除元順帝至元說。1980 年,陳孔立又在《中華文史論叢》第二輯發表《元置澎湖巡檢司考》,進一步論證,元代澎湖巡檢司設置於元世祖至元二十九年至三十一年之間,隸屬於福建省晉江縣。張崇根有不同看法,見《臺灣歷史與高山族文化》,第 123 頁。

第三節 早期臺灣與大陸的關係

的許多家庭，常有漢人3至5人同居。

除了漁民之外，還有許多中國的海盜商人經常出沒於臺澎各地。嘉靖三十三年（1554年），陳老等「結巢澎湖」。嘉靖四十二年（1563年），林道乾集團逃入臺灣，俞大猷率軍追至澎湖，因水道迂曲，不敢冒進，留偏師駐守澎湖，派兵到鹿耳門等地追緝，林道乾終於從大員二鯤身遁去占城。這是明朝官兵到臺灣本島追擊海盜的行動。隆慶年間，曾一本集團衝破兵部侍郎劉燾會同廣東巡撫熊桴、福建巡撫塗澤民的圍剿，突圍北上，準備到澎湖或臺灣建立新的基地。萬曆二年（1574年），林鳳集團被福建總兵胡守仁打敗，撤至澎湖。十月，林鳳又自澎湖轉住臺灣魍港，再西渡臺灣海峽至福建、廣東沿海，繼續進行走私貿易活動。明朝政府集中兵力打擊林鳳，並傳諭「東番」合剿，使林鳳不得不率領62艘大船逃往呂宋。雖然在明朝軍隊的圍剿下，較大的海上武裝集團無法在臺澎長期居留，但大陸的散商仍然活躍於臺澎各地。1582年，西班牙船長嘉列（F.Cualle）在臺灣遇見一位中國商人「三弟」（santy 譯音），曾9次到達臺灣收購野鹿皮、沙金，運回中國大陸。萬曆三十一年（1603年），陳第跟隨沈有容到達臺灣與澎湖，看見「漳泉之惠民、充龍、烈嶼諸澳，往往譯其語，與貿易」。他們用大陸運去的瑪瑙、瓷器、布、鹽、銅簪環等貨，交換當地出產的鹿脯和皮、角。據估計，每年有十多艘漳泉商船往返於臺澎各港口，從事兩岸的貿易活動。

明朝萬曆年間，東南沿海有以顏思齊為首的海上武裝集團，對日本進行海上貿易。天啟元年（1621年），鄭芝龍到臺灣追隨顏思齊。天啟五年，顏思齊病亡，「眾推芝龍為首」。他以臺灣為根據地，設立佐謀、督造、主餉、監守、先鋒等官職，對當地軍民實行管理。同時，「置蘇杭兩京珍玩，興販琉球、朝鮮、真臘、占城諸國，掠潮、惠、肇、福、汀、漳、臺、紹之間」，在海峽兩岸進行大規模的走私貿易活動。為了進一步擴大隊伍，他還趁福建連年大旱之機，用錢米救濟饑民，「於是求食者爭往投之」。由於他「劫富而濟貧，來者不拒而去者不追」，沿海大量破產農民紛紛加入，他的隊伍迅速擴大到3萬餘人，其中一部分人可能移民臺灣本土，成為開發臺灣的生力軍。崇禎元年（1628年），鄭芝龍就撫於明朝政府，授海上游擊，其實他仍保持很

第一章 早期臺灣

大的獨立性,就撫期間既未領過明朝政府的軍餉,也從未聽從明朝的調動,只不過是雙方相互利用達成默契而已。明朝政府想利用鄭氏集團的力量平定東南沿海海盜的騷擾,而鄭芝龍也想借助明朝政府的力量,消滅劉六、劉七等眾多的海上競爭對手,達到壟斷海上貿易的目的。因此,鄭芝龍就撫以後,努力擴大自己的隊伍。

此時,福建年年旱災,「穀價騰湧,斗米百錢,饑莩載道,死亡橫野」,出現大批的無業流民,社會動盪不安。鄭芝龍經福建巡撫熊文燦的批准,招募饑民前往臺灣,結果募集了數萬人,「人給銀三兩,三人給牛一頭,用海舶載至臺灣,令其芟舍開墾荒土為田」。[037] 有人指出,在動亂饑饉年代,福建地方政府要拿出數萬兩銀和一萬頭牛,誠非可能。儘管移民人數難以確定,但鄭芝龍曾經運送大批饑民到臺灣墾荒,則應是可信的事實。這是一次經政府批准、由鄭芝龍組織的移民活動,它對臺灣人口的增加和土地開發起了一定的作用。

四、日本的侵臺活動

16世紀後期,日本豐臣秀吉用武力迫使琉球國王稱臣納貢,接著把侵略的矛頭指向臺灣。1593年,日本出使呂宋的原田喜左衛門,路過臺灣時,遞交所謂「招諭」文書,要臺灣像琉球一樣向日本稱臣納貢,否則就要發兵「攻伐」,遭到拒絕後,又派遣欽門墩率領200多隻戰船,準備進攻雞籠,占領澎湖。由於明朝政府已在澎湖設防,才沒有得逞。

德川家康上臺後,繼續推行豐臣秀吉的侵略政策,1609年,命令有馬晴信率船到臺澎地區,偵察海灣港口,調查物產資源,招諭臺灣向日本納貢。有馬晴信船隊到雞籠,遇到當地居民的頑強抵抗,「一月不能下,則髡漁人為質於雞籠,請盟。雞籠人出,即挾以歸」。[038] 德川家康又派許多使者直接到臺灣要求通商貿易,但是這些使者都沒有受到土著人的歡迎,反而有的被殺,有的被拘留作為奴隸。1615年,德川再次命令村山等安組織大規模的武裝征

---

[037] 黃宗羲・《賜姓始末》,臺灣文獻叢刊本,第6頁。
[038] 董應舉・《崇相集》,籌倭管見。

第三節 早期臺灣與大陸的關係

討。村山等安是一個靠航海貿易發家的富商，在他擔任長崎代官期間，積極發展與英國、荷蘭等國商人的貿易，同時與住在平戶的中國海商李旦也有來往。當他獲得德川家康授予赴臺灣的渡航船禦朱印狀後，積極徵集士兵和船只，準備各種戰略物資。

村山準備侵臺的消息很快傳到琉球，中山王尚寧特遣通事渡海向明朝政府報告：「倭造戰艦五百餘，脅取雞籠山島野夷。」[039] 福建巡撫黃承玄認為如果日本占領臺灣，會構成對東南沿海各省的嚴重威脅，他調兵遣將，作了積極的防範，同時移諮浙江巡撫，督促溫州、處州的將領防止倭寇的突然襲擊。1616 年 5 月，村山等安派遣他的次子秋安率領 13 艘船，離開長崎，遠征臺灣。船隊駛到琉球海面被暴風雨打散，只有一艘船到達臺灣，遇到土著居民的頑強抵抗和包圍。明石道友率領的兩艘船，航行到福建閩東海面的東湧，挾持明朝的偵探董伯起返回長崎。這支遠征船隊由於遇到暴風雨和大陸軍民與臺灣土著居民的頑強抵抗，而完全失敗。1617 年，日本又派遣明石道友以送董伯起回國為名，到達福建，「獻方物，上章求市」，福建海道副使韓仲雍前去警告：「汝若戀住東番，則我寸板不許下海，寸絲難望過番，兵交之利鈍未分，市販之得喪可睹矣，歸示汝主，自擇處之」，拒絕了他們的要求。[040]

---

[039] 陳仁錫．《皇明世法錄》，卷 80，琉球，廣陵古籍刻印社，1987 年版。
[040] 張燮．《東西洋考》，卷 12，學生書局，1975 年版，第 332—335 頁。

第二章
荷蘭入侵的 38 年

第一節 荷蘭和西班牙的入侵

一、荷蘭入侵澎湖

　　16世紀是西方航海殖民勢力紛紛由大西洋向印度洋和太平洋擴張的時期。1497年，華斯哥‧達‧伽瑪船隊駛過好望角，發現新航線，接著一支支葡萄牙遠征隊，越過印度洋向太平洋進軍。1509年，塞克拉到達麻六甲，不久，占領鹿加群島的德那弟島和中國的澳門等據點。與此同時，西班牙在占領海地、古巴、墨西哥以後，也把矛頭指向菲律賓群島。1521年3月，費迪南‧麥哲倫率領的遠征隊，經過漫長的航行，終於到達菲律賓的三描島，揭開了西班牙征服東方的序幕。17世紀初期，擺脫西班牙統治的荷蘭也踏上東征的道路。1601年，格羅次保根率船隊遠道來到中國沿海，要求通商貿易，沒有得到明朝政府的允許。1602年，荷蘭東印度公司成立以後，由韋麻郎（W.V.Waerwijk）率領船隊東來，曾經進攻澳門，遭到抵抗，轉到大泥。在當地經商的福建海商李錦建議他占領澎湖，作為據點。1604年8月，韋麻郎帶領船隊抵達澎湖時，正值春汛結束，澎湖島上沒有守兵，他們便在島上

第一節 荷蘭和西班牙的入侵

「伐木築舍，為久居計」。[041] 這是荷蘭人第一次進犯澎湖。福建官員多次派人到澎湖警告，韋麻郎不僅不肯撤退，還派人向福建稅監高寀行賄。高寀接受賄賂以後，派遣心腹前往澎湖，與荷蘭人秘密商議通商的條件。

但是，福建巡撫徐學聚堅決反對荷蘭人占有澎湖，他認為這是自撤藩籬，會導致荷蘭與日本相互勾結，貽害無窮。同時，如果讓荷蘭人占據澎湖，就會嚴重影響福建的貿易和關稅。徐學聚一方面上疏皇帝，一方面命令沿海各地加強防守，並派總兵施德政負責驅逐荷蘭侵略者。10月，施德政派遣都司沈有容帶兵到澎湖，明確表示不准通商，並要求韋麻郎立即撤離。韋麻郎不得不於12月15日退走。至今馬公鎮還存有「沈有容諭退紅毛番韋麻郎碑」。

韋麻郎撤走以後，荷蘭人並沒有放棄侵占臺澎的野心，因為17世紀歐洲市場對生絲及瓷器等中國商品的需求，以及由此帶來的高額貿易利潤，愈來愈刺激荷蘭殖民者開展對華貿易的欲望。荷蘭東印度公司十分重視對中國生絲的貿易，1608年，公司董事會發出指示說：「我們必須用一切可能來增進對華貿易，首要目的是取得生絲，因為生絲利潤優厚，大宗販運能夠為我們帶來更多的收入和繁榮。」精美的中國瓷器是荷蘭東印度公司極力經營的另一項重要商品，荷蘭人認為中國瓷器比水晶還要美。為了源源不斷地購買大量的生絲和瓷器，攫取高額的利潤，荷蘭殖民者迫切要求在中國沿海建立自己的貿易地點，他們選擇了澎湖和臺灣。

從地理位置來看，澎湖與臺灣的確十分優越，它的西面正對著當年大陸東南兩個重要的海上貿易商港——月港和南澳港，占領臺、澎就可以控制中國商品的貨源，打開對華貿易的大門。其次，臺、澎向北可航行到日本、朝鮮各國，向南可抵達南洋各地，是太平洋西海岸航道的咽喉，有利於控制南北航路和遠東貿易。所以荷蘭殖民者雖然被迫從澎湖撤退，但仍然時時窺視這一地區。

正當荷蘭殖民者處心積慮想占領臺灣時，1621年11月，他們從捕獲的西班牙船上獲悉西班牙人也準備占領臺灣的計畫。於是巴城總督柯

---

[041]《明史》，卷325，和蘭傳，中華書局，1974年版，第8435頁。

第二章 荷蘭入侵的 38 年

恩（J.P.Coen）立即採取先發制人的措施，向艦隊司令雷約茲（Cornelis Reijersz）發出占領臺灣的命令：如果進攻澳門失敗，則留數艘船隻監視，而將主力移駐泉州對面的畢斯卡度雷斯（Pescadores，今澎湖列島），當艦隊主力到達時，應派船到雷克貝克諾（Lequeo Pequeno，今臺灣）及鄰近地區探勘，搶先占領南部良港，建築城堡，並派兵鎮守。[042] 雷約茲率領艦隊於 1622 年 6 月 29 日抵達澎湖島，7 月 11 日進入馬公港。8 月 1 日，入侵者決定在澎湖風櫃尾修建城堡。他們認為該島位於漳州東南方 18—19 英里，安平西北約 10 英里，是各島嶼中最適中的地方，可以扼阻大員與大陸沿海各港口之間的航路。

雷約茲占領澎湖以後，立即派遣船隻到大陸沿海，要求通商，福建巡撫商周祚要他們撤出澎湖，否則不與貿易。1623 年 1 月，雷約茲從廈門登陸，親自到福州。商周祚會見他，同意他們未找到適當的貿易場所以前，暫時留在澎湖島，一旦有了新的場所應立即撤走，並私下對雷約茲的翻譯說：荷蘭人若離開澎湖，將與荷蘭人進行貿易；如果荷蘭人繼續留在澎湖，則斷絕與他們的一切往來。

雷約茲不斷派出船隊在福建沿海進行騷擾活動，從而引起明朝的嚴重不安。1623 年 7 月，南居益繼任福建巡撫，他一方面下令沿海戒嚴，任何人不得與荷蘭貿易，另一方面積極準備用武力驅逐入侵者。當年冬天，福建官兵在廈門附近打敗荷蘭兵船。南居益整頓營伍，操練水師，準備渡海驅逐荷人。1624 年 2 月 8 日，由守備王夢熊率領舟師，從澎湖北部吉貝嶼登陸，從白沙島突入鎮海港，建造石城，屢出奮攻，各有斬獲。荷蘭侵略軍被迫退守風櫃城。5 月，南居益命令副將俞諮皋等到達澎湖，占領山岡，對荷蘭侵略者形成包圍之勢。此時，荷蘭新任艦隊司令宋克（Martinus Sonck）眼看中國兵艦佈滿海面，其勢還在增加，他報告說：「我們若不肯離開，他們將訴諸武力，……直到將我們從澎湖島逐出中國為止。」[043] 8 月間，宋克懾於明朝軍隊強大的威力，不得不接受中國海商李旦的斡旋：荷蘭人從澎湖撤走，福建當局允許他們到臺灣貿易。經與俞諮皋達成協議後，荷蘭人於 8 月 26 日

---

[042] 村上直次郎，《熱蘭遮城築城始末》，載《臺灣文獻》第 26 卷第 3 期。
[043] 村上直次郎譯注，中村孝志校注，《巴達維亞城日記》第 1 冊，東京平凡社，1974 年版，第 68 頁。

開始拆城,將建築材料、大米、武器及其他財物運往臺灣島。福建官員為了收回澎湖,而對荷蘭人移往臺灣通商則採取忍讓的態度,當時明朝政府正面臨農民大起義和東北滿族力量日益強大的威脅,無力顧及臺灣防務。臺灣就是在這種情況下,於明天啟元年(1624年)被荷蘭人奪占的。

二、荷蘭占領臺灣

荷蘭殖民者侵占澎湖時,已十分注意調查臺灣島的情況。1622年7月,雷約茲到大員港測量,又到了琉球嶼等地。他們發現大員港在漲潮時,水深可達15—16英尺,海岸的沙丘上有許多叢林,較遠處有樹木和竹,可利用這些材料在港口南側建立城堡,以控制船舶的進出。同時,他們還瞭解到每年有日本船到達這裡採購鹿皮,還有中國船運來的絲織品,與日本商人交易。1623年3月,又由商務員阿當・威府爾特(Adam Verhult)帶領兩艘船到大員港,與中國商船試行貿易。

由於荷蘭人對臺灣的航道、環境、物產和貿易已作過詳細的調查,因此,1624年9月,當宋克率艦隊撤退到臺灣後,立即在大員建築城堡,取名奧倫治城,在北線尾島建立商館。後來根據阿姆斯特丹總公司的通知,將奧倫治城改稱熱蘭遮城,並在北線尾島建立新的城堡,命名為熱堡。熱蘭遮城經過多次的改建和擴建,內城於1632年底完成,兩年後內外城全部完工。與此同時,宋克還在赤崁地區建立另一個城堡,取名為普羅文查,到1625年已建有長官及隨員宿舍、大倉庫、醫院、班達島土人住宅、木匠、磚匠工房、儲藏室以及中國人建的房屋三四十間。

荷蘭人占領臺灣不久就同日本人發生衝突,因為日本人反對向他們繳納關稅。在爭執中,荷蘭人指出「臺灣土地不屬於日本人,而是屬於中國皇帝,中國皇帝將土地賜予東印度公司,作為我們從澎湖撤退的條件」,現在東印度公司已成為主人,日本人應當向他們納稅。從這些話可以看出,當時荷蘭人承認臺灣是中國領土,但他們說中國皇帝已將土地賜予他們,則不是事實。因為那是副將俞諮皋和地方官員的私下承諾,未經上報朝廷批准,所以《巴達維亞城日記》指出:「中國人已獲准前往臺窩灣(安平)與我方貿

第二章 荷蘭入侵的 38 年

易,但宮廷並未公開許可,而軍門、都督及大官則予以默認。」荷蘭人在大員徵稅引起日本人的不滿,日本官方提出抗議。1628 年,日本派濱田彌兵衛率領武裝船只前來貿易,被荷蘭臺灣長官訥茨(Pieter Nugts)扣留,後來濱田又綁架訥茨,迫使荷蘭人進行談判。直到 1632 年荷蘭人將訥茨引渡給日本監禁以後,日本才恢復通商。荷蘭殖民者在大員站穩腳跟以後,開始向全島擴張。首先,征服大員附近及臺南地區。1634 年 5 月,曾經準備討伐麻豆,因兵力不足而暫停。1635 年 11 月,臺灣第四任長官普特曼(Hans Putmans)帶領士兵 500 人,分 7 隊進軍,占領該村,抓獲男女及兒童 26 人,交給新港人處死。第二天又將檳榔及椰子樹砍倒,燒毀住房。在殘酷的屠殺和鎮壓下,麻豆村的頭人不得不與荷蘭殖民者簽訂和約,表示服從。1636 年 1 月,普特曼又帶隊出征蕭壟村,該村居民在荷軍未到達之前,已放棄住房和財產逃亡,只留下少數人與荷蘭人交涉,最終也被迫簽訂協定。同年 2 月,下淡水、大木連及三貂嶺各村 7 個頭人到達大員,被迫簽訂服從條約。同年 12 月,又與臺灣島南端的琅嶠 16 個村締結和約。至此,締結和約的村達 57 個,荷蘭人的勢力已擴及臺灣南部部分地區。

接著,荷蘭殖民者把征伐的矛頭指向中部地區。1641 年 11 月,新任長官保魯斯·特羅登紐斯(Paulus Traudenius)帶領軍士 400 人及 300 艘三板船,由大員出發,征討大波羅(Davole)及法沃蘭(Favorlang)。他們由笨港登陸,在海岸構築工事,然後進攻大波羅,遭到當地居民的抵抗,在損失 30 多人後撤退。荷蘭侵略者占領村莊,將 150 座房屋、400 個小穀倉全部燒毀,並砍倒所有的果樹。第二天,進攻法沃蘭村,當地頭人請求不要破壞房屋,荷蘭虛偽地答應請求,但進村以後,到處放火,除保留 10—12 戶的聚落二三處之外,其餘房屋全被燒毀。同時,強迫他們在 20 天內派代表與大波羅、二林等村的代表一起,到大員簽訂歸順協議。

對東部地區,1642 年 1 月,特羅登紐斯又帶領 353 人,乘坐帆船從大員港出發,進攻並占領大巴六九社,將村莊燒毀,並禁止在此重建村落。到 1645 年底,荷蘭人已經控制了臺灣西部平原,勢力擴展到東部。

與此同時,荷蘭人還向侵占臺灣北部的西班牙人發動進攻,以擴大自己

的勢力範圍。西班牙殖民者早在 1586 年 4 月制訂征服中國的十一條款計畫時，就已將攻占臺灣包括在內。1597 年，在菲律賓的西班牙人提出一份「航海和征服備忘錄」，並附上一張臺灣地圖，指出，「為了本群島（指菲律賓群島）的安全，占領這個港口是非常必要的」。1626 年 5 月，西班牙駐菲總督為了爭奪中國對日本的生絲貿易，維持馬尼拉與福建的海上航路，派遣軍曹長瓦爾德斯（Antonio Carrenode Valdes）率領 14 艘船，沿臺灣東海岸北上，繞過三貂角，進泊雞籠港。他們在社寮島建築塞堡，取名為聖‧薩爾瓦多（San Salvadon），同時將雞籠改稱為千里達（Trinidad），把海灣稱為聖地亞哥（Santiago）。1628 年，西班牙人又占領淡水，在那裡建築一座城堡，取名聖‧多明哥（Santo Dominic），接著，又在雞籠和淡水各建一座教堂，並以這兩個地方為據點，向附近的北投、八里坌、新店溪擴張，甚至竄擾到宜蘭、蘇澳等地。

荷蘭殖民者為了對付西班牙人，曾多次派人到雞籠偵察。1641 年 8 月，派上尉林迦率領一支由 317 人組成的船隊，自大員開往雞籠，向西班牙人遞交勸降信，西班牙人拒不接受。1642 年 8 月，上尉哈勞西率領兵士 690 名，乘坐 7 條船再次向臺北進軍，21 日到達雞籠，當時，西班牙守軍只有 100 多人，經過 5 天的激戰，終因寡不敵眾，開城投降，結束了西班牙人在當地 16 年的統治。至此，荷蘭人的勢力擴展到臺灣北部。

第二節 殖民統治下的社會經濟

一、社會結構與職業概況

荷蘭侵占臺灣以後，從 1644 年起編制「番社戶口表」，可以看出，從 40 年代末到 1650 年，在他們統治下的土著人口有 6 萬多人，大約占土著總人口的 40%—50%。當時土著人分成許多互不統屬的村社，各有自己的一定領域，有的村社內部由一個 12 人組成的「議事會」（稱為 QUATY）領導，其

第二章 荷蘭入侵的 38 年

成員必須是 40 歲以上的人,任職期為兩年。「議事會」的權力不是至高無上的,也沒有形成固定的領袖人物。每當舉辦有關公益活動時,「議事會」先開會商討辦法,然後召集所有的村民開會,向村民說明,以求村民支持他們的決議。村民可以提出各種看法,如果大家贊成「議事會」決議,就照樣實行,如果不同意,就遵從大眾的意見辦事。「議事會」還有執行獎懲的職能,有權對做了錯事的人予以一定的處罰。[044]

　　荷蘭殖民統治期間,除了鄭芝龍招徠移民以外,荷蘭人也從大陸沿海運載移民前來臺灣。1636 年以後,曾在荷蘭人統治下的巴達維亞擔任華人甲必丹的蘇鳴崗等人也從大陸招徠成批的移民,此外還有分散的零星的移民。估計從 1640 年到 1661 年,移民人數從 5,000 人增加到 35,000 人。漢族移民主要從事農業、漁業和商業,他們以職業關係為基礎逐漸形成聚落。早在萬曆年間,大陸漁民已在澎湖搭寮居住,到荷蘭人入侵時,在打狗、下淡水、笨港、二林、大員等地,已經形成許多漁夫搭寮居住的小村落。約在 1626 年,西班牙人所畫的《臺灣島的荷蘭人港口圖》中,在赤崁有 6 間小屋,旁邊注明「赤崁中國漁夫及盜賊的村落」。《熱蘭遮城日記》1643 年 3 月 21 日條下,亦有記載:「打狗有小屋四間,有許多中國人(大多數是漁民)睡於其中。」赤崁地方是大陸與臺灣通航的主要港口和本島各地貨物的集散地,成為以商貿為中心的社區。關於這些職業群體的形成,可以從康熙十二年(1673 年)旗後漁村的形成看到一些痕跡:先由漁戶徐阿華在旗後建立漁寮,然後召集洪應等 6 戶漁民各蓋草寮居住,後來發展成為有共同神廟、同業聚居、人煙稠密的漁村。[045] 其所以形成以職業為主的聚落,首先是生產的需要,如用陷阱或張網捕鹿,都必須幾個人合作才能完成;開墾荒地,興修水利,也要依靠集體的勞動。其次,漢族移民初到臺灣,人地生疏,生活上可能遇到各種各樣的困難,最可能互相幫助的是同來的夥伴;當時處於開發初期,雜草叢生,疫疾遍行,隨時可能碰到兇猛的野獸,為了共同抗拒惡劣的自然環境,必須聚落而居,以保安全;移民大多數是單身男子,他們身處異

---

[044] C.E.S..《被遺忘之臺灣》,轉引自臺灣研究叢刊第 34 種,《臺灣經濟史三集》,第 39 頁。
[045] 曹永和,《臺灣早期歷史研究》,聯經出版,1979 年版,第 250 頁。

第二節 殖民統治下的社會經濟

鄉，精神上經常產生的痛苦和憂愁，需要得到同情和支援。正因為如此，移民們彼此相處形成了初級的社會群體。

當時土著人和漢族移民都處在被統治被剝削的地位，他們不僅失去生產資料，被迫向荷蘭殖民者繳納各種賦稅，而且還要服各種勞役，如修路、築橋等。即使是一些稅收的承包人，儘管他們在產品的分配領域能得到一定的利益，但並沒有生產資料的所有權，而且在人身上也受荷蘭殖民者的嚴格控制。

荷據時期的職業構成主要有：商人、漁民、獵人、農民和工匠等。商人可分為海盜商人、承包商及小商小販。早在荷蘭據臺之前，中國東南沿海的海盜商人集團已經常出沒在臺灣的各個港口，甚至將臺灣作為貿易據點，如林鳳海商集團曾以魍港為根據地，從事走私貿易活動。荷蘭人侵占臺灣以後，仍有一部分海盜商人在荷蘭人管制不到的地方，從事貿易活動。在荷蘭人占領臺灣之前，已有漢族商人進入山地，與土著居民進行物物交易，用瑪瑙、瓷器、食鹽、布等交換鹿皮、鹿角、鹿脯、黃金、硫磺等。荷蘭人據臺以後，為了控制漢族商人與土著居民的直接貿易，實行社制度。凡是要進行貿易的漢族商人，必須提出申請，經過投標中選者才能進行村社貿易，並向荷蘭人繳納承包稅金。這種商人稱為社商。一般來說，能中標承包者都是比較大的商人。小商小販活動於各個角落，為漢族移民和荷蘭人提供日常用品和食品。

臺灣盛產各種魚類，沿島海域是著名的鯔魚場，鯔魚又稱烏魚。海產的烏魚因捕捉較為困難，必須有較大型的海船和漁網，這項工作多由漢族漁民進行。經常有許多大陸漁船到達大員等地，有時一艘船捕獲烏魚 1,000 尾以上。據學者統計，自大員往臺灣各地的漁船，1636 年 11—12 月為 94 艘，1637 年 128 艘，1638 年 189 艘；從臺灣沿海返回大員的漁船，1636 年 12 月 3 艘，1637 年不少於 167 艘，1638 年不少於 186 艘。[046] 可見當時漁業相當發達，從事捕魚的人數很多，儘管其中有許多人是大陸漁民，但也有相當多是已經定居於臺灣從事捕魚職業的漢族移民。

---

[046] 曹永和,《臺灣早期歷史研究》，聯經出版，1979 年版，第 229、230 頁。

第二章 荷蘭入侵的 38 年

　　土著人本來過著粗放的農耕生活和漁獵生活,他們雖然有很多的土地可用,然而所播種的東西,只能維持生活的最低限度,不肯多種。稻子成熟之後,他們就收起來藏在家裡,到需要時才打下來,在要吃的時候才搗所需要的分量,這種工作也是女人的事,她們在晚上持兩三束稻子在火上烘乾,婦女們在天亮之前約兩小時就忙著搗米,預備吃一天,年年都是這樣。他們的生產工具十分落後,勞動效率也很低下,不用馬、牛或犁,也不用鐮刀,而用「小刀似的器具,割取穗部」。漢人移民也以農業為最重要職業。由於大量移民入臺,開墾土地,興修水利,鋪設道路,種植稻米、甘蔗等作物,農業得到較快的發展。土著人曾將狩獵作為主要的謀生手段,每當冬季「鹿群出,則約百十人即之,窮追既及,合圍衷之,鏢發命中,獲若丘陵,社社無不飽鹿者」。[047] 漢族移民也有以狩獵為生的,但他們的捕鹿方法比較先進,已放棄窮追射箭之法,改用罝法或陷阱。荷蘭人占領臺灣以後,在澎湖、大員建築城堡、商館、倉庫、教堂,需要大量的技術工人,於是大陸的石匠、木匠、泥水匠等陸續移居臺灣。這些工匠不僅從事建築,也從事製造傢俱等工作。此外,還有一些漢族移民從事搖舢板、挑夫等職業。荷蘭人出征隊中的中國人,實際上就是隨隊的船夫或挑夫。

　　當時也有兼營其他職業的,如農民在農閒時往往把狩獵作為副業;漁民也往往經營商業貿易,販賣一些土特產品,所以,在《巴達維亞城日記》或《大員商館日記》中,可以看到漁船內裝載有魚、鹿肉、蘇木,甚至砂糖、生絲等貨,既從事捕漁業,也從事貿易業。

二、米糖生產與轉口貿易

　　當時農民所種的農作物以甘蔗和水稻為主。到 1636 年,甘蔗生產已初具規模,據《巴達維亞城日記》載,當年荷蘭人從農民手中收購白砂糖 12,042 斤、黑砂糖 110,461 斤,並銷往日本。預計第二年生產的白、黑砂糖可達 30 萬至 40 萬斤。1640 年,甘蔗獲得豐收,生產白砂糖和黑砂糖達 40 萬至 50 萬斤。1641 年,甘蔗種植又有所增加,到當年 5 月份可收購白

---
[047] 陳第‧《東番記》,臺灣文獻叢刊第 56 種,第 26 頁。

第二節 殖民統治下的社會經濟

砂糖和黑砂糖達 50 萬斤以上，由於生產技術的顯著進步，第二年收穫砂糖達 70 萬至 80 萬斤。到 1645 年底，赤崁附近的甘蔗田實際產糖 150 萬斤，其中一部分運往波斯，還向日本輸出 6.9 萬斤，其餘輸入荷蘭本土。隨著水稻生產的發展，荷蘭人在東部建立糧倉，每拉斯特（last）的收購價格為 40 里爾（real）。1637 年，赤崁及其附近的稻田有較大的擴展。以後又有所增加。1650 年以後發生幾次大的自然災害，再加上 1652 年郭懷一起義後荷蘭殖民者的鎮壓和破壞，使米糖生產受到很大的摧殘，種植面積呈下降趨勢。1655 年，漢人移民在這個地區開墾的水田、甘蔗園等土地面積達到 3,000 摩根（morgen），農業生產開始出現新的成長。

以上是臺灣米糖的最大產區赤崁附近的生產情況，當時漢族移民還申請執照前往雞籠、淡水地區進行農業墾殖。各地的土著人在漢族移民的幫助下，也擴大稻作生產，但產量很少。

除了稻米以外，農民還種植大麥、水果、蔬菜等作物，其中有的品種是從大陸移植過去的，有的是從南洋各國傳入的。如藍靛，從外國引進，因種子陳舊或變質而失效，改從大陸採購種子才獲得成功。此外，還有荷蘭豆、香芥藍等等。

作為農民主要生產工具的耕牛，大部分是向荷蘭人租賃或購買的。1649 年，蕭壟的農民向荷蘭傳教士購買耕牛 121 頭。為此，荷蘭東印度公司在臺灣南北設立牛頭司，「放牧生息，千百成群」。農民的生產資金也向荷蘭人貸款。

當時已很重視興修水利，如參若埤，是佃農王參若修築的；荷蘭陂，在新豐裡，「鄉人築堤，蓄雨水以灌田，草潭通此」。[048] 此外還有「諸羅山蕃社，有紅毛井古跡，雲系荷蘭時所鑿。在東郊有一莊曰紅毛埤。又在大肚溪北岸有王田莊，在舊嘉祥裡有王田陂。」[049]

農民生產出來的大批蔗糖和稻穀，被迫賣給荷蘭東印度公司，收購價格是由荷蘭人定的。每當收穫季節，許多農民用肩挑或牛車運送到赤崁城外的

---

[048] 陳文達．《臺灣縣誌》卷 2，水利。
[049] 奧田彧等．《荷領時代之臺灣農業》，臺灣研究叢刊第 25 種，《臺灣經濟史初集》，第 45 頁。

第二章 荷蘭入侵的 38 年

農產品交易市場，換取貨幣。1644 年，因新港地區稻作及甘蔗生長良好，獲得豐收，而運往赤崁的道路過分狹小，十分擁擠，道路被拓寬到 60 英尺，兩旁還修寬 3 英尺的深渠，並架設兩座拱橋。土著人的農產品一般是自給自足的，拿到市場去出賣的，則採取以物易物的交換方式。

荷據時期臺灣人口較少，物產也比較缺乏，島內的市場不大，當時可供輸出的產品，只有鹿皮、硫磺以及後期的砂糖。早在荷蘭人占領以前，臺灣的鹿皮已開始輸向日本，每年有日本船二三艘來大員採購。荷蘭人占領以後，鹿皮仍然是輸出的主要土特產品，1634 年，有 11 萬余張鹿皮銷往日本，1638 年上升到 15 萬張。由於濫捕，輸出量有所下降，1656 年以後，每年保持在 6 萬到 9 萬張。硫磺產於北部，是臺灣輸出的第二種主要產品。1642 年，在大員的中國商人手中有粗硫磺 20 萬至 25 萬斤。1644 年，有一名中國官員到大員提出歸還攻打雞籠時捕獲的兩艘帆船，准其輸出粗硫磺 10 萬斤的要求，同時，鄭芝龍也因戰爭需要，要求輸出 10 萬斤硫磺。臺灣作為大陸商品向日本、東南亞、波斯、歐洲的轉口站，卻取得了可觀的利潤。荷蘭東印度公司極力發展臺灣與大陸之間的貿易，由大陸運到臺灣的生絲、絲織品主要是供轉口的。絲綢是中國著名的產品，明朝末年，除了通過呂宋到美洲的大帆船和通過澳門、果阿、里斯本轉販到歐洲外，臺灣是中國生絲又一個轉售中心，每年有大批的生絲和絲織品販運到大員，然後轉售日本及歐洲各國。1624 年 2 月，荷蘭人與中國官員訂立一個臨時協議，提出「中國人要攜帶與我們所帶資本相等之商品及絹織品，前來臺窩灣（大員）」。1635 年 1 月，有一艘船運載絹絲 6,177 斤和各種絹織品到巴達維亞。以後不斷有船從廈門和安海等地載運絹絲，開往大員。生絲貿易獲利十分豐厚，在大員購入生絲，每百斤 200 里爾，銷往日本可賣 424 里爾，為收購價的 212%。

中國大量陶瓷產品銷往世界各地，據佛爾克《瓷器與荷蘭東印度公司》的統計，明末清初，經荷蘭東印度公司之手輸出的瓷器 1,600 萬件以上。當時從中國大陸駛往臺灣大員的商船一般都運載大量瓷器，從 1636 年至 1638 年，從大陸運載瓷器前來大員的船隻約有 70 艘。這些瓷器一部分運往日本，大部分則是轉運到荷蘭東印度公司總部——巴達維亞。

砂糖也是重要的轉口貿易商品，荷蘭東印度公司所販運的糖製品主要仰仗於中國沿海地區。1628年，鄭芝龍與臺灣荷蘭商館簽訂的三年購貨合同中，除生絲和絲織品外，在全部貨物的重量中，糖及糖貨占80%。當時從大陸沿海駛向大員的每一艘船，幾乎都裝有砂糖。1636年，從大陸向臺灣輸入白砂糖、冰糖、棒砂糖高達200萬斤。從大陸運來的大量砂糖一部分銷往日本，但大部分轉售於波斯及歐洲各國。1640年以後，由於大陸砂糖供應減少，臺灣本地生產砂糖的增加，輸出結構才發生變化。砂糖在大員的收購價是每百斤13—15盾，而在波斯每百斤可賣34盾。

　　從上可見，明朝末年中國私人海上貿易的三大出口商品：絲、糖和瓷器有相當大的部分是通過臺灣轉口輸出的，從1636年11月到1638年12月，從大陸來臺灣的船舶有914艘，而由臺灣去大陸的船舶有672艘。因此，荷據時期臺灣的出口貿易是大陸海上貿易的組成部分，大員是中國對外貿易的轉運中心之一。當年荷蘭人在臺灣的轉口貿易，主要是將大陸的生絲、絲織品、瓷器運往日本或巴達維亞，從巴達維亞將大量胡椒、香料、琥珀、錫、鉛及歐洲貨物，經過臺灣，運往中國大陸，也收購臺灣的藤輸往大陸。荷蘭人在臺灣從事轉口貿易，不僅在貨物方面依賴大陸，而且提供貨物和推銷貨物也依賴大陸商人，主要是鄭芝龍及其手下的大商人。轉口貿易在1640年達到高峰，當時每年有100多艘商船從大陸運貨來臺灣，從臺灣輸出的貨物價值達幾百萬荷蘭盾。荷蘭人從中獲取了巨額的利潤。後來由於大陸的戰亂、中國商人參與爭奪貨源和市場等，大陸貨物輸入臺灣明顯減少，臺灣轉口貿易漸趨衰落。於是，荷蘭人把經營的重心轉移到臺灣島內，企圖通過對本地的開發和掠奪，來彌補貿易方面的損失。

第三節　殖民統治與反抗鬥爭

第二章 荷蘭入侵的 38 年

一、荷蘭的殖民統治

　　荷蘭殖民者通過荷蘭東印度公司擴張其殖民勢力。東印度公司不僅享有在東方從事獨占性貿易的特權，而且還被授予開闢殖民地、建立海陸軍等權力，在它所控制的地區，公司擁有行政、立法、司法等大權。公司派駐臺灣的最高官員稱為臺灣長官。同時，設立「評議會」，作為決策機構。評議長在行政上是長官的副手，評議員由公司派駐臺灣的商務員、軍隊的首領等組成。此外，還設有政務員、稅務員、會計長、檢察長、法院院長等職務。牧師等神職人員也協助公司進行統治，向公司領取薪金。荷蘭人還在臺灣駐紮軍隊，人數約在 1,000 人左右。

　　荷蘭殖民者對臺灣人民實行了一系列的殖民統治政策：

　　1. 政治上實行強制統治：他們每占領一個土著人村社，就強迫土著居民訂立屈辱的歸服條例。如 1635 年底，荷蘭長官普特曼帶兵掃蕩麻豆社後，當地頭人被迫同意下列各項條款：（1）將習慣上作為裝飾品而掛存的頭骨、所存荷蘭人頭骨及骸骨，以及小銃等武器交出。（2）將祖先遺留下來的麻豆社及其附近土地，完全轉讓給荷蘭各州議會。（3）今後不再與荷蘭人作戰，服從公司的統治。（4）在發生戰事時，本社作為荷蘭友軍參加戰鬥。（5）對於燒石灰、作鹿皮買賣或其他交易的中國人，不得加害，但應將中國海盜、逃跑的荷蘭人奴隸引渡給荷蘭人。（6）得到通知應立即到新港或熱蘭遮城集中待命。（7）承認以前殺害荷蘭人有罪，每年要到長官公所謝罪。以後，荷蘭人強迫其他村社簽訂類似的歸服條約。荷蘭人在土著人村社中設置長老進行管理，發給每個長老銀飾藤杖一根，上刻公司的徽章，作為權力的象徵。後來由各社長老組成地方議會，歸公司派駐的政務員領導。有時長官還到各個村社巡視，對長老分別給予獎勵和懲罰。殖民者還限制土著居民的活動，禁止他們外出狩獵，不准他們任意遷徙，禁止他們與漢人任意交往，也禁止漢人在土著人村社居住。殖民者對漢族移民也採取同樣的辦法進行統治，他們通過漢人移民中的有力人士，對漢人進行管束。這些人士也被稱為長老，他們大多從事商業和墾殖，富甲一方，與荷蘭人有較多的交往，因而成為漢人社會中的領袖人物。長老要向荷蘭人報告漢人方面的重要情況，平時不領

第三節 殖民統治與反抗鬥爭

薪金,但荷蘭人讓長老承包稅收,以獲取一定的經濟利益。1644年,成立由4個荷蘭人和3個漢人組成的「七人委員會」,負責處理日常民事糾紛。荷蘭人命令漢人放棄在土著人村社附近的土地,把漢人集中在幾個特定的區域內居住,不得任意遷移,對漢人與土著人的來往更是注意防範。

2. 軍事上殘酷鎮壓:殖民者對任何反抗行為均實行殘酷的軍事鎮壓,除了上述燒殺麻豆、蕭壠、大波羅、法沃蘭各社以外,對小琉球的屠殺尤為殘酷。1633年2月,普特曼帶領士兵出征小琉球島,當地居民逃入山洞,他們將島上的房屋、園地及糧食加以破壞和燒毀。1636年5月至7月間,普特曼再次率領100多人的士兵征討小琉球島,包圍山洞,用饑餓、放火及其他辦法逼使藏在洞裡的居民出來,當場屠殺300多人,並捕獲男女及兒童554人,男人帶回大員服勞役,婦女及兒童扣押在新港,其中大部分人被折磨致死,又將135個俘虜和另外捕獲的56人用5艘船運到巴達維亞販賣,這一次被荷蘭殖民者屠殺及捕獲的島上居民達千人以上。八里坌等地的平埔居民,由於反抗荷蘭人,而被「殲之幾無遺種」。對於稍有反抗的漢族移民也同樣實行殘酷的軍事鎮壓,1645年,牧師布連在一條不知名的小河上,發現有漢族移民鼓動土著居民反抗荷蘭人的統治,他立即帶兵追捕,共抓獲4名漢人,進行嚴刑拷問,並將1人車裂處死,另外3人被驅逐出境。

3. 經濟上瘋狂掠奪:殖民者對土著人採用納貢的方法進行掠奪,每當征服一個村社,就要該社交納一定的貢物。1642年2月,法沃蘭社各戶被迫繳納稻穀10把、鹿皮5張,還要無償為留住村社的荷蘭人修建房屋1間。1644年,開始徵收貢賦,當時在赤崁召開北部、南部及東部各村社長老聯席會議,宣佈今後各社應繳納鹿皮或稻穀以表示服從。某些村社因是「賊王」的同黨,令其加倍納貢,作為罰款。曾經有些村社不願納貢,荷蘭人立即派兵攻占,用步槍射殺村民,並燒毀許多房屋和糧倉。在殖民者的高壓下,不少村社只得歸順,約定年年納貢。徵收貢物以村社為單位,由長老負責徵收,交給公司的有關人員,然後運往大員。

荷蘭殖民者將最主要的生產資料——土地(即所謂王田)、獵場、漁場據為己有,耕種土地、狩獵、捕魚的人民都必須繳納租稅。

第二章 荷蘭入侵的 38 年

土地歸公司所有，所有農民成為公司的佃農。「王田」往往要由「有資格的中國人」申請領墾，這些人多是商人，領墾大量土地，然後招佃耕種，也有一些農民領墾小塊土地。農民耕種農地必須向墾主繳納地租；而墾主則繳納稻作稅（通過稻作稅承包人）作為田賦。稅制採用分成租，一般說來，1644 年以前徵收 1/20，1644 年以後，提高到 1/10，承包給漢人徵收，但各地、各年份的徵稅率也不盡相同。以 1654 年為例，因地段不同，稅率分為每摩根收 3.9 里爾、4.1 里爾、4.3 里爾不等，最高的達 7 里爾。農民除了交納什一稅以外，佃戶還要向墾主繳納地租，承擔了雙重租稅。種植甘蔗則採用雇工制，工人按月向雇主領取工資，非收穫季節收入極少。

殖民者還向臺灣人民榨取各項稅收，除稻作稅外，還有狩獵稅、漁業稅、人頭稅等等。凡是上山捕鹿者都必須向荷蘭人領取許可證，用罟捕鹿的許可證每月繳納 1 里爾，用陷阱捕鹿的許可證每月繳納 15 里爾。漁民則必須先向荷蘭人領取執照，然後到各個漁場捕魚，最後再回到大員繳納什一稅。凡是漢族居民，都要領取居住許可證，按證繳納人頭稅。臨時來臺灣經商、捕魚的漢人也要繳納人頭稅。從 1640 年 8 月 1 日開始，每人每月徵收 1/4 里爾，到 1650 年又增加到 1/2 里爾。荷蘭人每年收取大量稅收，大部分作為公司的純利上繳到巴達維亞。

4. 強制傳播西方宗教文化：殖民者積極傳播基督教，開辦各種宗教學校。第一個到達的傳教士是甘第丟斯（G.Candidius），接著其他傳教士陸續到達，他們以新港為基地，「每日傳教，並經村會議決定放棄異教的迷信」。此外還有傳教士多人跟隨荷蘭侵略軍到南部、東部及北部傳教。有的傳教士甚至自己帶兵攻占村社，如襲擊大波羅時，牧師尤紐士親自帶領騎兵 15 人參戰。由於以武力為後盾，布教有較大的發展。1641 年 2 月，尤紐士與商館長卡倫在麻豆、蕭壠、目加溜灣、新港等各村社為男女村民和小孩 380 多人施洗禮。1643 年尤紐士離開臺灣時，布教地區已南達琅嶠，北至雞籠淡水附近，經他洗禮的信徒多達 5,900 多人。此外，他們還開辦各種宗教學校，主要教材為荷蘭文的讀法和拼法、教理問答書等。凡是無故不到學校、教堂者，就要被處以罰款乃至鞭笞。

二、人民的反抗

　　荷蘭的殖民統治激起了土著人和漢族移民的反抗。1634 年,荷蘭人在臺灣港口南角築城時,就遭到土著人的反抗,他們用木槍和箭射殺了 3 名上岸砍伐竹木的荷蘭士兵,居住在附近的漢族移民也用種種辦法阻止、破壞荷蘭人在此建築城堡。大員附近的麻豆、蕭壠兩社曾多次殺死殖民者。1642 年,中部的法沃蘭社及附近居民殺死前往該社的助理商務員漢斯·魯廷斯及其他兩個荷蘭人。同年,臺東大巴六九社的村民也殺死侮辱一老村婦的荷蘭助理商務員衛塞林,並堅決抵抗討伐軍。1644 年,臺東的西比因(Sipien)住民又殺死一名荷蘭下士。1644 年 2 月,淡水附近的蘇米爾(Sotmior)社的居民襲擊侵略軍,打死 21 個荷蘭人。此外,還有 100—200 名漢人移民與 1,000 多名土著居民聯合攻擊大提沃(Dativo),並煽動華西坎(Vassicam)社居民反叛荷蘭人。在淡水南方的坎納爾(Cenaer)社也時常反抗荷蘭人,公開拒絕到城裡納貢,還勸告其他社的居民起來反抗,拒交貢品,並將逃亡的荷蘭人奴隸隱藏起來。

　　漢人移民的活動早已引起荷蘭人的注意,1624 年,第一任臺灣長官宋克報告說,從大陸來的漢人,「對我們來臺灣並不高興,他們擔心我們去阻礙他們的鹿皮、鹿肉和魚類的貿易」。1634 年 2 月,曾經發生販賣奴隸船的海上暴動,莫哈(Mocha)號從澎湖開往巴達維亞,被押在船上的中國勞工襲擊了甲板上的荷蘭水手,將 4 人投入海中,奪取他們的劍和槍,包圍船長室,勞工要船長下令停止反抗,讓他們安全登陸,否則將船擊沉。船長被迫同意這些條件,勞工將船長和船員捆縛在甲板上,到達澳門附近時,中國勞工搭乘漁船上岸。後來,荷蘭人發現漢人潛入土著人地區,這些人「和土人很親密,並與土人貿易」,而且還「煽動土人反抗公司」。

　　大規模的反抗鬥爭發生在 1652 年。起義的領導者郭懷一長期居住在臺灣,從事農墾,是一個農民領袖,被稱為「甲螺」。他目睹殖民者欺壓凌辱當地居民,早已準備反抗。1652 年秋,他打算用中秋節大宴賓客的習俗作掩護,邀請荷蘭長官和荷蘭商人參加宴會,趁酒酣之時將他們殺死。然後,喬裝護送長官回城,打開城門,占領赤崁城。這時有一個名叫郭苞(Pau)的漢

第二章 荷蘭入侵的38年

人叛變,向荷蘭人告密。荷蘭人立即把郭苞關閉起來,並派一個隊長帶領士兵去起事地點偵察。他們發現中國人已經集合開會。郭懷一獲悉行動計畫洩密,只好提前起義,他說:「諸君為紅毛所虐,不久皆相率而死,然死等耳,計不如一戰,戰而勝,臺灣我有也,否則亦一死,唯諸君圖之。」郭懷一的號召立即得到大家的回應。9月8日淩晨,他率軍圍攻赤崁城,打死一些荷蘭侵略者。荷蘭長官費爾堡立即命令丹克爾(J.Danker)帶領120人乘船救援。早已埋伏在岸邊的起義隊伍進行狙擊,打退荷軍的數次進攻。但由於郭懷一指揮經驗不足,想讓荷軍上岸後再進行決戰,從而造成被動局面。荷軍上岸後,用槍炮猛烈射擊,起義隊伍只能用竹竿、棍棒、鋤頭進行抵抗,終因力量懸殊,防線被衝破,起義軍向後撤退到歐汪、大湖一帶。荷蘭人徵集幾百名土著居民參加鎮壓起義。12日,費爾堡下令進攻歐汪,荷軍渡過一條河流,發起強攻。在激戰中,郭懷一不幸犧牲。由於失去指揮,起義隊伍很快被擊潰。荷蘭人大肆屠殺,並搜尋被打散的起義軍,郭懷一的副指揮龍官(Loukeqwa)在山上躲了8天,回家後被捕。荷蘭侵略軍將他押到大員,先用火烤,然後綁在馬後,活活拖死,最後把他的頭割下來掛在竹竿上示眾。另兩個起義軍首領被處以五馬分屍的酷刑。據統計,被殺男人4,000多人,婦女5,000多人,小孩還未統計在內。《臺灣縣誌》寫道:「甲螺郭懷一謀逐荷蘭,事覺被戮,漢人在臺者遭屠殆盡。」起義被鎮壓下去了,但它表明荷蘭的統治已經出現危機,從此,殖民統治走向衰落。

三、荷蘭殖民者與鄭氏集團的矛盾

17世紀初期,隨著國際海上貿易的迅速發展,各國的海盜商人也雲集到中國的東南海域,除了中國海盜商人外,還有西方和日本海盜商人,彼此展開激烈的競爭。荷蘭人與鄭芝龍的矛盾與鬥爭就是在這種國際環境下進行的。

早在荷蘭人侵占臺灣以前,以鄭芝龍為首的海盜商人集團已經入據臺灣。荷蘭入侵時,正是鄭芝龍海上勢力不斷擴展的年代,他擁有強大的船隊,縱橫東南海上,對荷蘭人的海上貿易造成威脅。於是,荷蘭人勾結明朝

第三節 殖民統治與反抗鬥爭

官兵,企圖打擊、消滅鄭芝龍集團,以獨霸臺灣海峽及東亞的海上貿易。1627年6月,福建總兵俞諮皋與荷蘭第二任臺灣長官迪·韋特(De With)聯合圍剿鄭芝龍。福建巡撫「曾書面允許荷蘭人,將獲得皇帝的准許與中國貿易」。荷蘭艦隊在到達銅山海面時遭到鄭芝龍炮火的猛烈攻擊,韋特只好逃往爪哇。鄭芝龍立即對荷蘭人進行報復,只要荷蘭船在海上一露面,就加以截擊。第三任臺灣長官彼得·納茨報告說,鄭芝龍「捕獲了我方一艘大帆船,連同船員85人,以後,另一艘從此地開往司令處的船也被捕獲。……此外,有兩艘船隻,一艘由約安·哈根往泉州沈蘇處運絲,也被截獲,沈蘇本人被俘處死,全部財產被劫,該海賊又劫走我方快艇西卡佩爾號及艇上人員物資」。由於受到鄭芝龍的沉重打擊,留守在臺灣的350名荷蘭人「只好坐困此間,無能為力」。

明朝政府聯合荷蘭人消滅鄭芝龍集團的目的沒有達到,鄭芝龍的勢力與日俱增,發展到1,000多隻海船。此時,由於農民軍的興起和後金軍隊進逼山海關,北京形勢岌岌可危,明朝政府無力應付,不得不對鄭芝龍實行招撫政策。鄭芝龍則企圖借助明朝政府的力量,消滅劉六、劉七、李魁奇等競爭對手,以達到壟斷海上貿易的目的。因此,雙方達成默契,鄭芝龍歸降了明朝政府,明朝當局授予鄭芝龍海上遊擊職銜。

荷蘭人於是改變策略,一方面,直接與鄭芝龍進行談判,要求進行友好貿易,簽訂協定,在3年內每年賣給荷蘭人1,400擔蠶絲,另有糖、紡織品及其他商品,而荷蘭人每年賣給他2,000擔胡椒。另一方面,利用其他海商集團與鄭芝龍的矛盾,從中牟利。比如荷蘭人原想聯合李魁奇,後又轉向支持鄭芝龍,協助他圍攻李魁奇。鄭芝龍在消滅李魁奇集團以後,接連擊潰劉六、劉七集團、褚采老集團及鐘斌集團,基本上控制福建沿海的制海權。此時荷蘭人要求鄭芝龍允許他們到大陸沿海自由通商,但幾次派船到漳泉貿易,均遭到鄭芝龍的婉言拒絕。對此,荷蘭人十分不滿。臺灣長官普特曼向巴城總督報告說:「一官(鄭芝龍)及其他中國官員發佈禁令,不僅不允許我們在漳州貿易,而且禁止一般百姓向我們出賣商品,進行交易,如有違犯者處以重刑。因此,我們在該港無法買到食品、石料和木材,由於嚴密的監

第二章 荷蘭入侵的 38 年

視,當地商人連夜間也不能到我們船上。」普特曼認為,要想在中國沿海自由貿易,非用武力不可,並主張攻擊自漳州到馬尼拉的商船,然後,將炮艦開到中國大陸沿海,實行軍事進攻。

　　巴城總督同意武裝進犯的計畫。1633 年 6 月,普特曼帶領艦隊襲擊福建沿海,中國水師毫無準備,經過幾小時激戰,被焚船隻十多隻。鄭芝龍從廣東趕回,重新組建艦隊,擁有 100 多艘戰船,準備與荷蘭人展開一場大規模的戰鬥。同年 10 月,在金門料羅灣,鄭芝龍同荷蘭及劉香的聯合艦隊進行決戰。3 艘中國戰船靠近荷蘭戰船布魯克哈文號,進行猛烈的攻擊,布魯克哈文號著火爆炸而沉沒;斯洛特迪克號在岸邊被 4 艘中國大船包圍,終於被俘,其餘荷蘭船隻逃出外海。荷蘭人報告說,這次戰鬥喪失了 4 條大兵船,還有 3 艘兵艦不知去向。明朝官方則稱,焚夷艦 5 艘,奪夷艦 1 艘,生擒夷眾 118 名。這是一次空前的勝利。經過這場海戰,荷蘭人感到要打敗鄭芝龍已不可能,荷蘭人與劉香集團的關係又日趨惡化,只好退守臺灣,同意鄭芝龍派商船到大員進行貿易。此後鄭芝龍的船經常到達大員,運去了大批的生絲、瓷器等貨物。1640 年,荷蘭人還與鄭芝龍簽訂對日聯合貿易協定,由鄭芝龍向荷蘭東印度公司提供合適的生絲和其他商品供應日本市場,荷蘭人每年貸給他 100 萬弗羅林,月息 2.5%,為期 3 個月。作為交換條件,荷蘭船隻每年還必須替鄭芝龍運 4 萬至 5 萬里爾的貨物到日本。雖然簽訂了協約,但鄭荷雙方仍然存在激烈的競爭。荷蘭人因日本市場貨物價格下跌,將運到大員的許多貨物退回,引起中國商人不滿。而鄭芝龍的船隊則直接駛向日本,甚至阻止其他商船去大員貿易,也使荷蘭人不滿。1643 年,荷蘭駐長崎的商館長指出,近來鄭芝龍不僅破壞已簽訂的協約,還阻礙其他商船來臺,他收購商品直接輸向馬尼拉和日本。為此,巴達維亞總部決定派出戰艦襲擊不到大員貿易的中國商船,從而使荷蘭人與鄭芝龍之間長期存在著的矛盾再度激化。1646 年,鄭芝龍投降清朝後,鄭成功成為鄭氏集團的領袖。當時他在對日本、東南亞的貿易中,有相當的實力。這對荷蘭人來說,是一個不小的威脅。他們力圖削弱鄭氏的影響,一方面謀求與清朝通商,一方面對鄭氏船隻進行攻擊,並阻撓鄭氏商船前往麻六甲、巴林邦等地貿易。1655 年,鄭成功警告他們:如果荷方不取消禁令,他將命令禁止一切船隻前往巴達維亞、

第三節 殖民統治與反抗鬥爭

大員等處。第二年果然採取行動，禁絕對大員的貿易。荷蘭人得不到大陸商品，大員轉口貿易急劇下降。荷蘭人不得不派通事何斌攜帶禮物前往廈門，向鄭成功要求通商。當時有這樣的記載：「禁絕兩年，船隻不通，貨物湧貴，夷多病疫。至是令廷斌求通，年輸銀 5,000 兩，箭柸 10 萬支，硫磺千擔，遂許通商。」於是海禁重開，荷蘭人獲得很大的利益。鄭荷雙方在海上貿易方面，既有共同的利益，又有競爭和矛盾。荷蘭人認為鄭氏的存在是他們盤踞臺灣的巨大威脅，經常受到國姓爺將要進攻臺灣的恐嚇。對鄭氏來說，荷蘭人占據臺灣對他們的海上貿易造成很大的阻礙。鄭荷之間潛存著發生衝突的可能性。

第三章 明鄭時期

第一節 鄭成功收復臺灣

一、17 世紀中葉的中國大陸與臺灣

　　17 世紀中葉，不論對中國大陸還是臺灣來說，都是一個動盪的年代。明崇禎十七年即清順治元年（1644 年），李自成的農民起義軍打進北京，崇禎皇帝縊死煤山，象徵著明朝統治的結束。隨後，清軍在吳三桂的引導下入關，在北京建立了清朝政權。但爭奪中國統治權的鬥爭並未結束，以南明政權為代表的明朝殘餘勢力和以大順、大西起義軍為代表的農民武裝，仍在神州大地上與清政權角逐。在諸多的抗清勢力當中，活躍於東南沿海的鄭成功是一支重要的力量。

　　鄭成功，原名森，福建南安石井人。明天啟四年（1624 年）出生於日本長崎平戶。他是明末著名的海盜兼海商鄭芝龍的長子。明崇禎三年（1630 年），鄭森回到故國家鄉，接受傳統的儒家教育。1645 年 8 月，鄭芝龍和鄭鴻逵在福州擁立唐王朱聿鍵，建立了隆武政權。鄭森謁見隆武，備受恩寵，賜國姓朱，改名成功。因此，後來人們常稱鄭成功為「國姓爺」。1646 年 9 月，清軍入閩，鄭芝龍投降了清朝。鄭成功與父親分道揚鑣，走上堅決抗清

的道路。1647年1月，鄭成功在烈嶼（今小金門島）誓師起兵，1650年奪取了廈門。從此，廈門以及金門成了他的主要基地。這以後，鄭成功的軍事力量日益增強，政治影響明顯擴大，逐漸成為東南沿海最主要的抗清勢力。鼎盛時期，鄭氏軍隊共有陸軍72鎮，水師20鎮，士兵近20萬人，並且擁有各種大小船隻5,000餘艘。1659年，鄭成功大舉北伐，舟師直搗長江，攻崇明，占瓜洲，奪鎮江，圍南京，沿江數十府縣聞風歸附，清廷為之震動。但由於清軍及時增援，反擊成功，鄭軍在南京城下大敗，不得已退回廈門。這時，全國的抗清鬥爭已進入低潮，清朝統一全國的局面已經基本形成。在這種情況下，清軍可以集中更多的力量進攻金、廈二島，鄭成功面臨著新的考驗和選擇。

　　大陸社會的動盪也影響到了臺灣，清兵入閩之後，福建沿海戰亂頻仍，社會經濟遭到了很大的破壞。許多人背井離鄉，移居臺灣者不在少數，一些人則短期到臺灣逃荒。有資料估計，1648年，在臺灣的漢人大約有2萬人，其中，約有8,000人在饑荒過後又返回了大陸。隨著漢族人口的增加，臺灣人民反抗荷蘭殖民統治的力量也得到了加強。1652年，郭懷一領導反荷起義，標誌著荷蘭殖民者在臺灣的統治已經出現了危機。

　　這時，鄭成功與臺灣荷蘭人的矛盾也不斷加深。從1646年起，就不斷傳來鄭成功打算進攻臺灣的消息。1650年，荷蘭東印度公司的董事們作出決議，熱蘭遮城堡即使在太平時期守軍也不得少於1,200名。1654—1655年間，有關鄭成功將要進攻臺灣的謠言越來越多。荷蘭人害怕被圍，便在熱蘭遮城內備足了10個月的木柴，並用石條和木柱重修了城堡的牆角和週邊的墨牆。同時，又向巴達維亞請求增派軍隊以加強駐防兵力。1658—1659年間，又有大批大陸民眾逃往臺灣。「傳來消息說：國姓爺在南京被韃靼人打得大敗，撤退到廈門島，準備進攻福摩薩。這在全體中國居民中引起了轟動，……當時已經沒有人對國姓爺決定入侵福摩薩表示懷疑了。」在這類消息的不斷刺激下，荷蘭人始終把鄭成功當作他們最危險的敵人。荷蘭東印度公司駐臺灣第十任長官費爾堡甚至說：「當我在臺灣，一想起可能將不幸落在我們身上的那個人（指鄭成功）時，我的頭髮就直立起來。」

第三章 明鄭時期

　　另外，在海上貿易方面，荷蘭人和鄭成功更是發生了直接的衝突。他們不但在東西洋貿易中和鄭成功競爭，而且時常在海上劫掠中國商船，使鄭成功的商業利益受到了很大的損失。特別是郭懷一起義之後，荷蘭人對鄭氏到臺船隻每多留難，甚至公然劫捕。因此，鄭成功也曾刻示傳令各港澳並東西夷國州府，不准到臺灣通商。據荷人記載，「1654—1655 年間，很少商船從中國開來」。「國姓爺曾經封閉對我方的貿易，禁止中國帆船或大船航行於中國和福摩薩之間，這個行動大大妨礙了公司在北方的商業活動。」、「（福摩薩）從 1652 年到 1657 年曾經一度陷於蕭條。」1657 年，臺灣長官揆一（Frederick Coyett）派通事何斌向鄭成功請求解除封鎖，願年輸銀 5,000 兩、箭杯 10 萬支、硫磺千擔。鄭成功同意了荷蘭人的請求。但這種一時的妥協並不能消除荷蘭人對鄭成功的敵視和恐懼。1661 年初，荷蘭人為爭取主動，曾計畫進攻金門，企圖迫使鄭成功放棄所有的領地，以此博得清廷的好感和爭得與中國貿易的特權。然而，這個計劃尚未付諸行動，鄭成功的復臺大軍卻已從金門料羅灣揚帆進發了。

二、鄭成功進軍臺灣和荷蘭殖民者的投降

　　促使鄭成功下決心收復臺灣的因素是多方面的。首先，是抗清鬥爭的需要。金、廈二島，在全國抗清鬥爭高漲時期，作為根據地還能適應鬥爭的需要。但在抗清鬥爭走向低潮之後，彈丸二島則顯得迴旋餘地太小。不但糧餉來源是一個很大的問題，連安頓家眷都有困難。因此，開闢一個理想的抗清基地，是鄭成功的主要出發點。他曾明確地指出：「我欲平克臺灣，以為根本之地，安頓將領家眷，然後東征西討，無內顧之憂，並可生聚教訓也。」其次，是維護海商集團的利益和反荷鬥爭的需要。鄭氏集團從鄭芝龍時起就是一個武裝的海商集團，他們最大的利益來自「牌餉」的徵收和東西洋貿易的收入。海外貿易和東西洋餉的收入，一直是鄭成功維持龐大軍隊的主要經濟來源。在大陸沿海難以固守的情況下，另闢新的海上貿易基地，以便「廣通外國」，也是鄭成功的一種主要考慮。另外，在東西洋貿易中，與荷蘭人的矛盾並沒有解決。荷蘭人不但威脅著鄭成功的商業利益，而且殘暴地欺壓臺灣

人民。在鄭成功的眼中，這些人民是應當受到他的保護的。其三，恢復先人故土。鄭成功認為，臺灣是他父親的產業，是暫時借給荷蘭人的。在他需要的時候，他完全可以而且應當索取回來。這種思想，在他以後和荷蘭人的交涉中多次表露。

　　基於上述原因，鄭成功在南京戰敗後，即著手進行收復臺灣的準備。1660年初，他曾準備派遣黃廷、鄭泰等督率官兵前往平定臺灣，但由於當時清兵來犯在即，故而暫緩行動。這期間，原鄭芝龍部將何斌從臺灣逃往廈門，向鄭成功獻上了一幅臺灣地圖，其中有關鹿耳門一帶的水道標記尤詳。鄭成功在粉碎了清軍對金、廈二島的進攻之後，隨即派出周全斌、馬信等率領各鎮兵馬先後北上和南下取糧，並傳令大修船隻，做好出征前的準備工作。

　　清順治十八年，即南明永曆十五年（1661年）4月21日，鄭成功率領25,000名大軍乘坐400餘艘艦隻從金門料羅灣出發，直趨澎湖。22日，船隊齊抵澎湖，分駐各嶼等候風信。29日晚，風雨未息，鄭成功率軍直指臺灣。4月30日黎明，鄭軍船隊到達鹿耳門外的海面。由於何斌引航，船隊順利地通過了迂迴窄淺的鹿耳門水道，進入了大員灣，停泊在熱蘭遮和普羅文查城之間。一部分船隻在禾寮港靠岸，並開始登陸。有數千臺灣民眾出來迎接他們，並用貨車和其他工具幫助他們登陸。完成登陸的鄭軍逐漸逼近了普羅文查城，並形成了對它的包圍。熱蘭遮城的荷蘭人曾派遣阿爾多普（Aldorp）上尉率領200名士兵企圖阻止鄭軍在赤崁附近登陸，但遭到鄭軍優勢兵力攻擊，只好退回。5月1日，鄭成功向熱蘭遮城的臺灣長官揆一和普羅文查城的代司令描難實叮（Jacobus Valentijn）送去了一封公開信，信中說，臺灣和澎湖應由中國政府管轄，這兩個「島嶼上的居民都是中國人，他們自古以來占有並耕種這一土地」。過去本藩父親一官（鄭芝龍）只是將這個地方借給你們。「你們必須明白繼續占領別人的土地是不對的（這一土地原屬於我們的祖先，現在理當屬於本藩）」，如果你們能用友好的談判方式讓出城堡，生命和財產安全將受到保障，否則，所有的人都將難以倖免。然而，荷蘭人卻企圖以武力進行對抗。當天上午，他們經過事先準備，從海

第三章 明鄭時期

上和陸地向鄭軍發動了進攻,結果遭到了慘重的失敗。在海上,荷方的2艘戰艦赫克托號(Hector)和斯·格拉弗蘭號(S.Gravelande)先後被鄭軍擊沉和燒損。在陸上,上尉貝德爾(Thomas Pedel,中國文獻稱其為「拔鬼仔」)率領的250名士兵在北線尾登陸後,即遭到了4,000名鄭軍的猛烈攻擊。貝德爾及118名士兵被打死,其餘的人逃回熱蘭遮城。

荷人經過初戰失敗之後,同意進行談判。其擬定的談判方案是:一、願意付一筆賠款給鄭成功,但鄭成功必須退出臺灣。二、荷蘭人可以讓出臺灣本島,但必須繼續居住在大員。5月3日,荷方派遣的兩名使者前往會見鄭成功。鄭成功對他們說:「該島(指臺灣)一向是屬於中國的。在中國人不需要時,可以允許荷蘭人暫時借居,現在中國人需要這塊土地,來自遠方的荷蘭客人,自應把它歸還原主,這是理所當然的事情。」鄭成功還說,儘管他的人民屢次受到荷蘭人的虐待,但此來的目的並非同公司作戰,只是為了收回自己的產業。為了證明他無意奪取公司的財產以自肥,他願意允許荷蘭人用自己的船隻裝載動產和貨物,拆毀城堡,把槍炮及其他物資全部運回巴達維亞,但這一切必須即刻進行,如果荷蘭人方面無視他的寬大為懷,拒絕交還他的財產,企圖繼續霸占下去,他只好用自己擁有的一切力量來求其實現,而其全部費用將由公司負擔。荷方使者向鄭成功闡述了他們的觀點和條件,但鄭成功重申,他堅定不移的目的是要荷蘭人離開臺灣全島。由於雙方都不願妥協,這次談判沒有成功。

此時,普羅文查城中的荷蘭人在鄭軍的重重圍困下,水源斷絕,糧食和彈藥也難以維持,代司令描難實叮只好同意交城投降。5月4日,簽訂了投降協議。6日,描難實叮和城中230名士兵退出城堡,成了鄭軍的俘虜。至此,鄭成功的軍隊完全占領了赤崁地區。

在取得赤崁地區的控制權之後,鄭成功立即把主力部隊開往大員。5月5日,鄭軍進入大員市區,並迅速形成了對熱蘭遮城的包圍。當時,熱蘭遮城中有1,733人,其中士兵和炮手共有905名,其餘的主要是婦女、兒童和奴隸。荷軍憑藉著堅固的城堡和充足的糧食、彈藥儲備,拒絕了鄭成功的多次勸降。鄭軍於25日向城堡發動了一次猛烈進攻。由於城堡的堅固和敵人

第一節 鄭成功收復臺灣

炮火兇猛,這次進攻沒有得手。於是,鄭成功改變策略,留下一部分軍隊繼續圍困熱蘭遮城,而將大部分軍隊分派各地,駐紮屯墾。

鄭成功進攻臺灣的消息傳到巴達維亞之後,巴城總督派出了雅科布‧考烏(Jacob Caeuw)為首的增援艦隊。這支艦隊由12艘船隻,725名士兵組成。艦隊於8月中旬抵達臺灣。9月16日,援軍配合熱蘭遮守軍向鄭軍水師發動了一次攻擊,結果,反而被鄭軍繳獲了戰艦2艘、快艇3艘,並且,死了船長1名、尉官2名以及士兵128人。經過這次重創,荷蘭人再也不敢主動出擊。12月,考烏利用臺灣評議會派遣他前往福建沿海聯合清軍作戰的機會,率領2艘船隻逃回了巴達維亞。這件事更加引起了熱蘭遮城中被圍者的恐慌。

鄭成功決定採取最後的行動。1662年1月25日,鄭軍從東(大員市鎮)、南(鳳梨園)、北(北線尾)三個方向猛烈炮轟熱蘭遮及其週邊工事烏特利支堡(Utrecht),有30門大炮參加了戰鬥,共發射了大約2,500發炮彈。烏特利支堡的荷蘭人難以抵抗,只好退入熱蘭遮城,而熱蘭遮城堡的四角附城亦多處倒塌。經過這一天的戰鬥,荷蘭人頑抗到底的意志終於被粉碎了。1月27日,臺灣評議會決定立即寫信給鄭成功,表示願意進行談判,希望在優惠的條件下交出熱蘭遮城堡。經過4天的反覆交涉,雙方達成了一個協定。這個協議的草本是荷蘭人提出來的,鄭成功在這個基礎上拒絕和修改了一些條款。最後的協議,荷蘭人用荷文寫成18條,鄭成功用中文寫成16條。兩種文本內容基本一致,只是荷文本的第8條和第12條沒有寫進中文本,或許是鄭成功認為無關緊要的緣故。協定最主要的內容是:「熱蘭遮城及其城外的工事、大炮及其他武器、糧食、商品、貨幣及所有其他物品,凡屬於公司的都要交給國姓爺。」屬於私人的動產可以帶走,同時還可以帶走荷蘭人在返回巴達維亞途中所必需的物品。2月1日,鄭荷雙方的代表在大員市鎮的稅務所完成了協議的換文。荷蘭殖民者終於投降了。2月9日,荷蘭人退出熱蘭遮城,揆一在海灘上將城堡的鑰匙交給了鄭成功的代表。至此,荷蘭人在臺灣38年的殖民統治宣告結束。

鄭成功收復臺灣,是當時國內矛盾和國際矛盾交織的結果。這一鬥爭的

第三章 明鄭時期

偉大勝利使臺灣回到了中國人的手中，並且奠定了臺灣社會以後發展的基礎。鄭成功也因此成為中華民族的傑出英雄。

三、大陸政治文教制度的移植

鄭成功收復臺灣不只是為了一時的軍事上的需要，而且是要「開國立家」，建立「萬世不拔基業」。因此，進入臺灣不久，鄭氏政權即著手將大陸的政治制度和文教制度移植到臺灣。

早在1661年5月，當第二批復臺大軍剛剛抵達臺灣，對熱蘭遮的圍困也才開始的時候，鄭成功就下令將已收復的赤崁地方改為東都明京，並根據中國的郡縣制，在臺灣設立了一府二縣。府名承天府，以赤崁城（即普羅文查城）為府治，楊朝棟為府尹。縣名天興縣和萬年縣，以新港溪為分界，以北為天興縣，以南為萬年縣。委莊文烈為天興縣知縣，祝敬為萬年縣知縣。並行令楊朝棟查報田園冊籍，征納稅銀，開展地方行政工作。1662年6月，鄭成功不幸病亡。鄭經襲位後，於1664年改東都為東寧，升天興、萬年二縣為州，並設立了南路安撫司、北路安撫司和澎湖安撫司。同時還規劃了基層的社區組織，將東寧城區分為東安、西定、寧南、鎮北四坊，又將島內漢人較為集中的地區分為24裡。坊設簽首，裡設總理，各管民事。鄭氏政權在臺灣設立的各級行政機構，移植了大陸的政治制度。

鄭成功收復臺灣之後，一批不願歸順清朝的文人學士隨之入臺，大大提高了臺灣社會崇尚文化的風氣。這些文人中較著名的有：王忠孝、辜朝薦、沈佺期、郭貞一、李茂春、許吉燝，及較早到臺的沈光文等。他們將中華文化的種子播撒在這片土地上，並以傳統的詩文形式，寫下了臺灣第一批文學作品。

文化的傳播，最重要的形式還是教育。復臺之初，鄭氏政權歷經鄭成功病亡、內亂以及金、廈二島的喪失和福建沿海的敗退，暫時無暇顧及教育。

但到康熙四年（1665年），當臺灣的各項建設工作已有成效，社會內部較為安定的情況下，富有遠見的諮議參軍陳永華便積極向鄭經建議發展文教

事業。他認為，臺灣沃野數千里，遠濱海外，民風淳樸，若能舉賢才以助理，經過一段時間的教養生聚，便能趕上中原地方。應當擇地建立聖廟、設學校，以收人才。鄭經採納了這個建議，於是，建孔廟，設學校，逐漸建立了一套自上而下較完整的教育體系。當時的學校有學院、府學、州學和社學。學院相當於高等教育，府學、州學為中等教育，社學為初等教育，各社皆設小學。鄭氏政權還多方鼓勵土著居民兒童入學，「其子弟能就鄉塾讀書者，蠲其徭役，以漸化之」。

科舉制度也同時推行。天興和萬年二州「三年兩試，照科、歲例開試儒童。州試有名送府，府試有名送院，院試取中，准充入太學，仍按月月課。三年取中試者，補六官內都事，擢用升轉」。儘管科舉制度這時在大陸已成為一種束縛人才的培養和選用的制度，但在文教事業初興的臺灣，科舉制度的推行，對中華傳統文化的傳播卻有一定的促進作用。

第二節 大陸移民與臺灣開發

一、移民與社會結構

鄭氏治臺期間，臺灣的漢族人口迅速增加，其主要原因是，大批軍事移民和民間移民的到來。1661 年，鄭成功進軍臺灣時，隊伍分首、二程而行。首程隊伍由親軍右武衛等 13 鎮組成，於 4 月 30 日抵達臺灣。各鎮士兵從 550 名至 1,800 名不等，多數兵鎮在 600 名至 1,000 名之間，共有士兵 11,700 名。每名士兵各帶隨從 1 人，加上其他人員，整個隊伍大約為 25,000 人。二程隊伍由左沖等 6 鎮人馬組成，5 月底到達臺灣，共有士兵 4,400 名。隨這批隊伍而來的還有許多婦女。據當時已投降鄭成功的描難實叮寫給揆一的信中說：「從中國沿海有許多婦女來到此地，其中也有本藩君（指鄭成功）的家屬。」二程隊伍的士兵，加上其他人員以及婦女，人數在 5,000 人以上。首、二程隊伍相加，共計 3 萬餘人。後來施琅在概括這次軍事移民時說：「至

第三章 明鄭時期

順治十八年，鄭成功親帶去水陸偽官兵弁眷口共計三萬有奇，為伍操戈者不滿二萬。」

康熙三年（1664年），鄭氏在大陸沿海諸島盡失，鄭經率部分將士及眷口退到臺灣。當時有一批明朝宗室及故老、鄉紳相從過臺，甯靖王朱術桂、魯王世子朱桓以及王忠孝、辜朝薦、沈佺期等都是在這時移居臺灣的。據施琅估計，這次隨鄭經移居臺灣的人口約有六七千人，其中為伍操戈者約4,000人。1674年，鄭經回應「三藩之亂」，率領不滿2,000兵員西渡大陸，參加軍事角逐。隨著局勢的發展，曾先後將俘獲的清軍官兵、降清士紳以及鄉勇的眷屬移送臺灣安插或流放。《臺灣外記》和《海上見聞錄》等書載有這樣的例子：1675年，將永春馬跳峰寨呂華的家族發往淡水充軍。將洪承疇侄子洪士昌、士恩以及明翰林楊明琅兩家眷口流放於雞籠、淡水（或說流放於琅嶠）。又將黃芳度的親族發配淡水充軍。1677年，鄭經命令降將王進功、沈瑞、張學堯等各將家眷搬往臺灣。1678年，鄭軍攻破海澄後，將俘獲的清軍將士2,000餘人移送臺灣，分配屯田。又調泉州各邑鄉勇充伍，並移鄉勇之眷口過臺安插。1679年，把海澄降將全部移往臺灣。1680年，鄭經再次從福建沿海敗退，帶回殘兵千餘人。數年間，鄭經從大陸遷移到臺灣的人口也有幾千人。

除了大規模的軍事移民之外，這期間還有不少民間移民。1661年冬，清政府開始厲行「遷界」政策，將北直、山東、江南、浙江、福建、廣東濱海30里人民盡行遷入內地，以防止沿海人民對鄭氏的接濟。遷界的結果，造成了各省沿海人民流離失所。鄭成功聞訊，馳令各處，「收沿海之殘民，移我東土，開闢草萊，相助耕種」。《華夷變態》記載：「因遷界，很多百姓喪家廢業。沿海居民依海為生，遷界以後，無家可歸，無業可營，故有很多餓死或變為遊民。於是，就有很多百姓不憚禁令，越界潛出，投歸錦舍（指鄭經）充當兵卒。故錦舍方面愈見得勢。」這時的民間移民在數量上難有精確的估計，查繼佐《東山國語‧臺灣後語》稱：「閩浙居民附舟師來歸，煙火相接。」可見數量不在少數。據臺灣學者研究，當時到臺灣中部林圯埔（今南投縣竹山鎮）一帶墾荒的就有福建平和、南靖、龍溪、漳浦等縣的移民。其中，林新

第二節 大陸移民與臺灣開發

彩及張姓、廖姓等進入竹圍仔拓墾，陳匹、曾振成、張赫、石文宴等進入下崁拓墾，林萬、李培及劉姓、張姓等進入埔心仔拓墾，劉叻、張連、曾強及李姓等進入江西林拓墾，賴健、杜閩、杜猛、杜養、張劍、莊行萬等進入社寮拓墾，曾記胡、陳寄等進入後埔仔拓墾。另外，族譜資料中也載有一些當時向臺灣移民的例子：福建晉江縣永寧、東石郭岑村的高祐、郭一星、郭一程夫婦等，都是在這時移居臺灣的。

大量移民的湧入，使臺灣的漢族人口迅速增加。到鄭氏末期，臺灣的漢族人口已超過 10 萬人。鄭克塽降清時，福建總督姚啟聖曾說過，「臺灣廣土眾民，戶口十數萬。」《臺灣省通志·人口篇》根據各種史料估計，當時臺灣的漢族人口大約為 12 萬，是比較合理的。

鄭氏時期的社會結構有其特色。鄭氏治理臺灣，最高權力的稱號不是延平王，而是「招討大將軍」。鄭成功有生之年，對永曆帝（朱由榔）冊封的延平王稱號一直未予使用，而僅用「招討大將軍」的名義發號施令。他死後，鄭經和鄭克塽也都是使用「招討大將軍世子」的名義管理臺灣。鄭氏降清時，延平王的冊、印可以先行繳納，唯有「招討大將軍印」卻等到戶口兵馬各項冊籍全部造好以後才予以上繳。這說明它始終是鄭氏行使權力的象徵。另外，在鄭氏政權中起著重要作用的陳永華，也一直是使用「諮議參軍」的名義參與治理臺灣的。因此，鄭氏政權的權力結構雖然有軍、政兩個不同的系統，但其核心和主要的部分是按照軍事體制來建立的。在這種體制下，臺灣的社會結構主要呈現為這樣一種關係：鄭氏家族——文武官員、明宗室、海商、鄉紳地主——士兵、農民、漁民、手工業者、小販、雇工、土著民眾等。

以鄭成功、鄭經、鄭克塽為代表的鄭氏家族是臺灣社會的最高統治者，他們以「招討大將軍」或其世子的名義統率全體軍民。平時奉行「寓兵於農」的政策，戰時徵調士兵歸伍作戰。他們還是臺灣最大的地主，直接擁有「官佃田園」近萬甲（每甲約合 11.3 畝），同時，還代表國家徵收私有土地的田賦以及各種捐稅。他們又是海商集團的首領，擁有許多大型海船，每年往返於日本、呂宋、交趾、暹羅、柬埔寨、西洋等國從事遠洋貿易，獲得豐厚的

第三章 明鄭時期

利潤。為了維護既得的經濟和政治利益，他們以臺灣為基地，組建龐大的軍隊，與清政權隔海對峙，他們的軍事力量對臺灣社會具有很強的控制力。20餘年間，臺灣社會內部保持相對的穩定，與鄭氏政權強有力的軍事控制有很大的關係。

　　文武官員、明宗室、海商和鄉紳地主處於臺灣社會的上層。這一部分人的情況比較複雜，他們之中還可以分為許多不同的階層。例如，一些執掌大權的統兵將領與一般的官吏、員弁之間，在政治地位和經濟實力等方面都不可同日而語。但是，相對於廣大的士兵和民眾來說，他們又是統治階級。這部分人的人數不少，以1683年為例，當年，在澎湖戰役中戰死和降清的千總以上的武職官員就有600人。隨後，和鄭克塽一道降清的武職官員還有1,600餘人，文職官員400餘人。當時，在臺灣的明宗室也有甯靖王朱術桂、魯王世子朱桓、瀘溪王朱慈、巴東王朱江、樂安王朱浚、舒城王朱、奉新王朱熺、奉南王朱逵、益王宗室朱鎬等。文武官員和明宗室不但人數眾多，而且，他們中的許多人同時又是地主。當時，臺灣有一種特殊的土地名稱，叫作「文武官田」，指的就是他們以及一些鄉紳地主所擁有的土地。「文武官田」曾達到2萬餘甲。文武官員中有些人還身兼海商，如武平侯劉國軒和吏官洪磊，他們在1683年澎湖戰役之後還派出海船前往日本和暹羅貿易。武職官員不僅在人數上比文職官員多，而且具有更強的經濟實力。洪旭臨死前曾遺命其子洪磊捐助鄭氏餉銀10萬兩。劉國軒在鄭氏政權財政困難的情況下，曾主動自辭俸祿，同時捐助自轄兵3個月的軍餉。其他將領如吳淑、何祐、江勝、林升等也都效仿而行，而當時的文官們卻沒有餘資可以捐助。這說明，由於軍事體制的影響，武職官員在社會上具有比文職官員更高的政治和經濟地位。

　　士兵、農民、漁民、手工業者、小販、雇工、土著民眾等處於臺灣社會的底層。由於鄭氏奉行「寓兵於農」的政策，士兵和農民的身份是可以統一的，「兵即為農，農即為兵」。例如，1682年，鄭氏得知施琅屯兵銅山（今東山）的消息，曾將草地種田之人挑出6,000名，教打鹿槍，派守澎湖，後因缺糧，又將鹿槍手調赴草地耕種。由於軍事鬥爭的需要，當時士兵的人數

在總人口中占有很高的比例。以 1683 年來說，澎湖戰役中，戰、溺而死的鄭氏士兵有 14,000 餘人，投降的士兵有 4,853 名。隨後，和鄭克塽一道投降的士兵還有 4 萬餘人。這一年，鄭氏軍隊曾達到 6 萬人，占當時臺灣漢族人口總數的一半左右。即使在鄭、清雙方無戰事的年份，如康熙七年（1668年），根據施琅《盡陳所見疏》中提供的數字估計，士兵的人數也占到當時臺灣漢族人口的 25%—30%。農民（包括自耕農和佃農）是當時臺灣社會主要的生產者，其中佃農的人數比自耕農要多，因為，當時不但「官田」全部由佃農耕種，而且「文武官田」絕大多數也都是由佃農墾成並進行耕種的。

由於連年征戰，臺灣下層民眾的負擔相當沉重，他們不僅隨時可能被征召入伍，而且還要承擔繁重的捐稅和勞役。1680 年，鄭氏政權得知清軍將有征剿的意圖，即下令「天興知州張日曜按屯冊甲數，每十人抽其一充伍，訓練以備用，得兵三千有餘。其街市商民，十家共輸一丁，每名折價征銀一百兩，貧富不均，民大怨望」。1681 年，為了「生財裕餉」，採納了工官楊賢的建議：「凡所有村落民舍，計周圍丈量，以滴水外，每間每丈寬闊征銀五分……百姓患之，毀其居室甚眾。」而為了北部雞籠城的防守，「凡軍需糧餉悉著土番沿途接遞，男女老稚，均任役使，督運弁目酷施鞭撻，土番不堪」。

《臺灣外記》和《海紀輯要》等書中載有許多這樣的例子。沉重的負擔容易引起底層民眾的不滿，不利於社會的穩定。但由於士兵占了底層人口的很大比例，而軍隊相對便於控制，所以，儘管當時也出現了一些土著村社起來反抗、士兵降清逃亡等事件，但總的來說，鄭氏時期的臺灣社會還是比較穩定的。這種穩定，只有在清軍強大的軍事壓力降臨臺灣本島時才遭到了破壞。

二、移民與土著居民的關係

大量的軍事移民和民間移民來到臺灣之後，由於生活空間的擴大，必然和原來的土著居民產生廣泛的接觸。在當時的移民和土著居民的關係中，鄭氏政權奉行的基本上是一種「民族和睦」的政策。對此，鄭成功採取的措施主要有以下幾個方面：

第三章 明鄭時期

（一）團結上層人物，廣泛爭取土著民眾對驅荷和抗清事業的支持。復臺大軍登陸後不久，當新、善、開、感等裡的土著居民頭目前來迎附時，鄭成功即設宴款待，並賜給正副土官袍帽靴帶等物，表示慰問。由於土著居民受荷蘭人欺淩已久，鄭成功的親善態度使他們深受感動。於是，「南北路土社聞風歸附者接踵而至，各照例宴賜之，土社悉平懷服」。鄭成功還親自到新港、目加溜灣、蕭壠、麻豆等社視察，土著居民「男婦壺漿，迎者塞道」。鄭成功慰以好言，賜之酒食、菸、布，土著民眾「甚是喜慰」。土著民眾對鄭成功的驅荷事業也積極予以支持，他們幫助鄭氏軍隊肅清躲藏在土著村社中的荷蘭人。因此，一名荷蘭牧師曾悲歎說：「我國人無論投向何方，都不能逃出虎口。」

（二）嚴禁滋擾土著村社，維護土著民眾的根本利益。為了取得穩定的糧食供應以及長期立足臺灣，鄭成功發佈了墾地令，鼓勵文武各官以及廣大官兵家眷創建田宅，永為世業。但同時也反復強調，「不許混侵土民（指土著居民）及百姓現耕物業」，「不許混圈土民及百姓現耕田地」。1661年8月（農曆七月），駐紮北路屯墾的援剿後鎮、後沖鎮官兵不幸與大肚社土著居民發生衝突。鄭成功「著兵都事李監製各□（鎮），□（不）准攪擾土社」，並將滋事的後沖鎮等官兵調離，「移紮南社」。9月至10月間，由於大陸運糧船未到，鄭氏軍隊普遍缺糧，「官兵至食木子充饑」，「日只二餐，多有病歿」。而這時土著民眾的秋糧已熟，鄭氏官兵卻能做到秋毫無犯，最後，由鄭成功遣戶都事楊英和承天府尹楊朝棟持金10錠前往新港、目加溜灣、蕭壠、麻豆等社公平「買糴禾粟，接給兵糧，計可給十日兵糧回報」。

（三）向土著居民傳授農業技術，幫助他們發展生產。鄭氏入臺之時，土著居民的農業生產技術十分落後，有著灌溉便利的「近水濕田，置之無用」，「不知犁耙斧鋤之快，只用寸鐵刓鑿」，一甲之園，必一月以上方能耕完。秋收季節，「土民逐穗采拔，不識鉤鐮割獲之便，一甲之稻，雲采數十日方完」。根據這種情況，戶都事楊英向鄭成功建議：「宜於歸順各社，每社各發農□一名，鐵犁、耙、鋤各一副，熟牛一頭，使教□□（牛）犁耙之法，□□（播種）五穀割獲之方，聚教群習。」楊英的建議是否為鄭成功所採納，

第二節 大陸移民與臺灣開發

未有明確的記載,但鄭氏期間,土著村社的農業生產確實有了進步。原來新港、目加溜灣、蕭壠、麻豆四社的民眾,還是「計口而種,不貪盈餘」,到了鄭氏後期,「四社番亦知勤稼穡,務蓄積,比戶殷富」。這說明,鄭氏政權的教化,使土著村社的農業生產有了很大的改變,富有成效。

鄭成功逝世之後,鄭經、鄭克塽繼承了鄭成功的民族和睦政策。「深耕種,通魚鹽,安撫土番,貿易外國」,而「安撫土番」是當時鄭氏內政的一個重要方面。鄭經對土著居民還實行了一些特殊的照顧,例如,土著居民的兒童入鄉塾讀書,可以蠲其父母徭役,漢族居民則不能享有這樣的待遇。當然,由於鄭氏政權連年征戰,一部分負擔不可避免地也會轉嫁到土著居民的身上,「鄭氏于諸番徭役頗重」。因此,也發生過一些土著村社起來反抗鄭氏政權的事件。康熙三年(1664年),北路阿狗讓土著居民起來反抗,鄭經遣勇衛黃安加以平復。康熙二十一年(1682年),北路雞籠、新港仔、竹塹等七社土著居民因不堪徭役,奮起抗爭,鄭克塽遣宣毅前鎮葉明等前往鎮壓。各社土著居民聞大軍進剿,各挈家眷逃入深山。吏官洪磊認為,「土番之變,情出無奈……當柔以惠,則懷德遠來,善撫而駕馭之」,建議遣員招撫。鄭克塽采納了這個建議,遣各社通事入山招撫,「領其眾仍回原社耕種」。此外,鄭氏政權對一些未歸化的土著部落也進行過一些討伐行動。

儘管有過一些矛盾和衝突,鄭氏時期,漢族移民和土著居民的關係總的來說還是和睦的,尤其是民間的關係更是如此。《諸羅縣誌》記載,鄭氏據臺,漢人既多,往來相接,土著居民對漢人「長幼尊卑皆呼兄弟。半線以上,稱『付遁』(番語親戚也)。稱內地,統名曰唐山」。可見,當時的民族關係相當融洽。

三、土地開發與生產發展

為了解決軍糧的供應問題和立足臺灣的長期打算,鄭氏政權對臺灣的土地開發十分重視。在鄭成功的復臺船隊中,「已攜有很多的犁、種子和開墾所要的其他物品,並有從事耕種的勞工」。[050] 在取得赤崁地區的控制權之後,

---

[050] 曹永和.《鄭氏時代之臺灣墾殖》,載《臺灣早期歷史研究》,聯經出版,1979年版,第267頁。

第三章 明鄭時期

儘管圍困熱蘭遮的戰鬥還在進行，鄭成功就將一部分軍隊分派汛地屯墾。不久，又正式發佈了墾地令諭。其中，最主要的內容有兩條：一是「各處地方或田或地，文武各官隨意選擇，創置莊屋，盡其力量，永為世業」。二是「各鎮及大小將領官兵派撥汛地，准就彼處擇地起蓋房屋，開闢田地，盡其力量，永為世業」。這兩條的實質就是鼓勵私墾（包括民墾）和軍墾。而且，不僅是鼓勵，甚至還嚴加督促。盧若騰《東都行》和《海東屯卒歌》中對此都有描寫：「或自東都來，備說東都情。官司嚴督趣，令人墾且耕。」、「今年成田明年種，明年自不費官糧。如今官糧不充腹，嚴令克期食新穀。」說明當時鄭氏政權對土地開墾確實抓得很緊。

開墾的成效也是顯著的。私墾部分，據蔣毓英《臺灣府志》記載，「文武官田園」曾達到 20,271.8 甲，就是近 23 萬畝。其中，新港溪以北地區（清初稱諸羅縣），文武官田園共計 8,356.3 甲，而由荷據時期墾成的「官佃田園」，只有 787.4 甲。二層行溪以南地區（清初稱鳳山縣），文武官田園共有 7,315.7 甲，而荷據時的「官佃田園」只有 1,892.5 甲。上述兩溪之間的地區（清初稱臺灣縣），荷據時期已得到相當程度的開發，但「文武官田園」仍有 4,599.7 甲之多。軍墾部分，也就是所謂的「營盤田」，鄭氏軍隊賴以自耕自給，各種史志記載沒有留下具體的數位。但根據分析，這部分土地的數量也是很大的。首先，要保證數萬軍隊的糧食供應，「營盤田」的面積，至少也應當在 1 萬甲以上。其次，按屯墾人數計算，鄭氏軍隊最少時也有約 2 萬人，以 3/10 投入屯墾（或說以半數投入屯墾），則屯墾人數至少也有 6,000 人。按清初臺灣每名屯種士兵給田 30 畝計算，這 6,000 屯種之人，所耕種的面積也不會少於 15,000 甲。

另外，據其他學者考證，當時鄭氏軍隊屯田的地點已知的有 40 餘處。臺灣現今的許多地名都與當時的屯田有關。例如：臺南縣的本協、新營、後鎮、舊營、五軍營、果毅後、查畝營、林鳳營、中營、下營、二鎮、中協、左鎮、小新營、後營、大營，高雄縣的營前、營後、前鋒、後協、中沖、北領旗、三鎮、角宿、援剿右、援剿中、仁武、中權，高雄市的後勁、左營、右沖、前鎮，屏東縣的大響營、德協、統領埔，嘉義縣的後鎮、雙援，桃園

縣的營盤坑，臺北縣的國姓埔等。從這許多的地名中，人們也不難瞭解到當年屯田的規模。

鄭氏時期開墾的區域，主要集中在以承天府（今臺南市）為中心，北至北港溪，南至下淡水溪的臺灣中南部地區。北港溪以北和下淡水溪以南地區也有少量的開發。具體分佈，如圖 3-1 所示。

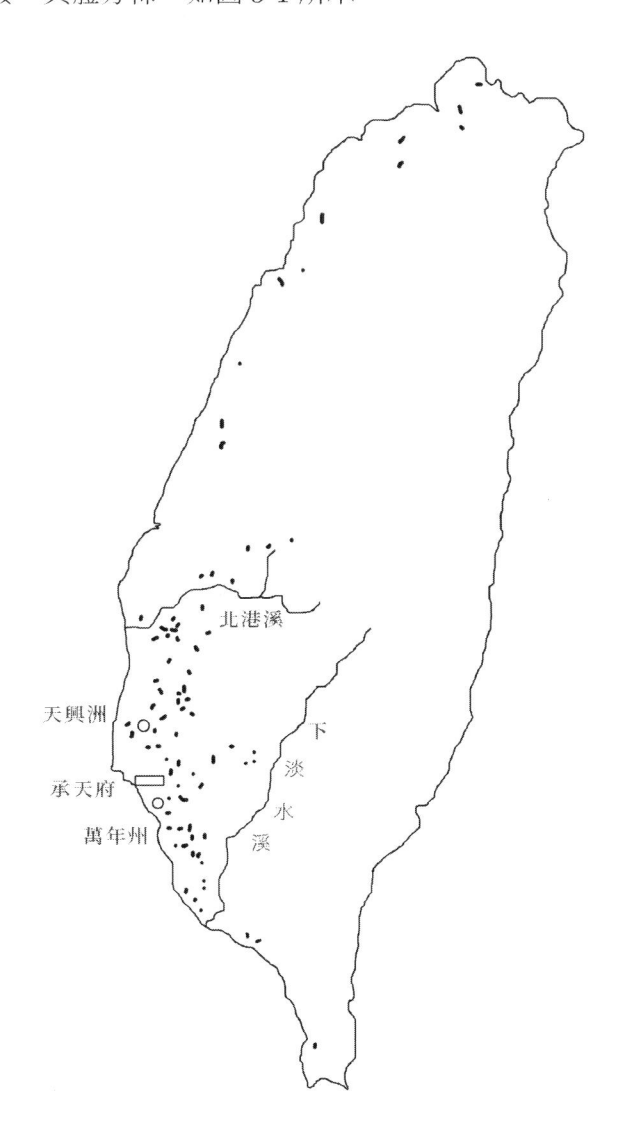

第三章 明鄭時期

圖 3-1 鄭氏時期臺灣土地開發示意圖（圖中黑點表示軍墾或民墾所形成的聚落）

從圖 3-1 中可以看出，當時臺灣中南部地區已有較為成片的開發，西部沿海的其他地方也有點狀的拓墾。為了使開墾的土地獲得良好的灌溉，當時，還修築了許多水利設施。這些水利設施大致可分為三類：一種是鄭氏軍隊修築的，因此，其名常帶有軍隊的番號，如：三鎮埤、三鎮陂、北領旗陂、中沖崎陂、蘇左協陂、角宿陂、仁武陂等。一種是明宗室和鄭氏文武官員修築的，如：月眉池（甯靖王朱術桂所修）、輔政埤（輔政公鄭聰所修），三老爺陂、五老爺陂等。一種是民間修築的，如：甘棠潭（佃民所築）、王友埤（佃民王友所修）、十嫂埤（王十嫂募佃所築）等。這些水利設施大多規模較小，稍具規模者，有：草潭，「蓄水甚多，灌注甚廣」。三老爺陂、角宿陂均「灌田頗多」。

由於土地的大量開發和水利的興修，從康熙四年（1665 年）起，農業連年豐收，不但島上軍民的糧食可以自給，而且，還能「以其有餘，供給漳泉，以取其利」。[051] 在這基礎之上，製糖、製鹽、燒瓦、建築、造船、冶鐵等手工業也有了一定程度的發展。例如，當時有蔗車 100 張，[052] 以每張蔗車每年榨汁 700 桶，每桶蔗汁製糖 100 斤計算，其年製糖能力大約在 7 萬擔以上。荷據時期，鹽的生產採用鹵水煎煮法，不但費工時，而且鹽味苦澀，不便食用。鄭氏時期，教民曬鹽，「就瀨口地方，修築丘埕，潑海水為鹵，暴曬作鹽，上可裕課，下資民食」。新方法製鹽，「色白而咸，用功甚少」。不但鹽的品質得到了提高，而且還提高了勞動生產率。磚瓦的生產也是這樣，當時在柴頭港建立的磚瓦窯，教匠取土燒瓦，結束了全靠大陸轉運磚瓦的歷史。

當時，島內生產的農產品和手工業產品品種相當豐富。據蔣毓英《臺灣府志》記載，糧食作物有稻、麥、黍稷、菽五大類，30 餘個品種，蔬菜有 40 餘個品種，水果有 20 多個品種，還有豐富的水產品和家禽、家畜。手工業產品有：鹽、黑砂糖、白砂糖、冰糖、汽酒、老酒、番仔酒、菁靛、藤皮、白灰、木炭、棉布、苧布、麻布、毛被、鹿皮等。施琅在《恭陳臺灣棄留疏》中有這樣一段描述：「野沃土膏，物產利溥，耕桑並耦，魚鹽滋生，滿山皆屬

---

[051] 連橫．《臺灣通史》，商務印書館，1983 年版，第 380 頁。
[052] 臺灣文獻叢刊第 84 種，《福建通志臺灣府》（上），大通書局版，第 167 頁。

茂樹，遍處俱植修竹。硫磺、水藤、糖蔗、鹿皮以及一切日用之需，無所不有。」、「人居稠密，戶口繁息，農工商賈，各遂其生」。當時，共有街市店厝6,270.5間，[053]可見其商業的繁榮，這也從另外一個角度說明了鄭氏時期開發的成果。

四、封建土地所有制的形成

隨著鄭成功墾地令的執行和荷蘭東印度公司「王田」的接收，一種不同於荷據時期土地占有形式的封建土地所有制在臺灣開始形成。在這種土地所有制形態下，土地分為「官田」、「文武官田」、「營盤田」三種類型。

「官田」是鄭氏政權直接占有的土地，它是由荷蘭東印度公司接收的「王田」轉變而成的。荷蘭人投降之時，雙方簽訂的協議中規定：「所有在福摩薩之中國債務人及中國租地人之名單以及他們所欠債務應從公司帳簿中抄出，呈交國姓殿下。」移交租地人名單，就是為了保證在荷蘭人撤走之後，原有荷蘭東印度公司的「王田」不致流失到私人手裡。在此之前，鄭成功在墾地令中三令五申「不許混圈土民及百姓現耕田地」，除了維護土著居民和漢族百姓的現有利益之外，也有為了「王田」不被侵占，以便最後完整接收。事實上，鄭氏政權對「王田」的接收也是相當完整的。1659年，荷蘭東印度公司擁有的耕地總面積是12,252甲，1660年是11,484甲，而鄭氏時期「官田」的總面積是9,782.8甲。經過巨大的社會變革之後，「王田」的保存率還達到了85％。

「官田」的經營，據清初第一任諸羅知縣季麒光說：「偽鄭自給牛種，佃丁輸稅於官，即紅夷之王田，偽冊所謂官佃田園也。」、「官佃田園，牛具埤圳，官給官築，令佃耕種。」另據《諸羅雜識》記載：「蓋自紅夷至臺，就中土遺民令之耕田輸稅，以受種十畝之地名曰一甲，分別上、中、下則征粟。其陂塘堤圳修築之費，耕牛、農具、籽種，皆紅夷資給，故名曰王田，亦猶中土之人受田耕種而納稅于田主之義，非民自世其業而按畝輸稅也。及鄭氏攻取其地，向之王田，皆為官田，耕田之人，皆為官佃，輸稅之法，一如其

---

[053] 臺灣文獻叢刊第84種.《福建通志臺灣府》（上），大通書局版，第168頁。

第三章 明鄭時期

舊，即偽冊所謂官佃田園也」。「官田」的經營方式與荷據時期「王田」相同，而「王田」的經營方式，《諸羅雜識》已指明「亦猶如中土之人受田耕種而納稅于田主之義」，也就是說，它與大陸上某種土地經營方式也是相同的。在中國大陸，歷代政府或皇室直接占有的耕地就稱官田，有些官田，也由政府提供土地、種子、耕牛與農具等生產資料和生產工具。因此，實際上鄭氏「官田」就是繼承了當時中國大陸封建國有土地所有制的形式。

由於「官田」實行租賦合一的田賦制度，因此，它的賦率相對較高，約占收成的 1/3。季麒光《條陳臺灣事宜文》中說，「官佃田園，盡屬水田，每歲可收粟五十余石，偽鄭征至十八石、十六石，又使之辦糖、麻、豆、草、油、竹之供。」另據他的《覆議二十四年餉稅文》記載，「官田」各等則的征賦標準如表 3-1 所示：

表 3-1

地則	每甲賦率	地則	每甲賦率
上田	18 石	上園	10.2 石
中田	15.6 石	中園	8.1 石
下田	10.2 石	下園	5.4 石

「官田」的田賦包括了償還鄭氏政權對生產的各項投資在內，因此，它對佃農的剝削，與當時大陸各地實行的大約 50% 的地租率相比，還是較輕的。

「文武官田」是鄭氏時期私田的別稱，由鄭氏宗族、文武官員和民間的「有力者」招佃墾耕，也是臺灣封建地主土地所有制的最初表現形式。鄭成功的墾地令中規定：文武各官及總鎮大小將領家眷，「隨人多少，圈地永為世業」。「文武各官圈地之處，所有山林陂池，具圖來獻，本藩薄定賦稅，便屬其人掌管。」、「文武各官開墾田地，必先赴本藩報明□數，而後開墾，至于百姓，必開□數報明承天府，方准開墾。如有先墾而後報及報少而墾多者，察出定將田地沒官，仍行從重究處。」另據《諸羅雜識》記載：「文武官田」、「三年一丈量，蠲其所棄而增其新墾以為定法。」可見，鄭氏政權對「文武官田」的管理還是比較嚴密的。

「文武官田」的經營方式，據季麒光稱，「文武諸人各招佃丁，給以牛種，

收租納稅,偽冊所謂文武官田也。」、「文武官田園,自備牛種,與佃分收,止完正供。」說明「文武官田」地主對生產的投資不像「官田」那樣劃一,正像前面已經敘述的一樣,有些水利設施是佃人自己修築的。因此,「文武官田」的地租也比租賦合一的官租要複雜,往往是由地主和佃人對生產投資的不同比率而確定的,「與佃分收」就是這個道理。一般說來,「文武官田」的租率和「官田」相差無幾,在生產條件基本一致的情況下,兩種佃丁的負擔也約略相等。

「文武官田」的征賦標準,過去的史志記載沒有一種完全正確,綜合各種記載分析,正確的征賦標準應當是,各等則都是「官田」的1/5。具體賦率如表3-2所示:

表 3-2

地則	每甲賦率	地則	每甲賦率
上田	3.6 石	上園	2.04 石
中田	3.12 石	中園	1.62 石
下田	2.04 石	下園	1.08 石

除了田賦的徵收之外,「文武官田」還必須應付各種差役,如甯靖王朱術桂的數十甲土地,鄭氏「從而征其田賦,悉索募應」。

「營盤田」就是軍屯田,「鎮營之兵,就所駐之地自耕自給,名曰營盤」。「營盤田」的情況,由於有關記載較為簡略,難得其詳。據《臺灣外記》記載,鄭氏軍屯田的做法是:「按鎮分地,按地開荒。」、「其火兵則無貼田,如正丁出伍,貼田補入可也。」、「照三年開墾,然後定其上、中、下則,以立賦稅。但此三年內,收成借十分之三,以供正用。」墾成以後的稅則,已不能詳考。「火兵」指隨軍親屬。鄭氏的「營盤田」只有正丁可以授田,隨軍親屬不予授田,但在正丁出伍的情況下,親屬可以補入繼承。從現有的史料分析,鄭氏的「營盤田」和當時大陸的軍屯田一樣,已經出現了國有制與私有制並存、並由國有向私有轉化的現象。鄭成功的墾地令中規定,鄭氏官兵在汛地屯墾的土地,可「永為世業,以佃以漁及經商」。說明「營盤田」不但有繼承權,而且有租佃權,已具有私有的性質。但是,與文武官員及百姓開墾

第三章 明鄭時期

必先報明甲數，山林陂池也要「薄定賦稅」不同，「營盤田」的開墾無須報明甲數，其山林陂池也不徵收賦稅，說明「營盤田」和私有的「文武官田」還是有所區別的。

五、清廷的經濟封鎖與臺灣的內外貿易

清廷對鄭氏集團一向採取經濟封鎖政策。早在順治十二年（1655年），清廷就採納了浙閩總督屯泰的建議：「沿海省份應立嚴禁，無許片帆入海。」[054] 次年，敕諭浙江、福建、廣東、江南、山東、天津等地文武官員：「嚴禁商民船隻私自出海，有將一切糧食、貨物等項與逆賊貿易者，或地方官查出，或被人告發，即將貿易之人，不論官民俱行奏聞正法，貨物入官。」1661年，鄭成功揮師入臺之後，清廷又採納了兵部尚書蘇納海等人的意見，採取更加殘酷的措施，「將山東、江、浙、閩、廣濱海人民盡遷入內地，設界防守，片板不許下水，粒貨不許越疆」。把沿海30裡地帶劃為界外，不許百姓居住，對金、廈、臺、澎實行嚴厲的經濟封鎖。康熙十三年（1674年），「三藩之亂」

發生後，福建沿海遷入界內的百姓紛紛回到故土。1678年，清軍基本控制了福建局勢，於是再行遷界之令，將福建「界外百姓遷移內地，仍申嚴海禁，絕其交通」。[055]

清廷的經濟封鎖給鄭氏政權帶來了很大的困難。然而，鄭氏政權對付清廷的經濟封鎖也有一套有效的辦法，那就是千方百計地發展與大陸和海外的貿易，其方法之一，就是在大陸沿海設置一些走私、透越的據點，從而將貨物轉運臺灣。順治十八年（1661年），鄭氏洪姓部將「于福建沙城（埕）等處濱海地方，立有貿易生理。內地商民作奸射利，與為互市，凡杉桅、桐油、鐵器、硝黃、湖絲、紬綾、糧米一切應用之物，俱諸行販賣」。康熙五年（1666年），鄭經利用江勝占據廈門、邱輝占據達濠（在廣東潮陽），「斬茅為市，禁止擄掠，平價交易。凡沿海內地窮民，乘夜竊負貨物入界，雖兒童無

---

[054]《大清世祖章皇帝實錄》卷九十二，中華書局，1985年版。
[055]《大清聖祖仁皇帝實錄》卷七十二，中華書局，1985年版。

第二節 大陸移民與臺灣開發

欺。自是，內外相安，邊疆無釁，其達濠貨物，聚而流通臺灣。因此而物價平，洋販愈興」。「輝集廣、惠亡命以相助，且善為交通接濟，貨物興販，而臺日盛。」

　　為了維持與大陸的貿易活動，鄭氏政權還採取了收買清軍守邊官兵的做法，使邊禁如同虛設。順治十八年十二月（1662年2月），清廷在「嚴禁通海敕諭」中曾指出：「該管官兵亦不盡心職守，明知奸弊，佯為不知，故縱商民交通貿易。」更有甚者，有些清軍官兵還幫助鄭氏進行走私活動，如《臺灣外記》記載，「雖汛地謹防，而透越不時可通。有佩鞍穿甲追趕者，明使護送。即巡哨屢行，有耀武揚威才出者，明使回避。故臺灣貨物船料，不乏於用。」在長期的反封鎖鬥爭中，臺灣出現了一批善於在海峽兩岸往來貿易的商人。另外，在海禁、遷界的情況下，從事兩岸貿易獲利頗豐，一些大陸商人也不惜鋌而走險，將各種貨物販運臺灣。康熙十三年（1674年），福建總督范承謨就曾指出，「即釘、麻、油、鐵、絲綢、布帛，皆奸商巨賈、勢豪土棍有力者之所辦」。因此，儘管清廷實行了嚴厲的經濟封鎖政策，但當時海峽兩岸的貿易活動卻始終沒有停止過。郁永河在《鄭氏逸事》中甚至說：「我朝嚴禁通洋，片板不得入海，而商賈壟斷，厚賂守口官兵，潛通鄭氏以達廈門，然後通販各國。凡中國各貨，海外人皆仰資鄭氏，於是通洋之利，惟鄭氏獨操之，財用益饒。」、「海禁愈嚴，彼利益普。」

　　清廷的經濟封鎖，促使鄭氏政權更加努力地發展臺灣的海外貿易，以保證龐大的軍用和民生物質的需求。當時，主持海外貿易的洪旭「遣商船前往各港，多價購船料，載到臺灣，興造洋艘、鳥船，裝白糖、鹿皮等物，上通日本，製造銅、倭刀、盔甲，並鑄永曆錢，下販暹羅、交趾、東京各處以富國。從此臺灣日盛，田疇市肆不讓內地」。鄭氏遠洋船隊的規模，據曾在鄭氏政權中專管通洋船隻的史偉琦稱，鄭氏強盛時，以仁、義、禮、智、信為號的海路五商，每一字型大小下各設有通洋海船12只。儘管鄭氏在軍事上屢有挫折，但這些海船卻沒有什麼損失。鄭氏政權利用這些船隻以及臺灣在東西洋貿易中的有利地位，「每年牟利不可勝數」。1683年初，福建總督姚啟聖奏稱，鄭氏「尚有洋船九隻，每年出往外國販洋，所得利息以為偽官兵糧餉

第三章 明鄭時期

之用」。除了官有船隻之外，一些文武官員，如劉國軒、洪旭等都有私人船隻從事遠洋貿易。當時，臺灣的商船每年往返興販於日本、琉球、暹羅、呂宋、蘇祿、萬丹、交趾、東京、汶萊、柬埔寨、麻六甲、咬吧、廣南、柔佛等地。向日本輸出的商品主要有：鹿皮、砂糖、藥材、絲織品等，從日本輸入的，則有銅、鉛、兵器、盔甲、黃金、白銀、錢幣等。而從東南亞等地輸入的商品則是：香料、蘇木、銅、鉛、錫、象牙、燕窩以及各種布料等。

除了商船四處興販之外，鄭氏政權還與鄰近各國通商，並准許外國公司到臺灣設立商館。康熙九年（1670年），鄭氏政權和英國東印度公司之間就簽訂了通商協定。英國東印度公司還在臺灣設立了商館。

第三節 鄭氏政權的對外關係和鄭清關係

一、鄭氏政權與荷、日、英等國的關係

由於臺灣的地理位置和在東西洋貿易中的重要地位，鄭氏政權與鄰近各國以及西方殖民者之間有著廣泛的接觸。在鄭氏政權的對外關係中，與荷蘭、日本、英國、呂宋等國有著較為特殊的交往。

荷蘭殖民者被鄭成功逐出臺灣之後，念念不忘捲土重來。1662年至1664年間，他們三次組織遠征艦隊，從巴達維亞來到中國沿海，伺機報復。1662年8月，首次遠征艦隊打著「支援大清國」的旗號，來到閩江口，聲稱「前來協助大清國征剿鄭逆」。提出的條件是，要求清方准許自由貿易，並且幫助他們攻打臺灣。清靖南王耿繼茂和福建總督李率泰對荷蘭人的合作要求不敢擅自主張，具疏請旨定奪。荷蘭人由於一時沒有得到清廷的答覆，曾單獨攻擊鄭軍在福建沿海的船隻，但沒有取得多大戰果。1663年9月，再度來華的荷蘭艦隊和清軍結成了聯盟，並且共同向鄭軍駐守的廈門發動進攻。據《海上見聞錄》記載：「夷船高而且大，一船有大小銃千餘號，橫截中流，為清船藩蔽。……世藩見夷船多炮，眾寡不敵，乘潮漸漸退出浯嶼。……周全

第三節 鄭氏政權的對外關係和鄭清關係

斌以為船多被夷炮損壞,不如退守銅山,遂棄兩島而去。」由此說明,荷蘭人的參戰是鄭軍棄守金、廈二島的主要原因之一。

金、廈戰後,荷人曾與鄭氏有過一些交涉。最初,荷方提出了要求鄭氏交還臺灣及其所有城堡武器,恢復東印度公司一切產權、償還欠債、釋放俘虜等多項條件。經過信使數次往返,鄭方同意將仍羈留在臺灣的100多名荷人家屬釋放,而荷人也撤銷了原來的其他要求,只請鄭氏准其通商,並允許他們在淡水和雞籠兩地設立商館。鄭氏只能同意荷人在南澳進行交易,並要求荷人解除與清軍的聯盟。最後,雙方沒有談成。這期間,清荷雙方在下一步作戰意圖上產生了分歧。荷人不願幫助清軍進攻銅山,清方也不願在取得沿海島嶼之前攻打臺澎。1664年2月,荷軍獨自向澎湖、臺灣進發,曾一度占領了澎湖的一些島嶼。後因聽到清、鄭交涉有所進展,寄希望於清方在鄭氏投降後將臺灣移交,故又返回巴達維亞。1664年7月,第三次遠征艦隊駛往中國。在這次行動之前,荷蘭東印度公司已認識到,「由於種種原因,現在還不可能取回臺灣。……因決定暫時放棄取回臺灣的想法」,只準備重新占領雞籠,「作為行駛於北方即中國沿岸的船隻的臨時集合地」。8月18日至20日,荷軍在澎湖打敗了守島的鄭軍。27日,占領了無人駐守的雞籠。再度占領雞籠之後,荷蘭東印度公司曾作出決議,在雞籠的荷蘭人,「不得與國姓爺集團的代表進行談判,他們的代表應派到巴達維亞,但可以默許走私船前來雞籠貿易」。而鄭氏對重新占領雞籠的荷蘭人也採取了一種較為克制的態度。據1667年8月和10月從雞籠寄出的兩封信中說:「敵人國姓爺集團雖擁有比前更強大的兵力,而且威嚇說要攻打雞籠,但沒有實行。」這期間,由於清廷結束了荷人在中國沿海的貿易特權,雞籠失去了對大陸貿易的中轉站的作用,在經濟上已無利益可言。因此,1668年10月,荷蘭人主動撤離了雞籠。這以後,鄭荷之間仍然互相視為敵人。1670年,鄭經「曾函請鄰近之國家與其所管轄之地區通商,惟荷蘭人及滿清人除外」。這種敵對關係,一直維持到鄭氏降清為止。

鄭氏與日本之間有著較深的淵源,不但鄭成功的母親是日本人,而且,從鄭芝龍開始,鄭氏與日本之間就有著密切的商業往來。為鄭成功掌管東西

第三章 明鄭時期

洋貿易的戶官鄭泰，私自存放在日本長崎唐通事辦事處的銀子就曾達到 30 多萬兩，可見其貿易交往的規模。鄭成功收復臺灣之後，鄭氏與日本之間的交往仍然相當密切。當時，每年平均有 14 到 15 艘大船從臺灣開到日本。1670 年，到日本的臺灣商船達到 18 艘，其中大部分為鄭氏所有。臺灣生產的糖和鹿皮也以日本為主要市場，僅 1682 年，從臺灣輸往長崎的白糖和冰糖就有 992,286 斤。

可是，鄭氏與日本的關係，也曾因琉球貢船事件有過短暫的不愉快。1670 年，琉球向清廷進貢的船隻在福建沿海地方被鄭氏水師截獲，並羈押往臺灣。當時，琉球同時也是日本的藩屬國，於是，投訴於日本。日方在 1671 年扣押了一艘駛往長崎的鄭氏商船，並勒令其交納 3 萬兩白銀，以此作為對琉球貢船的賠償。鄭經對此極為憤怒，曾在 1672 年不許鄭氏船隻駛往長崎。但是，這種狀況很快得到了改善。1673 年，一艘日本船隻被風飄到臺灣，鄭氏不但幫助修理船隻，而且還贈給難民糧食、衣物，將他們送回長崎。日方感激，江戶幕府特地酬以白銀 2,000 兩，讓鄭氏官商帶到臺灣。1674 年，協理戶官楊英寫信給長崎奉行，將日方的謝銀送還，表示「日本與本國通好，彼此如同一家。……日國之民即如吾民，飄風到此，自應送回，豈有受謝之理。」雙方的友好關係又得到了恢復。

英國是鄭氏向各國招商之後第一個回應的西方國家，也是唯一與鄭氏簽訂通商協議並在臺灣建立商館的西方國家。1670 年 6 月，英國東印度公司首次派遣兩艘船隻訪問臺灣，受到了鄭氏的熱情歡迎。經過一段時間的協商，雙方於 9 月 10 日簽訂了一個 37 條的非正式協定。1672 年 7 月，英國東印度公司再次派遣 3 艘船隻抵達安平，籌設商館，並於 8 月 23 日與鄭氏簽訂了正式的通商協議，共 13 條。1675 年 7 月 9 日，雙方又增訂了補充協議 10 條。這些協定的主要內容是：鄭氏保護英商在臺的生活、航行及貿易自由，英商可以購買臺灣所產砂糖和皮貨的 1/3 或更多，輸臺商品征 3% 的關稅，英國公司必須派人為鄭氏製造和管理火器，英商必須輸入一定數量的鄭氏所需要的火藥、武器、鐵、布匹等貨物。當時，鄭英雙方彼此互相需要，英方想通過臺灣作為仲介地，發展與大陸及日本的貿易，鄭氏則希望通過英商

第三節 鄭氏政權的對外關係和鄭清關係

獲得西方先進火器的供應。因此，在一段時間裡，雙方關係發展比較順利。1676年，英方還在鄭氏占領的廈門建立了商館。

然而，由於鄭氏的貿易大多由官商經營，壟斷性較強，很難達到英商所希望的自由貿易的標準，加上鄭氏部屬拖欠貨款等原因，雙方的關係也曾出現危機。1680年3月，英國東印度公司曾寫信給鄭經，其中說：「據吾商館之報告，在貴地吾國人未能享有銷貨自由，貨物時有以王的名義被徵收，或被貴部屬侵占。……故特請貴王轉飭貴部屬將所欠之債務，一律償還。……否則則請國王准予吾國人按照國際法及慣例，在海上拿捕貴部屬船隻以為抵償。」這以後，雙方關係雖沒有進一步惡化，但英人在臺商館的業務已處於停頓狀態。1683年，鄭氏降清時，英國東印度公司還有7人留在臺灣追討欠款，處理存貨。

鄭氏與西班牙人侵占下的呂宋之間雖有商貿往來，但雙方的關係並不友好。1662年4月，鄭成功收復臺灣後不久，鑒於西班牙人屢有欺凌華人和鄭氏商船之事，曾派遣多明我會教士義大利人李柯洛（Victorio Ricoro）為特使，攜帶一封措辭強硬的書信，前往馬尼拉，要求西班牙人「每年俯首來朝納貢」。西班牙人接信後，也準備採取強硬措施，要將華人中的非天主教徒一律驅逐出境，這樣就引起了騷動。動亂中，西班牙人殘殺了大批的華人。

消息傳到臺灣，鄭成功立即決定派兵征討呂宋，可是，幾天後不幸急病去世。接著，鄭氏內部發生了叔侄爭權的內亂，因此，征討行動沒有付諸實行。1663年3月，李柯洛再次來到馬尼拉。這次他是「為和平而來」。經過協商，西班牙人同意歸還呂宋華人的產權，雙方恢復通商。1666年，呂宋總督派遣一傳教士為使者，要求在臺灣進行傳教活動，遭鄭氏拒絕。鄭經對其表示，「凡洋船到爾地交易，不許生端勒擾。年當納船進貢，或舵或桅一。苟背約，立遣師問罪。」以後，雙方維持著商貿往來。1672年和1683年，先後有鄭氏部將要求征討呂宋，均未付諸實行。

第三章 明鄭時期

二、鄭氏政權與清廷之間的和與戰

鄭氏政權把主要力量移守臺灣之後，有數年時間，在大陸沿海仍與清方保持著軍事上的抗爭。在其餘的時間裡，鄭、清雙方則處於隔海對峙的狀態。在這種情況下，雙方的關係，不斷地以戰爭與和談的形式交替。

康熙元年五月（1662年6月），鄭成功在臺灣病逝，其弟鄭世襲在黃昭、蕭拱宸等人的擁護下，圖謀自立。在廈門的鄭經聞訊後，也隨即發喪嗣位。鄭氏內部出現了叔姪爭權的內亂。清方以為這是一個和平瓦解鄭氏政權的大好時機，於是，靖南王耿繼茂和福建總督李率泰派出使者到廈門談判，企圖說服鄭氏降清。鄭經為了從內外交困的局面中解脫出來，也授意鄭泰、洪旭、黃廷等人與清方進行交涉。甚至交出了南明皇帝頒給的敕書3道、公侯伯印6顆、繳獲的州縣各官印信15顆，以及假造的鄭氏官兵、人口、器械總冊等，以迷惑清方。在談判過程中，雙方在是否「剃髮」、「登岸」問題上反覆交涉，實際上是鄭方利用和談有意拖延時間。「十二月，楊來嘉從京回廈，報『必欲薙髮登岸』。洪旭……遣員過臺啟經：『招撫不成』。」而在這之前，鄭經與周全斌等早已舟師入臺，迅速平定了內亂。這次和談，前後歷時半年，鄭經因此贏得了穩固內部局勢的時間。

由於招撫不成，康熙二年十月（1663年11月），清軍在荷蘭東印度公司艦隊的協助下，向鄭軍駐守的廈門發起攻擊。在海戰中，鄭軍儘管也取得了擊斃清提督馬得功這樣一些局部性的勝利，但終因寡不敵眾，被迫退出了經營多年的戰略基地——廈門。清軍於20日（二十一日）在廈門登陸，並且，乘勝攻占了金門和浯嶼。失去金、廈之後，鄭經退守銅山。但這時軍心動搖，眾將紛紛叛離。鄭經眼看銅山難保，先行攜帶眷口及文臣、宗室、遺老過臺。康熙三年三月（1664年4月），清軍向銅山進攻，於10日（十五日）占領了這個島嶼。至此，鄭氏在大陸沿海的主要島嶼喪失殆盡。

清軍攻占大陸沿海各島後，準備乘勝進攻臺灣。康熙三年（1664年）十一月，福建水師提督施琅率領鄭氏降將周全斌、楊富等各官兵船隻向臺灣進發，遇風而還。1665年5月，施琅率領眾將又出征臺灣，5月31日，舟

第三節 鄭氏政權的對外關係和鄭清關係

師駛抵澎湖，突遇狂風暴雨，各船除沉沒者外，其餘均漂散。兩次渡海東征無功而返，於是清廷裁福建水師提督，將施琅調往北京，對鄭氏政權轉而採取和平招撫的方針。

康熙六年（1667年）七八月間，清方首先派遣道員劉爾貢、知州馬星入臺談判，並且帶來了福建招撫總兵官孔元章及鄭經母舅董班舍的書函。清方表示，只要鄭氏歸順剃髮，可以冊封為「八閩王」，並將沿海各島嶼讓鄭氏管轄。鄭經則表示，「王侯之貴，固吾所自有，萬世之基已立於不拔」，「不佞亦何慕於爵號，何貪於疆土，而為此削髮之舉哉。」10月，孔元章自往臺灣，雙方的談判似乎有些進展。他在臺灣住了一個多月，回程時帶有鄭氏饋送的大量禮品，並稱「本鎮親詣臺灣，仰仗朝廷威福，業取逆等允從確據」。但據《海紀輯要》記載，這次談判沒有取得成果。「清遣總兵孔元章至東寧招撫，弗從。清議以沿海地方與世子通商，欲其稱臣奉貢並遣子入京為質等三事。世子曰：『和議之策不可久，先王之志不可墜。』即命舟人渡元章旋。」

康熙八年（1669年），清廷派刑部尚書明珠、吏部侍郎蔡毓榮入閩，與靖南王耿繼茂、福建總督祖澤溥等主持與鄭氏的談判。清方首先派興化知府慕天顏、都督僉事季佺入臺宣示清廷招撫之意。鄭經表示，「苟能照朝鮮事例，不削髮，稱臣納貢，尊事大之意，則可矣」，並派禮官葉亨、刑官柯平隨慕天顏等到泉州商談。經反覆交涉，清方在一些問題上作出了讓步，允許鄭氏「藩封，世守臺灣」，但在「剃髮」問題上，堅持不作妥協。清廷在給明珠、蔡毓榮的敕諭中說：「若鄭經留戀臺灣，不忍拋棄，亦可任從其便。至於比朝鮮不剃髮、願進貢投誠之說，不便允從。朝鮮系從來所有之外國，鄭經乃中國之人。若因住居臺灣，不行剃髮，則歸順悃誠，以何為據？」、「爾等會同靖南王耿繼茂及總督、巡撫、提督等傳諭鄭經來使，再差官同往彼地宣示：果遵制剃髮歸順，高爵厚祿，朕不惜封賞。即臺灣之地，亦從彼意，允其居住。」、「如不剃髮投誠，明珠等即行回京。」這次談判，終因鄭經堅持不肯剃髮而告結束，但清鄭之間卻保持了幾年相安無事。

康熙十三年（1674年），中國大陸發生「三藩之亂」。鄭經企圖趁機反攻大陸沿海，他率師西向，參與軍事角逐。數年中，清鄭雙方在戰場上呈拉鋸

第三章 明鄭時期

狀態。1675年初至1676年10月間，鄭軍處進攻態勢，不但占據了福建的許多府縣，而且還攻占廣東潮州、惠州的不少地方。但在康熙十五年十月至十六年二月（1676年11月至1677年3月）間，鄭軍卻連遭敗績，先後丟失了邵武、汀州、興化、泉州、漳州、海澄等地，不得已退守廈門。不久，潮州、惠州也相繼失去。1678年3月至8月，經過休整後，鄭軍在劉國軒的指揮下，頻頻出擊，屢傳捷報，曾經先後攻占閩南許多縣份，可是9月以後，鄭軍所占州縣相繼失去，不得已於康熙十九年二月（1680年3月）撤出廈門，退守臺灣。

在雙方軍事對抗期間，和談活動仍時有進行。康熙十六年四月（1677年5月），清康親王傑書派遣僉事道朱麟、莊慶祚到廈門談判。由於鄭經堅持以「高麗、朝鮮例」，又表示不願「裂冠毀冕」，而要「向中原而共逐鹿」而罷。不久，傑書和福建總督姚啟聖又先後派遣官員、士紳到廈門議和，要求鄭經讓出海澄和沿海島嶼，雙方以澎湖為界，便可「照依朝鮮事例，代為題請」。鄭方不肯退讓，後來表示可將海澄作為「往來公所」，雙方也未能達成協議。1682年，福建總督姚啟聖派遣副將黃朝用赴臺談判。當時，鄭氏的立場是：「請照琉球、高麗外國之例稱臣奉貢，奉朝廷（指清廷）正朔，受朝廷封爵，接詔者削髮過海，在臺灣者求免削髮登岸。」而清方的立場是「臺灣賊皆閩人，不得與琉球、高麗比」。由於雙方堅持各自立場，互不妥協，這次談判同樣沒有成果。

但是，總的來說，自從鄭經再次退守臺灣，海峽兩岸的形勢，已明顯有利於清方。當時，在臺灣內部已出現了各種危機。

首先，是統治集團內部的危機。鄭經自廈門敗歸之後，意志消沉，「怠於政事」，「溺於酒色」。「陳（永華）、馮（錫範）互相爭權，劉（國軒）擁重兵主外，叔姪相猜，文武解體，政出多門，各懷觀望。」不久，陳永華被迫辭職並很快死去。接著，康熙二十年正月二十八日（1681年3月17日），鄭經病逝。兩天之後，馮錫範與鄭經諸弟以年輕有為的監國鄭克（陳永華之婿）非鄭經親子為名，將其絞殺，而把年僅12歲的鄭克塽擁立嗣位。鄭克塽是馮錫範的女婿，自此，鄭氏內政，事無大小皆取決於馮錫範，外事則取決於劉

第三節 鄭氏政權的對外關係和鄭清關係

國軒。他們一個恃戚怙勢，一個擁兵跋扈，因此，導致鄭氏內部上下離心。

其次，是鄭氏軍隊的危機。面對統治集團的危機和清軍強大的壓力，鄭氏官兵對前途普遍失去了信心，與清軍暗通款曲、協謀內應以及直接前往降清的事件屢有發生。1681 年底，曾有鄭軍十一鎮接受了清軍的策反。據姚啟聖奏報：「續順公沈瑞、偽賓客司傅為霖共糾聯十一鎮，於康熙二十年十月內俱已糾合停當，已經領臣所頒綾劄重賞，協謀內應，以待我師。因師未進，為同謀偽鎮朱友出首。」儘管這次策反最終敗露，但鄭軍中的離心傾向已不可遏止。當時，在軍中地位僅次於劉國軒、馮錫范的左武衛何祐也秘密和清軍取得了聯繫，「謀結黨類，以待內應」。因此，施琅在澎湖戰役之前就說過，「我舟師若抵澎湖，勢難遏各偽鎮偽卒之變亂。則踞守澎湖逆賊縱有萬餘，內多思叛。驅萬賊萬心之眾，以抗我精練勇往之師，何足比數。」這種分析，完全符合當時鄭軍的實際。

其三，由於天災人禍，臺灣社會出現了許多不安定的因素。從 1681 年起，臺灣連續 3 年遭受旱災，但在 1683 年 6 月下旬卻連降暴雨，造成洪水泛濫。這種反常的氣候，給當時的農業帶來了沉重的打擊。1682 年，臺灣出現了嚴重的饑荒，「米價騰貴，民不堪命」。1683 年「二月，米價大貴，人民饑死甚多」。同年 7 月，當時在臺灣的英國商人曾記載說：「臺灣因米糧缺乏，軍民之間怨聲不絕。在大約十日之間，幾乎無米可買，以後亦極昂貴。貧民非混食番薯不能果腹。若無米糧從暹羅、馬尼拉等處運來，則不免餓死矣。」

除了水、旱災害之外，火災等事故也不斷發生。僅《海上見聞錄》記載，康熙二十年（1681 年），「四月，……承天府火災」。「八月二十八日，中軍營火」；「九月初三日，塗輕庭（應為土墼埕）火」；康熙二十一年（1682 年），「七月，……安平鎮火」；「十二月，承天府火災，沿燒一千六百餘家」。災害頻仍，給民眾生活帶來了很大的危害，也影響了社會的安定。

此外，鄭氏退守臺灣之後，無法像過去那樣在大陸沿海籌措糧餉，一切負擔都必須轉嫁在臺灣民眾身上，民眾普遍感到不堪負荷，對鄭氏政權的不滿情緒也逐漸成長。清軍的諜報人員對當時臺灣的社會狀況曾有這樣的評

第三章 明鄭時期

論：「彼處米貴，每擔價銀五六兩，七社土番倡反，形勢甚蹙，人人思危。」

與此同時，清軍在控制了整個大陸沿海之後，在要不要繼續攻取臺灣的問題上曾產生過意見分歧。水師提督萬正色等人反對進攻臺灣，朝廷中有人支持萬正色的意見。康熙皇帝曾發出「臺灣、澎湖暫停進兵」的諭令，並派出兵部侍郎溫岱等到福建會議，將全省陸路兵丁裁去 19,095 人，水兵裁去 5,000 人。在這種情況下，福建總督姚啟聖堅持主張，「臺灣斷須次第攻取，永使海波不揚」，避免了康熙初年那種毀船裁兵、放棄進取臺灣歷史的重演。鄭經病逝之後，清廷認為平定臺灣的時機已經到來，1681 年 7 月，康熙皇帝指示前方將領：「宜乘機規定澎湖、臺灣。……將綠旗舟師分領前進，務期剿撫並用，底定海疆。」這以後，清軍又進一步解決了內部組織中的兩個關鍵問題。第一，1681 年 9 月，經姚啟聖和李光地先後極力推薦，清廷同意讓施琅復任福建水師提督。這樣，清軍就有了一個熟諳海戰的統帥。第二，1682 年 11 月，清廷又同意了施琅「專征」的要求，讓福建督撫只負責「催趲糧餉」，而由施琅「相機自行進剿」。施琅獲得專征權，解決了施琅和姚啟聖對出兵時機和利用風向的爭端，使進軍臺灣的條件更趨成熟。

第四章
清代前期

第一節 康熙統一臺灣與經濟發展

一、統一臺灣與移民高潮

　　自從 1681 年 7 月康熙作出進取澎湖、臺灣的決策，福建文武官員便開始著手準備。但由於是由總督、提督共同出征，還是由一人專征，以及應當利用什麼風向出兵等問題，久議不決，而遲遲未能出兵。大規模海上用兵，風向至關重要，風向不利，不僅可能無功而返，還可能導致全軍覆沒。福建總督姚啟聖和水師提督施琅對此提出不同的主張。施琅經過反覆研究，直到取得專征權以後，才決定在第二年夏季利用南風進兵澎湖。康熙二十二年六月十四日（1683 年 7 月 8 日），施琅率領水陸官兵 2 萬餘人、戰船 200 餘號，從銅山（今東山）放洋，向澎湖、臺灣進發。在此之前，由劉國軒率領的鄭軍 2 萬餘人、戰船 200 餘號，已在澎湖嚴陣以待，準備與清軍決戰。9 日，清軍到達澎湖八罩島（今望安島），並在此停泊。10 日，清軍向澎湖島鄭軍發起攻擊，前鋒藍理等率船奮勇衝入敵陣，共擊沉、焚毀鄭氏船隻 14 艘，焚殺鄭氏官兵 2,000 餘人。11 日，施琅仍將船隊收入八罩水垵澳灣泊，並總結初戰經驗，嚴申軍令，查定功罪，分別賞罰。12 日，清軍進占虎井、桶盤

第四章 清代前期

兩嶼。13日，施琅親往內塹、外塹、內等處觀察地形。後兩日，又故用老弱之兵進行佯攻，以為驕兵之計。在此期間，鄭軍從未主動出擊。劉國軒認為，只要堅守澎湖，一旦颶風到來，清軍將不戰自潰。

經過幾天的休整，16日，清軍兵分3路，向澎湖再次發起攻擊。東路戰船50艘，從內直入雞籠嶼、四角山，為奇兵夾攻。西路戰船50艘，從內塹直入牛心灣，作疑兵牽制。中路由施琅親率大鳥船56艘，分為8股，每股7船，各作3迭，直攻娘媽宮各處炮城及迎戰鄭軍主力船隊。其餘80余艘戰船作為後援。攻擊從上午七八點鐘開始，清軍奮勇衝殺，經過八九個小時的激戰，到下午三四點鐘，鄭軍已完全崩潰。這一戰，清軍共擊沉、燒毀鄭氏大小船隻159艘，繳獲35艘，焚殺（包括溺死）鄭氏官兵12,000餘人。另有包括6員鎮將（總兵）、24員副將在內的5,018名鄭氏官兵倒戈投降。只剩下劉國軒帶領小船31艘從吼門逃回臺灣。澎湖戰役之後，臺灣已風聲鶴唳，草木皆兵。儘管當時鄭軍還有數萬兵卒，但軍心瓦解，全無鬥志。加上施琅對在澎湖降清的官兵優禮相待，全部賞給袍帽、銀米，負傷者令人醫治，要和家人團聚者派小船送回臺灣。降卒歸臺後輾轉傳述，使得「臺灣民眾莫不解體歸心，唯恐王師之不早來」。[056]另外，施琅還派人做劉國軒的工作。劉國軒見大勢已去，也力主投降。閏六月初八日（7月31日），鄭克塽派人到澎湖施琅軍前請降，要求仍居臺灣，「承祀祖先，照管物業」。[057]施琅拒絕了鄭氏的條件，要求鄭氏將人民土地悉入版圖，官兵遵制削髮，移入內地，聽從朝廷安置。在當時的情況下，鄭氏只能全部接受清方的條件。七月二十七日（9月17日），鄭克塽等向清方遞送了正式的降本，並繳納了延平王等冊印。八月十三日（10月3日），施琅親往臺灣，接受了鄭氏的歸降。

康熙二十二年（1683年），清政府進兵澎湖，克取臺灣，實現全國統一，這是清代前期中國歷史上的一個重大事件，人們通常稱之為康熙統一臺灣。

清廷得臺後，施琅曾經奏請對臺灣的棄留作出決定，引起了朝廷的一場

---

[056] 阮旻錫.《海上見聞錄》，卷二。
[057] 施琅.《靖海紀事》下卷，《齋書求撫疏》。

第一節 康熙統一臺灣與經濟發展

爭議。當時有人認為臺灣「孤懸海外，易藪賊，欲棄之，專守澎湖」；還有人說「海外泥丸，不足為中國加廣；裸體文身之番，不足與共守；日費天府金錢於無益，不若徙其人而空其地」。但閩浙總督姚啟聖則反對上述主張，他認為臺灣如果棄而不守，「勢必仍做賊巢」。[058] 後來康熙命令派往福建的侍郎蘇拜同當地總督姚啟聖、巡撫金及施琅等人會商臺灣的棄留，結果認為「留恐無益，棄虞有害」，意見不一。十二月，施琅上疏指出，蘇拜、金沒有到過臺灣，不敢對棄留作出判斷，而他本人則認為臺灣是沿海四省的前衛，如果放棄將會重新被荷蘭人所占，對沿海安全造成很大威脅。他還反駁了棄臺灣、守澎湖的說法，認為應當二者兼守才能安寧。所以他說：「棄之必釀成大禍，留之誠永固邊圍。」[059] 這時，都察院左都御史趙士麟等也上疏主張臺灣不能放棄。康熙詢問了大學士們的意見，李霨、王熙等同意施琅的看法，主張要守，而李光地則主張放棄。康熙說：「臺灣棄取，所關甚大。……棄而不守，尤為不可。」經過大臣們的商議，認為臺灣應當設兵守衛為宜。到了康熙二十三年（1684年）四月，康熙決定在臺灣設立府縣，棄留之爭才算結束。

發生這個爭議是可以理解的。在清方入臺後，鄭軍大量返回大陸，「宿莽藏穢，千原俱蕪」，人口只剩下六七萬，廣大地區尚未開發，當時臺灣的地位並不十分重要，未必是「四省之要害」，因此清政府不得不考慮花費大量人力物力於臺灣是否值得的問題。直到康熙六十年，臺灣稅收仍然很少，「所產不敷所用，止賴閩省錢糧養贍耳」。[060] 可見當時臺灣對清政府來說，還是一個負擔。可是清政府畢竟決定在臺灣設置郡縣，因為棄之則無法安置當地居民，留之則暫時可保無事。康熙在決定臺灣棄留時，確實考慮了利害得失。

本來清政府實行全面禁海，不允許人民下海經商和出國，並在沿海地區實行遷界，統一臺灣的第二年便開放海禁。在一段時間裡，臺灣地方官員注意招徠大陸流民前去開發，出現了「流民歸者如市」、「內地入籍者眾」的現象。與此同時，海上貿易空前活躍，沿海人民已有不少人遷往外國。其所以出現這種情況，一方面是福建、廣東人稠地狹，田園不足以耕種，在人口與

---

[058] 姚啟聖．《憂畏軒奏疏》卷五，《輿圖既廣請立規模》。
[059] 施琅．《靖海紀事》，下卷，恭陳臺灣棄留疏。
[060] 王先謙．《東華錄》，康熙朝，卷107。

第四章 清代前期

土地的壓力下，早在明末清初閩粵沿海就有不少人下海貿易或出洋謀生，海禁取消以後，外出的限制有所放寬，出洋謀生者增多。另一方面，當時東南亞、臺灣等地還有不少地方尚未開發，可以吸納內地流民。正是在這種推力和拉力的相互作用下，出現了向外尋求活路的移民動向。不過，在當時施琅就已經主張要防患於未然，他奏稱：「臺灣澎湖新闢，遠隔汪洋，設有藏機叵測，生心突犯，雖有鎮營官兵汛守，間或阻截往來，聲息難通，為患抑又不可言矣。」[061] 到了康熙四十一年（1702 年），臺灣知縣陳璸認為遊民對地方治安不利，提出禁止無照者渡臺的建議。康熙五十七年（1718 年），清政府作出了禁止偷渡臺灣的規定，成為一個長期的政策。當時的閩浙總督高其倬曾經提出建議准許耕農搬眷，藍鼎元也曾通過大學士朱軾建議搬眷，都未被采納；巡臺御史六十七、福建巡撫吳士功也都曾經建議搬眷。清政府在雍正十年至乾隆五年（1732—1740 年）、乾隆十年至十三年（1745—1748 年）、二十五年至二十六年（1760—1761 年）三次放寬對渡臺人民攜眷的規定，但總的看來，清廷始終嚴禁偷渡，而對搬眷則採取相當嚴格的限制。

清政府的禁渡政策，不是專門對付閩粵人民向臺灣移民的。早在 1717 年就已經發佈了對南洋的禁令，嚴禁私自出國，違禁者要嚴拿治罪。乾隆年間還規定只准廣州一口對外通商，並且禁止多種貨物出口。清政府之所以要採取禁止渡臺和出洋的政策，在政治上，是為了防止人民脫離政府的控制，成為沿海和邊疆的憂患。清政府不僅認為前往臺灣的移民多數是遊民和奸民，而且認為出國的華僑多數是「不安本分之人」，是盜賊、奸細、棄民和邊蠹。在經濟上，是為了把農民固定在土地上，保護政府的租賦。所以從深層看來，這是建立在自給自足基礎上的專制政權，為了維護其統治的長治久安而採取的閉關自守的政策的一個組成部分，而不是對臺灣的特殊政策。

在禁渡政策的影響下，閩粵人民不能自由前來臺灣，他們只得採取各種方式進行偷渡。有的偽造官府「路照」；有的買通船主，冒充水手、舵工；有的買通守口兵役，私放上船；有的由漁船運出港口，再上大船，到了臺灣附近又用小船接運，偷偷登陸。據《臺海使槎錄》記載：「偷渡來臺，廈門是

---

[061] 施琅.《靖海紀事》下卷,《海疆底定疏》。

第一節 康熙統一臺灣與經濟發展

其總路。又有自小港上舡者，如曾厝垵、白石頭、大擔、南山邊、鎮海、歧尾。」這些小港都在廈門附近。當然，其他地方也有偷渡據點。當時偷渡者多，商船偷載可得重利，甚至兵營的哨船也參與偷渡，每船私載無照的偷渡者100多人至200多人。當時還出現了所謂「客頭」，現存嘉慶九年（1804年）一份約書有如下記載：由客頭羅亞亮帶彭瑞瀾一家男婦老幼九人前往臺灣，交給花邊銀31元，伙食及小船盤費在外。[062] 包攬偷渡已經成為一種專門職業。偷渡行為如果被官兵發現，船隻就被當作「奸艄」，船主被處以各種刑罰，偷渡者被嚴刑拷打，驅逐出境。有些土匪流氓還以漏船冒充客船，騙走船資，冒險出海，如果遇到大風，就要葬身魚腹；如果能夠到達臺灣，也要在偏僻沙灘下船，有的陷入泥潭不能自拔，有的遇到漲潮無法登岸；「被害者既已沒於巨浸，倖免者亦緣有幹禁令莫敢控訴。」人們都要歷盡千辛萬苦，才能到達臺灣，而許多偷渡者則死於渡臺途中。福建巡撫吳士功的報告就提到如下的事實：乾隆二十三年（1758年）十二月至二十四年（1759年）十月，「共盤獲偷渡民人二十五案，老幼男婦九百九十九名口。內溺斃者男婦三十四名口，其餘均經訊明，分別遞回原籍。其已經發覺者如此，其私自過臺在海洋被害者，恐不知凡幾」。[063]

偷渡來臺的人數是無法統計的。康熙五十年（1711年），臺灣地方官員報告說：「自數十年以來，土著之生齒日繁，閩粵之梯航日眾，綜稽簿籍，每歲以十數萬計」，這就是說當時每年本地出生和移民來臺的人數共有十多萬人，顯然是被誇大了，而且新增的人口中大部分應當是移民。雍正十年（1732年），大學士鄂爾泰等奏稱：「臺地開墾承佃、雇工貿易均系閩粵民人，不啻數十萬之眾。」未提出具體數字。根據現存的檔案記載，清代前期的臺灣人口數字如表4-1所示（包括漢番男婦大小在內）。

表4-1

單位：人

時間	人數

---

[062] 黃榮洛.《渡臺悲歌》，臺原出版社，1990年版，第61頁。
[063]《續修臺灣府志》卷20，藝文1，吳士功.《題准臺民搬眷過臺疏》。

第四章 清代前期

年份	人口
乾隆二十八年 (1763)	666,040
二十九年 (1764)	666,210
三十年 (1765)	666,380
三十二年 (1767)	687,290
三十三年 (1768)	691,338
四十二年 (1777)	839,803
四十三年 (1778)	845,770
四十六年 (1781)	900,940
四十七年 (1782)	912,920
嘉慶十六年 (1811)	1901,833

應當指出，當時的人口統計是很難準確的，只能作為參考。大體上說，乾隆年間每年只增加幾千到1萬多人，而1782—1811年間則每年增加3萬多人，前後差別過大。當然移民有高潮，有低潮，乾隆、嘉慶之間應當是一次移民高潮。從長時段來看，清代取得臺灣時，由於鄭氏官兵大量離臺，臺灣人口減少大約一半。據估計，康熙二十四年（1685年），在臺灣的漢人人口約為7萬人，從1685年到1811年，臺灣人口大約增加180萬，這是大量移民的結果。人口增加為臺灣社會提供了大批勞動者，也為臺灣的開發提供了最重要的生產力。

二、土地的拓墾

清代臺灣經濟的發展，是以土地開發為前提的。荷、鄭時期，臺灣雖有所開發，但主要局限於以府城（今臺南）為中心的一帶及鳳山縣（今高雄）的部分地區。雞籠、竹塹、琅嶠等一些地方，因軍事需要的帶動，曾有點狀的開發，而中部、北部和最南部尚處於未開發狀態。清廷得臺後，不少移民到達臺灣，最初的十多年裡，主要以已開發的臺南平原中心地帶為依託向南北兩路進墾。由於鄭氏集團官兵大量回大陸，一些已墾辟的田園又呈荒蕪，因此最初多是墾複這些荒廢了的田園。同時，對嘉南平地大片未開發的荒野也進行了開墾。後來濁水溪以南的平地基本上已被墾辟，原來的荒野鹿場變為田園，鬥六門（今雲林）以下鹿獐已經很難見到了。平地開發以後，諸羅縣的閩南移民更招徠福建汀州府的客家人進墾楠梓仙溪、老濃溪上游的

第一節 康熙統一臺灣與經濟發展

山地。[064]

下淡水流域的開發，主要是粵東嘉應州客家人進行的。康熙年間，嘉應州屬平遠、鎮平、興寧等縣，許多客家人渡臺，在府治東門一帶傭工種植蔬菜，既而發現了下淡水溪東岸未開墾的荒野，乃相率移墾，田園漸闢。他們大量招徠原籍族人鄉黨，不斷擴大開墾範圍。康熙末年，下淡水溪沿岸的平地已基本開發，下淡水溪客家各莊已有 13 大莊 64 小莊。在平地開發的基礎上，粵東的客家人和閩南人有的轉向山陵地帶，有的拓墾最南部的平地，除了最南端琅嶠（今墾丁）一帶禁墾以外，南部基本開闢。

接著，移民的拓墾目標逐漸轉向中部的平地。此時濁水溪以北至淡水河流域，只有一些平埔人部落。康熙三十六年（1697 年），郁永河北上采硫，從彰化、竹塹一直到臺北平地，沿途看到的是高莽深菁、麋鹿逐隊，一片未開發的荒野景象。在他二十多日的行程中，僅兩次遇到個別的漢人。在清政府看來，這些漢人是「竄身幽谷」的流亡者，其實他們是荒野的拓墾者，他們已在平埔人部落所在地種植稻穀。彰化平地一帶也有零星的漢人移墾，他們向平埔人購買廢棄的村舍（「穢墟」）作為開墾的基礎。有些平埔人部落除了狩獵和採集之外，也實行刀耕火種式的遊耕農業。他們在春天砍伐竹木、芟除茅草，播下種子，即坐等收穫。二三年後，地力下降，又移耕別處。漢人移民在他們這種「穢墟」的基礎上進行開發無疑容易得多。

後來中部和北部平地的移民越來越多，荒野也得到成片的開發。過去「近山皆為土番獵場，今則漢人墾種，極目良田」，「向為番民鹿場、麻地，今則為業戶請墾，或為流寓占耕」。臺北盆地的大規模開發，以康熙四十八年（1709 年）著名墾號陳賴章請墾大佳臘為標誌。此後，大小墾號以及零星開墾者絡繹而至，聚墾平地中心地帶。雍正年間，拓墾地區已從盆地中心向周圍的板橋平地、新莊平地擴展。乾隆早期，開始進入林口臺地等條件較差的地區。

新竹地區的開墾，是康熙三十年至四十年間由同安人王世傑領頭進行的。他率族人鄉黨 100 餘人請墾竹塹埔，至康熙後期在今新竹市區一帶已墾

---

[064] 陳夢林．《諸羅縣誌》，雜記志、風俗志。

第四章 清代前期

成南北二莊。雍正、乾隆年間，除了向南北兩個方向的進展以外，還沿著鳳山溪和頭前溪溯流而上，拓墾河谷平地。

濁大流域的臺中盆地和彰化平原等地區，因鄰接已開發的嘉南平原，拓墾的進展十分迅速。移民或從鬥六一帶（雲林平原）越濁水溪北上，或由海路從鹿港登陸，大規模拓墾沿海平地、濁水溪中游河谷平原、臺中盆地等地區。著名墾戶施世榜、楊志申、吳洛、張達京等投下鉅資興修水利，招佃墾殖，更促進了濁大流域的迅速開發。乾隆中後期，拓墾已進至八卦臺地、大肚臺地等一帶。

至於桃園臺地，康熙末年，已有粵東潮州府屬的饒平客家人入墾南崁、竹圍等地。乾隆中期，閩粵人民移墾中壢、楊梅等地並擴散至臺地的各處，但因水資源不足，開發的進程要比上述幾個平原、盆地緩慢得多。

自康熙中期到乾隆後期，近百年的開墾，臺灣島西部的平地已基本得到開發。乾隆後期起，移民拓墾的目標轉向丘陵山地和深入交通不便的平地——宜蘭平原、埔裡社盆地等。

丘陵山地的開發是以「隘」的設立為標誌的。居住於山地的土著人以射獵為生，許多部落有獵首的習俗，經常「出草」殺人。漢人移民拓墾山地，要由官方或民間雇請隘丁，設隘把守，以防土著居民的襲擊。「淡地內山，處處迫近生番，昔以土牛紅線為界，今則生齒日繁、土地日闢，耕民或逾土牛十裡至數十裡不等，紅線已無蹤跡。非設隘以守，則生番不免滋擾。」

最早的一批隘，大約是乾隆五十至六十年間（1785—1795年）設立的，地點在舊淡水廳境內。乾隆以降，舊淡水廳（南自今苗栗縣，北至今宜蘭縣）、舊彰化縣（今臺中彰化、南投各縣）、舊鳳山縣（今高雄縣、屏東縣）沿山普遍設隘，而北部之隘甚於南部。隨著丘陵山地的拓墾進展，隘也一直向內山推進，所謂「官隘有定，民隘無常，愈墾愈深，不數稔輒複更易」，表明丘陵山地不斷地被拓墾。

宜蘭平原和埔裡社盆地的開發主要是在嘉慶、道光年間。宜蘭平原土壤肥沃，水源充沛，是最適宜農業的地區之一。但它和北臺之間雪山山地崖

谷叢雜，林莽深密，難以通行，使得移民裹足不前。乾隆三十三年（1768年），漳州人吳福生曾自西部進入，旋被當地土著居民驅逐。後來漳州人吳沙在淡水街富戶的支援下，集合移民200餘人，人給米一鬥、斧一挺，披荊斬棘，進入番地。嘉慶三年（1798年）九月，在烏石港築成頭城，作為拓墾的基地，以後漳、泉、粵移民不斷來附，步步進逼，終至將宜蘭平原全境開拓。嘉慶二十年（1815年），水沙連番地隘丁黃林旺與嘉義民人陳大用、彰化民人郭百年擁眾千人入墾埔裡社盆地，焚殺搶掠土著居民，當局乃於1817年立碑禁墾。但移民仍然不斷偷越私墾，到了咸豐年間，埔裡社盆地已基本開拓，這表明臺灣西部的開發已基本完成。

拓墾臺灣，對移民本身來說，也是一部充滿血汗和淚水、交織著失敗與成功的開發史。當年最大和最常見的危險和威脅是疾病、土著人的「出草」以及洪水、颱風等自然災害。瘴氣所引起的瘧疾等是最常見的病。直到晚清，許多來臺灣的外國人還有這樣的記載：臺灣有一種最兇惡的疾病，就是瘧疾。在人民之間造成莫大災害，往往成為許多其他疾病及死亡的原因。每家時常有人病倒，甚至在數小時之後就死亡。霍亂及瘧疾的細菌，像疫病似的橫行於島上。[065] 在未開發前，瘴氣的肆虐更是可想而知。康熙後期，「半線以北，山愈深，土愈燥，水惡土瘠，煙瘴癘，易生疾病，居民鮮至」，「臺南、北淡水均屬瘴鄉」。[066] 在史籍中，有許多關於戍守臺灣的士兵和地方官死於瘴癘疾病的記載，至於拓墾先驅者，死於疾病者一定不在少數。嘉慶年間，拓墾噶瑪蘭的1,200多名壯丁，半數死於疾病。道光八年（1828年），吳全、蔡伯玉率淡水、宜蘭流民2,800人拓墾東部歧萊，因瘴癘等原因，墾民大半散去。

「番害」指的是土著人殺害移民的行為，它同樣對拓墾者構成莫大的威脅，類似的記載屢見不鮮。今日在新竹丘陵山地區域，尚存在許多大墓公、義塚或萬善祠，收埋、祭祀無主的「孤魂」，其中有一部分就是當年拓墾過程中死於「番害」的單身隘丁和墾佃。

---

[065] 陳冠學.《老臺灣》，東大圖書有限公司，1981年版，第124—125頁。
[066] 陳夢林.《諸羅縣誌》，《雜記志》，外紀。

第四章 清代前期

　　洪水等自然災害也給拓墾者帶來極大的不幸。有些地區土質鬆脆，每遇暴雨，山洪卷帶上游泥沙，將河谷兩岸沖刷淤埋，移民千辛萬苦墾成的田園，往往毀於洪災。有些水利設施也受到破壞，「陂圳之疏築，大者數千，小亦不下數百，突遇洪流，蕩歸烏有，即陂去，田亦荒矣」。中部和北部溪流眾多，這種情況經常發生。在當時的土地開墾文書中，常常可以見到「遭洪水漂流」，「被水沖崩再行浮複」之類的記載。在這種自然條件下拓墾，拓墾者非得有堅定的毅力不可。[067]至於丘陵山地的拓墾，由於洪水往往一夕之間，多年苦心營造的田園厝宅，頓成烏有。幸得保住性命，亦已無處棲身，拓墾者唯有再度流離顛沛。道光年間以降，新竹地區的丘陵山地，即經常遭受此類天災的襲擊。[068]

　　在這種充滿瘴疫、「番害」、洪水等天災的環境裡進行拓墾是十分艱辛的。因此，早期的許多拓墾者多為年輕力壯的單身男子，由於缺少女性，許多拓墾者終身未娶，未能享受家庭生活的溫馨，在精神上和生活上都是非常痛苦的。他們為臺灣的開發付出了極大的犧牲。

三、農業經濟的成長

　　在康熙統一臺灣以前，臺灣開發基本上只限於臺南一處，經濟成長也十分有限。全面的開發和傳統經濟的成長發展，是清廷收復臺灣以後的事情。在二百多年內，臺灣從一個大部分地區尚未開發的島嶼，成長為一個傳統經濟相當繁榮的區域。傳統經濟主要由農業和手工業兩個部門構成，當時的手工業值得一提的僅有製糖業，而製糖是附屬在農業之中的，因此，清代臺灣傳統經濟的發展基本上就是農業的發展。

　　康熙年間，臺灣農業的發展，主要應歸功於勞動力投入和土地的開發。這一時期，嘉南平原的北部和下淡水河流域尚有許多荒地可供拓墾，而中部和北部平地的拓墾則剛開始，移民擁有廣闊的拓墾空間。因此，農業生產的成長主要是靠耕地面積的擴大。從康熙二十四年至四十九年（1685—

---

[067] 尹章義.《臺灣開發史研究》，聯經出版，1989年版，第129—131頁。
[068] 施添福.《清代臺灣竹塹地區的土牛溝和區域發展》，載《臺灣風物》第40卷第4期。

1710年），報墾升科的田園面積共11,660餘甲。從康熙五十年至雍正十三年（1711—1735年），增墾升科田園達22,752甲。後二十餘年增墾數約為前二十餘年的兩倍。這樣，北部和中部草地得到開闢，在此基礎上，清政府於雍正元年（1723年）設置了彰化縣和淡水廳。當時，報墾升科數和實際開墾數存在不小的差距，特別是田數，欺隱更甚。康熙四十八年（1709年），臺灣知府周元文據親歷淡水東西裡社一帶瞭解的情形說：「其所報升科者十未有一，又俱以下園科則具報。」雍正四年（1726年），巡臺御史尹秦在《臺灣田糧利弊疏》中說：業戶將成熟田園以多報少，欺隱達9/10或2/3。這可能只是局部的現象，如果把全臺匿報田園數估計為實墾數的1/2，那麼康、雍年間增墾田園就達到68,800餘甲，即等於舊額田園的一倍有餘。也就是說，雍正時期臺灣的耕地面積當為鄭氏時期的兩倍多。

濁水溪以南耕地面積擴大的地區依次為諸羅縣、鳳山縣和臺灣縣。這是因為諸羅縣的北部不但有鄭氏時期已墾田園的拋荒，而且還有大片荒原尚未開墾，而臺灣縣因是荷、鄭時期的主要開發區域，已無多少荒地可供開墾了。至於濁水溪以北的彰化縣和淡水廳，則完全是新開發區，耕地都是新開墾的。濁水溪以南的嘉南平原，是臺灣最大的平原，但缺少充足的水源，限制了大規模的開發。中部和北部地方拓墾未久，在土地較多的情況下，農業生產就以粗放經營為主。當時的人記載：「（臺地）土壤肥沃，不冀種，糞則穗重而僕。種植後聽其自生，不事耘鋤，惟享坐獲，每畝數倍內地。」[069]「臺灣地廣民稀，所出之米，一年豐收，足供四五年之用。民人用力耕田，固為自身食用，亦圖賣米換錢。」[070]臺灣作為一個新興的農業區域，不但供養了大量的移民，也為大陸和海外提供了稻米、蔗糖以及其他一些農產品。

從雍正、乾隆年間起，由於移民增多，農業生產開始從粗放經營逐漸轉向精耕細作。乾隆中期的情況是「昔稱農不加糞，女不紡織，此自開闢之初言之。近今生齒日繁，墳壤近磽，小民薙草糞壚，悉依古法行之，勤耘耨，浚溝洫，力耕不讓中土。」[071]

---

[069] 黃叔璥.《臺海使槎錄》卷三，《赤嵌筆談》，物產。
[070] 高其倬.《請開米禁疏》，轉引自周憲文《臺灣經濟史》，開明書店，1980年版，第248頁。
[071] 王瑛曾.《重修鳳山縣誌》卷三，《風土志》，風俗。

第四章 清代前期

　　新開墾的中部、北部地方除了桃園臺地以外，全年雨量豐沛、地表徑流量充足，濁水溪、大肚溪、淡水溪、大甲溪及其他中、小河川能給平地提供豐富的水量，中、北部平地土壤適合水稻生長。來自閩南、粵東的移民在祖居地早已諳曉勞動密集的水稻種植業，只要解決水利問題，中、北部平地很快就會成為豐饒的稻米產區。自康熙後期起，移民們就在中、北部平地開始興修水利，到雍正、乾隆年間，中、北部的水利系統逐漸形成，水田取代旱地成為主要的耕作形式。

　　臺中盆地，從雍正元年起，客家人張達京即出資白銀 9,300 兩興建貓霧捒圳，以灌溉盆地西北阿河巴草埔（今臺中神岡、大雅和橫山等地區）。張達京再和陳周文、秦登鑑等人組成六館業戶，籌資 6,600 兩，興築樸仔籬大埤。大埤與小圳形成了一個樹枝狀的灌溉系統（後來統稱葫蘆墩圳），將盆地分割成大小不等的灌溉區域，使盆地發生了水田化的變化。[072]彰化平原有八堡圳，由施世榜（墾號施長齡）於康熙末年投資興建，歷時 20 年始建成，灌田 19,000 甲；新竹沿海平原有隆恩圳，由王世傑領頭修建，灌田 1,200 甲左右；臺北盆地有瑠公圳，由郭錫瑠於乾隆初投資開鑿，灌田 1,000 甲左右；大安圳，乾隆中由林成祖領頭興建；後村圳，乾隆十一年由張克聲、張必榮領頭，在其他人修築的圳道基礎上擴大而成。除了這些大規模的水圳系統，灌田三二百甲的中小圳比比皆是。在噶瑪蘭平原，比較大的水圳有金結安圳，灌田 1,700 甲左右，金大成圳和萬長春圳，灌田 900 甲左右。其他灌田三二百甲至幾十甲的中小埤圳，共有八十餘條。[073]桃園臺地地勢高亢，僅有些少短促河川，水量不豐，雖修有霄裡大圳、三七圳、龍潭陂等三條水圳，但遠不足灌溉所需。農民大多挖陂塘蓄水以灌田，整個臺地挖陂塘 8,000 多口，占地 8,000 多甲。

　　水利事業的發展，給水田稻作奠定了一個堅實的基礎。來到臺灣的移民，很多是掌握了當時先進農耕技術的大陸農民，他們的技術是世代相傳和經驗積累的結合，而不斷作出一些改進以適應新環境，很難大幅度提高生產率。一般而言，當時在育秧、防治病蟲害、施肥、農具等方面都沒有顯示出

---

[072] 陳秋坤.《清代臺灣土著地權》,《中研院近代史研究所專刊》(74),1994 年版，第 58 頁。
[073] 廖德風.《清代之噶瑪蘭》第四章. 農墾社會的發展，里仁書局，1992 年版。

第一節 康熙統一臺灣與經濟發展

值得一提的改進。惟有在新稻種的培育方面，可以看到有一些進展。綜合各種方志所載，從康熙末年至乾隆初年，增加新的稻種12種，主要都是早熟品種。大約從乾隆中期起，水田雙熟制就逐漸取代了以前側重晚稻的局面。

關於清代臺灣水稻畝產，史籍中的記載很少。乾隆五十年，福建巡撫和臺灣總兵的奏摺中說：「彰化、淡水田皆通溪，一年兩熟。約計每田一甲可產谷四五十石至七八十石不等。豐收之年上田有收至百余石者。」[074] 折合起來，平年大約每畝產穀4—7石，產量是不低的。

由於水田化的擴展，臺灣糧食不但能自給，而且還大量輸出。一般認為，乾隆中、後期臺米輸出達到高峰，以後略有下降。乾隆本人說過，臺灣「雖素稱產米之區，邇來生齒倍繁，土未加辟，偶因雨澤愆期，米價即便昂貴，蓋緣搬運回府及各營兵餉之外，內地採買既多，並商船所帶，每年不下四五十萬，又南北各港小船巧借失風名色，私裝米穀透越內地，運載遂無底止」。[075]

可見每年臺灣輸往大陸的米穀有50萬石以上。到了道光年間，由於人口不斷增加，本島糧食消費日益增多，輸出有所下降。但總的來看，米始終是清代臺灣最重要的物產。

嘉南平原限於自然條件，存在許多旱田，不能種水稻，而只能種甘蔗以及番薯、花生。所以，以濁水溪為界，北部以稻作為主，南部則稻蔗間作。從康熙中期起，南部的農民就大量種甘蔗，分巡臺灣道高拱乾曾「禁飭插蔗」，他說：「（農民）偶見上年糖價稍長，惟利是趨。舊歲插蔗已三倍於往昔，今歲插蔗，竟十倍於舊年。蕞爾之區，力農只有此數，分一人之力於園，即少一人之力于田，多插一甲之蔗，即減少一甲之粟。」[076] 這說明清代初期人少地多，蔗作和稻作存在著爭奪勞動力的問題。水利興修以後，嘉南平原稻蔗兼作，農民在水田上精耕細作，而在蔗園裡則是粗放經營，但甘蔗終究使「沙土相兼」的旱地得到了充分的利用。甘蔗收穫期為秋後至次年初

---

[074]「中研院」史語所，《明清史料》戊編第四本，中華書局，1987年影印本，第336頁。
[075] 乾隆十七年十二月二十六日上諭，轉引自《重纂福建通志》卷首，第4頁。
[076] 高拱乾.《臺灣府志》卷10，《藝文志》。

第四章 清代前期

春,這一期間同時也就是製糖期。蔗糖都是在叫做糖廍的作坊裡熬製的。每年 10 月,鄉間開始「拒車豎廍」,所謂蔗車,是兩個豎立的石碾,以牛帶動,夾取蔗汁。所榨取的蔗汁通過幾口鐵鍋連續熬製而成紅糖。清代中期臺灣產糖多少未有記載。晚清臺灣開港後,臺糖每年輸出量常年為五六十萬擔,加上島內消費,估計每年產糖量約為六七十萬擔。這個數字大致也可視為清代中期的產量,當時臺糖主要輸往華北地區和日本,在呂宋也占有一定的市場。

樟腦是晚清臺灣最重要的輸出物資之一,而樟腦業的興起,則在雍正、乾隆年間。雍正以後,清廷在臺灣製造臺澎水師戰船,設軍工廠採集樟木作為戰船的材料(軍工料),熬製樟腦遂成為軍工廠的副業。其時產地以淡北為主,嘉慶、道光年間擴大到宜蘭的山地。上世紀末,樟腦成為西方化學工業的原料,而全世界產樟腦僅臺灣、日本兩地,晚清臺灣開港以後,樟腦遂成為重要的物產。但開港前,僅有英國商船到基隆港私下以鴉片交換樟腦,產量不大。

四、經濟區域的形成和商業的發展

臺灣作為中國封建社會末期一個新興的農業區域,它與自給自足的自然經濟有所不同,臺灣生產和輸出農產品,輸入自己所需要的手工業品,因而商品經濟比較發達。

農產品尤其經濟作物的加工,構成傳統經濟中手工業最重要的組成部分。在臺灣,這種加工只體現在稻穀和甘蔗之中。臺灣沒有形成規模的碾米業,稻穀都是由農家用一種叫做土礱的器具碾出來的。而製作蔗糖是唯一形成規模的手工業。除此而外,基本上沒有手工製造業。為生產和生活服務的鑄造、陶瓷、日用雜貨等皆極不發達,生產和生活用品大多從大陸輸入,所需紡織品完全輸自大陸。因此,形成了臺灣向大陸提供米、糖等農產品,大陸向臺灣提供手工業製品這樣一種互補的經濟關係。

為了和大陸之間進行經濟交流,一些口岸逐漸發達起來。最早形成的是

第一節 康熙統一臺灣與經濟發展

南部府城內港鹿耳門（以後改稱安平鎮港），它在荷據、鄭氏時期就已經是臺灣和島外的運輸中心以及南部的政治和商業中心。清政府原來以鹿耳門為「正口」，對渡廈門，作為臺灣和大陸聯繫的唯一口岸。但一些小口岸卻在偷渡與走私貿易中形成發展起來。南部地區的笨港（後改稱北港）和旗後（高雄）是兩個主要的這類口岸。隨著拓墾的進展和商業的發達，中部和北部的口岸也發展起來。雍正、乾隆年間，清廷規定彰化縣每年提供2萬餘石臺地兵米及內地眷米，這種兵眷米先用牛車運至鹿港，再由海路運至府城倉庫，然後由鹿耳門正口運至廈門。清廷於乾隆四十九年（1784年）正式開放鹿港與泉州晉江縣的蚶江口對渡。同樣，在乾隆五十七年（1792年），開放北部淡水廳的八里坌口與蚶江及福州五虎門對渡。這就促進了兩岸間的貿易和兩個口岸的繁榮。在開放以前，鹿港已是「水陸碼頭、谷米聚處」；「煙火數千家，帆檣麇集，牙儈居奇，竟成通津矣」。[077]至於八里坌，則是淡水溪的出海口，它與稍處上游的艋舺密切關聯。艋舺在雍正末年已是臺北盆地物資集散中心。來往於兩岸之間的大帆船可直抵艋舺。開放八里坌，實際就是開放艋舺。鹿港、八里坌正式開放後，大陸的「大小商漁，往來利涉，其視鹿仔港，直戶庭耳。利之所在，群趨若鶩」。而鹿港則是「街衢縱橫皆有，大街長三里許，泉廈郊商居多，舟車輻輳，百貨充盈。臺自郡城而外，各處貨市，當以鹿港為最」。[078]艋舺也是「居民鋪戶約四五千家，外即八里坌口，商船聚集，闠闠最盛，淡水倉在焉。同知歲中半居此，蓋民富而事繁也」。[079]清代中後期，鹿港、艋舺和臺灣府城成為臺灣最重要最繁榮的商業中心，俗諺有「一府二鹿三艋舺」之稱。南部、中部、北部的農產品從各個集鎮和中心集中到這裡，輸往大陸，大陸來的手工業品也由這裡輸往臺灣各地。

除了一府二鹿三艋舺，西岸還有許多河口港灣可與大陸直接通航，其重要者，如南部的東港、笨港（後改稱北港）、鹽水港，北部的中港、大甲等。它們一面可與大陸對渡，一面可用河船、竹筏通航上游，而成為各地區較次級的集散中心。後來隨著拓墾進至丘陵山地，上游植被的破壞使得河道淤

---

[077] 朱景英.《海東劄記》卷一,《記岩壑》。
[078] 周璽.《彰化縣誌》卷二,《規制志》,街市。
[079] 姚瑩.《東槎紀略》卷三,《臺北道裏記》。

第四章 清代前期

塞,許多河口港失去了通航的功能。

一般而言,物資集散地的形成是以拓墾聚落的中心為基礎的,移民們在這裡可以賣掉他們的農產品,買到他們需要的生產和生活用品,在一些小的中心集散地的基礎上,形成一些大的中心。而清廷為了統治上的需要,在移民日益增多的地方,不斷地設立行政機構,逐漸上升成為政治中心。為了統治的方便,當時的行政中心和人文中心是一致的。以中部地區為例,為加強統治管理,於雍正六年設立鹿仔港巡檢,此後,半線堡、貓霧捒堡等地陸續建有倉庫,顯示這兩地已成為農產品集散地。移民們在這裡繳納賦粟,再由這兩地集中運輸到鹿港。半線於雍正十二年(1734年)植竹為城,成為彰化縣治。據統計,清代先後共設立了佳里興、興隆莊、諸羅山、埤頭、恒春、林圯埔、鬥六門、半線、鹿仔港、埔裡社、大墩、貓裡、竹塹、五圍、艋舺、基隆、大峪崁、文沃、媽宮、埤南等20個各種級別的行政中心。這些行政中心基本上就是南部、中部、北部、宜蘭地區、東部和澎湖列島5個地區的主要商業中心。

五、分配關係與財政收入

由於農業是構成傳統經濟的最大組成部分,土地關係包含了社會中最主要的分配關係,並決定和影響其他分配關係。中國封建社會後期,封建土地所有制出現衰落和瓦解的跡象,這種跡象以地權分化的特殊形式為其特徵。所謂地權分化,指的是原有的地主土地所有權中,逐漸分離出使用權——永佃權,所有權則經常被分割成田底權、田面權兩部分,也就是說在租佃制度上形成永佃關係,在土地制度上形成「一田二主」的形態。

東南沿海是最早出現和盛行永佃權、一田二主制的地區。明代後期,福建漳州地區在全國最早出現一田二主制。到了清代,永佃權和一田二主制在福建已是很重要的租佃制度和土地制度。閩南移民來到臺灣拓墾荒地時,原鄉的土地制度、租佃制度不可避免地要在他們的行為中發揮作用。因此,清代臺灣土地制度和租佃制度的形成,就是移民原鄉固有制度和臺灣拓墾形式相結合的結果。

第一節 康熙統一臺灣與經濟發展

　　拓墾形式或土地開發模式並非採取固定模式。從法律上來說，要向政府申請取得許可後（即給領墾照）方能進行土地開墾。能取得政府許可的，大多是有錢有勢的人。但他們取得荒地開墾權後，所進行的開墾，因時間和地區不同而表現出各種形式。

　　在嘉南平原，由於水源不足，只能興修小型水利，缺水的地方就開墾成旱地，種番薯、甘蔗、花生，因此開墾工本不大。業主既從官方獲土地開墾權，又向雇工提供牛、農具、種子等，雇工所出的僅是勞力，因此雙方所形成的是一般的主佃關係，業主對土地擁有完全的權利。在下淡水溪流域，客家人以家族中某一位來臺祖先的名義置買土地，作為「嘗業」，這份嘗業不僅提供祭祖的基金，也為剛來臺灣的同鄉族人提供幫助和立足的基礎。這種建立「祖嘗」的做法使得客家人具有向心力。

　　在中部和北部平地，拓墾以水田化為其特徵，一些大型水利系統，如八堡圳、葫蘆墩圳、隆恩圳的興修，使得大片的「草地」變成了稻田。在水田化的過程中，業戶和佃戶共同做出了貢獻。一般的開墾方式是，業戶出面向官府申請土地開墾權，即「給領墾照」，以及向平埔番社買墾。往往業戶能獲得非常大的一片平野的開墾權，這種方式俗稱占墾。而後，業戶籌集鉅資，興建大型水利。修築大型陂圳，需要巨額投資，像施世榜與其父親，由於早年在臺灣南部經營糖業致富，基本上是獨自投資興建八堡圳。而更多的是由許多人合股投資經營，如葫蘆墩圳、大安圳等。[080] 許多水利設施因工程浩大，投資者後繼無力，被迫中途拆股，轉讓他人；有的則需要兩至三代人持續不斷地投資努力才能完成，臺北盆地大坪林平地一帶的瑠公圳，就是一個典型的事例。[081]

　　墾戶在占墾大片平野和興修大埤大圳後，即招佃進行開墾。一般來說，每個佃戶向墾戶租佃一犁份（一犁份約為6甲，其中5甲開墾耕種，1甲作為建屋的宅基地及菜園等）左右的土地。佃戶大多自備耕牛、農具、種子進

---

[080] 清代臺灣合股經營方式非常發達，有的合股組織可達數十人之多，並且有一人擁有多股或多人共有一股等各種組合方式。
[081] 尹章義．《臺北平原拓墾史研究（1697—1772）》，載《臺灣開發史研究》，聯經出版，1989年版；臺北市瑠公農田水利會．《瑠公創業二百四十年專刊》等。

第四章 清代前期

行開墾，他們往往還要負責修築從埤圳主幹渠到田間的配套小渠。因此佃戶投入的不僅是勞動，還有一定的資本。大致說來，開墾一犁份約需100—137元（墨西哥銀元）的資金，其中包括付給墾戶的埔底銀（類似押租）、牛隻籽種、配套水渠、交運租粟費用及生活費等。這些佃戶大多來自大陸東南沿海地區，人多地少的沿海地區有許多擁有生產資金和生活資金的獨立佃農，他們缺少的只是土地，康熙後期和雍正、乾隆年間，有許多這種擁有一定資金的閩南農民移墾臺灣。墾戶投下鉅資，興修大型水利，沒有大型水利也就沒有中部和北部平地的水田化；而佃戶則投資於土地開墾。佃戶的投資就個體而言，是一個很小的量，就整體而言，卻是一個很大的量，是墾戶所無法承擔的。二者的結合使中部和北部平地得到了迅速的開發。在開墾初期，水田尚未完全形成時，墾戶和佃戶實行分成租制，墾戶收取1.5成的租粟（俗稱六五租），或每甲4石的租粟。水田開成後，則收取每甲8石的定額租。此外，墾戶還收取每甲4石水租。佃戶由於交納了埔底銀（或稱犁頭銀），並自投工本墾熟了水田，因而擁有了田底權。[082] 廣大佃戶要繳納租粟和水租，而墾戶的支出，則是番租、田賦和水利維修費。番租是很低的，而田賦因可隱匿田產也降低很多，墾戶收入就十分豐厚，因此許多富戶、商人、權勢者願冒風險投資開鑿大型埤圳。水田墾熟後，每甲收穫少的有四五十石，多的六七十石，扣除8石租粟和4石水租後，佃戶還能有三四十石的收入。乾隆中期以後渡臺的大陸移民，因平地的墾荒已漸趨完成，他們或轉向丘陵山地，或向佃戶轉租水田，佃戶向他們收取每甲二三十石的小租。土地權就分化成墾戶（或稱業戶、業主）擁有的田面權，佃戶擁有的田底權，而地租則分割成大租和小租。乾隆後期和嘉慶年間，大小租制逐漸流行於中、北部平地。地權分化以後，田面權和田底權可以分別典賣抵押。由於小租與田賦無關，可以免除許多官府的需索，因此許多人喜歡購買小租權。一般所說的大小租和業戶指的是漢人移民，番產業是不交田賦的，因此也就沒有業主權。乾隆二十二年（1757年）以後，出現了番業戶，請領墾照，招佃開墾，墾成後收取大租，而佃戶同樣可以再將田底轉租出去收取小租，這樣就形成了番

---

[082] 田底、田面的稱呼，各地互有不同。臺灣的田底權相當於許多地方的田面權，反之田面權則相當於田底權。

大租和番小租。但番業戶為數很少。

在宜蘭平原，嘉慶初，吳沙等人率眾進墾時，很重要的目的就是取得大租權。吳沙並不富有，亦無權勢，初期的資金是由淡水富戶柯友成、何績、趙隆盛等人支持的。這些富戶的目的在於占墾，開鑿埤圳，收取大租和水租。他們在開墾中實行「結首制」的方法：「合數十佃為一結，通力合作，以曉事而資多者為之首，名曰小結首，合數十小結，中舉一富強有力公正服眾者為之首，名曰大結首。有事，官以問之大結首，大結首以問之小結首，然後有條不紊，視其人多寡授以地。墾成，眾佃公分，人得地若干甲，而結首倍之或數倍之。」一般來說，佃人都分到了一塊墾地。嘉慶十五年（1810年），臺灣知府楊廷理經理蛤仔難（即宜蘭），力裁業戶，將原歸業戶收取的大租，改充賦稅，作為開發當地的經費。許多中部、北部的富戶到噶瑪蘭投資開鑿水圳，以圖收取水租，獲得成功。他們一般被稱為圳戶，如嘉慶十二年（1806年），張閣與結首林文彪及張元觀等人合作，投資番銀 4,867 元，修築一條大圳，受益的水田，每甲分別交二石或四石水租。該水圳每年可收租穀 700 余石，是圳戶一種穩固的收益。

拓墾進入丘陵山地時，為防「生番」出草殺人，須設隘防守。所謂設隘乃是在近山險要地點搭建隘寮或銃櫃，設隘首，派隘丁巡守。設隘者通常為私人，或者個人獨自或者數人合股承充。他們須向官府申請，官府給予諭令印戳和墾照。設隘者稱為墾戶，他們向佃戶收取隘糧大租，以支付設隘和雇募隘首（小墾隘的隘首多為墾戶本人）、隘丁的費用，所餘即為收入。此外，墾戶隘首還收取山工，即抽收漢人抽藤、燒炭、製樟腦所得和「番社」的各種貨餉。由於墾戶和隘首有利可圖，因此就出現競相請墾設隘、爭當隘首的情景。至於佃戶，他們一般都有永佃權，將水田墾熟以後，亦可再轉租給他人。這樣，隘墾制中也就形成了大小租制。[083]

屯墾制是和平埔人有關的，乾隆朝以後，平地逐漸被漢人移民拓墾，平埔人（清時稱「熟番」）的空間愈來愈小，清廷乃採取「護番保產」的政策，禁止漢人典買、佃耕熟番草地，但此時未被開墾的草地已所剩無幾了。乾隆

---

[083] 戴炎輝．《清代臺灣之隘制和隘租》，載《清代臺灣之鄉治》第七編，聯經出版，1979 年版。

第四章 清代前期

二十六年（1761年），劃定界線（即所謂重劃土牛溝），然而土牛溝並無法阻止漢人侵墾番地。乾隆五十一年（1786年），林爽文起義，岸裡社等平埔族番社因協助清廷有功，清廷將全島5,000餘甲未墾荒埔（多在丘陵山地）及沒收的起義參加者的「叛產」3,500余甲田園，合共8,000餘甲土地分歸全島93個「熟番」部落作為養贍埔地，讓他們駐守屯墾，同時禁止漢人侵占、典買、佃耕屯地。但是由於各個「熟番」部落掌握農耕技術的程度以及農耕的意願不同，[084] 許多「屯番」乃以各種理由，招請漢佃前來墾田，漢佃向屯番交納「養贍租」，作為「屯番」口糧，後來官府也不得不予以認可。

總的說來，清代臺灣的土地關係，都是以漢人移民的大小租制為藍本派生出來的。這個藍本的基本形式為：

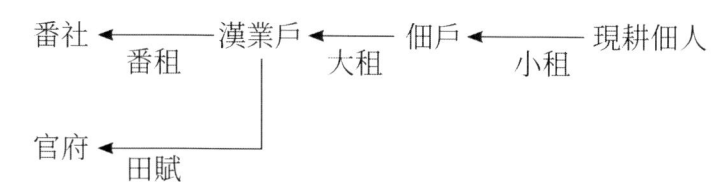

```
番社 ←——— 漢業戶 ←——— 佃戶 ←——— 現耕佃人
      番租        大租        小租
       ↓
官府 ←——
       田賦
```

清代前、中期，臺灣的財政收入有田賦、丁稅和雜餉三項，其中田賦是最重要的。對於平埔族番社，則征番餉。此外，官府還有一些官莊，雇佃戶耕種，收取租粟。田賦等則，以鄭氏時期的稅率為基礎，而略有「酌減」。其稅率是上則田每甲征穀子8.8石，中則7.4石，下則5.5石，上則園5石，中則4石，下則2.4石。這個稅率比鄭氏時期已減輕許多，但和大陸相比卻重了許多。雍正九年（1731年），遂改定稅率，凡雍正七年以後報墾升科的田園，按福建同安縣標準分上、中、下三則徵收。雍正七年以前的田園則仍照舊額徵收。新的等則為上則田每甲征穀子2.74石，中則2.08石，下則1.75石；上則園照中則田，中則園照下則田，下則園徵收1.71石。田賦有所減輕，此後田賦等則不再改動。

丁稅是比較次要的一項稅收。康熙、雍正兩朝，各地先後「攤丁入畝」，取消丁稅。未攤丁入地的，丁口的編造也不重視，如彰化設縣，僅丁口125名，而淡水設廳，彰化撥丁口11名過去，歲征丁銀5兩2錢多，乾隆十年

---

[084] 陳秋坤．《清代臺灣土著地權》，「中研院」近代史研究所專刊（74），1994年版，第75、76頁。

至二十年（1745—1755 年），臺灣各地攤丁入畝。以後新建的行政區域，如噶瑪蘭廳等，遂無丁稅。

雜餉則是對土地以外的商業、漁業、手工業的課稅，分水、陸二餉。陸餉有厝餉（房屋店面）、牛磨、蔗車、檳榔宅、果園、瓦窯、當鋪；水餉包括對各種漁船、渡船、養魚池的徵收。清代田賦等稅賦並不重，但吏治敗壞，賦役每有變動，官員胥吏上下其手，借機肥己，引致社會騷動。於是清廷堅持「永不加賦」的原則，不提高稅率，不清查田畝。臺灣的拓墾過程中，存在著大量的隱匿田產，雍正五年，巡臺御史索琳、尹秦建議清查隱田，雍正批示「清查田糧，非現今治臺急務」。[085] 乾隆九年，戶部以新墾田園多按下則園報墾升科，建議改定賦則，乾隆也不予改動，這對臺灣的拓墾是有利的。

除了田賦等正供錢糧，地方官府還有陋規等不時之需，官衙行政經費不多，大多數設備、排場均取之於民，這就使地方在徵收錢糧時有各種附加，而且常常借各色名目攤派錢款。官府的攤派往往針對富戶，「地方公事皆業戶出應，其用無定」。以著名墾戶林成祖為例，在乾隆年間不斷地因為「公項乏用」、「積欠攞接等公項」，而典賣大租業。對平埔人的額外需索，主要是力役，地方官出巡、平時派送公文、戰時協助清剿等事皆徵發平埔人丁壯，極大地影響了番社的正常生活。

第二節 移民社會的結構與內外關係

一、階級結構與職業結構

清代臺灣社會的階級結構，在農村主要由地主階級和農民階級組成，在城市則主要由商人和夥計、工匠等組成，此外還有一些個體手工業者和為數眾多的遊民。地主階級擁有大量土地，當時臺灣富者極富、貧者極貧，田地大半歸於城鄉富戶，富戶也稱為頭家。臺灣地主在不同時間、不同地點有不

---

[085]《雍正硃批奏摺選輯》，臺灣文獻叢刊本第 300 種，第 43 頁。

第四章 清代前期

同的名稱,如大租戶、小租戶、墾戶、墾首、業主、業戶等等。

　　墾戶向官府申請墾照,獲得荒地的開墾權,然後招來佃戶,或給予牛隻種籽,或由佃戶自備農具工本,進行開墾。由墾戶繳納正供,佃戶則向墾戶交租。在一般情況下,佃戶對所開墾的田地有長期耕作的權利,可以退賣,即有所謂田底權。清代臺灣有一田二主的現象,即大小租制。墾戶也稱大租戶,收取大租。佃戶從事實際開墾,所墾田地實際上歸佃戶承管,佃戶將墾熟的田地出租給現耕佃人,收取小租。

　　目前可以見到的有關小租的契約,最早的是乾隆十八年鐘復興的合同文約,其中寫道:「當日三面言定,供納小租一十二石。」估計小租是在乾隆年間才逐漸發展起來的。這樣,原來擁有田底權的佃戶成了地主,即小租戶,也稱小租業主,可以典賣其業主權。所以,清代臺灣農村形成了業戶——佃戶——現耕佃人的三層關係。有些漢佃租墾番地,向番社交納大租,稱為番大租,佃戶也成為小租戶。地租有分成制和定額制兩種。

　　大租一般在初墾時免租,三年後一九五抽租,即只占收成的15%,後來改為水田一甲租谷八石,園一甲四石。雍正十一年,業主楊秦盛給佃戶王及歡的佃批字就有這樣的規定:「凡雜種籽粒俱作一九五分抽,不得少欠;如開水耕為水田,議定首年每甲納粟四石,次年每甲納粟八石,三年清丈,每甲納粟八石滿,車運到鹿仔港交納;如有熟田付耕,首年該納粟八石滿;如開水,每甲議貼水銀一兩一分。」由於大租戶大都是有錢有勢的人,只是領取墾照,不從事實際經營,多住在城裡坐收地租,田地多達十幾甲、幾十甲,所以大租較低。小租戶是在地地主,掌握土地的實權,所以小租較高,水田一甲租谷二三十石,園大約一半。後來小租戶往往提高地租,有的租率達到50%,而且還要押租。

　　關於大小租問題,《問俗錄》有這樣的評介:「管荒埔者收大租,即內地所謂田骨也。墾荒埔者收小租,即內地所謂田皮也。大租價極賤,小租價極貴。其價賤奈何?田租率八石,園租率四石,完納正供外,已所餘無幾。其佃戶止認小租為主人,未嘗書立佃據,抗納者多,不能撥換佃戶,故賤也。其價貴奈何?田租率二三十石,園半之。書約稅契不完正供,佃人立佃據為

第二節 移民社會的結構與內外關係

憑,抗納升鬥,聽其撥換,佃人敢抗大租,不敢抗小租,故貴也。收大租者稱業戶,頗尊貴,然富者不難清完國課。中下業戶佃人欠大租,業戶欠正供,即佃人不欠大租,業戶亦欠正供。臺灣廳縣錢糧積欠累累以此。」

林成祖墾號是大租戶的典型,在雍正、乾隆年間,以林天成、林成祖等墾號在大甲、臺北平原等地招佃開圳墾耕,有大量佃戶和數千甲田地,所鑿大甲圳、大安圳等灌田千餘甲,歲入租穀十萬餘石,成為一時的巨富。張士箱家族也是大租戶,在雲林、臺中、彰化、臺北等地拓墾,開鑿水圳,在各地分設公館,經理大租、水租。康熙年間率眾拓墾的王世傑,前後墾田數千甲,歲入租穀數萬石。胡焯猷、徐立鵬是客籍大租戶的代表。霧峰林家則是小租戶的典型,乾隆年間,林石在大里杙墾田四五百甲,年入租谷萬石;後來林甲寅在霧峰墾地二百甲,年入租谷四千石。板橋林家既是大租戶,又收購小租權,一年收入數萬石租谷,林本源家族成為臺北地區最大的地主。至於墾首的名稱,在道光年間才出現由福建、廣東業戶共同招股的金廣福總墾戶,兩籍各有為首墾戶一名,設立規模巨大的金廣福大隘,十二年,有墾首蘇賢采同男順昌的給墾約字,所以過去關於清代臺灣早已普遍實行墾首制的看法,還值得重新加以研究。

地主除了向農民收取地租以外,往往出資開鑿水圳,收取水租。許多水利是由業戶出面組織修築的。有的是由業主出資私修的,有的則由業主和佃戶合修。著名的八堡圳是由世家大族施世榜獨資修造的,瑠公圳、大安圳等主要由業主出資,部分佃戶也參加修築。郭錫瑠變賣家產,籌得 2 萬餘元,使瑠公圳得以完工,灌田達 1,200 餘甲。修圳需要大量資金,不少業主因為籌集困難而放棄,有的只得典賣部分田地以保修圳。由於當時水利對於穀物生產具有重大作用,缺水的田地往往顆粒無收,所以業戶可以以水向番社換地,用以補償開鑿水圳的費用。以張達京為首的「六館業戶」便出資開鑿水圳,分水灌溉,以換取番地的開墾權。同時凡是受灌的田地也要向業主完納水租。施家開鑿八堡圳,灌溉 103 莊 19,000 多甲田地,每甲大租從 6 石增加為 8 石,並加收四鬥水租,總共一年收入水租數萬石。楊志申開鑿二八圳,灌田 1,000 多甲,歲入數萬石,家有佃農數千人。有些圳主、埤主並非

第四章 清代前期

田地的業主，這時佃戶就要另交水租。所以水租是業主的一大收入，水利是業戶經濟的重要組成部分，業戶也在水利事業方面起了相當重要的作用。

農民是農村社會的主體，有佃戶、現耕佃人和自耕農之分。佃戶直接向墾戶承租土地，多數要自備工本進行墾耕，付大租，有些佃戶土地數量很少，沒有成為小租戶，他們仍然是農民。如林成祖墾號在興直莊的佃戶有50人，平均有田2甲多，後來林成祖將這些田地典賣給張廣福號，這些佃戶便以張家為業戶了。佃戶有永佃權，人身是自由的。現耕佃人租種小租戶的田地，付小租，此外還要付給開墾所費工本，即犁頭錢。自耕農是個體開墾者，不要交租，也不收租。他們有的是私墾荒地，有的是開墾名義上屬於「番墾」、實際上是由漢人開墾的土地，這些開墾者便成了自耕農。一般農民除了要交納地租以外，還要付給犁頭銀，負擔田頭小圳的修築費用，以及耕牛農具種子和生活費用，在正常的年份生活還過得去，但也有不少人生活相當困難，有的甚至為了討回幾十文欠債而釀成命案。

管事是由地主雇來管理田莊，向農民收取大租，向官府繳納錢糧的人。他們一般住在田莊或租館，熟悉村莊情況，參與莊事。他們經常依仗地主的勢力欺侮農民，也常將田租、田產占為己有。

地主與農民間的矛盾是經常存在的，由於地主逼租、起佃、斷水以及霸占田業而引起糾紛，甚至出現命案，在檔案中是屢見不鮮的。地主往往勾結官吏，欺壓百姓；政府也利用地主約束農民，維持治安。此外地主還結交賊匪，橫行鄉里。所以當時地主多是地方豪強，即所謂有力之家，時常干預地方事務。這種地主與農民間的矛盾積累到一定程度，便會導致尖銳的抗爭，從而發生「攔米穀，搶頭家」之類的嚴重事件。

城鎮的階級結構主要由商人與小販、工匠等組成。商人、店主、船主、廊主等也稱頭家，他們是商店、商船以及各種手工業作坊的出資人或股東。清代臺灣有行郊組織，各種行業分屬不同的行郊。「郊」實際上是以大商人為中心的商業集團，同一地區貿易商人的組織，或同業商人的組織。一般有數十個或上百個商號所組成，有以行業組成的，如布郊、糖郊、油郊等，也有以經營地區組成的，如北郊、南郊、港郊等。後者是專營進出口貿易

的大郊。郊商都是大批發商，郊行的董事、爐主多由大商人擔任，他們可以壟斷市場、操縱物價、調解和仲裁糾紛，並且參與地方公益事業，在商界和社會上有相當的地位。例如，府城三郊成立於雍正年間，北郊蘇萬利、南郊金永順、糖郊李勝興都有相當的經濟實力，凡是捐助修建寺廟以及各種公益慈善事業經常以他們為首。張德寶商號經營海上貿易，在道光年間，財富冠於艋舺郊商。有「財甲新艋，勢壓淡防」之稱的李勝發船頭行在地方上也頗有影響。經營糖業的商人劉日純，創辦白糖郊，販運出口而發財，擁資一百多萬。這些商人、郊商和不在職的官員、有功名的進士、舉人以及生員、貢生、監生等成為社會上的士紳階層，有的還成為領袖人物。

商人、鋪戶的勢力不亞於業戶，他們有的是由經營土地起家而改營商業的，有的是經營商業致富而購置地產的。當然也有的是與土地無關、專營商業貿易的一般商人和富商巨賈。有的商人還投資蔗糖、茶葉等生產，使商業資本與產業資本結合。有的商人既是船東又是海上貿易商人。他們與「官商」以及地主商人已有不同。

商人、店主、船東、廊主等雇用勞動力進行生產或經營商務，在商店者稱夥計，製造器物者稱工匠，出海者稱討魚、水手等，他們和頭家的關係是雇傭關係。當時在臺灣主要的手工業——製糖業中，有比較細緻的分工，一個糖廊有糖師 2 人、火工 2 人（煮蔗汁者）、車工 2 人（將蔗入石車榨汁）、牛婆 2 人、剝蔗 7 人、采蔗尾 1 人、看牛則 1 人 1 牛（1 個糖廊有牛 12 只）。

商船的人員配置大致如下：出海 1 名（司貨財出入）、舵工 1 名、亞般 1 名、大繚 1 名、司舢板船 1 名、總鋪 1 名、水手 20 餘名（或 10 餘名）。一般工人由頭家按月付給薪水，年終發給賞金，也有些雇工如製糖、曬鹽、運糧、運料等，則按日、按月或按件計值。

以上的社會階級結構和當時中國大陸傳統社會基本上沒有什麼不同。總的說來，大小租戶、富商、有功名者是社會的上層，他們可以參與社會上的各種公共事務，組織「義民」，保護地方上的利益，成為地方官員和官府的依靠對象和統治基礎。與此同時，地主、富商也利用他們與官府的關係，保護自己的經濟地位，維護某些特權，成為統治階級的一員。農民、佃戶、工

第四章 清代前期

匠、商販、城鎮平民以及其他「下九流」等是社會的下層，他們是被統治的階級。所以，臺灣移民社會基本上是大陸傳統社會的移植。當然，臺灣社會在階級結構上也有自己的特點，主要表現在階級結構和職業結構比較簡單、遊民在社會上占有相當大的比例。

　　從職業結構來看，清代前期臺灣也有士、農、工、商各界，但由於社會發展水準的限制，各界內部的成分比較簡單。例如，以教書為生的人不多，有功名的人也很少；農業中除了種植水稻和甘蔗以外，經營其他經濟作物的也很少；除製糖以外，缺乏規模較大的手工工廠，也沒有形成行會手工業。商業是比較發達的，主要行業有商船、糖、茶、布、綢緞、杉木、藤、打鐵、典當、藥材等，最大的是經營與大陸貿易的郊行，而直接經營對外國貿易的為數甚少。除此之外，當時還有巫、醫、僧、道、山、命、蔔、相、娼、優等職業。

　　遊民則是當時臺灣社會的一個重要階層。遊民也稱「羅漢腳」，是無業或無固定職業的單身漢，沒有田產、沒有妻子、沒有固定住所，游食四方。俗話說：「羅漢腳有路無厝。」道光年間擔任北路理番同知兼鹿港海防同知的陳盛韶在《問俗錄》中對羅漢腳有專門的描述：「臺灣一種無田宅、無妻子、不士、不農、不工、不買、不負戴道路，俗指為羅漢腳。嫖賭、摸竊、械鬥、樹旗，靡所不為。曷言乎羅漢腳也？謂其單身，游食四方，隨處結黨，且衫褲不全，赤腳終生也。大市村不下數百人，小市村不下數十人。臺灣難治在此。」他們多是來自閩粵兩省手無技藝的失業者和半失業者，也有的是由於天災人禍而失業的本地遊民，這種人在清代前期臺灣社會中占有相當大的比重，據我們估計最多的時候大約占人口的 20%—30%。遊民不事生產，依靠乞討或強乞為生，還經常偷竊、搶劫、煽動械鬥，從中搶掠破壞，對社會生活和社會治安都起了負面作用。這是臺灣移民社會結構的特點之一。

二、祖籍地緣關係和社會組織

　　臺灣居民大都來自閩粵兩省，起初，他們以祖籍地緣關係進行組合，同一祖籍的移民往往聚居在一起，形成各自的社會群體。當時臺灣各地一村一

第二節 移民社會的結構與內外關係

姓的血緣聚落為數很少，而一村多姓的地緣聚落卻較多，這和大陸上聚族而居的情況是不相同的。

移民基本上以府為單位進行劃分，分成漳籍、泉籍、粵籍三大系。漳籍包括漳州府屬各縣和部分潮州籍移民；粵籍則以客家人為主，包括閩西汀州府屬各縣。泉籍包括泉州府屬各縣，但同安縣籍的移民則與漳籍移民比較接近。所以，可以說，所謂「分類」，基本上是以不同語言進行劃分的。多數情況下是同縣同鄉集居一地。

臺灣各地的拓墾，基本上是以同一祖籍的移民集中在一個地區從事開發的。例如，從大的範圍來說，閩南人早期開發了府城一帶，客家人則集中到下淡水一帶從事拓墾。泉人施世榜招募同籍移民開發彰化地區大片土地；漳州府海澄縣人鄭維謙率領漳籍移民到淡水開墾芝蘭一帶；廣東大埔縣人劉承豪等招佃開墾九芎林；陸豐人羅朝宗、黃魁興、官阿笑等合墾竹塹十一股一帶；吳沙開發宜蘭，招募的流民9/10是漳人。早期不同祖籍移民共同開發的情況時有出現，但後來逐步調整、遷徙，到了乾隆年間，祖籍分佈已經出現這樣的局面：漳泉移民占十分之六七，粵籍占十分之三四。北淡水、南鳳山多粵人，諸羅、彰化多閩人；近海多閩南，近山多客籍。具體地說，客家人主要分佈在現在北部的桃園、新竹、苗栗和南部的高雄、屏東等縣，此外，臺中、花蓮、臺東等縣也有一些客家住民，其餘地區則多是閩南移民。噶瑪蘭地區是在嘉慶年間才開發的，有漳、泉、粵三籍移民共同參與，但是在開發中還是按祖籍地緣關係分別進行的，漳籍開發金包裡股、員山仔、大三圍、深溝，泉籍開發四圍一、四圍二、四圍三、渡船頭，粵人則開發一結至七結。

現在臺灣還留下一些地名，如同安、南安、安溪、德化、南靖、平和、永定、大埔、饒平、鎮平、海豐、惠來、梅州等，都是以原籍縣名來命名的，也有以府名命名的，如潮州鎮、泉州厝、漳州裡等，還有的則是採用大陸上更小的地名，如田心、田中央、大溪等。這些地名可以說是當年移民以大陸祖籍地緣關係組合的歷史見證。當然這只是一般的情況，有時不同祖籍的移民也可以共同開墾，早期有不少客家移民充當開墾的勞力，他們的頭家

第四章 清代前期

往往是閩南人；也有一些地方是由不同祖籍移民共同開發的，例如，同安人就同陸豐人、海豐人在竹塹一帶拓墾，但總的來說，祖籍地緣組合是清代前期普遍的現象。所謂「漳莊」、「泉莊」、「粵莊」就是以祖籍關係組合的寫照。

移民中保留著某些血緣關係，但對血緣則不可能有太嚴格的要求，當時的家庭不一定是純血緣的結合。在嘉慶年間，臺灣各地平均每戶多達七至八人，這樣大的數字只能說明多數家庭是由非血緣關係組合的，移民可能出於開墾和自衛的需要而以較多的人組成一戶。當時還有養「螟蛉子」的習慣，即沒有兒子的人可以買異姓的人為子，這種現象不僅在一般平民中，而且在富家大族中也相當普遍。此外，同籍異姓之間結拜兄弟和結盟之風也相當盛行。這可以從另一個側面說明地緣關係組合的特色。

其所以出現這種現象，主要是由當時的客觀環境決定的。初期前往臺灣的多是一些單身漢，他們通過同鄉同族的關係結伴來臺，然後又通過同鄉的介紹和指引，大批的移民來臺共同開墾。當時不可能整個家族、宗族遷移來臺，所以宗親很少，不能形成單一姓氏的血緣村落。起初同鄉關係是一個相當親密的關係。共同的方言和習俗，從原鄉帶來的共同的保護神，以及開發過程中面對土著居民和不同族群的威脅，迫切需要同籍移民的守望相助，這些因素為他們提供了結合的基礎。這樣，同一祖籍的人便很自然地聚居在一起，為組成以祖籍地緣關係為基礎的村落準備了條件。

祖籍地緣組合在初期有兩大好處：一則可以協力開發，不論在業戶與佃戶之間，或是在佃戶與佃戶之間，有了同鄉關係總比較容易相處，如有矛盾也容易調解。所以，這種組合方式對於從事開發起了積極作用。二則便於共同防衛，抵禦外來的侵擾，包括與不同祖籍移民和番族的糾紛。在通常情況下，三籍移民是不混居在一處的，遇到問題，同籍人便會互相幫助，一致對外。所以，地緣群體也起了自衛作用。清政府在農村實行的保甲制和後來設立的總理、董事等，就是以民間已有的地緣群體為基礎建立的鄉治組織，並賦予約束人民維持治安之類的功能。

祖籍地緣組合對社會也有負面的作用，主要表現在各籍移民以祖籍「分類」，各自形成壁壘，互不團結，互相對抗，甚至以強凌弱，仗勢欺人，最嚴

第二節 移民社會的結構與內外關係

重的是引發「分類械鬥」，造成社會秩序混亂和人民生命財產的重大損失，阻礙生產的發展和社會的進步。這是臺灣移民社會的一個特點，也是臺灣社會的一個消極因素。後來，隨著社會的發展，祖籍地緣組合便為新的組合形式所替代了。

社會組織是為了一定職能而組成的群體，當時有各種的社會組織，如以保甲、街莊為代表的鄉治組織，以團練為代表的地方自衛組織，也有書院、社學等文教組織，還有以村廟、寺廟為形式的地域組織。但最基層的社會組織還是以自然村為單位的「莊」的組織。這裡著重介紹一些比較特殊、比較重要的具有移民社會特色的社會組織。

村廟是一個村落共有的廟宇，由本村村民共同供奉一位神明，往往是同一祖籍移民的保護神。例如，粵東的客家人和福佬人一般供奉三山國王，三山國王廟成為他們的村落標誌，[086] 漳州人則供奉開漳聖王，同安人供奉保生大帝，安溪人供奉清水祖師，南安人供奉廣澤尊王，惠安人供奉靈安尊王，三邑人（晉江、南安、惠安）還信奉觀音佛祖和各種王爺。媽祖則是民間最普遍信仰的神明。這些都是來自原鄉的神。此外，土地公是最基層、最普遍的地域神，也是村廟經常供奉的神，是當地的神。人們通過村廟把全村結合在一起，成為一個祭祀單位，有組織地進行祭祀活動。不僅如此，一般村廟還是一個聚會場所，以及議事和調解糾紛的場所，實際上成為民間公共事務活動的一個中心。有的村廟還會發展成超村際的廟宇，聯絡周圍幾個村的居民共同進行祭祀和其他活動。在分類械鬥時，雙方的村廟也曾成為各自的指揮中心。由此可見，村廟表面上是一種宗教組織，實際上起了聯絡、團結同一祖籍移民的作用，它既反映了當時以地緣關係組合的現實，又對以祖籍分類的社會現象起了強化作用。

「六堆」是客家人在祖籍地緣關係基礎上建立的鄉團組織。康熙末年，臺灣發生朱一貴起義，閩粵移民開始出現矛盾。當時客家人處在少數地位，他們起初出於自衛的動機，集合了 13 大莊、64 小莊的客籍居民，共 12,000 多人，在下淡水地區建立「六堆」。所謂「堆」實際上是一種戰鬥組織的單位

---

[086] 謝重光.《三山國王信仰考略》，載《客家》1995 年第 1 期。

第四章 清代前期

元，有的說「堆」和「隊」同音，採用堆的名稱是表示與官兵的區別。六堆各自的名稱如下：先鋒堆、前堆、後堆、中堆、左堆、右堆，各堆最初設置的地點都在現在屏東縣境內。各堆設總理、副總理各1人，正副先鋒各2人，另設長幹、督糧等。由各堆總理公推六堆大總理1人，綜理全盤事務，另推大副理1人，掌理內務，又設總參謀、指揮使等，輔佐大總理執行職務。各堆選拔壯丁50名為1旗，6旗成1堆。平時各自耕作，戰時集中「出堆」。

糧餉由莊民負擔，大租戶2分，佃戶3分，小租戶5分。[087]六堆成立以後，首先參與了鎮壓朱一貴起義的活動，李直三、侯觀德等「義民首」受到獎賞，「六堆」也成了義民的組織。後來「六堆」又在吳福生、林爽文、蔡牽等事件中，先後由大總理侯心富、曾中立等率眾出堆，也受到清政府的褒獎。六堆組織相當嚴密，官府無法插手，六堆還能處理民間糾紛。但是，在當年「分類」情緒嚴重的情況下，六堆由於有了「義民」的名義，也曾仗勢欺壓閩籍居民，焚搶擄殺，加深了社會的矛盾和對立。

除了客家六堆以外，泉籍、漳籍也有一些義民，但由於歷次起事的首領多是漳籍的，所以總的說來，義民多是粵籍和泉籍的。不過，客家六堆是比較固定的組織，而其他義民組織則在「民變」過後便解散了。義民是在「民變」過程中，由民間自行組織（或官府參與組織）用以對付「民變」的武裝組織，其主要功能是，抵禦起義者，保衛鄉里；隨軍出征，鎮壓起義。林爽文起義時期，大約有4萬泉籍和客籍義民參加對起義者的作戰。義民首多數是地主、商人，而起義者則多是農民、遊民等下層人民。義民為官府出力，官府也照顧義民的利益。事實上，義民往往依仗官府的勢力，欺壓平民，特別是不同祖籍的居民。所以，義民既有保衛鄉里、維護社會安定的一面，也有鎮壓起義、欺壓平民的一面。由此可見，所謂「義民」是站在清朝政府的立場上來說的，實際上並不是維護社會正義的力量。

「郊」既是一種經濟組織，又是一種社會組織。它也具有祖籍地緣關係組合的特徵。就經濟組織而言，它是商會的雛形，是同一地區貿易商人或同一行業商人的組織。所謂同一地區指的是經營同一地區的貿易，如北郊，是經

---

[087] 陳其南.《臺灣的傳統中國社會》，允晨文化公司，1989年版，第98—100頁。

第二節 移民社會的結構與內外關係

營對上海、天津、煙臺等臺灣以北地區貿易的商人的組織；廈郊則是經營對廈門、金門、漳州等地的貿易；經營島內各港埠間貿易的稱為港郊。所謂同一行業指的是經營同類商品的貿易，如糖郊、油郊等。郊的組織是由爐下、爐主以及董事、簽首、職員等組成。爐下是普通成員，爐主總管全郊事務，包括祭祀和經常會務。後來另設董事管理會務，爐主則專管祭祀。爐主、董事多是公推的，實際上是由大商人操縱。簽首、稿師、職員等則是協助辦事的人員。郊設有會館、公所作為辦事場所。郊的職能主要有祭祀、商事、調解、善事四個方面。祭祀主要是祭媽祖和水仙王，以求保佑海上貿易平安，人貨兩全，贏利而歸。商事則包括訂立規約、維護信譽、保護權益，還可以壟斷市場，操縱市價，對違反規約者給予處罰，以共同維護全郊的利益。調解是對郊的成員間的商務糾紛進行私下的調處，只要雙方同意，還是有作用的。善舉是指修橋鋪路、賑災濟貧等公益和慈善事業。郊是大批發商的組織，最有名的是府城三郊，即北郊、南郊、糖郊，每個郊都有許多商號，這些商號經營進出口貿易，在島內有自己的銷售系統，即商行—文市—消費者；或商行—割店—文市—消費者；或商行—割店—小販—消費者。割店是中小批發商。文市俗稱小賣，開設店鋪，直接面對消費者，有的是專售一項商品的，如布店。小販則不開店，以肩挑、車運轉販給小文市，或直接在城鄉叫賣。由此可見，郊行在臺灣經濟上擁有十分重要的地位。[088]

作為社會組織，郊還有其社會功能。郊商多是大陸的殷商，後期逐漸有本地商人參加。除了上述公益事業以外，郊商往往組織義民，保衛地方。林爽文起義時，鹿港泉郊首領林振嵩等募勇自衛，隨軍出征；蔡牽事件時，府城三郊由總義首陳啟良及洪秀文、郭拔萃等率領義民參加守衛。從郊商的階級成分來說，他們一定會站在政府的一邊，參與鎮壓起義者。泉郊曾經組織義民對付以漳籍為主的起義者，不同的郊也曾發生「郊拼」，即以不同祖籍為基礎組成的頂郊和下郊之間的械鬥，這都在一定程度上反映了祖籍分類的客觀現實。

秘密會社是中國下層人民自發組織的民間互助自保的結盟團體，一般都

---

[088] 卓克華.《清代臺灣的商戰集團》，臺原出版社，1990 年版。

第四章 清代前期

　　以宗教迷信作為動員組織群眾的手段，在一定條件下，這種團體會成為反抗官府或發動暴亂的秘密組織。清代前期有所謂「北教南會」，即北方以白蓮教、南方以天地會為代表的秘密社。臺灣的秘密會社有的是沒有名目的臨時性的組織，在起事前匆促結盟，推舉大哥等，領導起事。有的是有名目的長期存在的組織，最有影響的還是天地會。早在雍正年間，臺灣就有父母會、媽祖會、子龍會等名目，乾隆年間則有小刀會、添弟會、雷公會、天地會、復興天地會、遊會等組織。嘉、道年間有小刀會、太子會、銃會、白旗會、兄弟會（有時又名同年會）等。從性質來看，有的純粹是互助性的組織，如父母會，是為了「父母老了彼此幫助」；有的則是為了謀求私利，如乾隆年間楊興勳兄弟為了爭家產而結的添弟會和雷公會；有的是為了抵制營兵的欺壓，如小刀會；有的起初只是為了「患難相助」，後來卻成了起事的核心組織，這時的性質就不一樣，已經成為民間的反抗組織了。最典型的是天地會。天地會的宗旨原來是「緩急相濟，患難相扶」，只有互助的意義，而起事以後，則提出「剿除貪官，拯救萬民」，這就有了政治的內容了。

　　臺灣的秘密會社有的是同福建有密切關係的。除了兄弟會、同年會由客家人組織以外，其餘都是由漳州人建立的。以林爽文為首的天地會起義，便是在福建平和人嚴煙前來彰化傳佈天地會的影響下組織起來的；在林爽文起義期間，福建漳浦也發生張媽求為首的天地會眾攻打鹽署事件；林爽文起義失敗後，乾隆五十六年，彰化又組織復興天地會，由原籍漳州的張標為首，含有對抗泉州籍民的意圖；乾隆六十年，彰化陳周全為首的天地會起義，則與福建同安的籛會（天地會的別名）有關，陳周全曾經參加同安籛會，回臺灣後，召集漳、泉、粵三籍移民共組天地會，發動起事。秘密會社的成分比較複雜，有遊民、農民，也有富人，各自懷有不同的目的，成員多是漳籍的，也有一部分是泉籍的，客家人則基本上不參加。在起事時，參加者主要是與起事首領（會社首領）同籍的移民。由此可見，臺灣秘密會社既是從大陸移植過來的，又多少含有祖籍地緣分類的因素。

　　所有這些社會組織都帶有地緣組合的色彩，成員都有地域偏見，它一方面加強了內部的團結，而忽略了同籍移民的階級界限；另一方面則加強了

排外意識，使得不同祖籍移民之間的對立更加嚴重。這是移民社會的一個特點，也是當時臺灣社會的一大憂患。

三、移民與土著居民的關係

在移民社會中，從外地來的移民必然要和本地的土著居民發生交往。當時清政府把臺灣土著居民稱為「番族」，並有「熟番」和「生番」之分，所謂熟番是指「雜居平地遵法服役者」，生番則是指「深居內山未服教化者」，表面上是依照「歸化」與否來劃分，實際上主要是以他們與漢族移民的關係和漢化的程度來區分的。

土著居民的村落稱為「番社」，有大社和小社之分，大社可以管轄幾個社或十幾個社。大社有幾名土官、副土官，小社則只有一名土官，管理社務。此外，還設有通事，一方面便於語言上的溝通，一方面辦理納餉、安排差役等事。在番社中，業戶也有相當的地位，他們有的本人是業戶，有的則代表番社，負責收取社租，並分發口糧給本社居民。

土著居民組成成分不同，由於開發程度的不同，生活狀況也不一樣。平埔人多數住在西部平原和丘陵地帶。臺灣縣和諸羅縣境內的新港、目加溜灣、蕭壠（即歐汪）、麻豆，在鄭氏時代就是大社，他們漢化程度較高，已經學會種植水稻的技術，能使用牛耕、犁耙，開溝引水灌田，後來還出租、典當和出賣土地。他們與漢人進行貿易，用鹿皮、鹿肉等土產，交換鹽、糖、布、鐵器等物，生活比較富裕，與漢人移民能夠和平相處。經過長期雜居、交往、通婚和文化上的相互影響，民族關係逐漸改善。

住在山地的土著居民，當時還處在未開發階段。鳳山縣山前的山豬毛社和山后卑南覓各社的「傀儡生番」，主要從事狩獵、漁撈，只種植一些芋頭。有時通過「熟番」與漢人進行以物易物的交易，以鹿皮、鹿肉等，換取珠、布、鹽、鐵、火藥等。他們還保留著獵取人頭的陋習，漢土矛盾經常發生在這些土著居民的附近地區。

隨著移民大量進入臺灣，移民對土地的需求不斷增加，他們通過請墾、

第四章 清代前期

占耕，或通過向土著居民買賣、交換甚至用欺騙的手段，取得土地。平埔人有的已有遊耕的農業，容易受到漢人移民的影響，漢人移民在早期平地開墾階段多以和平的方式獲取土地。平埔人採取女子繼承的方式，漢人移民和平埔婦女結婚，日後就可獲得土地。當時漢人與土著婦女「牽手」（指結婚）問題，常常引起土著居民的強烈不滿，以致當局對此屢有禁令。漢人移民在平埔人居住處開雜貨店的，經常賒售商品或貸款給他們，到他們無力償還時，便可獲取他們的土地。[089] 在漢土經濟交往增多後，土著居民日益被捲入漢人的經濟生活，而移民也普遍地採用買賣、租的方式來獲得土地。移民向「番社」買土地，俗稱買墾，如中部著名大墾戶施世榜拓墾的大片土地就是向半線社買墾的。[090] 在留傳至今的早期土地文書中，有許多墾戶向「番社」買墾的土地文書，這實際上是揉合了漢人社會中的土地買賣、租兩種形式。漢人移民除了付出一筆資金買得開墾的權利，每年還要貼納「番餉」、交納「番租」。但「番租」比率是很低的，不足「番社」食用。康、雍年間，沙轆社土官嘎曾告誡族人「祖公所遺，只此尺寸土，可耕可捕，藉以給饗餐，輸餉課，今售于漢人，侵占欺弄，勢必盡為所有，闔族將無以自存矣」。[091] 此外，漢人社會中的租等土地關係形式，也逐漸移植到漢人與土著居民的土地關係之中。漢人移民買墾、租「番社」土地，往往衍生出契約上的欺詐，違約抗租等問題。如宜蘭地區「蘭地三十六社，……所有餘埔，漢人鬥酒尺布即騙得一紙字」，「而所耕之輩，尤貪得無厭，雖立有約，至墾透後，應納租穀，居多糾纏不清」。[092]

　　移民在平地獲得土地雖以和平手段為主，但也有採用武力強占的，最突出的例子是嘉慶、道光年間宜蘭平原和埔裡社盆地的拓墾。吳沙率漳、泉、粵三籍民人入墾蛤仔難（即宜蘭）即以武力為先導。他「與番割許天送、朱合、洪掌謀，招三籍流民入墾，並率鄉勇二百餘人，善番語者二十三人，以嘉慶元年九月十六日進至烏石港南，築土圍墾之，即頭圍也。初入與番日

---

[089] 根岸勉治．《噶瑪蘭熟番移動與漢族之移民》，載《臺灣風物》第 14 卷第 4 期。
[090]《臺灣別錄二卷》，載《臺灣文獻》第 23 卷第 2 期。《臺灣別錄》為王崧興教授發現之施氏家族文獻。
[091] 黃叔璥．《臺海使槎錄》卷五，《番俗六考》，北路諸羅番八。
[092] 陳淑均．《噶瑪蘭廳志》，臺灣文獻叢刊本，第 232 頁。

第二節 移民社會的結構與內外關係

鬥，彼此殺傷甚眾」。[093] 從嘉慶十九年（1814年）起，埔裡社為黃林旺、郭百年、黃裡仁率眾攻占強墾，「郭百年既得示照，遂擁眾入山。先于水沙連界外墾社仔番埔三百餘甲。由社仔侵入水裡社，再墾四百餘甲。復侵入沈鹿，築土圍，墾五百餘甲。三社番弱，莫敢較。已乃偽為貴官，率民壯佃丁千餘人至埔裡社，囊土為城，黃旗大書開墾。社番不服，相持月餘。乃謀使番割詐稱罷墾，官兵即日撤回，使社番進山取鹿為獻，乘其不備，大肆焚殺」。[094]

至於山地的隘墾，在移民「愈墾愈深」、丘陵山地不斷被拓墾的情況下，土著居民的活動空間日趨縮小，雙方發生武力衝突是不可避免的了。臺灣學者指出：「漢人迫于大陸人口壓力不得不移居臺灣，而他們多為農民，必然千方百計地覓取耕地。然而土著為本身的權益，也必然抵制、反抗。於是，耕地取得問題成了臺灣開發以及影響漢、土關係的嚴重問題。」[095]

清政府是由少數民族（滿族）的上層貴族所建立的，作為統治者，他們對其他少數民族必然也會採取「剿撫兼施」、「恩威並用」的手段，但他們對各少數民族地區卻是比較重視的。在臺灣，清政府採取了一些保護土著居民的政策。例如，劃定土牛線為界，嚴禁漢人侵入土著居民地區開墾土地，以保護土著居民的土地權益；對欺壓土著居民的社商、通事、奸棍等給予懲治；減輕土著居民的社餉負擔；由於土著居民在林爽文事件中「協助官軍，為力不小」，清政府特地設立「番屯」，給予一定的養贍埔地，供他們長久耕作；設立南北兩路理番同知，處理漢土糾紛，選拔土目，管理義學及一切輸餉事務，並制訂一系列保護土著居民的措施。

但是，漢土衝突在當時是一個重大的社會問題，主要發生在雍正、乾隆年間，人們稱之為「番害」、「番亂」或「番變」。雍正年間，幾乎年年發生土著殺害漢人事件，是「番變」最頻繁的時期。據不完全統計，從清初到道光年間，發生此類事件就有80起。[096] 僅就現存的《雍正朱批奏摺》所記，從雍正三年至七年（1725—1729年），發生土著人殺死漢族佃人、雇工、兵丁、

---
[093] 姚瑩.《東槎紀略》卷三,《噶瑪蘭原始》。
[094] 姚瑩.《東槎紀略》卷一,《埔裡社紀略》。
[095] 黃富三.《清代臺灣漢人之耕地取得問題》，載黃富三、曹永和主編《臺灣史論叢》第一輯，眾文圖書，1980年版。
[096] 黃煥堯.《清季臺灣番患事件之本質探討》，載《臺北文獻》直字79期。

第四章 清代前期

莊民、管事、船匠等共22起,被殺漢人至少60名以上(不少資料只記殺某某等,未有具體數字),被殺「熟番」也不少。當時事件發生在北部主要是水沙連社,在南部則以山豬毛社為主。清在雍正四年底至五年初曾經發動一次對水沙連社的圍剿,迫使當地25社歸順;雍正七年初,又對山豬毛社發動清剿,動用大炮,以武力降服。下面介紹兩次比較典型的事件:

雍正六年(1728年),鳳山縣長興莊管事邱仁山等率領佃人越界侵入傀儡山開墾,破水灌田,遭到山豬毛社的襲擊,有12名漢人被殺害,竹葉社又有佃民2人被殺。不久又殺死「熟番」7人,擄去「番孩」1名,焚燒莊屋、牛隻。臺灣鎮派兵160多名,連同民壯、「熟番」100名,進行圍剿,活捉土著居民20名。這件事是由於漢人侵入土著居民地區而引起的,所以皇帝的朱批寫道:「內地佃民,自取其禍。」[097]

雍正九年(1731年)十二月,大甲西社以林武力等為首,結合樸仔籬等八社,射傷兵丁,焚燒淡防同知衙門,殺死同知幕賓、家人。十年五月又與沙轆、吞霄等十餘社聚眾數百,擄搶中港商船,殺死船上六七人,燒毀南日營盤,圍攻彰化縣治,百姓紛紛奔逃。清政府派福建陸路提督王郡帶兵3,000名進行圍剿,用槍炮打死許多土著人,焚毀社屋、糧食,迫使一些「番社」降服,接著進山追剿,斷絕水路和退路,吞霄、大甲西社土宮帶領土著人「泥首乞生」。林武力等被迫投降。這次出擊一共捕捉土著人1,000多名,打死41人,傷死21人,被處死的有18名。這是一次較大的事件,土著居民公然與官府對抗,官府派出大軍進剿,表明漢土矛盾的尖銳。清廷對此十分重視,稱之為「蕩平臺番大捷」。[098]

雍正、乾隆年間發生較多「番變」的原因,據清朝地方官員報告,主要是由漢民的侵耕、通事的盤剝、官府的陋規、兵丁的需索、遊民的騷擾等引起的,另一方面,土著居民經常襲擊、殺害無辜漢人,也加深了彼此的對立。這是移民初期很難避免的問題。

清政府以「剿撫兼施」、「恩威並用」的政策對付土著居民,禁止漢人侵

---

[097]《雍正朱批奏摺選輯》,臺灣文獻叢刊第300種,大通書局版,第72頁。
[098]《雍正朱批奏摺選輯》,臺灣文獻叢刊第300種,大通書局版,第240頁。

占土著居民地區，獎勵土著居民改漢俗，不斷促使他們歸順。另一方面，漢民與土著居民（特別是平埔人）的交往日益增多，也促使雙方關係走向和諧。首先是在共同生活的環境中，平埔居民向漢人學會農耕技術，在生產勞動上與漢人相接近；通過商品交換，雙方在日常生活中互有需求，逐漸走向合作，交換關係不斷發展；相處日久，互相通婚的現象也經常出現，成為習慣，彼此的關係也就更加密切了。再加上漢文化的影響，使得漢土之間逐漸走向同化與融合。民族關係有所改善，漢土衝突也逐漸減少。當然，清政府不可能執行民族平等的政策，他們對土著居民的鎮壓是相當殘酷的，而當漢人起事抗官時，清政府則利用土著居民參加鎮壓活動，在林爽文起義時，清政府就利用土著人守禦城池、配合官兵作戰、搜捕起義者、為官兵傳遞公文，運輸接濟。所以在清朝統治時期，漢土之間的矛盾長期存在。

四、移民與祖籍地及其他地區的關係

移民從大陸來到臺灣以後，同祖籍仍然保持不同程度的聯繫，兩岸之間往來不斷，原鄉的影響繼續增強。主要表現在以下幾個方面：

開墾初期，墾戶領到墾照之後，通常回原籍招徠佃戶前來開墾，有的還回原籍招股，籌集資金，共同經營。同安人王世傑回籍招募泉籍族親、同鄉 100 多人，前來開墾竹塹。康熙、雍正年間，林成祖墾號開發大加臘一帶時，需要籌集資金，就向在廈門的陳鳴琳、鄭維謙招股，陳、鄭並沒有來臺，但他們成了拓墾的股東之一。[099]

經商的移民與原籍的關係更加密切。清代前期，廈門作為「通洋正口」，在最興盛的時期，商船（對國內各港口的貿易）總載重能力達 200 萬石以上，洋船（主要經營對南洋的貿易）35 萬石以上。乾隆二十二年（1757 年），清政府下令封閉江、浙、閩三關，只准在廣州通商，廈門則准許呂宋商人前來貿易。因此，臺灣對外的直接貿易基本上停頓下來，有的還要通過廈門轉口。當時規定，凡是去臺灣貿易的商船，都要領取牌照，在廈門盤驗；由臺灣回大陸的船隻，也要到廈門來盤查。後來隨著貿易的發展，除了廈門與鹿

---

[099] 尹章義．《臺灣開發史研究》，聯經出版，1989 年版，第 77—79 頁。

第四章 清代前期

耳門以外,又開放晉江的蚶江與彰化的鹿港、福州的五虎門與淡水的八里坌對渡,兩岸貿易關係更加密切了。大的郊商往往在大陸和臺灣都有商號,在兩岸之間經營貿易。有的商號主要經營來自原鄉的貨物,例如,德化賴家八人同往臺灣經商,販賣德化瓷器,也有專營德化茶葉的。有的經商發財以後,回原籍定居。

大米作為臺灣主要出口貨之一,主要運到福建,廈門成為大米的分配和銷售中心。所謂「臺運」,則是清代前期臺灣與福建之間的一項專門的米穀運輸工作,它規定所有貿易商船必須承擔配運「兵眷米穀」的任務。這項內地兵餉每年有 8 萬多石,其中有一半左右運到廈門中轉,成為商船和地方當局的一大負擔。當時臺米運往福建,一是軍糧,一是民食。軍糧來自田賦,而臺灣的兵餉則是由福建提供的。「以有易無,運臺穀以濟各地之兵糈,發帑金以給全臺灣之兵餉,各得其所。」[100] 在民食方面,臺灣產米必須出售,福建缺糧需要購買。如果臺灣豐收,而臺米無處出糶,就會造成「熟荒」。有時臺灣受災,也曾由外省調撥糧食。糖是另一種主要出口貨,在雍正年間,每年有 500—700 艘糖船從臺灣到廈門,主要銷往蘇州、上海、寧波以及天津等地。從事糖的貿易的多是晉江、龍溪、同安等地的商人。從大陸運回臺灣的主要是日用消費品,以紡織品為大宗,還有日用雜貨、建築材料以及各種土產等。每年大約有數千艘商船往返於臺灣與大陸之間。

在政治上,臺灣與福建的關係也最密切,當時臺灣是福建的一個府,起初還設了臺廈道,在 40 多年的時間裡(1684—1727 年),臺灣與廈門在行政上是同一單位。臺灣文官歸福建督撫管轄,武官也由福建督撫監督。清政府還把廈門當作與臺灣聯繫的橋樑,一切公文由廈門交船戶帶往臺灣,臺灣來的資訊、奏摺也經廈門轉遞和上報。每當臺灣發生起義時,清政府經常調集兵力,經廈門輸送到臺灣進行鎮壓;軍需兵餉也在廈門等地籌集、裝運;清政府的文武官員如總督、巡撫、提督、總兵等也經常在廈門等地策劃對付起義。清政府還在廈門設置火藥局、軍械局和軍工造船廠,把廈門作為鞏固對臺灣統治的軍事基地。當年清政府對臺灣,正如對其他邊陲地區一樣,軍

---

[100] 方傳穟致孫爾准信,轉引自周憲文.《臺灣經濟史》,第 253 頁。

第二節 移民社會的結構與內外關係

事安全重於財政收入。由於臺灣的地丁錢糧不夠發給本地的兵費,所以官兵的餉銀要由福建財政撥給,有時甚至需要他省的協餉。在動亂發生時,軍費開支更大。林爽文起義時,用了福建93萬兩,鄰省撥給740萬兩,又撥各省米110萬石,本省米30萬石。[101] 蔡牽事件時,當局撥了65萬兩,在臺灣一地就多用了28萬兩,只得由福建撥出13萬兩賠補,其餘的還要在閩省各官的養廉銀中扣補。[102] 移民在臺灣定居以後,有的回籍搬眷,有的回籍娶親,還有的回籍把父母、兄弟等一同遷來臺灣,這樣的事例在乾隆、嘉慶年間大量存在。於是,大陸上所謂世系、昭穆、祠堂、族產等家族宗族關係的文化也逐漸移植到臺灣。從臺灣回祖籍祭祖、修墳、蓋祠堂、修族譜以及歸葬祖籍的情況經常發生。乾隆年間,張士箱家族的張方大去世,靈柩歸葬祖籍晉江,並置田作為宗祠祭祀之用。張氏家族中還有不少人以「瓦棺」歸葬原籍。[103] 嘉義劉姓家族在嘉慶、道光年間寄錢回福建南靖購置田產,作為祭祖業田。淡水林氏也捐出佛銀,作為修譜之用。竹塹鄭氏、澎湖蔡氏都曾回金門修祠續譜。大量的移民死後是葬在臺灣的,但在他們的墓碑上可以看到安邑、南邑、和邑、靖邑、惠邑、銀同、溫陵、金浦等祖籍地名,為他們的後代留下尋根的依據。與此同時,移民也有在臺灣娶親的,還有臺灣婦女嫁到大陸的。這樣,兩岸的血緣關係就有了新的內涵。

在文化方面,移民與祖籍地的關係更是密切,初期傳入臺灣的主要是下層的民俗文化,而精緻文化的影響只限於社會上層,廣大移民的文化水準還很低。隨著移民的大量入臺,中華傳統文化進一步傳入,居民的文化水準也有所提高,臺灣社會也逐漸走向與內地相似的「文治社會」。以書院來說,早期書院多屬鄉學性質,後來,隨著臺灣各地的開發,書院設置逐漸增加,到乾隆、嘉慶年間新設14所書院,道光年間又新設12所,這對傳播中華傳統文化起了重要作用。臺灣書院的祭祀、學規、講學內容以及建築風格等都和福建相似。不少書院祭祀朱子(朱熹)以及在臺灣傳播中華文化的先驅者,如沈光文、王忠孝、盧若騰、藍鼎元等,並以朱子為精神偶像。各個書院為

---

[101] 陳國棟.《林爽文、莊大田之役清廷籌措軍費的辦法》,載《臺灣風物》第31卷第1期。
[102]《臺案匯錄辛集》,臺灣文獻叢刊第205種,第二冊。
[103] 尹章義.《張士箱家族移民發展史》,臺北張士箱家族拓展研纂委員會,1983年版,第159頁。

第四章 清代前期

本地培養了不少人才。至於官學，即政府所設立的府學、縣學，也以傳播中華文化為重點，在這方面，與祖籍的關係也很密切，就以府縣儒學的教授、訓導來說，從康熙到嘉慶年間，先後擔任府儒學教授的 36 人、訓導 23 人，臺灣縣儒學教諭 36 人、訓導 25 人，鳳山縣儒學教諭 34 人、訓導 11 人，全部都是福建人，其中閩南人將近一半。[104] 這說明在文化方面，移民受祖籍地的影響是很大的。

此外，移民還經常來大陸「分香」，將保護神「請」到臺灣進行祭拜。著名的艋舺龍山寺以及臺南、鳳山、鹿港等地的龍山寺，其神像都是由福建晉江安海分靈割香來的，因為早年大量泉籍移民以安海為出海口渡海來臺，所以安海同臺灣各港口有著密切的關係，人們建造同名的寺廟，表示對祖籍的感念之情。有些移民發財以後，在臺灣建造大的房屋，俗稱「起大厝」，他們常常從福建請來唐山匠師，運來福杉、泉州烏心青草石、漳泉紅磚，按照漳泉等地的建築格式興建。從至今仍然保存著的一些古厝，可以看出當年的此類習俗。有些移民還資助祖籍的公益事業，有的出錢刊印地方先賢文集，有的捐錢建造城寨，現在廈門大學校園內還保留著嘉慶八年建蓋大小擔山寨城碑，捐款者名單中就有鹿郊、臺郊在內。在動亂發生時，臺灣的富裕人家往往渡海回到大陸避難。這些情況都說明了從經濟、宗族、文化等各方面來看，臺灣移民與祖籍地的關係都是相當密切的，而且隨著移民的大量入臺，祖籍地的中華傳統文化更加全面地傳入臺灣，對臺灣社會產生更加廣泛和深刻的影響。

在移民社會時代，臺灣與島外的關係主要是對大陸各地，特別是對福建、廣東祖籍地的關係。不僅在宗族關係、文化關係上是這樣，在政治上、經濟上也是這樣。至於對外國的關係，在鴉片戰爭以前，幾乎沒有什麼值得提及的。

在這個時期，到過臺灣的外國人，根據記載，有以下 4 人：康熙五十三年（1714 年），清政府派法國人雷孝思、馮秉正、德瑪諾等 3 人來島上測繪地圖，他們是「欽差」，不涉及外國與臺灣關係。乾隆三十六年（1771 年），

---

[104] 據各種地方誌統計、推算。

第二節 移民社會的結構與內外關係

波匈貴族貝納奧斯基（Benyowsky）伯爵來到臺灣東海岸，對當地土著居民的村莊進行焚殺，後來還擬訂了一個殖民計畫，企圖侵占這片土地。此外，《長崎志》記載，1743年，臺灣船在日本薩摩之寶島遇難；1759年，清船送回前年漂到臺灣的日本志摩人三名。類似這樣的漂船事件在當時中日兩國沿海之間是常見的，對臺灣社會沒有發生什麼影響。

在貿易方面，康熙年間，臺灣蔗糖由商船運往日本、呂宋諸國。據《華夷變態》記載，1685年，福州、廈門商船13艘運臺灣砂糖到達長崎，並由武官江君開、文官梁爾壽等在船監督。到1688年，限定每年60艘中國船前往日本，其中有福州、廈門、泉州、漳州的船，而沒有臺灣船。1715年起，限定每年廈門、臺灣各兩艘來航，但未見入港的記載。[105]《廈門志》則指出，康熙年間曾經准許出洋貿易，後因臺灣民人私聚呂宋、噶拉巴地方，盜米出洋，透漏消息，偷賣船料等，而禁止南洋貿易。至於英國，據英國商行記錄稱，1684年，英商曾經要求清政府准許他們繼續與臺灣通商，但到1686年，便認為「臺灣現在毫無商業上的利益，不必再在該處設立商行」。[106]這些都是康熙年間的事，後來幾乎看不到臺灣直接與外國貿易的史料了。所以一些學者認為，清代前期臺灣主要是與大陸進行貿易，直接對外國的貿易為數甚微。「1683年清朝統治臺灣以後，到1860年臺灣對西方開放貿易，大陸卻幾乎成為臺灣對外貿易的唯一對象。」[107]這是因為過去臺灣是大陸與日本、南洋貿易的中轉地，自從清朝開放海禁以後，廣州、廈門等地的對外貿易日益發展，廣州成為對外貿易的中心，而廈門則成為國內商人的海上貿易中心，連接著沿海的貿易網。外國所需中國的絲茶等貨物，不需通過臺灣轉口。這說明，臺灣在大約一百多年的時間裡，不論在經濟上還是在其他方面，幾乎中斷了與外國的聯繫，相反的，臺灣與大陸卻始終保持著密切的關係。

---

[105] 木宮泰彥.《中日交通史》下冊，商務印書館，1930年版，第336頁。
[106]《十七世紀臺灣英國貿易史料》，臺灣銀行，1959年版，第20頁。
[107] 林滿紅.《四百年來的兩岸分合》，自立晚報社文化出版部，1994年版，第22頁。

第四章 清代前期

第三節 清政府的統治與社會矛盾

一、行政機構的設置與統治的加強

　　1684年，清政府設立臺灣府，下轄臺灣、鳳山、諸羅三縣，這種一府三縣的格局是最初的行政設置。後來，隨著大陸人口的大量流入和臺灣土地的大量開發，清政府逐漸增加了行政機構，其主要過程如下：

- 雍正元年（1723年），在原有諸羅縣內增設彰化縣和淡水廳。因為那時諸羅以北逐漸開發，民番雜處，而淡水已經成為重要口岸，有必要設官置守。
- 雍正五年（1727年），將分巡臺廈道分為二道，興泉永道駐廈門，臺灣道專統臺灣與澎湖，並新設澎湖廳，由臺灣府一名通判駐紮。
- 乾隆五十二年（1787年），改諸羅縣為嘉義縣。
- 嘉慶十七年（1812年），隨著噶瑪蘭的開發，增設噶瑪蘭廳。自此形成一府四縣三廳的局面。

　　在清代前期，臺灣行政機構的結構，可分為文官系統和武官系統兩個部分。文官系統由道員、知府、知縣等組成。臺灣道是本地最高文官，正四品，辦理地方政務，加兵備銜就有保境安民的職責，此外還加按察使銜掌管司法，「振揚風紀，澄清吏治」，並兼理學政，掌管教育。知府是在道之下、縣之上的地方官員，從四品，總領屬縣，掌管轄區內的司法、財政以及興利除害等要務。在知府之下設有同知、通判、經歷等，協助知府辦事。知縣，正七品，掌管一縣的治理，涉及司法、行政、財政、防務、教育等。知縣之下設有縣丞、主簿、典史等。同知一般是知府的佐貳官，有的是派出專管地方的，在臺灣主要有海防同知和理番同知。清代的官員主要承擔管理的職能，能夠革除陋規積弊、保境安民、秉公執法、實心為政，就算稱職，能夠興利除弊、關心民間疾苦、推動水利交通等設施的建設就更難得了。實際

第三節 清政府的統治與社會矛盾

上,在地方誌書的「宦績」欄中,清代前期值得後人稱道的地方官員則只有勤政利民的陳璸、廉潔嚴明的朱山、助民興修水利的周鐘瑄等寥寥數人。

武官系統由總兵、副將、參將、遊擊、都司、守備、千總、把總等組成。臺灣鎮總兵是臺灣最高武官,正二品,歸福建水師提督管轄。臺灣鎮總兵兼管水陸,駐府城,與臺灣道分管軍、民兩政。清政府企圖使文武雙方互相監督、互相牽制,臺灣道加兵備銜可以監督軍政,但是總兵則因為掌有兵權,往往輕視文員,以至引起文武不和,發生許多問題。臺灣鎮最初只有武官 65 人,其中總兵 1 人,副總兵 1 人,參將 2 人,遊擊 6 人,陸兵 5,000名,水兵 5,000 名(此為定額,實際兵額不足)。後來有過 5 次增兵,計有鎮標 3 營,安平水師副將營,澎湖水師副將營,南路參將營,北路參將營,武員 100 多名,兵丁達 14,000 名左右。當時實行班兵制度,即不在臺灣募兵,而是從福建抽調原有額兵來臺灣,三年一換。如有缺額也不得在臺灣募補。所以臺灣兵丁都是從福建來的,其中漳泉兵大約占一半。當局規定漳兵不戍漳莊,泉兵不戍泉莊,並把漳泉兵分散在各府兵之中,以免發生糾紛。班兵的餉銀極少,每月三斗米,戰兵月餉一兩五錢,守兵一兩。這樣微薄的收入,使他們生活困難,於是包娼開賭、橫行不法時常發生,成為社會治安的一大隱患。

由於清代前期臺灣正處在開發初期,人口較少,不論在政治上或經濟上都不引人注目,所以起初清廷對臺灣的統治力量相當單薄。到了康熙後期,開始比較重視了。當時浙閩總督出缺,康熙曾說,「閩省近海,聯接臺灣,此缺甚要,必得文武全才乃可。」後來他還說,臺灣孤懸海外,人們以為無關緊要,實際上得到臺灣以後,閩粵之賊便無處容身。到了雍正年間,皇帝指出,臺灣遠隔重洋,全在道府廳縣各得其人。所以對官員的任命和任期都相當重視。但是,在雍正年間,整個臺灣一共只有大小文官 36 員(包括教官在內)。

彰化縣地方空闊,只有文官 3 人,即知縣、同知、典史各 1 人,「止靠同知一員巡查七八百里崎嶇之地,實難遍及」。[108] 後來由於土地、丁口增多,

---

[108]《雍正硃批諭旨》第 18 卷,第 89 頁。

第四章 清代前期

在各地編造保甲，在萬丹、笨港添設縣丞，並將臺灣總兵改為掛印總兵，但統治力量仍然十分有限。

在康熙六十年（1721年），朱一貴起義以後，清廷對臺灣地位的重要性有了進一步的認識，當時福建督撫奏請臺灣添兵，康熙認為添兵無用，一要改善吏治，二要溝通資訊。為此，決定設立巡臺御史，每年從京城派出御史一員，前往臺灣巡察，瞭解當地情況，及時上奏。這是清政府加強對臺灣統治的一個重要措施。彰化設縣以及一些地方設立巡檢、准許民人搬眷過臺等，都是由於巡臺御史的奏告而批准的，他們曾經發揮過一定作用。到了乾隆後期，皇帝認為巡臺御史權力不如督撫，瞭解下情不如當地官員，作用不大，可有可無，終於從乾隆四十七年（1782年）開始停派。這個特殊的官職一共存在了60年的時間。巡臺御史的停派並不說明清政府不重視臺灣，而是改為由閩省督撫、水陸提督每年輪值一人前往臺灣，「實力稽察整頓，以期永靖海疆」，但是這個規定也沒有切實執行。[109]

原來臺灣文武官員的任期都是3年，一度曾經規定，知府、知縣、同知等到任兩年後，由福建省派人來臺與舊員協辦，半年後舊員返回，這樣文官的任期變為兩年半，所以臺灣有「三年官二年滿」的說法。[110] 到了乾隆四十八年（1783年），皇帝發現臺灣官員在處理械鬥事件時「因循怠惰」，將知府、知縣、總兵、副將等革職拿問，並指出：臺灣為海外重地，最為緊要。文武官員應當熟悉當地情形，所以總兵、道、府各員都改為5年一任，而且每年只能更調一人，以免全部換成生手。可是在執行過程中並不一定如此，有不少官員因辦事不力或丁憂、失職等，未到任期便被調換或革職。

乾隆五十一年（1786年），發生林爽文事件。這是臺灣歷史上規模最大的農民起義，清政府調集閩粵浙等省10萬兵力，才把起義鎮壓下去。這個事件對清政府是一個沉重的打擊，他們發現臺灣官員有嚴重的問題。臺灣鎮總兵柴大紀縱容兵丁出錢替役，外出營生，開賭窩娼，販賣私鹽，常年不進行操練，鳥槍都生銹了。他自己索取夫價和海口陋規，兩年期間多達五六萬

---

[109] 李祖基．《清代巡臺御史制度研究》，載《臺灣研究集刊》1989年第1期。
[110] 許雪姬．《清代臺灣的官僚體系》，自立晚報社文化出版部，1993年版，第32頁。

兩銀子。受賄徇私，怠忽職守，已經到了極點。柴大紀終於受到正法。臺灣道永福糊塗馬虎，接受節禮番銀 1 萬多元，對柴大紀的行為不加監督，反而蒙混欺飾，被處絞監候。其他官員也有種種罪行，大批受到整肅。從此，清政府進一步加強對臺灣的統治，其主要措施有：派出得力的官員治理臺灣，臺灣總兵都由滿洲人擔任；准許臺灣道員可以具折奏事，以免耽誤時機；責令福建將軍、督撫、提督等大員分年巡察臺灣，對當地官員實行查核，寫出評語；清查戶口；嚴禁私渡；開放八里坌口岸，對渡五虎門，以利商業貿易；嚴禁私造槍械；整頓水陸營兵；修築郡縣城垣等。清政府吸取林爽文事件的教訓，加強了對臺灣的統治，這是清朝治臺政策的一個轉捩點。

二、社會矛盾與農民起義

在臺灣移民社會中，存在著四組矛盾：農民階級與地主階級的矛盾、人民與官府的矛盾、不同族群的矛盾及漢族與土著居民的矛盾。這些矛盾既有區別，又互相交叉，成為臺灣社會動亂的根源。

就階級矛盾來說，它是經常存在的。當時一般農民在繳納地租之後，還有一定的剩餘，生活還可以過得去，而傭工和一些貧民生活則相當困苦。我們從當年留下的檔案可以看到，不少人命案件是由於索取些微欠款而引起的。

以下是發生在乾隆年間的幾件命案：施壽向王斌借銅錢 140 文，王討債，施不還，引起互鬥，施被打死。傭工蔡享替傭工蔡拱代賒油肉錢，還欠 110 文未還，蔡拱只認欠錢 50 文，兩人相鬥，蔡拱被殺。傭工林看欠陳愷剃頭工錢 80 文，陳去討錢，兩人互鬥，陳被打死。貧困的生活引發了不少社會問題，其中有些就是直接由於階級壓迫而產生的。地主逼租、退佃，迫得佃人走投無路，從而鬧出命案。例如，乾隆二十五年（1760 年），佃人李宗欠田主李足興租穀 14 石，李足興叫夥計蘇覺去討債，李宗打了蘇覺，後來李宗還了 9 石 5 鬥，李足興仍不甘休，李宗氣憤，集眾圍毆李足興致死。乾隆五十年（1785 年），田主王一山招李探等墾種荒地，後來看到土地肥美，想要自己耕種，多次逼迫李探退地，王一山之子王九恭恃強欺辱，李探起意

第四章 清代前期

拚命,將王九恭打死。此外,郭興等佃種番地,與地主陳元度的田地相連,陳斷絕水道,以致郭等連年歉收,經官府斷案,陳不遵行,郭等聚眾豎旗,要去陳的莊內焚搶。卓勇佃種林元田地二甲二分,卓因病不能交租,林去討租,發生鬥毆,卓被打死。類似這樣的個案是不少的。[111]道光年間已經普遍實行「對半分租」,同時還有押租,農民負擔加重。地主富戶往往囤積居奇,抬高糧價,還有的從事放債,每兩月利高達五六分,地主豪強有的擁有數百名爪牙,橫行鄉里,胡作非為,一般農民敢怒不敢言。這些情況表明,在清代前期,臺灣階級矛盾是普遍存在的。

人民與官府的矛盾是由吏治不良引起的,地方官員、胥吏、差役和士兵經常欺壓、勒索平民百姓,他們的劣跡罄竹難書,主要表現有以下幾個方面:

一、因循玩忽,貪污瀆職:清朝各地官員通常敷衍塞責,無所事事,只知收取陋規,剝削膏脂。臺灣官員也不例外,乾隆年間的孫景燧、劉享基、程峻、董啟埏、唐鎰等,都是聲名狼藉的貪官。唐鎰代理諸羅知縣時間不長,就寄 2,000 多兩銀子回家。收取陋規更是地方官員一項財源,鹿港同知每年可得陋規番銀 10,000 多元,守備得 6,000 多元,送給總兵規禮 1,200 元。總兵僅海口規費一項,每年可得番銀 6,688 元。此外還有節禮、壽禮等名目。這是從柴大紀案件所揭發出來的事實。

二、勒索陋規,派累居民:胥吏、差役憑藉官府的權勢,極力多收各種陋規,以飽私囊。例如,廳縣書役向船戶強收「篷號禮」,成為慣例。里差、地棍不顧田地被水沖沙壓,仍要按甲輸納,致使佃人棄地而逃。至於入社交倉穀石,派撥民車,軍工鐵炭,派民挑運,這類差役也是人民的沉重負擔。

在徵收各項錢糧時,各種規費更是名目繁多,有所謂票尾、倉笨、串票、票耗、房禮錢、差禮錢、櫃書禮錢等,後來作了規定,但這種積弊無法解決。

三、結交匪徒,侵占土地:乾隆年間臺灣總兵游金輅結交匪人,強奪荷包嶼魚塭;道光年間「縣蠹」王慎貪圖牛埔肥美,糾匪占墾。[112]

---

[111]《臺案匯錄己集》,臺灣文獻叢刊第 191 種,大通書局版,第 199 頁。
[112]《臺灣省開關資料續編》,臺灣省文獻委員會,1977 年版,第 341 頁。

四、兵丁擾民：臺灣班兵風氣敗壞，包賭包娼、販賣私鹽、典當放貸、索取夫價、得受陋規、糾眾鬥毆，無惡不作。道光二年，臺灣縣民向地方當局告發：人民經過城門，惡兵對糞土、五穀、糖、米、牛隻、棕衣、農具等物一律按件勒索費錢，稍不從命則任意毆辱，還放馬踐踏禾苗、地瓜、甘蔗等作物。[113] 人民無日不受剝索欺凌，發出「豈容惡兵噬民」的呼籲。班兵和各衙門的班役、道府的大轎館成為三大勢力，經常起釁。兵丁凌辱民人，引起居民相約結會，以求抵制。彰化小刀會就是專門針對兵丁擾民而成立的民間自衛組織。

由此可見，人民與官府的矛盾相當嚴重，有時出現強烈的對抗，在清代前期，往往成為引發起義的導火線。至於漢族移民與土著居民之間的矛盾，在上一節已有介紹，而有關不同族群移民之間的矛盾，則將在本節「分類械鬥」中進行分析。

以上四組矛盾中，階級矛盾是社會的基本矛盾，而官民矛盾和族群矛盾則經常處在緊張狀態，至於漢土矛盾處在次要的地位。在清代前期的臺灣，階級矛盾相對來說表現得並不十分尖銳，而往往被族群矛盾和官民矛盾所掩蓋，其主要原因如下：一、臺灣處在開發初期，未開墾的土地較多，大租較低，開墾的土地大大超過報墾的土地，隱地很多，一般農民負擔不重；二、移民以同鄉地緣關係組合，地主和佃農有一定的共同利益，同鄉意識掩蓋了階級意識；三、吏治不良，官民關係緊張，地域觀念濃厚，分類械鬥頻繁，族群矛盾突出。所以，許多起義、暴動、械鬥多以官民矛盾和族群矛盾為導火線。不過凡是重大的鬥爭，尤其是農民起義，都有其社會基礎，從中不難發現階級矛盾的因素。

清代前期臺灣農民起義為數不多，引起起義的原因雖有不同，但它們都是在社會階級矛盾的基礎上發生的。我們先看幾個個案：

朱一貴起義發生於康熙六十年（1721年），是臺灣歷史上第一次大規模的農民起義，也是18世紀前期全國規模最大的農民起義，參加者與附和者達30萬人，而當年臺灣人口也不過50萬至60萬。起義者多是貧苦農民、傭

---

[113] 同上，第365頁。

第四章 清代前期

工、手工業者、小商販等，也有少數遊民和下層胥吏參加。可見這次起義有廣泛的社會基礎，算是一次「大反」。朱一貴是福建長泰縣人，康熙五十二年（1713年），前來臺灣，曾經做過臺廈道的轎役，後來在大武汀（今高雄縣境內）以養鴨為生。平時善於結交，成為當地的知名人物。當時由臺灣知府王珍代管鳳山縣事務，而王珍卻把政事交給自己的次子，強征折色，勒派抽分，藉口百姓拜把與私伐山木，進行逮捕監禁，結果怨聲載道，大失民心。康熙六十年（1721年），朱一貴等在羅漢門商議，認為這時地方官員的作為已經引起人們的不滿，兵民瓦解，正是起事的好時機。農曆四月十九日，李勇等52人以朱一貴為首進行結盟，各招黨羽，共數百人，打出「大元帥朱」的旗號，當夜發動起義，出擊岡山，攻打清兵塘汛。南路有杜君英在下淡水召集廣東傭工1,000多人起而回應。清軍官員提出賞格，殺賊1名賞銀3兩，殺賊首1名賞銀5兩。於是番人殺死民眾4人，放火燒死8人。這就引起居民的恐慌，紛紛起來回應，起義者增加到20,000多人。五月初，起義軍向府城進軍，官軍敗退，登上40多艘戰船，向澎湖逃去。起義軍進入臺灣府，打開倉庫，分發錢糧，從紅毛樓中得到大批槍炮、彈藥。鳳山、諸羅也先後被起義者占領。這樣，在10天之內，臺灣一府三縣全部落入起義者手中。

　　朱一貴稱王，年號永和，並封眾人為國師、太師、國公、將軍、都督、尚書以及文職、武職等官，建立起自己的政權。但是，起義軍內部很快就發生分裂。朱一貴所部紀律比較嚴明，而杜君英的部眾卻搶掠村莊，雙方引起矛盾。這時下淡水以南的粵莊居民，在李直三、侯觀德等人的率領下，舉起大清義民旗，與起義者相對抗。清政府方面也由閩浙總督覺羅滿保坐鎮廈門指揮，調集兵力前來臺灣，鎮壓起義。由南澳總兵藍廷珍、水師提督施世驃率領18,000多兵丁，於六月間攻占安平，起義軍數萬以牛車列盾為陣，進行反攻，最終失敗。接著，清方大軍進攻臺灣府城，起義者被迫退出。官兵南北開展攻勢，起義軍從此一路潰退。閏六月，朱一貴被鄉民縛綁送官，杜君英等也先後被俘。當年有民謠說道：「五月稱永和，六月還康熙」，起義很快就失敗了。以後還有江國論、鄭元長、楊合、王忠等餘黨，但並沒有形成氣候。

第三節 清政府的統治與社會矛盾

　　這次起義是由於清政府地方官員的壓迫剝削而引起的，起義者提出「激變良民」，「大明重興」等，含有「反清復明」的政治目的。起義者之所以能夠得到廣大民眾的回應，說明當時官府與人民之間的矛盾已經十分尖銳，這次起義是體現廣大人民願望的農民起義。

　　乾隆五十一年（1786年），臺灣又發生一次大規模的農民起義，即林爽文起義，參加者達數十萬人，是臺灣歷史上最大規模的起義。清政府調集各省10余萬兵力，花費了上千萬兩軍費，用了一年零三個月的時間，才基本上把起義鎮壓下去。這是臺灣歷史上一個重大事件，在清代前期全國各地人民反抗清朝的鬥爭中占有突出的地位。乾隆皇帝把鎮壓這次起義列為自己的「十全武功」之一，由此可以看出林爽文起義在清朝統治者心目中的重要地位。林爽文是福建平和縣人，乾隆三十八年（1773年）來臺灣，當過縣裡的捕役，後來以趕車為生。四十七年（1782年），漳州人嚴煙來臺灣傳播天地會，林爽文、莊大田等人都入會，並以互助為號召，在各地互相傳習。五十一年（1786年）七月，臺灣道永福、知府孫景燧下令搜捕天地會員，不少人被捕。彰化知縣親往各莊，下令交出林爽文等人，否則就要燒毀村莊，這就激起了民怨。十一月，林爽文等聚集3,000—4,000人，發動起義，首先進攻大墩，打死官兵數百人。接著，起義軍攻進彰化縣城，殺死知府、知縣、理番同知等官員，開倉放糧，以清兵武器武裝自己。10天之內又取得鹿港、淡水、諸羅等地，聲威大震。推舉林爽文為大盟主，任命將軍、元帥、軍師等職，以「天運」為年號（後改為「順天」）。起義者以「順天盟主林」的名義發出安民告示，指出臺灣「貪官污吏剝民脂膏」，起義是為了「剿除貪污，拯救萬民」，並且申明紀律，不許起義者絲毫妄取。於是各地民眾紛紛響應。在南路有福建平和縣人莊大田等，聚集2,000—3,000人，在鳳山豎旗回應，十二月攻下鳳山。莊大田稱南路輔國大元帥，任命元帥、副元帥、將軍、先鋒等職。不久，林爽文與莊大田合攻府城，這時起義者大約已有1萬多人。由於清方總兵柴大紀配合府城各官，招募「義民」協守，府城屢攻不下。

　　乾隆五十二年正月，清方援兵1萬多名到達臺灣，由福建水師提督黃仕

第四章 清代前期

簡、陸路提督任承恩率領,分別駐守府城和鹿港,雖然官兵曾經克復諸羅、鳳山縣城,但並沒有取得較大的勝利,後來只得轉攻為守,主要守衛府城和鹿港,以致廣大地區仍舊掌握在起義者手中。三月間,清政府派湖廣總督常青帶領援兵來臺作戰,常青發現兵力不足,只能在府城附近搜捕起義者,而無力反攻。當時諸羅被起義軍圍困,多次受到進攻,清軍三次援兵都被起義軍擊敗,常青駐守的府城也受到包圍。起義者把全島南北兩路連成一體,而官兵則首尾不能相應。常青多次要求增兵,清方也先後派兵增援,但在七個月的時間裡,局面並沒有根本的改變。這時雙方處於相持階段,彼此力量都有消耗,起義軍未能擴大戰果,官兵也無法給起義者以致命打擊。乾隆五十二年十一月,清政府派陝甘總督福康安為欽差,帶領近萬名精兵到達臺灣。清軍以優勢兵力援救諸羅,當時在諸羅城內外共有義民約4萬人。粵籍監生李安善、舉人曾中立、淡水同知幕友壽同春、泉籍義民首林湊等都招募義民配合官兵作戰。清政府還利用土著人攻打起義者。官軍首先占領諸羅周圍的村莊,起義軍退守牛稠山,被官兵打敗,被圍困五個月的諸羅縣城才得到解圍。接著,清兵進攻鬥六門等地,又進攻林爽文的大本營——大里杙,起義軍10,000多人拼死抵禦,雙方經過激戰,大里杙失守。林爽文逃到小半天山,受到清兵追擊,乾隆五十三年正月,最終在淡水老衢崎(今苗栗竹南附近)被俘。莊大田退往琅嶠(今恒春),經過激戰,也被俘獲。這樣,震驚全國的林爽文起義就被鎮壓了。

　　這次起義的矛頭首先對準清廷地方政府,打出「剿除貪官」的旗號,殺死不少地方官吏。起義者站在平民百姓一邊,他們把從貪官污吏及官府繳獲的錢糧,除了供應軍需以外,都分發給貧民;他們安定社會秩序、平抑物價、保護農耕,受到一般民眾的歡迎。他們對地主、富戶則責令其出銀助餉,因而受到地主武裝的抵抗。起義的領導者主要是農民、佃戶、差役等下層社會人物,參加者以農民和其他勞動者為主,也有少數地主和商人參加。站在起義者的對立面的是以義民首為代表的地主、商人、武舉、生員等,二者的階級界限是很分明的。所以,林爽文起義是由農民階級領導的、受到官府和地主階級鎮壓的起義事件,是一次典型的農民起義。

第三節 清政府的統治與社會矛盾

　　陳周全起義是由天地會發動的,發生於乾隆六十年(1795年)。為首者陳周全,福建同安縣人,生長在臺灣,乾隆五十七年(1792年)從臺灣回同安,參加陳蘇老、蘇葉等組織的天地會,而陳、蘇二人原來也在臺灣參加天地會,林爽文起義失敗後,逃回同安。陳、蘇要在同安起事,還尚未發動便告失敗。陳周全又來到臺灣,先在鳳山與陳光愛等結會,陳光愛謀攻石井汛失敗被殺。陳周全逃往彰化,與泉州人馬江、潮州人陳容、漳州人黃朝等合作,分成漳、泉、粵三股,各招1,000人,準備起事。以陳周全為首領,泉州人洪棟為軍師,陳光秀等為將軍。他們宣稱有海船數十艘將要進入鹿港。起義者在令旗上寫著「大盟主朱」的字樣,並以朱為號。三月中計畫先攻鹿港,再攻彰化。十二日,攻入鹿港,官兵退守八卦山。十四日,起義者在大雨中進攻八卦山,清軍火藥桶起火,彰化城內守軍軍心渙散,起義者便占領了彰化城。起義者進城後,打開監牢和倉庫,出榜安民。當時起義者都被雨淋濕,陳周全下令向當鋪暫借衣服,可是起義者卻趁機搶掠,引起民眾不滿。官軍得到彰化失守的消息後,便派兵出援,因為大雨無法前進。起義者進攻門六門,與當地的響應者王快等幾百人配合,共有1,000人,但受到守軍的抵抗,未能得手。這時彰化、鹿港、田中央等地都出現「義民」的組織,廩生楊應選手下就有2,000多人。十八日,各路義民互相配合攻入彰化,起義者只占據了五天。與此同時,鹿港也被義民攻下。直到這時,對付起義者的主要是義民,而官府還不知道彰化、鹿港已經被義民收復。這樣,起義基本上就失敗了。陳周全一個人逃往埔心莊,被義民誘捕,距離起義不及半個月。接著陳容、黃朝也被捕,馬江被殺。南路的起義者鄭賀也被俘獲。官兵到處搜捕起義者,凡被捕獲者一律殺死,有記載者就有五六百人。

　　這次起義實質上是林爽文起義的繼續,但規模小,時間短,影響不大,值得注意的是,它是由漳、泉、粵三籍下層民眾共同發動的,這是以往所少見的,而站在他們的對立面的則是三籍的地主、商人和士紳,階級界限非常分明。

　　蔡牽起義是一次由大陸起義者與本地力量配合的起義。蔡牽所部多是沿海農民、漁民、水手、手工業者及無業遊民,由於生活所迫,下海為盜。從

第四章 清代前期

乾隆五十九年（1794年）開始，在閩浙一帶海域活動，搶劫商船，擄人勒贖。後來也以武力反抗清軍的追擊，並曾主動襲擊廈門海口的大擔、二擔。在嘉慶九、十年間，曾經來臺灣，企圖奪取某地作為據點。十年（1805年）十一月，蔡牽帶領80多艘船隻進攻淡水，殺死官兵，聯絡本地勢力，豎旗造反。並在滬尾張貼告示，指出「如莊民不助官兵，概不殺害；若充當義民，定行殺害」。蔡牽自稱「鎮海王」，用「正大光明」的印信。同時分封軍師、總先鋒、先鋒、將軍、元帥、巡捕等官職。臺灣南北各地的「山賊」、「騎馬賊」等紛紛起來響應。鳳山有吳淮泗、李添賜等，嘉義有洪四老、邱紅等，中路有周添秀等，聲勢同林爽文時相似。這時，蔡牽的活動已經超出海盜的範圍，帶有政治目的，形成與臺灣民眾配合的抗清起義事件。南路起義者由吳淮泗等帶領，攻占鳳山，官軍退守郡城。蔡牽親自帶領二三千人圍攻府城，以六艘大船沉在鹿耳門進出口處，抵擋清軍戰船。清軍水師提督李長庚的戰船無法進入，蔡牽卻以二三千乃至四五千人進行水陸夾攻。在北路，洪四老等以2,000多人圍攻嘉義。鳳山失守，府城和嘉義被圍，地方政府陷於危急之中。

　　這時，臺灣本地士紳和「三郊」商人起來組織義民，共有義民首250名，義民超過1萬。清廷也先後任命賽沖阿、德楞泰為欽差，調兵5,000趕來鎮壓。李長庚終於攻入安平，府城的三郊義民首配合官軍作戰，迫使蔡牽退入海中，府城解圍。鳳山也為官軍克復，吳淮泗等被捕或逃亡。起義者圍困嘉義，受到官兵和義民的合攻，也遭到失敗。這次起義在臺灣缺乏社會基礎，沒有得到廣泛的響應，本地的參加者基本上屬於遊民階層，影響力較小，經歷了4個月的時間便告失敗了。但這支隊伍「縱橫閩浙粵三省海面，轉戰達14年之久，給予日趨腐敗的清王朝以沉重的打擊，成為各族人民抗清鬥爭的一個組成部分」。

　　道光十二年（1832年），張丙等人在嘉義的店仔口發動起義，這個事件和閩粵械鬥交錯在一起，出現一些複雜的情況。起義是由禁米引起的，那時臺灣發生旱災，米價高漲，各莊禁止運米出鄉。有人向店仔口購米，途中被劫，而官府偏袒運米者，引起主持禁米者張丙等人的不滿，因而發動起義。

第三節 清政府的統治與社會矛盾

十月初一，起義者攻打鹽水港和下加冬等汛地，殺死嘉義縣令邵用之。第二天，臺灣知府呂志恒等帶兵北上，被起義者打敗，呂志恒也被殺。張丙進入縣城，自稱開國大元帥，用「天運」年號，出示安民，「以戕殺穢官為名」，把矛頭指向官府。張丙任命部下為元帥、先鋒、軍師等職務，同時以張丙為總大哥，下有大小 42 股，每股 100 人至數百人，股首稱為大哥，下有旗首、旗腳等。接著，分南北兩路，北路由陳辦帶領，主攻笨港；南路由劉仲帶領，主攻府城。起義者以 15,000 兵力進攻嘉義，受到臺灣總兵的抵抗，未能得手。初八日撤圍，改向府城進軍。這時北路有黃城在彰化起事，稱興漢大元帥；中路有林海在臺灣縣南部的舊社豎旗；南路有許成在鳳山起事回應。在十月間，起義軍曾經進攻鹽水港、笨港、嘉義等地，都沒有成功。十一月初一，福建陸路提督馬濟勝帶兵 2,000 多名到達臺灣。初八與起義者在茅港尾作戰。起義軍集結達五六千人，接連失敗。十八日，張丙親自帶領 1 萬多人進攻清軍大營。二十一日，起義者增加到 2 萬人，經過 8 小時大戰，清軍以大炮轟擊，起義者被殺 300 多人。第二天，清軍發動反攻，張丙失敗，逃入山林。這個戰役前後打了 7 仗，使得起義者大傷元氣，從此基本上已經潰敗了。

張丙、陳辦等先後被捕。在起義過程中，起義者被殺達 3,000 多人，被俘後殺害的有 600 多人，至於被清軍大炮打死的，就無法計算了。這次起義是在社會矛盾激化的情況下發生的，農民和遊民參加者達 2 萬人以上，提出「戕殺穢官」的政治口號，以官府為主要對象，義民則站在官府一邊，參加鎮壓起義的活動。起義中夾雜著分類械鬥的因素，閩粵之間、漳泉之間都有矛盾和衝突。[114]

從以上可以看出，起義都是在社會矛盾激化的條件下發生的：朱一貴時，官府強徵暴斂，激起民變；林爽文時，一方面是人民要求「剿除貪官」，另一方面是地主商人配合官府對付起義者，階級陣線分明；陳周全時，三籍農民與三籍地主對抗；蔡牽在臺灣的抗清起義，也反映了臺灣的社會矛盾；張丙時，正值臺灣旱災，糧食歉收，米價高漲，加上地主的剝削和吏治的腐敗，

---

[114] 陳孔立.《清代臺灣移民社會研究》，第 207 頁。

第四章 清代前期

以致有不少人回應起義。

三、遊民騷亂和分類械鬥

臺灣的「民變」事件中,屬於遊民騷亂與暴動者占很大比重,據不完全統計,從清初到咸豐八年(1858 年),發生這類事件 65 起。從最早的吳球、劉卻到影響稍大的吳福生、黃教,還有眾多的「豎旗」事件,絕大部分是由遊民主導的。這些事件也是社會矛盾的反映,但卻帶有遊民階層的某些特徵:沒有政治要求,多以搶奪軍器和民間財物為目標;流寇色彩嚴重,組織渙散,沒有紀律約束;參加者以遊民為主,規模很小,無法得到廣大民眾的回應和支持。這裡介紹幾個典型的事例:

吳福生事件,雍正十年(1732 年),發生於鳳山。吳是福建平和縣人,住在鳳山,與遊民吳慎、林好等經常往來,他們看到北路番變,便想趁機「做歹」(閩南話,意即幹壞事、造反)。三月間拜把結盟,以吳福生為大哥,稱元帥,其他人為副元帥、國公等。各自招人入夥。二十九日,聚集 28 人攻打岡山,燒毀營房,奪走軍器。三十日,又攻打汛地,沿途招人。後來與黃賽一夥會合,共有 300—400 人。四月初五,官兵三路進攻鳳彈山,並且與粵莊義民配合,經過八小時的作戰,起事者被「客人」(指粵籍義民)打敗。吳福生等分路逃散。事件程序前後只有七天。參加者多數是單身漢,無地或少地,或沒有固定職業。

乾隆三十三年(1768 年),鳳山又發生遊民暴動,為首者黃教是福建同安縣人,住臺灣縣,曾因盜牛拒捕,被押回原籍,後又來臺灣,代人包看田稻。黃教糾集同夥,成為慣偷,受到官府緝拿。十月間,黃教聚集 30—40 人,在岡山訂盟,以黃教為大哥,朱一德為軍師,其餘互稱兄弟,豎旗招人,共有 100 多人參加。暴動者先攻打岡山汛,搶走軍器。此後多次攻打官軍汛地,雙方互有損失,參與暴動者有 200—300 人。十一月底,官軍開始追剿,暴動者逃入內山,沒有得到民眾的回應,連遊民也「招」的不多,隊伍無法擴大,而官軍卻得到大陸的增援。黃教等在官方優勢兵力的圍剿下,陸續被殺被捕,暴動不及兩個月便失敗了。後來經過官軍的搜捕,共有

200—300人被殺。這次事件的參加者也多數是沒有固定職業、沒有父母妻子、到處遊蕩的遊民。

嘉慶五年（1800年），嘉義發生的陳錫宗「結會滋事」，也是一次遊民暴動。陳錫宗是小刀會首，四月間聚集400多人在鹽水港起事，到初九已有近千人，殺死巡檢、汛兵10多人。參加者「均系游手匪徒」，[115]他們自行附和，趁機搶劫，失敗後便逃散了。後來經過搜捕，被殺的近400人。有一些事件規模更小，但仍具有明顯的遊民騷亂性質，例如，乾隆四十七年（1782年），鳳山小岡山陳虎等人利用械鬥的機會，豎旗驚嚇居民，趁機搶奪；嘉慶十五年（1810年），鳳山許百等糾夥強劫，擄人勒贖；十七年（1812年），淡水高媽達稱有神授寶劍，惑人入夥，「幫給錢米，大家分用」；道光四年（1824年），鳳山許尚以販檳榔為生，與四方遊民及盜賊往來，因怕官府捉拿，與楊良斌等商議，先行搶劫錢貨，然後起事謀反，還未動作便被捕獲；九年（1829年），嘉義黃芬「素不務正」，多次劫竊拒捕，捏造械鬥謠言，企圖趁機搶劫；十年（1830年），彰化王溪水無父母妻子，「素無恆業，在外流蕩」，聚集30多人，放火搶劫。道光十八年（1838年），發生胡布案，嘉義胡布「平日遊蕩，結交匪類」，當時因為連年豐收，米價低賤，業戶無處糶米換錢，以致一切工作只得停頓，窮民無處謀生，這就是所謂「熟荒」。一些遊民起意造反，以胡布為總大哥，準備進攻嘉義，因為黨夥不多，又受到緝拿，起事未遂。胡布逃入內山，與「山東大王」游碰生合作，曾經進攻營汛，遂即逃散，因為那時「遊民盡被收養，到處糾人，竟無應附」。[116]這表明那時遊民漸少，遊民騷亂已經不容易得到回應了。

另外有一些「豎旗事件」，有的是只有豎旗沒有行動，有的則是豎旗未遂，其中大部分也是遊民所為。例如，雍正十二年（1734年），諸羅許祖等豎旗，上面寫著「大明朱四太子」、「三國公起義」等字，未及起事就被捕了；乾隆七年（1742年），彰化郭興等20多人，豎旗「順天」，散箚為匪；十八年，淡水有人豎旗，上寫「周裔孫郭」、「統領淡八社北番民等以剪貪官以舒

---

[115] 臺灣鎮總兵愛新泰奏，嘉慶五年閏四月初三，中國第一歷史檔案館藏。
[116] 刑部檔10385，刑部奏，道光十九年十月十六日，中國第一歷史檔案館藏。

第四章 清代前期

憤懣事」，[117] 未有行動；嘉慶二年（1797年），廖掛等聚集多人，打家劫舍，企圖在林坦埔豎旗，被捕；道光十八年（1838年），彰化賴三夥同林回等7人，看到各莊收割後都有積糧，打算造謠生事，趁機搶奪，豎旗一面，上寫「張添遜即日謀反」，被捕。同年，鳳山遊民張貢起意搶劫，招同夥60多人，曾經搶劫軍械，準備豎旗，得知官府前來搜捕，立即逃散。

還有一些是遊民結會拜把，尚未行動便被破獲，如張標、吳光彩、鄭光彩、施蘭、徐章、白啟、蔡水藤、呂寬等案都屬於這個類型。

以上這些遊民騷亂和暴動是臺灣移民社會的產物，發動者和參加者多是失業、半失業的遊民，由於遊民所具有的破壞性、動搖性、流寇主義、無政府主義等特性，他們通常趁機進行搶掠，導致對人民生命財產的侵害，造成社會的不安。

所謂「民變」，除了上述幾種類型以外，還包括分類械鬥在內，這也是移民社會的產物，是當時臺灣一個特殊的社會現象。

所謂「分類械鬥」，是由不同祖籍的社會群體之間的矛盾和衝突而引發的暴力事件。當時臺灣居民按不同祖籍分成閩、粵兩大系，閩系又分為漳、泉二府，這種以地緣關係組合的社會群體在互相交往中難免發生矛盾和衝突，以致臺灣居民「各分氣類」，互不團結。當這種矛盾激化時，就會導致暴力沖突，發生械鬥。械鬥的具體原因有多種多樣，諸如爭地、爭水、各種民間糾紛、由「義民」導致的積怨、遊民的煽動等，但根本原因則與移民社會的社會結構有關：以地緣關係組合的社會群體、開發過程的矛盾與衝突、政府統治的薄弱、遊民的大量存在，都為分類械鬥提供了條件。

在清代前期，從乾隆三十三年（1768年）到咸豐十年（1860年），據不完全統計，一共發生不同類型的械鬥事件55起，其中分類械鬥47起。在分類械鬥中，閩粵械鬥17起，漳泉28起，頂下郊1起，不同職業團體1起。[118] 以下我們介紹幾個典型的事例：

---

[117] 福州將軍新柱奏，乾隆十八年四月十三日，中國第一歷史檔案館藏。
[118] 參看《清代臺灣移民社會研究》第262頁，數字已加增補。

第三節 清政府的統治與社會矛盾

乾隆四十七年（1782年），發生漳泉械鬥。八月間，彰化刺桐腳演戲，三塊厝漳籍人黃添與泉籍人賭錢，發生爭執，黃添之子誤殺泉人廖老。泉人報官無效，便到黃添家中搶奪毆打，漳人也搶奪泉人的雜物，彼此成仇。這時，漳籍把總林審經過快官莊，被泉人殺死。於是遊民趁機煽動，在泉莊說，住在彰化的泉人被漳人焚搶；在漳莊說，住在彰化的漳人被泉人殘殺。於是，漳泉雙方各自組織起來互相對抗。漳人為首者是黃添、許國梁等，泉人為首者是謝笑、施奇等。漳人進攻秀水、鹿仔港等111莊，泉人進攻81莊。泉人在旗上寫著「泉興」，漳人則寫「興漳滅泉」，以木棍、竹竿、菜刀、農具為武器，互相鬥殺。漳籍地主翁雲寬的某莊被泉人搶劫，翁便指使佃人出莊焚搶。械鬥還波及諸羅縣各個村莊。這個案件「禍連兩縣，流毒三月」，參與者達數萬人，先後被捉拿的「要犯」有200多人。

道光六年（1826年）四月間，彰化東螺堡賊匪李通偷竊廣東籍民黃文潤的豬，引起糾紛。後來黃家被匪徒搶掠，而匪徒則被捕殺2人。這時遊民散布閩粵分類械鬥的謠言，各地動盪，居民到處遷徙，小的村莊多被焚搶。七月間，械鬥已經蔓延到一廳二縣，淡水的南崁、大甲，彰化的四張犁、葫蘆墩等地連日焚殺，殿仔莊等處被焚最嚴重，每莊難民不下數千人。彰化、淡水一帶道路不通，嘉義也受波及。粵人中有人勾結「番割」（指與土著人結婚者）黃鬥奶，帶領土著人參加械鬥，這就使情況更加複雜了。福建派兵前來，才使械鬥得到制止。這次騷亂是由遊民利用兩籍矛盾而煽動起來的，兩籍之間發生了械鬥，但那時有不少漳泉人民收留了粵人，給予保護，這個事實表明，閩粵居民間的矛盾已經沒有以往那麼嚴重了。

咸豐三年（1853年）的頂下郊拼是比較特殊的事件。八月，淡水所屬三角湧莊，有匪首劉誅（祖籍安溪）搶劫漳人的米石，聽說官府要來捉拿，便造謠說漳人要同泉人為難，煽動械鬥，使官府難以應付。於是泉州府屬的安溪、晉江、南安、惠安四縣合為一類，進攻漳州人以及同是泉籍但與四縣「素不相協」的同安人。廣東人暗中支持泉州四縣。因此形成既是同籍中不同縣份之間的械鬥，又是漳泉械鬥，而且還帶有局部閩粵械鬥的色彩。雙方在竹塹到三貂嶺各地進行焚搶，漳同各莊更普遍受到搶掠。一共有大大小

第四章 清代前期

小 790 多個村莊被毀。新莊最繁華的地區有五六千戶商店、民房被焚毀。許多內外港道被填塞，各處水圳被拆毀，雞籠一帶也受到嚴重的破壞，「村裡為墟」，「死者山積」，「哀鴻遍野，觸目心傷」，人民生命財產損失十分慘重。[119] 這次械鬥是臺灣歷史上唯一的一次「郊拚」。所謂頂郊，指的是北郊、泉郊，是泉籍的晉江、南安、惠安「三邑」商人所經營的，他們在貿易上占有壟斷地位，在碼頭上也有強大勢力。所謂下郊，是指漳州人和同安人，他們屬於廈郊，在臺北也有一定的勢力，但實力不及頂郊。可以說，這次械鬥反映了不同祖籍郊商之間的矛盾，雙方的為首者都是郊商的領袖。

總之，分類械鬥是不同祖籍居民間的械鬥，基本上與官府無關，有些械鬥引出抗官事件，那已經超出分類械鬥的範圍了。分類械鬥是當時社會中的一個消極因素，它破壞人民之間的團結，造成社會秩序混亂和生命財產的重大損失，阻礙生產的發展和社會的進步。但是，隨著臺灣社會結構的變化，分類械鬥也就逐漸消失，而為一般的械鬥（宗族械鬥）所取代。

以上由社會矛盾導致的社會動亂，包括起義、暴動、豎旗、分類械鬥、「番變」以及地主抗糧、地方豪強抗官事件等在內，在清代前期是頻繁發生的。當時臺灣有所謂「三年一小反，五年一大反」[120]的說法。有的學者作了統計，在清代統治的 211 年中，共發生 154 次動亂，平均每 1.36 年就有一次。[121] 由於不少較小的事件散見各種檔案、文獻的記載，很難毫無遺漏地作出全面的統計。[122] 就以 1.36 年一次來說，動亂的頻繁已經達到驚人的地步。對於這種歷史現象，要作具體分析，其中有的是人民起義，那是中國歷史上普遍存在的現象；有的是遊民暴動或騷亂，還有分類械鬥、「番變」等，那都是移民社會特有的現象，對於這些現象產生的原因也要作具體分析。從以上介紹，可以得出如下的結論：

一、清代前期，從康熙二十三年至道光二十年（1684—1840 年），可以

---

[119] 軍機處錄副，邵連科等奏，咸豐六年七月二十一日，中國第一歷史檔案館藏。
[120] 徐宗幹．《斯未信齋文編》，請籌議積儲。
[121] 許雪姬．《清代臺灣的綠營》，「中研院」近代史所，1987 年版，第 109 頁。
[122] 根據我們一項研究，初步統計清代臺灣有 7 次起義、74 次械鬥、65 次遊民騷動、13 次地主抗官事件。另據學者黃煥堯統計，有「番害」145 次，「番亂」43 次。動亂總數當在 345 次以上。見黃煥堯《清季臺灣番患事件之本質探討》，載《臺北文獻》直字第 79 期。

算是農民起義性質的,在動亂事件中所占比重很小,只有朱一貴、林爽文、陳周全、蔡牽、張丙起義。這是清政府的統治和階級壓迫所引發的,它和同時期福建省的情況相比,並沒有什麼特殊。清代福建各地發生此類事件並不比臺灣少,其中由會黨發動的就有漳浦、雲霄、詔安、平和等地的子龍會與小刀會,甌寧的老官齋,甯化的羅教與鐵尺會,漳浦、同安的天地會等,到了咸豐、同治年間,福建人民起義更是連年發生,遍及全省各地。

二、在臺灣的「民變」中,大量是規模不大的遊民騷亂或暴動,主要目的是搶掠財物,儘管其中有些事件也針對官府,但多數是單純搶掠,還有一些是未遂事件,或只是豎旗並未形成動亂。

三、「番變」和分類械鬥也占相當大的比重,這是漢族與土著居民之間、不同祖籍移民之間的矛盾引起的,其中直接與政府有關者為數甚少。由此可見,所謂「三年一小反,五年一大反」是一種民謠,它把所有的社會動亂都包括在「反」的範疇內,實際上如果對這些事件作出具體分析,就不難看出其中有不同的原因和不同的性質,不宜一概而論。

第五章 清代後期

第一節 外國入侵與對外貿易的發展

一、鴉片戰爭與通商口岸的開放

  在近代歷史上，英國是第一個以武力打開中國門戶的國家，也是首先以武力侵犯臺灣的國家。早在 1824 年，英國的船隻就曾在臺灣沿海遊弋，進行測繪工作，這是英國覬覦臺灣的一個前兆。英國的商船也常常潛入鹿耳門、雞籠和淡水等港口，從事私售鴉片和收購樟腦等非法活動。同廣東、福建一樣，臺灣也是當時鴉片走私猖獗的地區之一。1840 年，英國以中國嚴禁鴉片輸入為藉口，直接發動了侵華戰爭——第一次鴉片戰爭。

  戰爭爆發之後，英軍見廣州防衛嚴密，無隙可乘，遂轉而向北窺伺。7月初，英國侵略軍進犯廈門，被擊退後又北駛浙江，攻占防禦薄弱的定海。面對閩浙沿海警訊頻傳的緊張局面，閩浙總督鄧廷楨意識到臺灣防務的重要，他在奏章中指出，「閩洋緊要之區，以廈門、臺灣為最，而臺灣尤為該夷歆羨之地，不可不大為之防」，並飭令臺灣鎮、道及澎湖協營等準備防務，嚴守口岸。道光皇帝也認為「臺灣孤懸海外，防堵事宜尤宜準備」，並諭令加派

第一節 外國入侵與對外貿易的發展

水師名將、在籍提督王得祿協力嚴防。[123] 7月16日，守軍在鹿耳門外海洋面發現一艘雙桅英艦。在軍情緊急聲中，臺灣兵備道姚瑩、臺灣鎮總兵達洪阿同心協力，積極籌防。一方面添設炮墩，整備火器槍械，調集弁兵、鄉勇、屯丁、水勇分守澎湖、安平、滬尾、雞籠諸要口；一方面在全臺各地舉辦團練，每莊「自一二百名至七八百名不等，通計二廳四縣團練水勇一萬三千餘人，預備一旦有警，半以守莊，半出聽候調用」。此外還動員群眾在府城周圍密樹木柵，擇險挖壕設伏，並利用舊船裝載巨石，預備事急時將鹿耳門等次要港口填塞。1841年1月，英軍發起突然襲擊。2月，攻陷虎門。4月，英國派亨利·璞鼎查（Henry Pottinger）來華擔任商務監督。8月，璞鼎查率英艦北犯，於21日攻占廈門。廈門是臺灣與內地聯繫的最主要通道，廈門的失守，使臺灣的形勢愈覺孤危。9月中旬，臺灣南北路各口洋面均發現英艦窺伺遊弋，戰爭一觸即發。9月30日早晨，英軍雙桅大型運輸艦納爾不達號駛入雞籠港，炮轟二沙灣炮臺，打壞兵房一間。參將邱鎮功、同知曹謹等率守軍發炮還擊，英艦中炮，桅折索斷，狼狽敗逃，慌亂之中，觸礁擊碎，英兵紛紛落水，守軍分頭追逐格殺。是役共斬殺英軍32人，擒獲133人，繳獲大炮10門，並有炮子、圖冊等物，取得了抗英鬥爭的首次勝利。10月19日，又有英軍三桅艦船一艘駛抵雞籠口，初掛紅旗，繼換白旗，並於是日下午駛進萬人堆，聲言欲索還前被俘英兵，每名願送洋銀百元，守軍居民置之不理。邱鎮功、曹謹等一面在各要隘暗設炮位，憑險埋伏，一面將口內居民疏散，打算堅壁清野。27日，英艦突然駛入港內，直撲二沙灣炮臺，大炮齊發，轟壞炮臺石壁和營房數處。守軍立即開炮還擊，擊斃英兵2人。英軍見山險人眾，守軍戒備森嚴，不敢登岸仰攻，乃於次日駛逃出口，夥同口外英艦竄向外洋北去。

璞鼎查在浙江獲悉英艦在雞籠被守軍擊破，英軍悉數被俘的消息後，即於1842年初派顛林率兵船多艘及漢奸等前來臺灣探聽情況，「相機行事」。3月5日，顛林所率艦隊到達臺灣。姚瑩、達洪阿遵照「不與海上爭鋒」，而「以計誘其擱淺，設計殲擒」的戰略，嚴行戒備。11日，一艘英艦在淡、彰交界的大安港外洋欲行入口，被守軍所雇募之漁船誘入土地公港，觸礁擱淺。

---
[123]《籌辦夷務始末》（道光朝）卷十二。

第五章 清代後期

守軍伏兵趁勢施放火炮，義首兵勇奮力圍擊，殺死侵略軍數十名，「生擒白夷 18 人，紅夷 1 人，黑夷 30 人，廣東漢奸 5 人，奪獲夷炮 10 門」。另外還奪回英軍自定海營中所搶去的鐵炮、鳥槍及腰刀等物，又取得了一場勝利。自鴉片戰爭開始後兩年多來，沿海各地損兵折將，喪師失地，唯獨臺灣的抗英鬥爭連戰皆捷，其原因除了侵臺英軍非其主力之外，還與臺灣軍民團結一致，奮勇殺敵，地方官員嚴密防範，指揮得當有關。正如臺灣兵備道姚瑩所言：「雞籠之夷，雖以沖礁；大安之夷，雖云擱淺；然臺灣擐甲之士，不懈於登陣；好義之民，咸奮於殺敵。乘危取亂，未失機宜。夷船前後五犯臺洋，草烏匪船勾結於外，逆匪巨盜乘機數亂於內，卒得保守岩疆，危而獲安，未煩內地一兵一矢者，皆賴文武士民之力也。」[124]

由於清政府的腐敗無能，鴉片戰爭以中國的失敗而告終。但臺灣百姓同仇敵愾，不怕犧牲，保家衛國，堅決反對外來侵略的行動一直沒有停止過。1848 年，臺灣人民更訂立了《全臺紳民公約》，義正辭嚴地宣佈：「臺灣非該夷應到之地，我百姓知朝廷寬大，許其和約；每有夷人前來，不與抗拒，非畏夷人也。彼既俯首恭順，我百姓豈敢生事，上煩皇上聖心？如該夷藐視我們，挑釁釀禍，地方官長以和約在先，不便過與爭較；我百姓固未嘗與之立約也！且所謂和者，但見之不殺耳，非聽彼之使令也！彼先侮我，我豈能讓彼！我百姓堂堂天朝子民，此地既未准設立碼頭，豈容任其雜處？如我百姓為夷人所用，是逆犯也，是犬羊之奴也，餓死亦不肯為！我百姓不為他用，不但無罪，而且有功。粵人不許其進城，共受皇恩，可為明證。大眾同心仗義，人人武藝高強，何必畏怯走避？我百姓自為義民報國，即在地文武官弁，亦不得而牽制之。」[125] 這充分表現出臺灣人民抵抗外侮的信念與決心。

第一次鴉片戰爭之後，清政府被迫與以英國為首的西方列強簽訂了一系列不平等條約，割地賠款，並開放廣州、廈門、福州、寧波、上海作為通商口岸。然而，這不僅沒有滿足列強侵略中國的貪欲，反而進一步激起它們覬覦中國的野心。作為東南沿海門戶的臺灣，更成了它們窺伺的重要目標。1843 年，臺灣道熊一本就指出，英輪常在淡水海面遊弋，並不時乘舢板登

---

[124] 姚瑩.《中複堂選集》，奉逮入都別劉中丞書。
[125] 徐宗幹.《斯未信齋文編》，臺灣文獻叢刊第 87 種，第 29 頁。

第一節 外國入侵與對外貿易的發展

陸,研究地形及測繪地圖,使當地民眾感到不安。臺灣的煤炭和樟腦是列強最感興趣的兩種物產,40年代後期,英、美兩國的海軍曾先後對北部的煤產進行了詳細的調查,煤質之優良令他們十分滿意。1850年,英國駐華公使兼香港總督文翰(S.G.Bonham)還先後照會兩廣總督徐廣縉和閩浙總督劉韻珂,要求購買臺灣雞籠山煤炭,但遭到拒絕而未能實現。[126]

除了英國之外,美國也對臺灣表現出強烈的興趣,而且其覬覦之野心與前者相比,更有過之而無不及。較早的有美國商人奈伊(Gideon Nye),以其兄在臺灣近海遇險失蹤為由,開始調查臺灣的情況,收集材料。1853年,他致函美國駐華代辦彼得‧巴駕(Peter Parker),建議美國政府出兵占領臺灣南部的紅頭嶼,作為太平洋航線的基地。1854年,美國東方艦隊司令貝理(M.C.Perry)以尋找遇險罹難水手為名,派艦前往臺灣進行各項調查活動。回國後,貝理把有關的調查寫成報告,建議美國政府應「獨制先機」,占領這個美麗的島嶼。同年,美國駐寧波領事哈裡斯(Townsend Harris)也寫了一份長達100多頁的建議書給美國國務卿,書中詳細敘述了臺灣的歷史、資源及現狀,最後,他建議美國政府用錢收買這塊地方。

在當時美國人中對臺灣的侵略野心表現得最為露骨的莫過於駐華代辦彼得‧巴駕。1856年,他就列強在華事務的解決向美國國務卿提交了一個方案,建議「如果英、法、美三國代表親臨白河,而不被迎接到北京去,那麼法國可以占領朝鮮,英國再行占領舟山,美國占領臺灣,一直占領到過去的種種獲得滿意的解決,對將來有了正確的諒解為止」。[127] 1857年,巴駕又接連幾次致函國務院,一再強調美國占領該島的必要性,敦促美國政府不要在事關臺灣方面的行動上畏縮不前,並認為就勢力均衡的大原則而言,「設使美國有意這樣做,並能為占領臺灣作好準備,英國當然不能反對」。[128]他惟恐稍有耽擱就會貽誤美國在臺灣的前途,所以迫不及待地將美國駐香港艦隊司令奄師大郎(James Armstrong)邀到澳門,共商占領臺灣這個對美國具有重大意

---

[126]「中研院」近代史研究所編《四國新檔》,英國檔(上),第61頁,劉韻珂奏;第95頁,葉名琛奏。

[127] 泰勒‧丹涅特著、姚曾廙譯.《美國人在東亞》,商務印書館,1960年版,第十五章。
[128] 泰勒‧丹涅特著、姚曾廙譯.《美國人在東亞》,商務印書館,1960年版,第十五章。

第五章 清代後期

義的問題。

當時外國的商人早已私下進入臺灣進行各種貿易活動了。1854年，廣州美商瓊記洋行在福州開設分行之後，即擬定了對臺貿易計畫，並於次年5月派遣熟悉臺灣情況的羅西塔號快船船長哈定，攜帶大批現款和鴉片赴臺執行其貿易計畫。瓊記洋行當時的主要目標在於謀求雞籠煤礦的經營權，雖然這一目標未能達到，但哈定來臺後卻在淡水與當地樟腦專賣行行主「金和合」訂立了合同，開始在淡水等臺灣北部口岸從事樟腦貿易。1855年，香港美商威廉士、羅賓納特和奈伊等聯合組成了一家貿易公司，並購置了三桅武裝帆船科學號專營對臺貿易。他們以行賄的手段從中國官員那裡取得了在打狗設立機構、建造碼頭貨棧及進行貿易的特權，從臺灣南部輸出大量的糖、米及樟腦。1858年，列強強迫清政府簽訂了《天津條約》，在俄、美、英三國的條約中規定臺灣為新增闢的通商口岸之一，而中法《天津條約》除了臺灣府城口之外，又增加了淡水一口。[129] 根據「一體均霑」的原則，淡水口岸也對其他條約國家開放。1859年，中美條約互換之後，美國公使華若翰（John E.Ward）就要求潮州、臺灣先行開市貿易，遭到駁覆。華若翰卻強調和約已經互換，決當遵行，所以堅持公佈《天津條約》、潮州和臺灣兩口先行開港、按新則徵收船鈔這三項應先施行。清廷也鑒於「潮州、臺灣兩處各國私自買賣已越三年，稅餉全無」，如果不允所請，他們在潮、臺兩處貿易的船隻也不肯撤回，不如准其先開。閩省地方官也遵諭籌辦臺灣開港事宜，初步擇定滬尾作為通商口岸，擬在附近設立海關，並派福建候補道區天民馳赴該地，俟美國領事抵臺後，會議稟辦。然而此時美國南北戰爭爆發，駐臺領事遲遲無法派出，臺灣開港之事也只好暫告擱置。1860年，英、法與中國訂立《北京條約》，第二年（咸豐十一年六月），英國首任駐臺副領事郇和（Robert Swinhoe）抵達臺灣。同年年底，郇和移住臺灣北部原定開放的口岸淡水。1862年，淡水口設關的籌備工作準備就緒，以滬尾守備舊署作稅關，於7月18日（同治元年六月二十二日）正式開關徵稅，首任副稅務司為英國人豪威爾（Howell）。據《天津條約》的規定，臺灣所開放的口岸原僅臺灣（安平）及淡水二口。次年，閩海關稅務司美裡登（Baronde Meritens）以多收洋藥

---

[129] 王鐵崖編.《中外舊約章彙編》(1)，三聯書店，1957年版，第105頁。

稅款為由,請求總理衙門,「以雞籠口作為淡水子口,打狗港作為臺灣府子口」,結果部議准行。1863 年 10 月 1 日,雞籠口開港。南部原定以打狗港為子口,安平港為正口,但實際上卻以打狗港為正口,於 1864 年 5 月 6 日開辦,由麥斯威爾(William Maxwell)為首任稅務司。安平分關則遲至 1865 年 1 月 1 日開設,屬打狗關管轄。至此,淡水、打狗的設關工作基本告竣,臺灣南北四個口岸全部開放。

二、對外貿易的發展與外國資本的控制

淡水、打狗等口岸正式開放對外通商以後,臺灣的貿易,尤其是對外貿易發展十分迅速。根據海關統計,1865 年進出口總值為 2,262,436 海關兩,到 1894 年已增加到 12,694,495 海關兩,為原來的 5.6 倍,年平均成長率達 6.5%,遠超過同期全國對外貿易年平均 3.4% 的成長速度。對外貿易發展迅速的原因主要在於出口貿易。如以 1873 年出口貨值的指數為 100,則 1894 年為 491,增加了近 4 倍;而同樣以 1873 年的指數為 100,1894 年全國出口貨值的指數僅為 184.5,只增加了 85%。

對外貿易出口的貨物以糖、茶葉、樟腦和煤炭為大宗。開港之後,臺糖開始直接銷往國外市場,由於品質優良,頗受外國消費者的歡迎。出口量成長很快,1872 年已達 303,092 擔,相當於臺糖輸出總額的一半。1874 年至 1884 年的 10 年間是臺糖外銷的全盛時期。這一時期由於模里西斯、西印度群島的甘蔗和法國的甜菜歉收,食糖產量減少,而日本和英國對糖的需求量卻又大增,導致國際糖貨市場供不應求。外商趁此良機把大量的臺糖運銷世界各地,年平均外銷額達 46 萬擔,最多時達 75 萬多擔,占輸出總額的 75%。臺糖不僅外銷數量多,而且銷售的範圍也很廣,其市場遍及歐、美、亞及大洋洲,最遠時還銷到南美洲的智利。1885 年之後,國際糖貨市場供過於求,糖價大幅下落,臺糖在競爭中處於不利地位,除了日本、香港地區之外,其他市場相繼喪失,出口萎縮,年出口額僅 20 萬至 30 萬擔。

在開港之前,本地雖然也有茶葉的生產,但量少質次,微不足道。1862 年,寶順洋行的約翰·多德(John Dodd)從福建安溪運來茶苗,並給予貸

第五章 清代後期

款，鼓勵臺北地區農民種植。其後，又從大陸聘來茶師，在大稻埕設廠制茶，從此臺灣的茶業開始勃興。1869 年，多德以帆船二艘運載茶葉 2,139 擔直航紐約，以「臺灣茶」的品牌出售。這種茶葉（屬烏龍茶），具有獨特的芬香，吸引了眾多的消費者，所以一炮打響，從而奠定了臺茶在美國市場上暢銷的基礎，使出口量迅速增加，由 1866 年的 1,356 擔，增加到 1878 年的 80,261 擔，12 年間增加了近 60 倍，年平均遞增 40%。除烏龍茶以外，1881 年前後又有茶商來臺製作包種茶，用來拓展南洋一帶的市場，年銷售額達 40 萬至 50 萬元。外銷市場的暢旺刺激了生產的發展，近山地區茶園面積不斷擴展，臺北大稻埕的茶行多達 150 多家。到日本占領以前，茶葉每年出口量高達 15 萬至 16 萬擔，占淡水口岸土貨出口總值的 90% 以上，而且超過臺糖成為當時最大宗的出口貨。

　　樟腦為臺灣的主要特產之一，在人造樟腦出現以前，臺灣出產的樟腦占世界樟腦總產量的 70%—80%。開港時，樟腦的貿易基本上為英商怡和及鄧特兩家洋行所獨占，每年的出口量約七八千擔。由於樟腦貿易利潤豐厚，1863 年，臺灣道臺宣佈對樟腦實行專賣，招致外商的不滿，1868 年，終於引發了「樟腦戰爭」。結果專賣制度被迫取消，「任從華洋商民自行買賣」，樟腦的輸出額有所增加，1868 年至 1881 年，平均年出口量均在 11,000 擔以上。臺灣建省後，首任巡撫劉銘傳為增加地方財政收入，奏請將樟腦、硫磺兩項「歸官收買出售，發給執照出口」，再次實行專賣。然而，迫於列強的壓力，不久之後又宣佈廢除。這時利用樟腦製造無煙火藥和賽璐珞的試驗獲得成功，樟腦成為一種重要的工業原料，需求量大增，國際市場供不應求，價格陡漲。外商乃大量收購樟腦，運銷國外，自 1891 年至 1894 年，每年平均出口樟腦 27,310 擔，1894 年最多時達 39,547 擔。

　　煤炭也是最早引起外人興趣的物產之一。英、美海軍在 19 世紀 40 年代就對基隆煤礦進行過詳細的調查，並企圖將其變為太平洋航線上的中途加煤站。開港之後，臺煤開始出口輸往香港、上海及其他通商口岸，供外國輪船使用，也有少量直接輸往國外。在官煤廠設立之前，臺煤年出口量最多時達 45,000 餘噸，少的僅有幾千噸。1875 年官煤廠設立，利用機器採掘，煤

第一節 外國入侵與對外貿易的發展

炭產量有所增加,但因管理不善,促銷不力,加上缺乏必要的設施將所產煤炭及時運至基隆港口,臺煤銷售的情況仍不理想,出口最多的年份也僅有46,000餘噸。中法戰爭期間,基隆煤礦遭到嚴重破壞,元氣大傷。戰後由於經費不足,恢復極慢,加上煤務變更不定,產量減少,出口量一直未能恢復到原來水準。

至於進口貿易方面,以鴉片、紡織品和日用雜貨等數量最多。1858年,《中英通商章程善後條約》簽訂之後,鴉片被冠以「洋藥」的美名,並規定每百斤完納進口稅30兩銀之後就准予進口。所以從臺灣對外貿易開始的第一天起,鴉片便以合法進口貨品的面目堂而皇之地出現在海關貿易的統計表上。1864年進口的鴉片為2,344擔,其後進口量持續上升,到1873年已達3,592擔,為前者的1.5倍。1874年之後,鴉片進口的成長幅度加大,至1881年達到最高峰,是年鴉片淨進口額達5,881擔,為1864年的2.5倍。在以後的年代中其進口量雖然略有減少,但年進口額仍有4,500擔左右,自1862年至1894年的洋貨進口總值中,鴉片的貨值一直穩居首位。紡織品的進口值在洋貨中僅次於鴉片。開港以前本地所消費的織物幾乎全是大陸產的「南京布」,開港後洋布進口額明顯增多,1864年為8,747匹,至1871年增加到107,719匹,7年之中成長了11倍,到1879年度更多達16萬餘匹。1880年以前,進口的洋布幾乎全都是英國貨,1882年起,日本棉布也開始進口,加入競爭行列。由於日本棉布是一種完全模仿土布的產品,其質地、幅寬均比較適合當地消費者的習慣,在島內頗受歡迎,進口數量穩步上升,1894年日本棉布在淡水口岸的進口量達125,592匹,接近該年度進口洋布總數29萬匹的一半,數量十分可觀。

進口洋貨還有金屬和雜貨。金屬中最主要的是鉛,供製作茶葉箱子的襯裡之用。至於雜貨則包括糧食、日用品、建材等類,其中以煤油、火柴、面粉等價值最多。煤油是在19世紀70年代後期才開始輸入的,1881年度進口的煤油約84,952加侖。銷售量逐年增加,到1894年進口額達到2,043,975加侖,14年間成長了23倍。早期的火柴主要是斯堪的那維亞的產品,其後價格低廉、安全性高的日本火柴也躋身本地市場,並很快地將其他的火柴

第五章 清代後期

排擠出去。1894 年，共進口火柴 223,500 籠，價值 7,360 英鎊。另外，自 19 世紀 70 年代後期起，從國外進口的糧食也逐漸增多，其中又以小麥和麵粉為主。

表 5-1 為日據之前臺灣歷年進出口貿易貨值統計，從中可以看出開港後對外貿易發展的大概情形。

表 5-1　1865—1894 年臺灣進出口貿易貨值及其指數

單位：海關兩　指數：1873 年 =100

年份	淨進口 貨值	指數	出口 貨值	指數	總計 貨值	指數
1865	1400004	78	862432	58	2262436	69
1866	1655042	92	979063	66	2634105	81
1867	1641359	91	883619	60	2524978	77
1868	1158312	64	884023	60	2042335	62
1869	1322458	74	956003	65	2278461	70
1870	1437084	80	1645987	112	3083071	94
1871	1768236	98	1681510	114	3449746	105
1872	1662464	93	1305290	88	2967754	91
1873	1796427	100	1475388	100	3271815	100
1874	2009236	119	1813056	123	3822292	117
1875	2214907	123	1898643	129	4113550	126
1876	2475210	138	2628982	178	5104192	156
1877	2829752	158	2757717	187	5587469	171
1878	2748061	153	2788673	189	5536734	169
1879	3258209	181	4125126	280	7383335	226
1880	3560625	198	4874355	330	8434980	258
1881	4039158	225	4160960	282	8200118	251
1882	3102930	173	4050154	275	7153084	219
1883	2594184	144	4113833	279	6708017	205
1884	2549133	142	4165314	282	6714447	205
1885	3158173	170	3819763	259	6977936	213
1886	3532143	197	4485954	304	8018097	245
1887	3804866	219	4662478	316	8467344	259
1888	3985018	222	4543406	308	8528424	261
1889	3600399	200	4411069	299	8011468	245
1890	3843098	214	5255880	356	9098978	281
1891	3096306	172	4735628	321	7831934	239

1892	3745065	208	4959829	336	8704894	266
1893	4809240	268	6336580	429	11145820	341
1894	5449460	303	7245035	491	12694495	388

資料來源：根據姚賢鎬《中國近代對外貿易史資料》附錄四「各通商口岸對外貿易的消長」表三相關統計資料計算，原文1873年以前單位為兩，今按1海關兩＝1.14585兩折算。

通商口岸開放以後，外國商業資本紛紛湧入，到日據之前，在臺灣開設的洋行共有數十家，其中較有名的有怡和洋行（Jardine Matheson&Co.）、鄧特洋行（Dent&Co.）、馬克亥爾洋行（Macphoil&Co.）、勒士拉洋行（Lesser&Co.）、柯爾曼阿力基洋行（Kielman Alisch&Co.）、德記洋行（Tait&Co.）、和記洋行（Boyd&Co.）、美利士洋行（Milish&Co.）、寶順洋行（Dodd&Co.）和旗昌洋行（Russel&Co.）等，其中以英商的勢力最大。外商洋行除了擁有雄厚的資金，先進的交通、通訊工具和管理嚴密效率較高的商業組織外，更重要的還擁有自清政府手中奪取的種種特權。憑藉著這些優勢，它們輕而易舉地排擠了華商的勢力，將進出口貿易操控在自己手中。

利用買辦，實行貸款預購，控制貨源，進而控制整個出口貿易是外商慣用的手法之一。以臺糖貿易為例，「臺南糖為大宗，糖灶逼近府城，洋商皆預發資本，交華商代辦」。糖行和糖商自洋行買辦處獲得貸款後，即轉貸予糖廍，糖廍又轉手貸給蔗農。在向洋行承擔包購之責的買辦與糖行之間，糖行與捐客之間，捐客與糖廍之間以及糖廍與蔗農之間的遞層借貸關係中，還依次訂立購糖契約，即糖行要向貸方保證交貨，若不能按約交貨，則糖行須向貸方負擔每籠二元的「違約金」，如有貨而企圖改約不賣，借方要負擔二分的「手續費」，否則不得轉售他人。這樣就保證了貸款者（即洋行）在任何情況下都有貨可買，有錢可賺，從而控制了臺糖的貿易。海關報告指出：「往時，此地的糖可以輸到歐洲、美洲及澳洲殖民地，每年所產的糖大部分皆被此港的外國公司或廈門的外國公司代理商，以掛賬或委託的方法買去。」[130]

外商以貸款預購、控制貨源進而控制整個貿易的做法，在臺茶的出口中表現得最為典型。1865年前後，英商寶順洋行引進茶苗在北部試製茶葉獲得成功之後，其他洋行亦聞風而來。它們或由自己或通過茶販向茶農發

---

[130] P.H.S.Montgomery.《1882—1891年臺灣臺南海關報告書》，載《臺灣銀行季刊》第九卷第一期。

第五章 清代後期

放貸款，鼓勵茶農種茶，再通過同一管道，從茶販或茶農那裡收購原茶或粗製茶葉，進行加工精製，然後運到廈門，轉輸美國。這一時期茶葉從收購、加工到輸出的全部過程，全都由臺北的幾家英國洋行一手獨攬。1870年以後，隨著制茶業的發展，許多華商也來臺開設茶行，經營茶葉生意。不過，這種茶行只是一種承購茶農、茶販販售的茶葉進行加工精製，然後再行出售的中間商人，而非出口商。在華商介入臺茶生意之後，洋行貸款的方式也相應地發生了變化，改為通過「媽振館」這一中間環節進行。[131]當時洋行的資金主要仰賴在華勢力最大的英國銀行——滙豐銀行提供，洋行從銀行借款後貸給「媽振館」，由「媽振館」轉貸給茶行，再由茶行預借給茶農。《臺陽見聞錄》中所說的「臺灣本地業茶商民多承領洋行資本入山採辦，並無重資自開茶行」，指的就是這種情況。茶農和茶行既向「媽振館」借款，所出茶葉便無權自由處理，須交給「媽振館」出售，「媽振館」的茶葉也必須賣給洋行。外商就是利用這種辦法來壟斷臺茶的貿易。每年「所出茶葉皆寶順、怡記、德記洋行收買居多，商民自運出口本屬寥寥」。[132]當時美國記者大衛遜（J.W.Davidson）也指出：「茶葉的貿易幾乎全由6家英、美洋行在進行，其貿易額多的時候每年超過700萬元。」[133]樟腦貿易由於利潤豐厚成為外商所極力爭奪的目標。開港之前，外商就經常潛入臺灣攬購樟腦。開港時樟腦的出口已控制在怡和與鄧特這兩家實力最強的英商洋行手中，「起先，外商的樟腦貿易進行得極為順利，並且他們的訂貨又是如此之多，致使臺灣當時所產的樟腦幾乎全部為其購去」。[134]外商紛紛挾資深入內山，設鋪建棧，採買樟腦，「灶丁制腦，其貨皆夷人預假之，腦成售予，故抑其價，無敢校者」。[135]外商通過貸款不僅控制了樟腦的流通，而且還控制了樟腦的生產，幾乎壟斷了整個樟腦貿易，當國際市場腦價陡漲時，外商就大獲其利。

在進口貿易方面基本上也是為外商所控制，因為占洋貨進口總值2/3以上的鴉片貿易主要操於外商之手。外商之所以能夠控制鴉片貿易，除了這項

---

[131] 東嘉生.《清代臺灣之外貿與外國商業資本》，載《臺灣經濟史初集》。
[132] 唐贊袞.《臺陽見聞錄》卷上，《籌餉》。
[133] J.W.Davidson.The Lsland of Formosa,Pastand Present，p.388～389.
[134] Trade Reports，Tamsui，1867，p.17.
[135] 蔣師轍.《臺遊日記》，臺灣文獻叢刊本，第48頁。

買賣本錢大，風險高，華商缺乏足夠的資金與之競爭外，主要是鴉片關稅稅率和厘金之間的差別。據有關條約規定，外商輸入鴉片每百斤只需納30兩銀的關稅，而華商輸入鴉片則納厘金，每百斤為40—80元不等，最多時達到每擔80—96兩銀之多。厘金與關稅相比要重得多，華商難以與外商競爭。當時臺灣幾乎所有的洋行都在經營鴉片貿易，其中尤以英商所占的份額最多。

從1872年至1878年各國商人在臺灣對外貿易的統計來看，「英國在貿易總額中所占的比例為70%，英國商人在近代臺灣對外貿易中的勢力之大由此可見」。

第二節 由移民社會向定居社會的轉變

一、開港後經濟的變化

開港後，隨著外國商業資本的侵入，對外貿易的迅速發展，臺灣經濟發生了一系列明顯的變化。

其一是生產結構和市場結構的改變。臺灣原屬於新開發地區，野沃土膏，物產利溥，生產結構以米穀、蔗糖等農產品和農產加工品為主，產品絕大部分銷往大陸市場。尤其是閩浙沿海人稠地狹，所產米穀不敷民食，依賴臺灣米販源源接濟。而島上由於手工業不發達，所需布帛及各種日常生活用品則需由大陸運去。這種唇齒相依、分工明確、互相補充的貿易關係使臺灣經濟成為全國經濟鏈條中的一環。開港後，臺灣的茶葉、樟腦等在國際市場上走俏，產品幾乎全部外銷，就連原來以運銷江浙及華北市場為主的紅糖也轉為以外銷為主。在國際市場需求的帶動下，這些經濟作物的生產發展很快，許多農民在逐利心理的驅使下，紛紛放棄稻穀等糧食作物，而改種經濟作物。在南部把稻田改為蔗田，北部則是拔掉甘薯和靛青改種茶葉，其結果是傳統的以米糖為主的生產結構發生了變化。稻米的生產相對萎縮，產量減

第五章 清代後期

少。加上由於商業的發展，非農業人口大幅增加，本地對稻米的消費量也隨著上升。因此，開港後臺灣銷往大陸的稻米數量，一直呈下降趨勢。後來，臺灣北部基本上沒有米的出口，淡水海關報告說：「這個昔時號稱『中國之穀倉』的臺灣島的糧食輸出貿易完全絕跡了。」另一方面，由於洋布、洋貨等舶來品大量傾銷本地市場，來自大陸的土布、土貨在市場上所占的比例日趨下降。原來那種由臺灣接濟大陸食米、由大陸向臺灣提供日用手工業品的區域分工與互補的傳統經濟聯繫逐漸削弱。臺灣的進出口由完全依賴大陸轉變為基本上依賴國外，臺灣與大陸一樣淪為資本主義列強傾銷剩餘商品的市場和掠奪農產品原料的基地。

其二是殖民掠奪和商業高利貸剝削的加強。海關統計資料顯示，鴉片是近代臺灣最大宗的進口貨，每年平均進口量達 4,085 擔，其在洋貨進口總值中所占的比例，最低的年份為 51%，最高的年份竟達 93%，歷年總平均為 68%，遠遠超過全國同期的平均水準。所以近代臺灣不僅是洋貨的傾銷市場，也是西方列強毒品的傾銷市場。鴉片進口的超高額利潤，使得這項貿易比一般的剩餘工業品傾銷的不等價貿易具有更強的掠奪性。在許多場合，外商直接用鴉片來交換茶葉、糖、樟腦和煤炭等土產。在這種情況下，鴉片貿易的掠奪性就赤裸裸地暴露出來了，「許多茶農賣茶後得到的不是錢而是鴉片」。外國菸販無休無止地傾銷鴉片，不僅毒害了廣大勞動人民的身心健康，同時還掠走了大量的白銀，臺灣每年耗費於鴉片上的現金達 200 萬至 300 萬元之巨。所以，儘管當時糖、茶葉、樟腦等出口暢旺，收入日增，但「無如英國銷售菸土於臺地則利尤大而銀出尤多，則乃是臺失利而英得利也」。[136]

另外，隨著開港後對外貿易的發展，農產品商品化程度的提高，商業高利貸資本也空前活躍起來。不論是洋行或是華商，其向生產者預發貸款的目的，除了想控制貨源之外，另一個職能就是進行高利盤剝。如茶行「以貸金之法，貸予茶農，俟其茶葉製成，必歸該行定價，價平而息則奢」。海關報告在討論茶農收入時也指出：「大部分的利潤是被中間商人、廈門的經紀人等過往客商囊括去了，真正交到種植者手裡的那一部分，又須由許多人分配，因

---

[136] 滬濱居士．《論臺地宜興商務文》，載《萬國公報》1893 年 1 月。

第二節 由移民社會向定居社會的轉變

此每人所得不多。」樟腦業中也是如此。

至於糖業高利貸對蔗農的剝削則更加兇狠和殘酷。蔗農在接受貸款時須負擔很高的利息，一般為月息 1.5%—2.5%，並須以自己尚未收穫的甘蔗作為抵押。這是「一種極度苛酷的重利盤剝的利上滾利的制度（每年 18%—36%），開始時 50 元至 100 元的借債，其本利急速增加，直到借債人根本無力償還」。[137] 當時對南部蔗糖的生產和貿易作過專門調查的麥耶斯（W.W.Mayers）在報告中說：「臺灣南部地區的蔗農受困於對幾個資本家的債務，多年來處於悲慘可憐而顯然又無法償還的狀態，勞動所得僅能果腹，情況演變到現在，他們實際上比農奴好不了多少。」[138] 所以儘管開港後對外貿易發展很快，但由於鴉片貿易的掠奪和商業高利貸的盤剝，土貨出口所換來的大部分財富，都以商業利潤和高利貸利息的形式，落入外商和高利貸者的腰包。廣大的生產者身受西方商業資本和本國高利貸資本的雙重剝削，生活相對貧困，有的甚至連簡單再生產也難以維持，整個社會貧富懸殊，兩極分化的現象加劇了。

其三是舊式的商業行會組織——郊商勢力削弱。開港之前臺灣與大陸之間有著極為密切的貿易往來，這種貿易一般由實力雄厚的郊商主導。開港後外商的縱桅快船頻頻往來於海峽兩岸，郊商開始面臨前所未有的挑戰。由於外商資本雄厚，不僅船隻裝載量大，所載貨物可向保險公司投保，比較安全快捷，而且還享有華商所沒有的種種政治經濟特權，華商難以與之抗衡。而輪船的出現更使郊商的舊式帆船相形見絀，生意大受影響。海關貿易報告指出：「輪船的運輸理所當然地吸引了大部分原來由民船輸出的貨物，民船的貿易大幅減少，許多當地商人因而虧損累累，回顧本年的民船貿易，僅及 1875 年的半數。由於煤炭產量行將減少及其他貨物改由輪船運載，民船貿易有可能進一步大跌落。」[139] 外商在沿岸貿易的競爭中成功地奪走了原來由郊商經營的大部分生意，1871 年，英商得忌利士公司開闢的香港—汕頭—廈門—臺灣定期航線通航之後，進一步控制了臺灣與大陸間的航運大權。「這些輪船

---

[137] Commercial Reports, Taiwan, 1890, p.13—25.
[138] Commercial Reports, Taiwan, 1890, p.13—25.
[139] Trade Reports, Taiwan, 1877, p.165.

第五章 清代後期

從香港和汕頭運來大量的，原來是由民船運到臺灣來的貨物，經營臺灣與大陸之間貿易的民船數量逐年減少。」[140] 到後來，洋布、洋貨輸入漸多，占去了大陸土布、土貨在臺的市場；而生產結構的變化又使得稻米等輸往大陸的傳統的大宗貨物日減。郊商在與洋商的競爭中勢力受到削弱。盡管如此，臺灣與大陸各港口之間的貿易，有一部分仍然由郊商進行，仍有許多中國式的帆船航行在臺灣與大陸各港口之間。這時臺灣北部還需要從大陸進口大米，而中部則有米出口到大陸。臺灣每年運往華中、華北的蔗糖有 20 萬至 30 萬擔。[141]

其四是經濟重心的北移和都市化的發生。根據有關條約規定，打狗、安平、淡水、基隆四口為通商口岸，貨物的進出，船隻和人員的往來主要通過這四個口岸進行，於是漸漸地出現了以打狗和淡水為中心的南北兩個貨物集散地，然後再以這兩個集散地為中心，形成了南北兩大市場體系，[142] 奠定了日後臺北與高雄兩大都會區的基礎。貿易的發展還推動了島內經濟重心的北移。臺灣的開發先從南部地區開始，原來的經濟重心一直偏於南部。在 1870 年以前，南部口岸的年平均貿易額為北部口岸的兩倍以上。但此後北部地方由於茶葉、樟腦業和煤礦的發展，各項資源得到前所未有的開發和利用，經濟有了長足的進步。單茶葉出口一項每年就達 280 萬海關兩。1881 年起，北部口岸的貿易額已超過南部口岸，這是臺灣南北經濟發展的一個轉捩點。80 年代中由於臺糖出口的衰退，南北兩地經濟發展的差距進一步拉大。1893 年，北部淡水口岸的貿易額幾乎已相當於南部打狗口岸的 2.5 倍。「全臺通商在臺北者恒十之七八，而在臺南者只二三」，經濟重心已由南部移到北部了。

經貿的發展還改變了島上人口流動的方向，近代之前的移民社會中，大多數的移民來到臺灣的目的是要尋找土地，開荒墾殖，所以那時人口流動的總方向是由港口上岸後，流向鄉村和山區，由人口密度較高的地方流向人口

---

[140] Commercial Reports, Taiwan, 1880, p.116.
[141] 林滿紅．《光復以前臺灣對外貿易之演變》，載《臺灣文獻》第 36 卷第 3—4 期。
[142] 林滿紅．《貿易與清末臺灣的經濟社會變遷》，黃富三、曹永和主編《臺灣史論叢》第一輯，眾文圖書。

第二節 由移民社會向定居社會的轉變

密度較低的地方。開港後通商口岸及附近市鎮的商業和農產品加工業的快速發展，提供了大量的就業機會，吸引了越來越多的人。島內人口流向逐漸發生了變化，出現了人口向通商口岸及其附近市鎮流動的趨勢，導致通商口岸及其附近地區人口迅速增加，這一現象在臺北地區表現得最為明顯。馬士（H.B.Morse）在《淡水海關十年報告》中指出：「在這十年間，此一地區的人口數位是突飛猛進，……臺北縣的人口大概已增加了三分之一」，人口激增的直接結果便是都市化現象的發生。據馬士估計，在1890年前後，臺北就已經是一個擁有10萬人口的城市了。[143]

二、社會結構的變化

移民社會經過100多年的發展，社會結構逐漸發生變化，到了1850—60年代，移民社會的特點逐漸消失，臺灣已經進入了定居社會。這時，在人口結構、職業結構、宗族關係以及其他各方面都發生了根本性的變化。清代前期本地居民以移民為主，人口的成長主要以移入成長為主。嘉慶十六年（1811年），人口總數為1,901,833人，而到1893年增加為2,55,4731人，80多年間才增加65萬多人。從人口的年平均成長率計算，1685—1811年年平均成長率為26.5‰，而1811—1893年年平均成長率只有3.5‰，可見人口的成長也轉變為以自然成長為主。人口結構以移民的後裔為主，大陸來臺的移民已經不多。光緒元年（1875年），日軍侵臺的事件發生後，清政府實行「開山撫番」政策，在汕頭、廈門及香港等三地設招墾局，招徠大陸移民墾闢埤南、恒春及埔裡等地，但應募者寥寥，成效不著，也證明了這一點。因為這時閩粵移民的方向已開始轉向南洋群島等其他地區了。

人口結構的另一變化是性比例和年齡結構漸漸趨於正常。移民偷渡來臺是一項高度冒險的活動，且因清廷曾禁止移民攜眷渡臺，所以前期來臺的移民大多為青壯年的單身男子，婦女、老人和兒童極少。性比例的嚴重失調和年齡組合的異常，曾經是清代前期臺灣移民社會人口結構的特徵。人口結構的失衡造成了嚴重的社會問題。有鑑於此，在巡臺御史及閩省地方官的建議

---

[143] H.B.Morse．《1882—1891年臺灣淡水海關報告書》，載《臺灣銀行季刊》第9卷第1期。

第五章 清代後期

之下,清廷曾經多次准許民眾搬眷過臺。乾隆五十三年(1788年),林爽文起義被鎮壓之後,福康安又奏請「嗣後安分良民情願攜眷來臺灣者,由地方官查實給照,准其渡海」。[144]此後人口結構有了明顯的改善,據嘉慶十六年(1811年)人口統計的資料,各縣廳中幼丁男女在總人口中所占的比例分別為臺灣縣36.2%,鳳山縣41%,嘉義縣49.3%,彰化縣29.7%,淡水廳45.9%。[145]又據日本據臺後於1896年作的人口調查,人口的性比例為(女)100:(男)119。[146]可見,在清代後期,臺灣人口的結構已基本上趨於正常。

在職業結構方面,在移民社會中,居民的職業結構比較簡單,除了業主、富戶之外,其他居民則多是佃農、工匠,此外,無業遊民在社會人口中占有相當大的比例。開港以後,隨著開發的深入、經濟的發展以及商業貿易的繁榮,居民的職業結構也漸趨複雜和完備。根據日據時期所作、記述清末情況的《安平縣雜記》所開列的職業就有士、農、工、商四大類以及吏書、兵役、肩挑背負、巫、醫、道、山、命、蔔、相、娼、優、隸卒等類,其中各種工匠如銅匠、鐵匠、裁縫、繡補、瓦窯、鑄犁頭、銀店、牛磨、染房、修理玉器、織番錦、馬鞍店、做頭盔、草花店、釘秤、做藤、塑佛、煮洋藥(鴉片)、焙茶、做釣鉤等行業的「司阜」(師傅)竟有101種之多,職業構成極為複雜。另外,由於道光以後,姚瑩等地方官實行「收募遊民,化莠為良」的政策,以及開港後對外貿易的發展,帶動了經濟的繁榮,製糖、制茶、製樟腦等產業興起,吸收了大量的勞動力,原來四處飄蕩的無業遊民在人口中所占的比重大大地減少了。

開港之後,外商紛紛來臺設立洋行,隨著貿易的需要,一批買辦商人應運而生,他們四方奔走,替外商推銷洋貨,收購土貨,成為外商在貿易活動中不可缺少的幫手。許多買辦還利用職務之便,自己兼營商業,並在短短的幾年之內發了大財,成為買辦富商。這些買辦中較為有名的有李春生、陳福謙和沈鴻傑等人。隨著買辦勢力的發展,本地的買辦商業資本也開始形成。

除了買辦商業資本之外,近代民族資本也有一定的發展。如華商在臺北

---

[144] 臺灣文獻叢刊第200種,《臺案匯錄庚集》,第157頁。
[145] 道光重纂《福建通志》卷48;《臺灣省通志》卷二,54頁。
[146] 臺灣省文獻委員會,《臺灣省通志》卷二,《人民志》《人口篇》,眾文圖書,1980年版,第60頁。

第二節 由移民社會向定居社會的轉變

開設的 100 多家茶行，在其他地方開設的各種行店，都可以歸入民族資本之列。此外一些士紳和官員也參加對外貿易的活動，如霧峰的林朝棟和苗栗的黃南球等人，他們一方面協助巡撫劉銘傳經辦撫墾事務，同時自己也經營樟腦生意而獲利致富，其所營產業具有近代民族資本的性質。有些買辦資本到後來也出現了向民族資本轉化的趨勢，如李春生等人後來脫離了買辦生涯，自營其業，與外商展開競爭。上述這些人都與對外貿易有關，他們或由官而商，或由商而官，或亦官亦商，有一定經濟實力，社會地位也較高，是在新的歷史條件下興起的一個新的社會階層，並取代了昔日郊商在社會中的地位，在地方的政治經濟生活中嶄露頭角。

另外，伴隨著商業的發展和其他工礦企業的設立，雇傭關係也有很大發展，單是基隆煤礦一處的工匠人數就不下千餘名，就全國範圍而言，僅次於直隸開平煤礦。茶葉為臺灣最大宗出口貨，因而制茶業中所雇傭的工人人數也最多。每逢新茶上市之時，單大稻埕一地各洋行和華商茶行所雇傭的工人平均每天 12,000 名以上，這些工人大部分是按天計件付資的。[147]在樟腦業中腦丁也是受雇的工人，由腦長招徠，也有腦丁、腦長同時受雇於腦商的，在日據前夕制腦工人人數估計有 13,000 餘人，在平時至少也有數千人之多。[148]除此以外，還有人數眾多分散在各口岸碼頭的挑夫、船夫和搬運裝卸工人等等，他們會合在一起形成了一支有相當數量的工人隊伍，給臺灣的社會結構注入了新的血液。這些情況表明，開港以後，臺灣社會的階級結構也發生了一定的變化。

祭祀圈和宗族是研究臺灣移民社會組織的兩條重要線索，超祖籍的祭祀圈的建立和血緣宗族的形成，是臺灣由移民社會轉變為定居社會的重要標誌之一。

早期移民供奉攜自原籍的守護神的香火或神像，後來各個村落普遍建立土地廟，進而興建村廟。隨著地方的開發，人口增多，聚落規模擴大，集鎮街市開始形成，擁有財富者乃在社區內鳩資興建規模巨集敞的廟宇，供奉社

---

[147] J.W.Davidson.The Island of Formosa,Past and Present，p.385.
[148] 林滿紅.《茶、糖、樟腦業對晚清臺灣社會經濟之影響》，載《臺灣銀行季刊》，第 28 卷第 4 期。

第五章 清代後期

區守護神。與此同時，還出現了層次不同、與聚落相關的地域祭祀組織，即祭祀圈。所謂祭祀圈，指的是「為了共神信仰而共同舉行祭祀的居民所屬的地域單位」。[149] 實際上，以地方守護神的共同祭拜為主要特徵的祭祀圈，在閩粵兩省早就普遍存在著。清代中葉以後，隨著移民在臺居住的時間越來越久，居民的祖籍觀念漸趨淡薄，他們對本土、現居社區的認同感則有所加強，即在認同意識上，由原來的「唐山人」、「漳州人」、「泉州人」、「安溪人」等概念轉變為「臺灣人」、「下港人」、「南部人」、「宜蘭人」等。[150] 這種認同意識變化的主要表現之一就是祭祀圈的擴大，出現了超聚落、超祖籍，範圍涵蓋全鄉或全鎮的祭祀圈。以往屬於大陸祖籍地的神明，逐漸超出原有祖籍群體的範圍，成為居住於同一區域內不同祖籍居民們共同奉祀的新的守護神。如道光年間，彰化平原的漳州人和客家人曾聯合起來，組成一個超越祖籍分類的祭祀團體——「七十二莊組織」。[151] 再如中部的一些三山國王廟，原先是由客家人所建立供奉的，後來客家人雖然他遷別處，但三山國王廟卻仍然屹立在福佬人的聚落中，三山國王因而也成為閩籍居民的保護神，沙轆的保安宮即屬此類型。[152] 又如彰化的南瑤宮，到清代後期，該祭祀圈以10個「會媽會」為中心，發展成為範圍涵蓋整個濁大區域內漳州人與福佬客占據的地區的媽祖信仰圈。原來以祖籍地緣關係為基礎進行組合的情況有了改變。

　　宗族是中國傳統社會中群體組織的基本形式之一，它既是一個以血緣為主的親屬群體，又是「聚族而居」的地緣單位。在閩粵兩省，同姓數百家，乃至數千家集居一村，是十分常見之事。而在臺灣，由於政府禁止攜眷政策的限制，渡海來臺者多為單身男子，很少有舉家舉族遷居的現象。以後隨著時間的推移和政府禁渡政策的日漸鬆弛，世代繁衍，人口增多，以及開發進程的發展，部分人有了一定的財富積累，宗族形成的條件逐漸具備，宗族組織開始在移民社會中孕育、形成。臺灣漢人宗族可以分成兩種類型，一種是「合約字宗族」，又稱大宗族；另一種是「鬮分字宗族」，亦稱小宗族。

---

[149] 林美容．《由祭祀圈到信仰圈》，載張炎憲主編《中國海洋發展史論文集》第三輯，第93頁。
[150] 陳其南．《土著化與內地化：論清代臺灣漢人社會的發展模式》，載《中國海洋發展史論文集》第一輯，第338頁。
[151] 許嘉明．《彰化平原福佬客的地域組織》，載「中研院」《民族學研究所集刊》第30期。
[152] 洪麗完．《清代臺中地方福客關係初探》，載《臺灣文獻》第42卷第2期。

合約字宗族是由來自同一祖籍地的移民，以契約認股的方式，共同集資購置田產，設立祭祀公業所組成的。其派下人的權利與義務關係，也就採用「照股份」的形式，而非傳統宗族的「照房份」的形式。他們所奉祀的往往是世代較遠的在大陸上的祖先，故又稱為「唐山祖」宗族。宗族的成員有的是由派生於大陸同一宗族的移民或其後裔組成的，有著相當明確完整的系譜關係，這種情況多在同族移民相對集中的地區出現。彰化社頭和田中的蕭氏宗族、新竹六家林姓聚落的會份嘗宗族即屬此類。[153] 有的宗族成員之間並沒有血親關係和共同的系譜結構，僅僅是基於同姓的基礎，祭祀遠古的共同祖先，如竹山鎮社寮的莊招富、莊招貴堂、後埔仔曾氏祠堂、東埔蚋的劉氏家廟、林圯埔崇本堂、砲磜陳五八祠堂以及宜蘭地區的林氏追遠堂及李氏敦本堂等即屬此一類型。[154] 從表面上看，合約字宗族是以祭祀共同的祖先為目的，實際上則是一種共同利益團體，具有濃厚的經濟取向。其成員之間透過宗親的關係聚集勞力和資本，積極從事墾辟工作，並在激烈的競爭環境中達到守望相助、合力攻防的目的。鬮分字宗族與鬮分祖先的財產有關。在鬮分財產時，往往會抽出一部分充作祭祀公業，這就是鬮分字宗族形成的基礎。鬮分字宗族祭祀的是世代較近的開臺祖，所以這種宗族又稱為「開臺祖宗族」，族人一般都是這位開臺祖的後代，相互之間具有明確的血緣關係。這種血緣性宗族大多數是在19世紀下半葉才出現的。例如南投縣以竹山為中心的林圯埔的六個小宗族，創立的時間則均在1854年以後。[155] 由上述可知，臺灣漢人社會宗族組織，基本上是由志願性的唐山祖宗族，向以開臺祖為祭祀物件的血緣性宗族演變，以血緣為基礎的組合逐漸形成。

三、農民起義與社會矛盾的變化

開港以後，外國商品不斷地衝擊中國市場，鴉片菸毒氾濫，東南沿海及

---

[153] 莊英章．《唐山到臺灣——一個客家宗族移民的研究》，載《中國海洋發展史論文集》第一輯。
[154] 莊英章．《臺灣漢人宗族發展的若干問題——寺廟宗祠與竹山的墾殖型態》，載「中研院」《民族學研究所集刊》第36期；陳進傳．《宜蘭地區寺廟祠堂初探》，《宜蘭文獻》，1994年，第3期。
[155] 莊英章．《林圯埔——一個臺灣市鎮的社會經濟發展史》，第194頁，載「中研院」《民族學研究所專刊》第8號；李亦園．《臺灣傳統的社會結構》，載臺灣文獻會編《臺灣史跡源流》，第219頁；除竹山地區外，莊英章對頭份和新竹六家林氏宗族的相關研究，也進一步證實了這一結論。

第五章 清代後期

臺灣受害最深。「臺地貴賤貧富良莠男女，約略吃菸者不下十萬人」，據地方官員計算，僅此一項，「每日即耗銀十萬兩」。白銀大量外流，「從1840年以後，臺灣農村出現銀貴錢賤問題，嚴重影響白銀的流通與供給。同時期，由於大陸沿海地區進口大量泰國等地米穀，導致臺米滯銷，米價下跌，造成農村經濟蕭條。」[156] 這種嚴重的後果都被轉嫁到人民身上。當時10石穀子才能換得5元至6元，加上地方官吏的各種盤剝，民間不滿情緒成長。到了50年代和60年代，中國大陸發生大規模的太平天國農民起義，各地人民紛紛響應，形成了一次革命高潮。在這種情況下，臺灣也發生了一些反對清政府的起義事件。咸豐三年（1853年），由林恭、王汶愛、李石等在南部、中部發動起事，得到各地的回應，從郡城到鳳山，「樹賊旗至數萬家」。可是很快就被鎮壓下去了。咸豐四年（1854年），廈門小刀會被官兵打敗後，由首領黃位率隊，駕船十幾隻，渡海前來臺灣，進攻香山港及基隆、蘇澳等地，也被打敗。同治元年（1862年），又發生戴潮春事件，規模最大，歷時最久，影響也最深遠。

　　當時，太平軍的勢力已經擴張到浙江，清政府調臺灣軍隊前去救援，島內防務空虛。戴潮春組織的八卦會，廣招會眾。入會者每人納銀5角，以「洪英兄弟」相稱。入會者漸多，以致「富戶挾鉅資始得入會過香」，到後來「總計過香上簿者多至十余萬」，[157] 聲勢大增。於是，他們決定利用有利的時機，發動起事。3月18日至19日，圍攻彰化縣城，20日進城，處死以貪酷激變的副將夏汝賢，而對前任知縣高廷鏡等則以「清官」放回。這時各地豎旗回應，彰化一縣就有股首360多人。主要的力量有四塊厝的林日成、北勢南的洪欉和小埔心的陳弄等。戴潮春自封東王，稱千歲；林日成也稱千歲，封南王；以陳弄為西王，洪欉為北王。下設元帥、將軍、先鋒、都督等。分兵三路，攻下鬥六，包圍嘉義、大甲、鹿港等地，但攻勢漸弱。到1863年，由水師提督、北路協副將、陸路提督率領的官兵分批渡臺，起義者基本上處於守勢。12月，彰化、鬥六先後失守。不久，戴潮春被害。余眾仍然堅持戰鬥，一度攻打彰化。直到1865年4月才基本上被鎮壓下去。

---

[156] 陳秋坤.《清代臺灣土著地權》,「中研院」近史所，1994年版，第239頁。
[157] 吳德功.《戴施兩案紀略》卷上。

第二節 由移民社會向定居社會的轉變

這個事件有一些特點:第一,它明顯地受到太平天國運動的影響,在封爵、蓄髮等方面模仿太平天國的一些形式,但似乎並沒有直接的關係,不過它客觀上牽制了清軍的一些兵力,對太平天國的鬥爭起了配合作用,成為中國近代反封建鬥爭的一個組成部分。第二,在這個事件中,不少地方豪族成為領導人物,陳弄是小埔心巨族,陳弗是茄投大姓,洪樅是水沙連殷戶,林日成屬於「後厝林」,與「前厝林」即霧峰林家相對抗。當時政府的力量不強,「強宗巨族往往各占地盤,甚至養私勇以維護或擴張其利益,豪族的動向對社會治安有決定性的影響力。」[158] 地方豪族的參加,一方面表明了事件本身有一定的複雜性,他們既有反抗官府的動機,又含有與其他豪族矛盾的因素;另一方面說明強宗巨族,即以姓氏組合的勢力,已經在社會上起相當的作用。同時,還表明它與過去以農民、遊民為主導的事件不同,會眾和大姓的族人成為骨幹,儘管還有一些遊民參與其中,但他們的地位已不如過去了。第三,戴潮春是漳籍的,他早就強調「二屬(指漳、泉)不相欺凌,方可協衷共濟,庶免分類之變」,[159] 並注意吸收泉籍人和粵籍人參加。所以,在初期漳、泉民眾都參與會盟,粵籍民眾也「多附賊抗官」。[160] 這與過去分類意識嚴重的情況也有不同,可惜起事之後沒有充分重視這個問題,不同祖籍的參加者仍然發生矛盾,造成不少損害。

這個事件是在移民社會向定居社會轉變時期發生的,從中可以看出,宗族勢力正在發展,遊民在社會上的影響已經削弱,分類意識有所淡化,這都是社會變遷的一些現象。大約就在這個時期,臺灣以祖籍地緣為中心的分類械鬥逐漸減少,而在華南地區常見的不同宗族之間的異姓械鬥或同姓中的大小房械鬥開始出現,如同治年間臺南蘇黃二姓械鬥;嘉義柳仔林等莊吳黃二姓械鬥;麻豆社謝、方、王、李等姓互鬥;彰化西螺等地廖姓對李、鐘二姓械鬥;噶瑪蘭羅東林姓與陳、李二姓互鬥;光緒年間臺南中洲陳姓與頭港吳姓械鬥;鳳山林姓同族械鬥;鹿港橋頭陳、施二姓械鬥;雲林四湖羊稠厝吳姓與內湖吳姓械鬥;學甲黃姓與謝姓械鬥等。[161]「19世紀60年代以後,世

---

[158] 黃富三.《霧峰林家的興起》,自立晚報社文化出版部,1987年版,第212頁。
[159] 蔡青筠.《戴案紀略》,臺灣文獻叢刊本,第7頁。
[160] 林豪.《東瀛紀事》卷上。
[161] 曾元福奏摺,同治三年十一月二十五日,軍機處錄副。轉引自陳孔立《清代臺灣移民社會研究》,

第五章 清代後期

仇爭鬥主要限於同姓之中、異姓之間以及同業之中。」[162] 這說明傳統的血緣性宗族已經出現，社會矛盾正在發生變化。

與此同時，臺灣也邁入了「文治社會」的進程。過去由於移民的文化水平較低，「整個社會呈現出豪強稱雄，文治落後的情形」。[163] 進入清代後期，上述情形有較大的改觀。土地開墾的成功及經濟的繁榮，為文教的發展提供了必要的物質基礎，加之姚瑩、徐宗幹等地方官員的盡力提倡，地方文化教育事業與以往相比有較為長足的進步。書院的數量明顯增多，自康熙二十三年到光緒十九年止的 210 年間，各地共設立書院 45 所，其中在道光以後 70 多年間設立的達 24 所，占總數的一半以上。[164] 隨著文教的普及，中華文化傳統的倫理道德和價值觀念日漸深入社會各個階層。開墾有成，經商致富也使更多的人轉向致力科舉，博取功名。道光以後，科舉漸趨鼎盛，在北部地區更為明顯。各個時期臺籍人士科舉中試的人數比較見表 5-2。

表 5-2

	康雍時期 (1687~1735)		乾隆時期 (1736~1795)		嘉道時期 (1796~1850)		咸光時期 (1851~1894)		合計	
舉人	15	5.98%	56	22.31%	74	29.48%	106	42.23%	251	100%
進士	0	0	2	6.90%	6	20.69%	21	72.41%	29	100%

資料來源：轉引自李國祁：《清代臺灣社會的轉型》。

據上表統計，不論是舉人或是進士，其中試人數的比例均以 19 世紀下半葉為最高，前者為 42.23%，後者達 72.41%，足見此一時科舉風氣之盛，以至出現了同一家族父子或兄弟皆有科舉功名者。如施瓊芳、施士潔父子皆中進士，林廷璋、林遜賢及林國芳、林維讓叔姪同榜舉人，鄭用錫諸兄弟皆有科舉功名等。科舉考試以正統的儒家經典為主，中國傳統的倫理道德觀念，因科舉考試的關係深入社會各階層，這意味著中華文化在臺灣的發展與成長，[165] 同時也顯示了臺灣文教制度的發展水準與普及程度已漸漸與大陸內

廈門大學出版社，1990 年版，第 39 頁。
[162] 許文雄．《清代臺灣邊疆的社會組織與社會動亂》，載《臺灣研究集刊》1988 年第 1 期。
[163] 李國祁．《清代臺灣社會的轉型》，載《中華學報》第 5 卷第 2 期。
[164] 黃秀政．《臺灣史研究》，學生書局，1992 年版，第 108—109 頁。
[165] 李國祁．《清代臺灣社會的轉型》，載《中華學報》第 5 卷第 2 期。

地趨於一致。

以上情況表明，移民社會經過一百多年的發展，加上在開港以後，受到外國資本輸入的影響，臺灣社會發生了較大的變化：社會結構從以地緣關係為主的組合轉變為以宗族關係為主；械鬥形式從以分類械鬥為主轉變為以宗族械鬥為主；階級結構、職業結構從簡單變為複雜；人口結構從以移民為主轉變為以移民的後裔為主，男女比例趨於平衡；政權結構有所加強，直到設立行省；科舉制度逐漸完善，士紳階級成為社會的領導階層；中華文化的影響不斷加強；與此同時，開始出現新式工業的企業，產生了民間資本和新的工人隊伍；農業、商業和對外貿易有所發展；人口逐漸流向市鎮；社會觀念、價值觀念開始發生變化等。所有這些現象都表明了臺灣社會和大陸社會更加接近，更加趨同了。另一方面，定居以後，移民的後裔逐漸轉化為土著居民，對現居地的感情日益加深；分類意識有所下降，不同祖籍的移民走向融合；認同臺灣和認同祖籍同時存在；這表明臺灣已經從移民社會轉變為定居社會了。這時臺灣和大陸沿海一樣，是受外國侵略比較嚴重的地區，民族矛盾上升為主要矛盾，從此以後，反對外國侵略的鬥爭不斷發生，而社會內部的矛盾則相對緩和，不再出現重大的政治性事件。

第三節 臺灣建省與近代化的開始

一、日本的入侵

1860年代和70年代，外國資本主義列強紛紛從四面八方向中國邊疆侵逼，造成中國邊疆的普遍危機。就臺灣來說，美國、日本、法國接二連三武力侵犯，造成臺澎地區和東南沿海嚴重的危機，成為當時邊疆危機的一個組成部分。1867年3月，美國商船羅佛號（Rover）由汕頭開往牛莊途中，在臺灣南部沿海失事，船員十多人乘舢板逃到琅嶠（今恒春）一帶上岸，侵入土著居民科亞人地區，全部被殺。美國駐北京公使蒲安臣（A.Burlingame）

第五章 清代後期

聞訊，一面要求總理衙門查辦，一面通知美國艦隊司令派軍艦赴當地會同地方官查辦。美國海軍部命海軍少將貝爾（H.H.Bell）率兩艘軍艦前往征討。6月，貝爾率陸戰隊181名官兵在龜仔角登陸，攻擊科亞人。科亞人將美軍引至山區進行還擊，略有殺傷，迫使其退回海上。美駐廈門領事李仙得（C.W.Le Gendre）經臺灣鎮總兵同意，直接與科亞首領卓杞篤談判，就善待西方國家難民、外國船員不得進入村莊等達成協議。從此李仙得接連進入臺灣內地，與各部落頭目聯繫並實地調查，成為「臺灣通」。幾年後，他充當了日本侵略臺灣的幫兇。1871年12月，60多名琉球人乘船遇風，漂流到臺灣南部海岸上陸，其中54人被附近的高士佛、牡丹兩社居民殺害，另12人逃脫得救，輾轉被送到福州。當地政府給予撫恤，遣送回去。

當時日本剛開始明治維新，對外要「開疆拓土」，琉球和臺灣成為其向南擴張的目標。日本當權者正醞釀吞併琉球，得到琉球船民遇難事件的消息，就有人提出向臺灣興師問罪。於是統治集團中興起了一股「征臺論」。日本積極向美國人請教：外務卿副島種臣向美國駐日公使索取貝爾入侵臺灣的資料，並聘請李仙得為外務省二等出仕。李仙得提醒日本政府，在對臺採取軍事行動前，要先和清帝國就處理臺灣土著居民問題進行談判，以證實清帝國對此缺乏行使權力的能力。1873年，副島出使中國，派隨員柳原前光到總理衙門進行試探。柳原提出：「貴國臺灣之地……貴國所施治者僅及該島之半，其東部土番之地，貴國全未行使政權，番人仍保持獨立狀態。前年冬我國人民漂流至該地，遭其掠殺，故我國政府將遣使問罪。唯番地與貴國府治接壤之處犬牙交錯，如不預先告知貴國而遽興此役，倘或波及貴國轄地，有傷於兩國之和好。思慮及此，故預先妥作說明。」[166]總理衙門大臣表示琉球是我屬邦，人民被害與貴國不相干；而對於「土番」，卻說是「生番」在「化外」，「乃我政教未逮」。副島把全部談話歸結為：「生番之地為貴國政教不及之區」，回國後極力主張儘早採取行動。不久日本政局發生動盪，統治集團亟須以外戰轉移內爭，於是決定發動侵臺戰爭。1874年2月6日，日本政府通過《臺灣番地處分要略》。4月4日，組成「臺灣生番探險隊」即征臺軍，先後動員兵員

---

[166]〔日〕外務省編.《日本外交文書》第6卷，第178頁。

第三節 臺灣建省與近代化的開始

3,000多人，由正規常備兵及「殖民兵」等組成。[167]5月，「臺灣番地事務都督」陸軍中將西鄉從道下令艦隊向臺灣進發，大軍在琅嶠登陸，其攻擊目標主要是牡丹、高士佛兩社。5月18日，日軍開始與當地居民交鋒，22日攻占石門，牡丹社酋長阿祿父子等陣亡。6月初，日軍1,300人分三路由楓港、石門、竹社進攻並占領牡丹社，大肆縱火焚毀廬舍。13日進占龜仔角社。對琅嶠地區其他各社，則「以甘言財利說降」，發給「保護旗」、「歸順票」，進行籠絡分化。7月中，日軍已完成對各社的征討、誘降，集結於從楓港、雙溪口到溪口港沿海地區，並以龜山為中心，建立都督府。

清政府於4月18日得到日本興兵侵臺的消息，5月11日照會日外務省提出質問。隨後命福建船政大臣沈葆楨帶領輪船兵器，前往臺灣受侵地區察看，並授予他處理日本侵臺事件的軍事外交大權，以潘霨幫同辦理。6月中，沈、潘到臺灣，一面向日本軍事當局交涉撤軍，一面著手佈置全島防務：招募勇營、舉辦團練、添置軍火、派人購買鐵甲艦、籌議敷設陸上及海底電報、開通山路等。為防衛臺灣郡城，仿照西法興築安平炮臺，加固臺南城垣；兼顧南北兩路，由大陸運兵增防。這些措施漸次推展開來，形成相當的聲勢，使日軍不能不有所顧忌。侵臺日軍本身也因氣候炎熱，不服水土，疾疫流行，病死日增，士氣低落，陷入了進退維谷的境地。日本侵臺戰爭難以進行下去，不得不尋求外交解決的途徑。

日本為發動侵臺之役設定了一條根據，說它要攻占的臺灣「土番」居住地區是「無主之地」，不在中國主權之下。柳原前光奉副島種臣之命與總理衙門大臣會談已提出這一點，日本政府制定的《臺灣番地處分要略》第一條更寫道：「臺灣土著部落為清國政府政權所不及之地……故視之為無主之地。」西鄉從道率兵入臺，堅持「番地」不在中國版圖之內。柳原被派為駐華公使，來辦理侵臺外交，也宣揚「臺灣生番如無主之人一樣，不與中國相干」。後來大久保利通作為全權辦理大臣來華，仍以臺灣「生番不服教化，地非中國所屬」為言。這種割裂中國領土、分化中華民族的論調，受到了清政府的駁斥。清朝官員一再申明：「臺灣全地久隸我國版圖……雖生番散處深山……文

---

[167] 藤井志津枝．《近代中日關係源起》，金禾出版，1992年版，第105—106頁。

第五章 清代後期

教或有未通，政教偶有未及，但居我疆土之內，總屬我管轄之人。」、「其地土實系中國所屬」，「合臺郡之生番，無一社不歸中國者」，切實維護了中國在臺灣全島的主權。大久保逐漸認識到，只有在清政府所堅持的「番地屬中國版圖」的前提下，才能和平解決日軍侵臺問題。經過一番外交鬥爭，最後總理衙門與大久保議明「退兵並善後辦法」，10月31日，簽訂《北京專條》。清政府對日妥協，同意付給「日本國從前被害難民之家」撫恤銀10萬兩，留用日軍在臺「修道建房等」，付銀40萬兩。日軍應從臺灣退出，12月20日撤盡。

日本入侵臺灣是對中國在臺灣的主權和領土完整的一次重大挑戰。日本出動大軍企圖以「無主之地」為由加以侵占，所以具有空前嚴重的含義。對中國來說，這是一次嚴重的邊疆危機。經過這場鬥爭，日本的挑戰受到挫敗，《北京專條》表明整個臺灣島的主權都屬於中國。[168]

二、治臺政策的轉變

日本侵臺之役給清政府的最大教訓就是認識到自己防備空虛，必須急起補救。1875年5月，清廷發佈上諭，派李鴻章督辦北洋海防事宜，沈葆楨督辦南洋海防事宜，中國近代海軍的建設從此走上軌道。

就臺灣來說，治臺政策的最大轉變在於從防內為主，轉變為禦外為主。臺灣一再遭受外國武力入侵，說明危險主要來自外部而不在內部。外國入侵的危機促使清統治者檢討其治臺政策的利弊得失，每一次危機過後都有一番檢討，都有一番更張。在這個意義上，外來威脅成了臺灣內部革新的催化劑。過去清政府認為，「臺灣之患率由內生，鮮由外至」，因此主張加強彈壓巡防，便可日久相安。隨著外國的入侵，官員們開始重視臺灣，把它稱為「七省門戶」、「南北洋關鍵」、「中國第一門戶」。沈葆楨、丁日昌等一再奏請對日本侵臺應加嚴密設防，總理衙門也指出「經營臺灣實關係海防大局」，這是對臺灣地位元的一種新認識。在這方面感受最深、變革最力的是沈葆楨。

---

[168] 張振鵾.《關於中國在臺灣主權的一場嚴重鬥爭——1874年日本侵犯臺灣之役再探討》，載《近代史研究》1993年第6期。

第三節 臺灣建省與近代化的開始

日本侵臺事件剛結束，他就上了一個奏摺指出：「此次之善後與往時不同，臺地之所謂善後，即臺地之所謂創始也。」[169] 從這時起，他相繼提出並實施了一系列治臺政策和改革措施。

他在這個奏摺中提出第一項改革建議，請「仿江蘇巡撫分駐蘇州之例，移福建巡撫駐臺」。他寫道：「臺地向稱饒沃，久為他族所垂涎。今雖外患漸平，旁人仍眈眈相視，未雨綢繆之計正在斯時。而山前山后，其當變革者，其當創建者，非十數年不能成功；而化番為民，尤非漸漬優柔不能渾然無間。與其苟且倉皇，徒滋流弊，不如先得一主持大局者，事事得以綱舉目張，為我國家億萬年之計。況年來洋務日密，偏重在於東南，臺灣海外孤懸，七省以為門戶，其關係非輕。欲固地險，在得民心；欲得民心，先修吏治營政；而整頓吏治營政之權操於督撫，(閩浙)總督兼轄浙江，移駐不如(福建)巡撫之便。……為臺民計，為閩省計，為沿海籌防計，有不得不出於此者。」此議後來稍有改變，從 1875 年 11 月起定為福建巡撫「冬春駐臺灣、夏秋駐福州之制」。[170] 這個有關行政體制的改變，對清政府治理臺灣有著全域性的影響。1875 年 1 月，沈葆楨上奏摺又提出三項改革：一、廢除嚴禁內地民人渡臺的舊例；二、廢除嚴禁臺民私入「番界」(土著居民居住地區)的舊例；三、廢除嚴格限制「鑄戶」、嚴禁私開私販鐵斤及嚴禁竹竿出口的舊例。[171] 這些改革的實質含義是：使大陸人民得以向臺島自由遷徙；打破臺島西部濱海平原所謂「山前」(占全島面積 1/3)與東部「山后」(占全島 2/3)間的人為壁壘，使漢族居民與土著居民間得到往來交流的自由；打破臺島內經濟生活中的若干桎梏，使人民的物質生產與物資流通得到自由，變防民為便民。

沈葆楨提出這些改革，主要是為推動臺灣土地的開發、特別是後山的耕墾，而鼓勵後山的墾殖，又與所謂「撫番」，即加強對土著居民的治理密切相連。這項工作在處理日本侵臺事件時已經著手，「撫番」與所謂「開山」、「開路」相輔而行，這也是著眼於安撫內部，加強海防，因而絕非權宜之計，而

---

[169]《沈文肅公政書》第 5 卷，第 1—5 頁，同治十三年十一月十五日。
[170]《德宗景皇帝實錄》卷 20，見《清實錄》第 52 冊，中華書局，1987 年版，第 322 頁。
[171]《沈文肅公政書》第 5 卷，第 14—16 頁。清代為防止民間製造鐵器造反，對鼓鑄鍋皿、農具予以限制，全臺只有 27 家鑄戶。禁止竹竿出口也是防範民間「濟匪」的一種措施。

第五章 清代後期

是治臺的經久之謀。自1875年起，這項工作大規模開展，調兵19營分三路開山。南路：一由鳳山的赤山越山至卑南（臺東），一由社寮循海岸東行到卑南；中路：由彰化的林圯埔越山至璞石閣（玉里）；北路：自蘇澳沿海岸至奇萊（花蓮），均於一年內完成。「開山撫番」使東西海岸連成一片，有利於鞏固海防，同時對促進東部的開發和漢族與土著居民的交往都有正面意義。但是，當時部分土著居民拒不「受撫」，時常發生襲擊官兵、殺害漢民的事件，在同治、光緒之間出現了一次「番變」高潮。地方官員處理不善，發生了不少流血事件。

沈葆楨對臺灣行政體制也提出並實行了一些改革，主要有在艋舺創建臺北府；增設恒春、淡水兩縣；改原淡水廳為新竹縣，原噶瑪蘭廳為宜蘭縣。至於加強海防的具體措施，如建設新式炮臺、購買洋炮及軍火機械，購買鐵甲船，練水雷軍等，在沈葆楨、丁日昌主持下，都在加緊進行。上述治臺政策的轉變和具體措施都得到清廷的批准，因而加強和改進了清政府對臺灣的治理，密切了大陸與臺灣以及島內人民的關係，促進了臺灣的開發，對臺灣的「外防內治」起了積極的作用。

三、法國的入侵

1884年，邊疆危機再起。當時法國為占有越南北部、打開中國西南地區的門戶，中國為制止法國的侵略、保衛西南邊疆的安全而發生了中法戰爭。戰爭於1883年12月在越南北部領土上爆發，清軍戰敗，1884年5月雙方簽訂《李（鴻章）福（祿諾）簡明條約》。6月23日，又發生北黎衝突，法國再燃戰火，並將戰區擴大到中國東南沿海，重點就是開闢臺灣戰場。

法國選定臺灣為進攻目標，導源於它奪取賠款抵押品的政策。它把北黎衝突的責任完全推給中國，要求給予賠款；如遭拒絕，即以直接行動獲取抵押品。7月12日，法國以最後通牒向清政府要求賠款2.5億法郎。次日，法海軍及殖民地部長電令海軍中將孤拔（Courbet）派軍艦去福州、基隆，準備在法國最後通牒被拒絕時占領這兩個港口作為抵押品。基隆附近有機器開採的煤礦，可作為煤炭補給中心。31日，最後通牒期滿，法海軍部長

第三節 臺灣建省與近代化的開始

電令孤拔立即派軍艦去基隆。8月2日,電令攻擊基隆,由海軍少將利士比(Lespès)執行。

　　臺灣防務經臺灣道劉璈籌畫,已有全盤部署。全臺防軍共40營配置各地,以南路為防禦重點。6月26日,清廷命劉銘傳以巡撫銜督辦臺灣事務。他受命後倉促赴臺,7月16日到基隆,旋移駐臺北府城。他鑒於「全臺防務臺南以澎湖為鎖鑰,臺北以基隆為咽喉」,立即決定在基隆外海口門增築炮臺、護營,並調章高元武毅兩營北上,加強臺北防務。佈置未定,法軍已來挑戰。8月4日,法艦多艘直逼基隆,利士比向清守軍發出最後通牒,要求交出港口及煤礦,否則翌晨將攻擊炮臺。5日晨,炮擊開始。利士比以3艘軍艦上49門火炮的巨大優勢,摧毀清軍數處炮壘及營房。海濱防守困難,各營撤出陣地,法軍登陸,占領基隆港,將港內各種設施盡行破壞。6日,法軍在炮火的掩護下,向基隆市區偵察推進。清軍迎戰,對法軍進行攔截、包抄、反擊,法軍被迫退回艦上,侵占基隆的計畫破產了。

　　法軍侵犯基隆首戰受挫後,19日,向清政府提出和議新條件,將賠款要求減為8,000萬法郎,限48小時內接受。清政府再次拒絕。此時,法艦已有預謀地集中於福州馬江,23日,突然向中國各艦發動襲擊。福建水師戰艦11艘或沉或傷,幾乎全軍覆沒。法艦又轟毀馬尾造船廠和馬江沿岸各炮臺,然後撤出,全力侵臺。10月1日,孤拔督軍大舉進犯基隆,10艘軍艦百餘門大炮同時向守軍炮臺及陣地猛烈轟擊。臺灣軍民奮力還擊,不能奏效,被迫退出第一線。法軍乘勢登陸進攻,守軍再退,基隆港灣及周圍陣地盡失,基隆市區告危。這時滬尾不斷告急,要求增援。劉銘傳認為,為保臺北,滬尾重於基隆,於是決定撤離基隆,移師滬尾。2日,法軍侵占基隆。8日,發生滬尾大戰。利士比以軍艦7艘猛轟並壓制滬尾炮臺及防禦工事,然後登陸,分幾路前進。法軍一進入叢林,便失去了統一的指揮,只得各自為戰。這時,埋伏在各處的清軍奮起反擊,雙方短兵相接,守軍充分發揮自己的優勢展開近戰,各路敵軍都受到重創。法軍只得奔向海灘,退回艦上。法國人不得不承認,「淡水的敗戰突然發生,它一方面使我們看出中國兵力的強大,

第五章 清代後期

一方面使我們明白局勢的危險。這次敗戰是難以補救的。」[172]自此以後，法軍艦隊只能輪流在淡水河口對這個海港實施封鎖，再沒有能力發動進攻了。10月11日，法國擬定新的和議條件，其中一條是法國占領基隆，直到《李福簡明條約》完全實行為止；它不再明提賠款，但保留據有基隆及淡水的海關及礦區若干年，作為賠款的等價代替品。這些條件又一次被清政府斷然拒絕。孤拔為圍困臺灣，斷絕臺灣的對外聯繫以及來自大陸的接濟，10月23日，對臺灣實行海上封鎖，將全島所有港口及距岸5海哩以內的區域（東海岸除外）都劃作封鎖區。這給臺灣的抗法鬥爭造成很大困難，但這種封鎖並不能完全奏效。

大陸各地徵集商船或雇用外國船隻利用夜航、暗渡等方式沖過封鎖，從上海、華北、廣東等地運去軍隊以及毛瑟槍、克虜伯炮等軍火和餉銀，因此大陸一般民船經常遭到法國軍艦的炮擊。臺灣人民更是積極支援抗敵鬥爭，募勇參戰或捐資助戰。陸上鬥爭集中在基隆一帶，從11月以來，雙方衝突時續時停。1885年1月以後，戰鬥加劇。3月初，法軍增兵大批到達，侵占月眉山、大水窟等地，清軍退守基隆河以南，河北要區悉為敵踞。兩軍隔河對峙，直至戰爭終止。

這時在臺灣之外，形勢發生了重大變化。第一，3月29日，法艦向澎湖發起攻擊，31日占領澎湖島，對臺灣島構成巨大威脅。第二，3月下旬法軍在越南北部潰敗，中國因鎮南關—諒山大捷，而在陸地戰場上占有了極其有利的地位。第三，在巴黎，中法秘密議和談判正取得決定性的進展。清政府決定「乘勝即收」，4月4日與法國簽訂停戰協定。清廷認為，「越地終非我有，而全臺隸我版圖，援斷餉絕，一失難複，彼時和戰兩難，更將何以為計？」可見清政府急於結束中法戰爭，是基於保全臺灣的需要。《中法停戰協定》第2款規定：「中法兩國允俟必須之命令能頒佈並奉到後即行停戰，法國並允將臺灣封港事宜撤除。」據此，4月16日，法艦撤除對基隆及淡水的封鎖。6月9日，中法簽訂最後和約，第9款規定：「此約一經彼此畫押，法軍立即奉命退出基隆，並除去在海面搜查等事。畫押後一個月內，法兵必當從

---

[172] E.Garnot 著，黎烈文譯．《法軍侵臺始末》，臺灣研究叢刊第73種，1960年，第31頁。

臺灣、澎湖全行退盡。」6月21日，法軍從基隆撤走，7月22日，法軍撤出澎湖，臺灣危機到此解除。

四、臺灣建省

關於臺灣建省問題，早在1874年日本出兵琅嶠事件發生後，丁日昌就已提出，將來「可另設一省於此，以固夷夏之防，以收自然之利」。欽差大臣沈葆楨與會同幫辦臺灣事宜、福建布政使潘霨也提出臺灣可建三郡十數縣，非一府所能轄，但「欲別建一省，又苦器局之未成」，乃奏請閩撫移駐臺灣，[173]並創造將來分省的條件，經吏部議准。當時福建巡撫王凱泰認為「省臺不能分家」，擔心巡撫「長駐海外，將變成臺灣巡撫，提餉呼應不靈」，主張仿照直督駐津之例，往來兼顧。沈葆楨同意採用「兼顧」的辦法，認為這是「時勢所不得不然」。他與閩省督撫、將軍聯銜奏請「以巡撫兼顧省臺」。後來經諭准實行「閩撫冬春駐臺，夏秋駐省」，兩地兼顧。1876年春，繼任巡撫丁日昌忙於整頓吏治，無法按期渡臺，他以省臺遠隔重洋，難以兼顧，奏請簡派重臣駐臺督辦。侍郎袁保恒則奏稱：臺灣為各國所垂涎，欲加強海防，非專駐大臣，鎮以重兵，實力整頓，未易為功。若以巡撫分駐半載，無濟於事。建議仿直隸、四川、甘肅各省皆以總督兼辦巡撫事，「改福建巡撫為臺灣巡撫，常川駐守，經理全臺，其福建全省事宜歸總督辦理」。[174]上述方案均未被批准，而「省臺兼顧」則困難重重，分駐變成具文。1878年，丁日昌要求恢復由督撫輪赴臺灣巡查的辦法，於是實行三年的「冬春駐臺」方案被取消了。1879年，日本用武力吞併琉球，臺防又趨緊張，李鴻章奏調貴州巡撫岑毓英督辦臺灣防務，並請恢復巡撫分駐。1881年5月，調岑毓英為福建巡撫，劉璈為臺灣道。岑在任一年，二次渡臺，前後達7個多月，超過了半年分駐的時間。當時由於法國侵占越南，外患日亟，1884年已把戰火燒到中國東南沿海。6月，又調前直隸提督劉銘傳，賞給巡撫銜，督辦臺灣防務。實際上已經實行丁日昌提出的簡派重臣督辦臺防的方案了。

---

[173] 沈葆楨.《抄呈總理衙門全臺善後事宜折稿》，北京第一歷史檔案館，外務部檔，2155號。
[174] 袁保恒.《密陳夷務疏》，載《皇朝經世文續編》第108卷，第2頁。

第五章 清代後期

　　中法戰爭期間，臺灣成為一個重要的戰場。戰爭暴露了清政府在軍事上的突出弱點，不僅海軍力量十分薄弱，臺灣防務尤不可恃，一旦援絕，難以自守。戰後清廷內部進行了一次加強海防的討論，創建海軍、加強臺防成為這次討論的兩個重要內容。貴州按察使李元度提出開關臺疆，使其成為東南重鎮。為此「應請簡任巡撫、鎮道，久任而責成之。辟土地，課農桑，徵稅課，修武備，則七省之藩籬固矣」。[175] 閩浙總督楊昌濬也奏稱：「臺灣善後萬不可緩，省城亦兼顧不及，應否特派重臣駐臺督辦，伏候聖裁。」[176] 欽差大臣、督辦福建軍務左宗棠也於7月間上折，從分析臺灣「為七省門戶，關係全域」的形勢出發，比較了十年中先後提出的「巡撫分駐」、「兼顧省臺」、「簡派重臣」、「建省分治」等方案後，指出：「皆不如袁保恆事外旁觀，識議較為切當」，建議「將福建巡撫改為臺灣巡撫，所有臺澎一切應辦事宜，概歸該撫一手經理，庶事有專責，於臺防善後大有裨益」。至於協餉問題，「擬請於奉准分省之後，敕下部臣劃定協餉數目，限期解濟，由臺灣撫臣督理支用，自行造報，不必與內地相商，致多牽掣。」[177]

　　這次加強海防討論的直接結果是，光緒十一年（1885年）10月12日，慈禧太后下了兩道懿旨，一道詔設海軍事務衙門，並派醇親王奕譞總理海軍事務；一道詔准左宗棠奏請將福建巡撫改為臺灣巡撫，福建巡撫事即著閩浙總督兼管。同時命令閩省督撫詳細籌議一切改設事宜，奏明辦理。

　　從下詔建省到閩臺實現分治，大約花了近3年的時間。這與分治要解決許多實際問題有關，也與閩撫劉銘傳主張暫緩建省有關。中法戰爭結束後，劉銘傳曾經要求巡撫開缺，專辦臺防，並贊成丁日昌的簡派重臣、督辦臺防的意見，這和當時閩督楊昌濬所奏不謀而合。後來奉旨不准開缺，而令楊昌濬兼署福建巡撫，劉銘傳則負責整頓臺灣善後問題。這時又實行沈葆楨所奏的「巡撫分駐臺灣」的方案。建省諭旨頒佈以後，劉銘傳曾經再次要求免去巡撫，回籍養病。後來又上「臺灣暫難改省折」，主張先辦防、練兵、清賦、

---

[175] 李元度.《敬陳海防疏》，載陳忠倚《皇朝經世文三編》第45卷，上海書局，1902年版，第1—9頁。
[176] 中國史學會主編.《洋務運動》（二），第563頁。
[177] 左宗棠奏摺，光緒十一年六月十八日（七月初八日到）。該折《左文襄公全集》與近出的《左宗棠未刊奏稿》均未見收入，過去史學界常引用的系根據連橫《臺灣通史》所摘引，並非全文。

第三節 臺灣建省與近代化的開始

撫番,等到財賦充裕時才能分省。[178]1886年5月,劉銘傳到福州與總督商定分省事宜,7月會銜上折,提出商定的臺灣建省事宜16條,經諭准施行。

有關分治的主要內容及其實施情況,有如下幾個方面:1.臺灣本隸福建,巡撫應援新疆例,名曰「福建臺灣巡撫」。凡司道以下各官考核大計,臺灣歸巡撫主政,照舊會銜。閩浙總督關防添鑄兼管福建巡撫字樣。1888年3月3日,首任福建臺灣巡撫劉銘傳起用巡撫關防。2.建省經費由閩海關每年照舊協銀20萬兩,閩省各庫協銀24萬兩,粵海、江海、浙海、九江、江漢5關每年共協濟銀36萬兩,共成80萬兩,以5年為期。粵海等5關年協銀36萬兩,戶部以經費無著,未予照撥。經力爭,1886年戶部同意一次性調撥36萬兩,所以,建省經費主要靠福建每年協銀44萬兩,至1891年春按期分撥完畢,共220萬兩。3.向歸福州將軍管理的旗後、滬尾兩海關改歸巡撫監督。於1887年10月1日起實行。4.添設布政司1員,並設布庫大使1員。首任布政使邵友濂於1887年9月17日到任。5.添官設治。首府曰臺灣府,新設臺灣、雲林、苗栗3縣,合原來的彰化縣及埔裡社廳,共領4縣1廳;原臺灣府改為臺南府,臺灣縣改為安平縣,合原來的鳳山、恒春、嘉義3縣及澎湖廳,共領4縣1廳;北部臺北府仍領淡水、新竹、宜蘭3縣和基隆1廳;添設臺東直隸州。由2府8縣4廳改為3府11縣4廳1直隸州。1894年又添設南雅廳。向由臺灣道兼理的學政,改歸巡撫管理。

此外,還有不設按察使、澎湖設總兵、以彰化中路橋孜圖(今臺中市)為省會等[179]。

自1885年10月下詔建省,至1888年實現分治,臺灣成為中國第20個行省。臺灣建省的提出及其實現,是1870年代初至80年代初海疆危機的一再刺激下促成的,帶有明顯籌防禦外的性質。自建省分治後,全面推行自強新政,加強海防,推動了臺灣社會經濟的發展,加速了邁向近代化的步伐。臺灣作為東南海疆屏藩的作用,也越來越明顯。

---

[178] 王延熙.《皇朝道咸同光奏議》第39卷,洋務類,上海久敬齋,1902年版,第10—11頁。
[179] 關於分治的實施情況,此處參考許雪姬.《洋務運動與建省》,自立晚報社文化出版部,1993年版,第38—65頁。

第五章 清代後期

應當指出，清政府重視海防，下詔創建海軍和臺灣建省，這些措施有助於抑制日本覬覦臺灣東北部附屬島嶼的陰謀。1879年4月，日本用武力吞併琉球後，開始覬覦散佈在琉球西南姑米山以西的釣魚島等島嶼，引起了兩江總督沈葆楨的重視。當年他就指出：「臺灣與琉球中間島嶼華離之地尚多，一並置戍，力必不及。棄之，則頗涉忽近圖遠之嫌，終於無所歸宿。」[180] 不久，日本福岡人古賀辰四郎經營琉球近海的海產，1885年前後登上釣魚島並提出租借該島的申請。日本內務省也密令沖繩縣對釣魚島等島嶼進行實地勘查，準備建立國標，企圖竊占。9月6日，《申報》刊登了一則《臺島警信》，揭露了日本的陰謀：「高麗傳來資訊，謂臺灣東北邊之海島，近有日本人懸日旗於其上，大有占據之勢。」由於當時清朝建立海軍衙門和設立臺灣省，表現出對海防的重視，因此，日本外務大臣井上馨認為：「此際匆忙公開建設國標，必招致清國之疑慮」，[181] 而不得不中止了在釣魚島建立國標的陰謀活動。

五、近代化的開始

臺灣的近代化從1874年沈葆楨渡臺就開始了。當時他奏准建閩臺水陸電線；用西法在安平、旗後等處建設新式炮臺；購買洋炮及軍火機械，並建軍裝局、火藥局；調閩廠現造揚武、飛雲等一批兵輪供臺防之用，並大力倡購鐵甲船，從此邁出軍事近代化的步伐。1875年，奏准使用機器開採基隆煤礦，翌年開始動工鑿井，建立起第一個近代民用工業。同時，實行開山、撫墾，在香港、廈門、汕頭等處設招墾局，招工來臺開墾，以促進內山的開發。1876年，新任巡撫丁日昌要求購買鐵甲船、練水雷軍、造新式炮臺、練槍炮隊、開鐵路、建電線、購機器、集公司、開礦、招墾，主張加強海防，全面開發臺灣。12月，又建議將已拆毀的吳淞鐵路鐵軌運來臺灣，興築旗後、鳳山到臺南郡城的鐵路，得到兩江總督沈葆楨的大力支持。後來上述鐵軌全部運臺。這是清政府批准修建的第一條鐵路，可惜由於經費不足，無法興工。丁日昌又建議將福州、廈門已成之電線移到臺灣，於1877年10月建成臺灣府至安平、旗後共長95華里的陸上電線，設臺南、安平、旗後電報局

---

[180]《沈文肅公牘》，督江十六，複何子峨、張魯生星使。
[181]《日本外交文書》第18卷，第575頁。

第三節 臺灣建省與近代化的開始

3 所，11 月開始對外營業。這是全國最早自辦的電報業。基隆煤礦於 1877 年 9 月開始出煤，日產 30 噸至 40 噸，工人達 2,000 人，1881 年最高峰時年產 53,606 噸，這是全國最早投產的新式大煤礦。還興辦招墾，1877 年，潮州一處有 2,000 多人應募，至翌年應募者達四五千人，並把招墾與海防聯繫起來。

劉銘傳於 1884 年抵達臺北督辦臺灣防務。1885 年詔准臺灣建省後，他更全面推行以近代化為中心，以加強海防、建成自立之省為目的的自強新政，其主要內容如下：

1. **防務**。劉銘傳、楊昌濬等建議在臺灣建立海軍，這個計畫未能實現。1884—1885 年先後購買南通、北達等幾艘小輪，供緝捕、運輸兼通文報之用，並雇洋匠自造駁船一艘，用以運炮械、安置水雷。1887 年，又由英國承造飛捷水線船一艘，供修理電線及運輸之用。1885 年在臺北大稻埕興建機器廠，自製槍彈，準備繼建大機器廠製造炮彈，同時，設立軍械所和火藥局。1886 年開始仿西法，在澎湖、基隆、滬尾、安平、旗後 5 個海口興修 10 座新式炮臺，並添購阿姆斯頓鋼炮 31 尊，沉雷、碰雷 20 個，在基隆和滬尾設水雷局和水雷營，使水雷與炮臺相資為用。此外，還進行整軍、練兵，防軍均改用洋槍，聘洋教習教練。在臺北設總營務處，統轄全臺軍務。

2. **交通**。1886 年在臺北設電報總局，架設水陸電線，全長 700 餘公里，設水線局 4 所，並在澎湖、彰化、臺北、滬尾、基隆等地增設報局。1888 年創立新的郵政制度，在臺北設立郵政總局，在全島分設下站、腰站及旁站 43 處，發行郵票。有南通、飛捷兩船定期往來於臺灣與大陸之間，郵路遠至廈門、福州、廣州、上海、香港等地。這是全國最早自辦的郵政業務，比清政府成立的郵政官局早 8 年。1887 年 6 月，著手修建鐵路，臺北至基隆段 1891 年竣工，計 28.6 公里；臺北至新竹段 1893 年竣工，計 78.1 公里。基隆至新竹全長 106.7 公里，共用銀 1,295,960 兩。這是全國最早一批自建的鐵路，是自行集資、自行主辦、自行控制全部權益的第一條鐵路。

3. **工礦**。1885 年重興受戰爭破壞而停產的基隆煤礦，由官商合辦。1887 年成立煤務局，安裝新購採煤機器，每天可出煤百噸。由林維源出面

第五章 清代後期

訪招商股,議定「礦務一切事宜,由商經營,官不過問」。清廷反對「一切事宜,悉授權于商人」。煤務仍歸官辦,但已一蹶不振,陷於半停頓狀態。1886年,在滬尾設立官辦硫磺廠。1887年,設立官辦機器鋸木廠,翌年開工,每天可為鐵路提供800塊枕木。同年設煤油局,產量不多,入不敷出。1888年,基隆華商所開發昌煤廠,用外洋機器製造煤磚。1891年,有商人引進外國造糖鐵磨,用畜力拖引,供糖戶試用。1893年,苗栗地區有商人引進日本腦灶,進行樟腦生產。可見80年代後期,臺灣已先後出現由民族資本經營的近代工業。

　　4. 商務。1886年設立商務局,先後向英、德購買威利、威定2艘舊輪作為商船。派李彤恩等到新加坡設立招商局(後改為通商局),向華僑招募商股36萬兩,以32萬兩向英商購買斯美、駕時2艘輪船,設立輪船公司,航行於臺灣與大陸各埠,遠至新加坡、西貢、呂宋等地。1886年,設立官腦總局,實行專賣制度。1890年出口6,480餘擔,1891年出口15,980擔,獲利頗多。1891年,清廷迫於外商壓力,撤銷官腦專賣。同年,設立硫磺總局,各地所采硫磺送到滬尾硫磺廠加工後,運到上海轉售各省。1888年2月至1890年1月,共采硫12,239擔,年純利三四千兩。

　　5. 興市。中法戰爭後,臺北實際上已成為政治、經濟中心。巡撫長駐臺北,北部的貿易總額已超過南部,劉銘傳推行的自強新政也以臺北為重點。1885年,由臺灣首富林維源及富商李春生出資合建千秋、建昌兩條大街。1887年,邀江浙商人集資5萬兩,設興市公司,創建城內之石坊、西門諸街,建造大路,行馬車,裝設電燈,引自來水,建立大稻埕鐵橋。「當是時,省會初建,冠蓋雲集,江、浙、閩、粵之人,多來貿易,而糖、腦、茶、金出產日盛,收厘愈多。」臺北已成為商務繁盛邁向近代化的一座城市。

　　6. 撫墾。1886年5月設全臺撫墾總局,以林維源為總辦,南、北、東三路分設撫墾局及分局,積極展開撫墾活動。至1889年3月,劉銘傳奏稱:「全臺生番,一律歸化。」撫墾局共招撫「歸化生番806社,男婦大小丁口合計148,479人」。[182]並開展移風易俗,促進漢化。這一方面有利於社會的近代

---

[182] 伊能嘉矩.《臺灣文化志》(中譯本)下卷,臺灣省文獻委員會,1991年版,第270頁。

第三節 臺灣建省與近代化的開始

化,另一方面,在招撫過程中也對少數民族進行了暴力鎮壓。

7. 清賦。建省的經費嚴重不足,為了做到「三五年後以臺地自有之財,供臺地經費之用,庶可自成一省,永保岩疆」。[183] 1886 年 5 月,劉銘傳奏請實行清賦,由清賦總局進行會查保甲,清丈田地,歷時二年多,完成清丈工作,田賦大量增加。據 1890 年 6 月劉銘傳奏稱,清丈後現定糧額年征 512,969 兩,隨征補水準餘銀,加以官莊租額,共銀 674,468 兩(應是 674,868 兩),比 183,366 兩舊額溢出銀 491,502 兩。[184] 不但大量增加了財政收入,而且也為農業近代化創造了有利的條件。

8. 教育。1887 年在臺北大稻埕創立西學堂,先後聘請洋教習 2 人,漢教習 4 人,於西學餘閒兼課中國經史文字,使內外通貫,培養通曉近代科學、善於對外交涉的人才,第一期招收 20 餘人,至 1891 年共培養 60 多人。1890 年,在大稻埕設立電報學堂,撥取西學堂之優秀學生 18 人,轉入電報學堂,為電報局培養技術人才。1890 年 4 月,在臺北創設番學堂,為土著居民培養骨幹和通事人才。1891 年 5 月,劉銘傳開缺離職,繼任巡撫邵友濂面臨福建協餉 5 年期滿中止的困境,財政虧空約 47 萬兩,被迫對新政採取緊縮政策。先後撤廢清理街道、煤油、伐木等局,停止官煤採掘,裁撤西學堂、番學堂、電報學堂。不過邵友濂還是做了一些工作,例如他向紳商借款修築鐵路,1893 年底修至新竹後停修。還設立金沙抽厘局,擴大臺北機器廠,基隆煤礦改為官商合辦,還計畫興建造船廠,近代化事業仍在緩慢地前進。

臺灣的近代化肇始於建省前後,與全國各省一樣,都是在洋務派主持下進行的,是全國洋務運動的一個組成部分,但也具有其自身的特點。全國的洋務運動從 1861 年設置總理衙門開始,而臺灣則始於 70 年代初,時間晚了 13 年。大陸的洋務運動先創辦軍用工業,以後才經營民用工業,而臺灣則軍用工業與民用工業同時進行。在 90 年代以前,大陸各省的近代工業以官辦軍事工業與官督商辦民用工業兩種形式為主,而在臺灣,丁日昌比較重視民營,劉銘傳辦鐵路也重視招募商股特別是僑資,歸商人承辦;基隆煤礦則兩

---

[183]《劉壯肅公奏議》卷七,臺灣文獻叢刊第 27 種,第 303—304 頁。
[184]《劉壯肅公奏議》卷七,臺灣文獻叢刊第 27 種,第 323 頁。

第五章 清代後期

次出現官商合辦的形式,放手讓商人經營。1889年劉銘傳曾將基隆煤礦出讓給英商經營,當時就被清廷申飭,後來又長期受到責難。但從所訂合同來看,既有「二十年之內,全臺非該商不准添用機器挖煤」的苛刻條文,也有一些對中國有利的條文,如中外發生戰爭,「該礦應歸中國主政」;該商每月應撥送按8折計價的煤炭1,000擔給地方官;凡出口煤炭每噸「應納賦課一角」;准辦後該商應歸還官本銀14萬兩等,所以,劉銘傳認為這樣做,「臺灣同該商均有利益」。[185]近年也有學者指出,以「苛條換取對臺灣礦產的開發和技術的引進,並不是完全失算的」。[186]在煤礦月虧三四千兩、財政陷入困境的情況下,為了使自強新政不致半途而廢,劉銘傳不得不作出讓步和妥協。此外,大陸的洋務運動興辦軍事工業,對鎮壓太平軍和捻軍方面起過惡劣的作用。而臺灣的自強新政則是保衛海防與建設臺灣同時進行,整個活動帶有明顯的禦外性質。劉銘傳還公開提倡「商戰」,「與敵爭利」,[187]其愛國性質及其積極意義更值得肯定。

經過近20年的經營,臺灣出現了全國最早自辦的電報業和新式郵政,全國最早投產的新式大煤礦,全省出現了第一條鐵路、第一臺電話、第一枚郵票、第一盞電燈、第一所新式學校,出現了自己經營並敢於與外人競爭的輪船,出現了有數以千計現代工人的礦區,也出現了最初的民族資本。許多新式事業集中於一省,成效蔚然可觀,使邊疆海島新建的行省,後來居上,成為全國洋務運動中的先進省份。

臺灣的自強新政成效突出,這與日、法兩次武裝入侵的強烈刺激、清政府重視臺防有關。主持政務的奕譞及李鴻章等對臺防給予有力的支援,本地紳民對興辦鐵路、開礦、架電線等新式事業阻力較小。當大陸的頑固派官僚、士紳對開辦鐵路、礦山仍爭論不休,紛紛阻撓之時,這些新式事業卻在臺灣比較順利地先辦起來了。本地士紳、富商且加以大力支持,如林維源答應捐資50萬兩辦路礦,李春生投資開發淡水商埠。正如劉銘傳指出的:「臺

---

[185] 中國近代史資料叢刊.《洋務運動》(七),第82—84頁。
[186] 陳旭麓.《臺灣建省與洋務派》,黃康顯主編.《近代臺灣的社會發展與民族意識》,香港中華書局,1987年版,第197頁。
[187]《洋務運動》(六),第249頁。

灣與內地情形不同，興修鐵路，商民固多樂從，紳士亦無異議。」[188]此外，主持臺灣新政的沈葆楨、丁日昌、劉銘傳等人，都是洋務派中的佼佼者，沈葆楨是臺灣近代化的宣導者和奠基人，丁日昌提出全面具體的發展計畫並積極落實，而劉銘傳則是臺灣近代化的實幹家和集大成者。臺灣近代化的成就，與他們的努力是分不開的。

但也應該看到，臺灣興辦的新式企業與洋務派官僚在大陸所辦的新式企業一樣，存在嚴重的腐敗現象和衙門作風，效率低下，弊病很多。例如基隆煤礦最高年產量約 54,000 噸，比開辦前手工業煤窯產量還少 21,000 噸。原定每日產煤定額 200 噸，從未達到，最低時只有 25 噸。又如鐵路，花了 6 年半時間只修 106.7 公里，每年平均僅修 16 公里，所修僅全程 1/3 左右，而所花經費卻比原計劃 300 公里 100 萬兩超出約 30 萬兩，可謂事倍功半。1891 年春，福建協餉期滿之後，臺灣財政拮据更加嚴重，每年財政赤字 40 多萬兩，邵友濂被迫採取緊縮政策，許多事業只得停止或縮小。儘管如此，總的看來，臺灣近代化的成績仍然是相當可觀的，當時的臺灣已經是中國的先進省份之一。

第四節 反對日本占領的鬥爭

一、馬關條約與臺灣的割讓

日本在明治維新後迅速走上對外侵略擴張的道路，朝鮮、中國均為其侵略擴張的主要目標。臺灣不僅物產豐饒，久為日本所垂涎，而且戰略地位十分重要，既是大陸東南七省的屏藩，又扼日本南進的要衝，因而成為日本圖謀奪占的要地。1874 年，日本悍然出兵侵犯臺灣，便是亟欲實現這一圖謀的第一次嘗試，也是近代史上日本侵略中國的開始。

日本侵略者深知，要實現奪取臺灣的目標，必須發動戰爭，擊敗中國。

---

[188]《洋務運動》（六），第 191 頁。

第五章 清代後期

1874年侵臺事件後，日本從未放鬆準備。1879年，日本吞併琉球，改為沖繩縣。1884年，趁中法戰爭之機，又派軍艦至臺灣基隆窺伺。1885年起，日本開始十年擴軍計畫，1886年，其參謀本部長山縣有朋又派部屬小川又次再度到中國進行調查。小川回國後寫出《討伐清國策案》，全面提出了所謂「統治中國之策略」，建議作好發動侵略戰爭的準備，在戰勝中國締結和約時，應將直隸、山西、山東三省，江蘇、浙江、河南之一部分，以及遼東半島、山東半島、舟山群島、澎湖群島、臺灣全島都「併入本國（日本）之版圖」，還提出肢解中國的方案。[189] 1889年，日本頒佈帝國憲法，積極主張對外擴張的山縣有朋出任內閣首相，極力鼓吹加緊備戰，奪取朝鮮並進而侵略中國。從1886年到1894年，日本用於擴充軍備的費用，一直保持在每年財政預算支出總額的25%以上，最高時竟達到41%以上。[190] 為了奪取制海權，在此期間，日本以超過和擊敗中國北洋艦隊為目標，建成了包括「三景艦」（即三艘主力艦）以及當時航速最快的「吉野」號巡洋艦在內的一支精銳艦隊。陸軍也迅速擴大和加強，其現役兵員已達12.3萬人，加上預備役兵力可達23萬人。1893年6月初，戰時大本營成立。經過長期策劃，日本已作好戰爭準備，伺機而發。1894年2月，朝鮮東學道農民起義爆發，中國和日本派兵赴朝鮮，7月25日，日本海軍趁機在朝鮮豐島海面對中國北洋艦隊艦隻發動突然襲擊。三天后，其陸軍也向在朝鮮的中國軍隊進攻，終於挑起了侵略中國的戰爭。8月1日，清朝政府對日宣戰，一場侵略與反侵略的戰爭正式開始。史稱「甲午戰爭」。10月下旬，日軍在遼東戰場不斷得手。11月攻占大連、旅順，日本軍部提出進軍直隸、直取京津。日本首相伊藤博文則提出了「直沖威海衛並攻略臺灣方略」，他認為，直逼京師可能招致列強的共同干涉，而奪取臺灣則符合朝野的議論。「如果要以割取臺灣為和平條約之一要件，若非事先以兵力占領，日後被拒以無割讓之理由，將其奈他何？故非

---

[189] 小川又次.《討伐清國策案》，載《日本研究》第七十五號。此處引述之內容，轉見黃秀政.《臺灣割讓與乙未抗日運動》，臺灣商務印書館，1992年版，第36—37頁。又見中國抗日戰爭史學會主辦.《抗日戰爭研究》1995年第1期，譯文與黃書稍異。
[190] 中國社會科學院.《日本侵華七十年史》，據有關資料統計，在此期間，日本年財政預算支出總額約為8,000萬日元上下，年軍費開支保持在2,000萬日元以上。戴逸等《甲午戰爭與東亞政治》一書認為，1892年日本軍費開支已占國家預算總額之41%以上。

第四節 反對日本占領的鬥爭

有控制渤海之鎖鑰,同時南取臺灣之深謀遠慮不可」。[191]伊藤的意見得到一些上層人士的支援。前外務大臣大隈重信贊成迅速出兵占領臺灣,前首相松方正義主張:「臺灣非永久歸於我國不可」,「臺灣之於我國,正如南門之鎖鑰,如欲向南發展,以擴大日本帝國之版圖,非闖過此一門戶不可。如因攻占臺灣而失去進攻北京之機會,就帝國百年大計設想,實無大損失,至少比攻北京失臺灣更有大益。」[192]伊藤的意見最後占了上風,奪取臺灣已是日本在甲午戰爭中急不可待的目標。

在日本加緊部署北攻威海、南取臺灣之際,清朝政府中的妥協求和傾向日益嚴重。此時歐美列強不願日本侵略勢力的擴大,影響其各自在華利益。11月,美國單獨出面調停,清朝政府急忙派出總理衙門大臣戶部左侍郎張蔭桓和署湖南巡撫邵友濂為全權大臣赴日議和。但張、邵抵日後,日本一方面藉口「全權不足」,予以拒絕,示意必須奕訢或李鴻章這樣的大員才可與談。1895年2月,日軍攻陷威海衛,北洋艦隊覆滅,清朝統治者已喪失繼續作戰的信心,慈禧太后決心不惜代價求和,派李鴻章為全權大臣赴日本議和。

日本外務大臣陸奧宗光擬制的《媾和預定條約草稿》十條,其主要內容就是要割占中國領土,並已明確提出要將臺灣全島永遠割與日本。當得知清朝政府決定派李鴻章赴日議和時,日本又通過美國駐華公使田貝(Charles Denby)通知中國「非有割地之全權大臣不必來日」。李鴻章奉命後於2月21日進京請訓,他知道責任重大,表示「割地之說,不敢擔承」,為自己預留進退。軍機大臣孫毓汶、徐用儀力言不割地和議難成,「必欲以割地為了局」。另一軍機大臣翁同龢提出「償勝於割」[193],主張寧可償款,不可割地。廷議難決。李鴻章想求助於列強,就割地問題多次往訪各國公使,各國與日本早有默契,李所得答覆是「皆謂非此不能結局」,美國公使田貝甚至對李鴻章施加壓力說,如果中國固執不願割地的觀點,就不必到日本去,還要李在議和時應極力避免割讓中國大陸的地方,暗示割臺不可避免。割地事關重

---

[191] 轉引自黃秀政.《臺灣割讓與乙未抗日運動》,臺灣商務印書館,1992年版,第43頁。
[192] 轉引自丁名楠.《略談日本發動甲午戰爭的背景、過程及其影響》,見《甲午戰爭九十周年紀念論文集》,齊魯書社,1986年版,第16頁。
[193] 《翁同龢日記》,見中國史學會主編.中國近代史資料叢刊《中日戰爭》(四),第537—538頁。以下凡引自該書均簡稱《中日戰爭》。

第五章 清代後期

大，慈禧和光緒不敢輕易作出決定。直到3月2日，奕訢傳光緒面諭予李鴻章以商讓土地之權。李於同日上折，再次強調「敵欲甚奢，注意尤在割地」，只能「暫屈以求伸」。次日，恭親王奕訢、慶親王奕劻等會奏，又提出「宗社為重，邊徼為輕」的方針。

李鴻章爭得了割地全權，於3月19日率大批隨員，包括被聘為顧問的美國人科士達（J.W.Foster）到達日本。自3月20日起至4月17日雙方簽訂和約止，先後與伊藤博文、陸奧宗光以及日方的美國顧問端迪臣（H.W.Dennison）在日本馬關的春帆樓共進行5次正式談判。21日，第二次談判，伊藤拒議停戰而強迫李鴻章先議和款。24日，第三次談判，伊藤未提出和款，卻告以日本派兵往攻臺灣。會後，李於返寓途中突遭日本浪人行刺受傷。日本恐招致列強干涉，於28日同意停戰，但停戰範圍限於奉天、直隸、山東等地，臺澎未在其內。這正是日本要以兵力占領臺灣澎湖的險惡用心所在。4月1日，日本提出包括承認朝鮮獨立、割地、賠款、通商等在內的和約底稿11款，限4天內答覆。關於割地條款，第一項是遼東半島；第二項是臺灣全島及所屬島嶼；第三項是澎湖列島。李鴻章當天發電北京請示。翁同龢堅持臺不可棄，奕劻認為遼南重於臺灣，光緒說「臺割則天下人心皆去」，慈禧謂「兩地（奉天及臺灣）皆不可棄，即撤使再戰亦不恤也」。[194] 但4月8日，總理衙門又電李鴻章，「讓地應以一處為斷，賠款應以萬萬為斷。」既然兩地皆不可棄，又指示應以一處為斷。顯然，奉天為清朝龍興之地，自不能棄，可棄者只能是臺灣及澎湖列島了。10日，第四次談判，伊藤博文一開始便蠻橫地聲稱對日方所提條款「但有允、不允兩句話而已」。李就臺灣割讓問題雖有所爭辯，但伊藤堅持「主意不能稍改」，割地「已減至無可再減」，並揚言如果重新開戰，條件當不止此。李鴻章連發兩電請示，清朝政府被迫屈服。14日，總署電李鴻章令其遵旨訂約。15日，雙方最後一次談判，李鴻章接受了日本全部條款。1895年4月17日，李鴻章與日本全權代表伊藤博文簽訂《講和條約》，因簽約地點在日本馬關春帆樓，通稱《馬關條約》。

《馬關條約》規定，中國承認朝鮮完全自主；割讓遼東半島；賠款2萬萬

---

[194] 同上，第547頁。

兩；增開通商口岸，並允許日本人在已開和新開通商口岸任便從事工藝制造；中國將「臺灣全島及所有附屬各島嶼」以及「澎湖列島」，並該地方「所有堡壘、軍器、工廠及一切屬公物件，永遠讓與日本」。還規定：「本約批准互換之後，限二年之內，日本准中國讓與地方人民，願遷居讓與地方之外者，任便變賣所有產業，退去界外。但限滿之後尚未遷徙者，酌宜視為日本臣民。」、「又臺灣一省，應於本約批准互換後，兩國立即各派大員至臺灣，限於本約批准互換後兩個月交接清楚。」中國人民世世代代辛勤開發建設的美麗富饒的臺灣省，就這樣被迫割讓了。

《馬關條約》是日本武裝侵略中國的結果，也是清朝政府妥協屈服的結果。這一條約是中國近代史上迄此最慘痛的喪權辱國條約，它嚴重破壞了中國領土主權的完整，把中國推向了被帝國主義瓜分的邊緣，給中國人民帶來深重的苦難。臺灣人民從此陷入日本侵略者殘酷的殖民統治深淵長達半個世紀，遭受的苦難尤為深重。

二、反對割讓臺灣的鬥爭

清朝政府割讓臺澎，喪權辱國，全國震驚。舉國上下，群情憤激，反割臺鬥爭迅速掀起，形成了規模空前的愛國救亡運動。

在李鴻章被派為議和大臣進京請訓期間，反對割地的鬥爭便已開始，割臺是鬥爭的焦點。當時，事機嚴密，鬥爭開始時主要在朝廷中樞進行。前述翁同龢與孫毓汶、徐用儀等人的鬥爭就相當激烈，到議和期間，更為尖銳，雙方「至於攘袂」，「聲徹戶外」。當廷議已定給予李鴻章割地全權時，一些積極主戰的京官立即紛紛上書抗爭，反對割臺。3月3日，翰林院編修黃紹箕等上書指出：「倭人所垂涎者，臺灣也」，「何罪何辜而淪為異域？」如果割地，不但「永遠無自強之日，抑且旦夕無苟安之時」。[195] 10日，丁立鈞等8人又聯名再次上書力陳不可割地，指出一旦割地之例一開，各國見而競起，「一舉而棄一省，竊恐二十三省之地，不足供封豕長蛇之薦食」。要求「悉力持久為戰」，反對割地。

---

[195] 見《中日戰爭》（三），第489—492頁。

第五章 清代後期

馬關議和期間，雙方簽訂停戰條款，臺、澎又不在停戰範圍之內。臺灣人民對此極為憤慨，指出停北不停南是「任倭以全力攻臺，臺民何辜，至遭歧視」？要求「戰則俱戰，停則俱停，[196]反對屈服。在北京，翰林院侍讀學士文廷式先後兩次上書要求撤使拒和，指出「今日臺灣之事，尤為存亡所關」，痛斥所謂「以散地易要地」的謬論說：「夫奉天固要地矣，臺灣關係江浙閩廣之得失，可謂之散地乎？乃近日有停戰二十一日之說，日停北不停南，同隸皇上之土宇，同為皇上之人民，何愛於北而惡于南，五洲萬國有此停戰之法否？」吏部給事中褚成博指出：臺灣「若置諸度外，不予保全，竊恐四海生靈，從茲解體，民心一去，國誰與守？」《馬關條約》簽訂前夕，御史王鵬運上折極力反對割臺。他尖銳指出：「今日如割臺灣與倭人，則滇粵邊境必入於法，雷瓊西藏必入於英，黑龍江、琿春必入於俄，日朘月削，披枝傷心，不出十餘年，恐欲為小朝廷而不可得。」他痛斥「姑以議和，再徐圖自強」的謬論是「庸臣誤國之談」，大聲疾呼為保全國家領土，「舍力戰之外，更無他策」。從李鴻章進京請訓到《馬關條約》簽訂，先後上書諫阻和議，反對割臺的達30餘人20餘件次，反映了中國人民維護國家領土主權完整的強烈意願。但是清朝統治者一味妥協，不惜以犧牲國家民族的利益去換取屈辱的和平，對這些愛國呼聲置若罔聞，終於接受屈辱的條款，將臺灣澎湖割讓給日本。

《馬關簽約》割讓臺灣的消息，引起全臺震慄。人們奔相走告，聚哭於市中，夜以繼日，哭聲達於四野。波瀾壯闊的反割臺鬥爭在全臺掀起。臺北民眾「激於義憤，萬眾一心」，鳴鑼罷市，紳民擁入撫署，憤怒抗議清政府的賣國割臺行徑，誓死抗日保臺。他們還決定：「抗繳釐金，謂臺歸中國則繳；並禁各鹽館售鹽；餉銀不准運出，製造局不准停工，皆稱應留為軍民拒倭之用。」[197]反割臺的鬥爭怒潮迅速高漲，參加鬥爭的人員極為廣泛，士民工商，男女老幼，全臺沸騰。地方紳士丘逢甲刺指血書「抗倭守土」，並領銜聯名致電清廷表示：「臣等桑梓之地，義與存亡，願與撫臣誓死守禦。設戰而不勝，

---

[196] 見《中日戰爭》（六），第381頁。
[197] 俞明震．《臺灣八日記》附《臺灣唐維卿中丞電奏稿》，見《中日戰爭》（一），第387頁。

第四節 反對日本占領的鬥爭

請俟臣等死後再言割地。」[198] 許多紳民向臺灣巡撫呈遞血書，悲憤陳訴「萬民誓不服倭，割亦死，拒亦死，寗先死於『亂民』手，不願死於倭人手」。如果朝廷不將「割地一條刪除，則是安心棄我臺民，臺民已矣，朝廷失人心，何以治天下」。

在北京的臺灣舉人和臺籍官員得悉割臺噩耗，立即到都察院聯名上書，要求堅持抗敵，絕不能將臺灣「棄以予敵」。他們滿懷對祖國對故鄉的赤誠和熱愛，在上書中表示：「今者聞朝廷割棄臺地以與倭人，數千百萬生靈皆北向慟哭，閭巷婦孺莫不欲食倭人之肉，各懷一不共戴天之仇，誰肯甘心降敵？縱使倭人脅以兵力，而全臺赤子誓不與倭人俱生，勢必勉強支持，至矢亡援絕數千百萬生靈盡歸糜爛而後已。」又說：「夫以全臺之地使之戰而陷，全臺之民使之戰而亡，為皇上赤子，雖肝腦塗地而無所悔。今一旦委而棄之，是驅忠義之士以事寇讎，臺民終不免一死，然而死有隱痛矣。」他們還批駁了形形色色的妥協投降言論，對所謂「徙民內地，尚可生全」的謬論更無比憤怒，他們滿懷對臺灣的桑梓深情說：「祖宗墳墓，豈忍舍之而去？田園廬舍，誰能挈之而奔？縱使子身內渡，而數千里戶口又將何地以處之？」他們強烈要求清朝政府抗敵到底，只要不將臺灣割棄，「臺地軍民必能捨死忘生，為國家效命。」[199] 這擲地有聲的呼號，是血淚的陳訴，是悲壯的誓言，是臺灣人民愛國愛鄉的赤誠，足可以驚天地，泣鬼神。

當臺灣人民的反割臺鬥爭怒潮洶湧之際，海峽對岸，一場聲勢浩大的反和約反割地的鬥爭也在奔騰澎湃地迅速發展。

在北京，「人情洶懼，奔走駭汗，轉相告語，謂所有條款皆扼我之吭，制我之命，阻我自強之路，絕我規複之機，古今所未有，華夷所未聞。」、「內而宗室王公，部院諫垣；外而直省督撫，前敵將領，莫不交相諫阻。」其中，各部院諫垣的中下級官員尤為活躍。他們或單名具呈，或聯銜上書，少則三五人，多則數十人，最多者達150餘人。從4月中旬到5月初，各級大

---

[198] 戚其章主編. 中國近代史資料叢刊續編《中日戰爭》第3冊，中華書局，1991年版，第74頁。
[199] 以上均見《中日戰爭》（四），第27—28頁，戶部主事葉題雁等呈文。按：呈文聯名者為臺灣籍戶部主事葉題雁、翰林院庶起士李清琦、臺灣安平縣舉人汪春源、嘉義縣舉人羅秀惠、淡水縣舉人黃宗鼎等5人。

第五章 清代後期

小官員以至督撫將軍、宗室貝勒共500餘人次上折上書共100餘件次，為清朝前所未有。他們對喪權辱國的《馬關條約》極為憤慨，御史高燮曾指出，這一空前屈辱的條約，「不獨使我不能自振，直使我不能自立，不能自存」，若不拒絕條約，「危亡可立待矣」，「欲為南宋小朝廷而不可得矣」。禮部主事羅鳳華和兵部主事何藻翔在上書中指出：「今日可割臺灣，異日安知不可割閩粵，割滇黔。」他們申斥投降派「賣國欺君，罪無可逭。外則李鴻章，內則孫毓汶，實為罪魁，人皆指目」。侍讀奎華等156人的聯名上書中更沉痛指出：《馬關條約》割地賠款，流弊無窮，是中國之奇恥大辱，「五大洲未有之奇聞，三千年所無之變局」。宗室侍郎會章也上折痛斥所謂割地以保京師的投降謬論說：「此端一啟，各國生心。假使再有兵端，則將割閩廣以保京師，割雲貴以保京師，割隴蜀以保京師，馴至版圖盡棄，而獨留京師一隅之地，其足以立國乎？」禮科給事中丁立瀛等也說：「夫倭自襲陷澎湖而後，未嘗以一舟犯及臺灣……乃今於其兵力之所不及，而拱手讓之，棄險厄之要地，啟他國之戒心，異時更有似此之舉，何以應之？」、「若果棄之，是失民心也！民心一失，何可複收。」許多官員還提出了遷都作持久之戰的建議，但清朝統治者一心求和，已聽不進任何意見了。

正在北京應試的各省舉人，更是義憤填膺，悲痛萬分。他們親眼目睹「臺灣舉人垂涕而請命，莫不哀之」，[200]深為臺灣人民反割臺的壯舉鼓舞，紛紛集會上書。廣東舉人康有為、梁啟超等奔走呼號，四出聯絡，一時之間「章滿察院，衣冠塞途」，「至有痛哭流涕者」。都察院前，舉人上書請願的隊伍長達一里多。由梁啟超、林贊統領銜的81名廣東舉人在上書中大聲疾呼：臺灣是祖國的門戶，連地千里，山海峻險，物產饒絕海外，豈可「一矢未加，而遽以千餘裡地之岩疆，千余萬之蒼黎」，拱手讓與侵略者。他們強烈要求「嚴飭李鴻章訂正和款，勿割臺灣」。上書的眾多舉人，對臺灣人民反對割臺的悲憤感同身受，對臺灣人民的愛國愛鄉精神由衷敬佩，對臺灣人民的鬥爭表示了誠摯的支援。浙江舉人錢汝雯在上書中說：「現聞臺灣之民，罷市聚哭，群情洶洶，不肯附倭，彼之所謂亂民，我之所謂義士也。澎湖之陷，紳民死事慘烈，今能不畏凶威，雖奉朝命，仍與之抗，可謂大義炳於寰區，方

---

[200]《康南海自編年譜》，見中國近代史資料叢刊《戊戌變法》（四），第130頁。

將旌之以徇于國，豈可抑勒之，束縛之，驅而納諸水火之中乎？」康有為更是日夕奔走，聯絡各省舉人多次集會于北京城南松筠庵，與會者多達1,300餘人，康有為在會上慷慨陳詞，力言國勢危迫，非變法無以自強，與會者異常激憤，「士氣之壯，國恥為之一伸」。[201] 他還連夜趕寫了長達1.8萬餘字的呈文，即著名的《公車上書》，反對和約，反對割地，要求變法圖強，簽名的各省舉人多達千餘人。

在《公車上書》中，康有為尖銳指出：「棄臺民即散天下」，「欲苟借和款求安目前，亡無日矣」。[202] 他還提出了拒和、遷都、變法三項主張，把反和約、反割臺與變法救亡相結合，將這個鬥爭推進到一個新的高度，具有更深刻的內容。以《公車上書》為標誌，反割臺的鬥爭達到了高潮。從4月17日《馬關條約》簽約到5月8日煙臺換約止，前後22天，先後有在京的各省舉人3,000餘人次共上書38件次，這是中國近代史上空前未有的壯舉。海峽兩岸的中國人民在民族危亡的關頭，同呼吸，共命運，互相鼓舞，互相支持，把反割臺的鬥爭匯結成中國近代史上第一次波瀾壯闊的群眾性愛國救亡運動，在中國近代史上譜寫了光輝的篇章。

三、臺灣民主國

4月20日，《馬關簽約》簽訂後的第三天，日本天皇便迅速批准條約，並任命內閣書記伊東已代治為全權辦理大臣，準備換約。清朝政府在臺灣人民誓死反對，全國反割臺鬥爭高漲的巨大壓力下，未敢遽然批准。23日，俄、德、法三國出面干涉還遼，清政府以為又有一線希望，一方面由總理衙門商請三國轉商日本展期換約，同時由軍機處電諭李鴻章於三國阻緩之時，詳籌挽回萬一之法。電諭中說：「奉旨，『連日紛紛章奏，謂臺不可棄，幾于萬口交騰』。」又說：「臺民誓不從倭，百方呼籲，將來交接，萬難措手。」可見臺灣的割讓是條約批准互換的關鍵。但是，日本雖然被迫對俄、德、法三國讓步，而對清朝政府則寸步不讓。李鴻章則認為改約另議，「適速其決裂興

---

[201]《萬木草堂遺稿外編》下冊，第843頁。
[202] 康有為.《上清帝第二書》，見中國近代史資料叢刊《戊戌變法》（二），第131—133頁。

第五章 清代後期

兵」，[203] 多次抗命。孫毓汶甚至「捧約逼上批准」。[204] 5月2日，光緒皇帝批准條約。5月7日，日本宣佈願放棄割占遼東半島，清朝政府求助列強阻止割臺的幻想亦隨之破滅。5月8日，清朝政府派出的全權大臣伍廷芳與日本全權代表伊東已代治在煙臺如期換約。

煙臺換約的第三天，日本晉升海軍軍令部長樺山資紀為大將，並任命其為臺灣總督兼軍務司令官。18日，清政府決定派李經方赴臺辦理交割事宜。全臺淪亡，已如燃眉，「誓不從倭」的臺灣人民決心依靠自己的力量抗日保臺。5月中旬，曾任清政府駐法參贊的陳季同從上海抵臺北。他在「臺民萬億同心，必欲竭力死守土地」的精神激勵下，提出「民政獨立，遙奉正朔，拒敵人」之策。[205] 15日，以丘逢甲為首的地方紳士集議於臺北籌防局，請唐景崧暫攝臺灣政事，並以全臺紳民名義致電總理衙門、南北洋通商大臣以及閩浙總督等，表示將不得不自主保臺。電文如下：「敬稟者：臺灣屬倭，萬民不服。迭請唐撫院代奏臺民下情，而事難挽回，如赤子之失父母，悲慘曷極！伏查臺灣為朝廷棄地，百姓無依，唯有死守，據為島國，遙戴皇靈，為南洋遮罩。唯須有人統率，眾議堅留唐撫臺，仍理臺事，並請劉鎮永福鎮守臺南。一面懇請各國查照割地紳民不服公法，從公剖斷，臺灣應作何處置，再送唐撫入京，劉鎮回任。臺民此舉，無非戀戴皇清，圖固守以待轉機。情急萬緊，伏乞代為電奏」。[206]

電文實際已公開宣佈要自主保臺，但明確表示「遙戴皇靈，為南洋屏蔽」，「圖固守以待轉機」，戀戴祖國之情，溢於言表。第二天，唐景崧亦電奏稱：「臺民知法不足恃，願死守危區，為南洋遮罩，堅留景崧與劉永福。……臣等亦惟盡人力以待轉機，乃臺民不服屬倭，權能自主，其拒倭與中國無涉。」清朝政府深怕因此得罪日本，為表白臺灣自主與清政府無關，竟於20日下詔，命「唐景崧著即開缺，來京陛見，其臺省大小文武各員，並著唐景崧飭令陸續內渡」。至此，臺灣人民對清朝政府已完全絕望。此時又已獲知

---

[203]《全權大臣李鴻章致總署改約另議不敢孟浪》，王彥威.《清季外交史料》第110卷，第15頁。
[204] 易順鼎.《盾墨拾遺》，見中國近代史資料叢刊《中日戰爭》（一），第126頁。
[205] 陳衍.《閩侯縣誌》，第69卷，《陳季同傳》。
[206] 蔡爾康等編.《中東戰爭本末》卷四，見中國近代史資料叢刊《中日戰爭》（一），第204、202—203頁。

第四節 反對日本占領的鬥爭

清廷已派李經方來臺辦理割讓交接手續，日本樺山資紀已率艦南下，臺灣淪亡，已在旦夕。21日，丘逢甲、陳季同、林朝棟等再次集議，決定推唐景崧為總統，丘逢甲為全臺義軍統領，劉永福為大將軍，更改官制，制國旗、印信、文告等，最後確定了自立民主，並決定成立「臺灣民主國」。[207] 25日，臺灣民主國正式成立。典禮極為隆重。士紳民眾數千人齊集巡撫衙門，向唐景崧獻國旗、國璽及總統印。國旗仿清朝青龍旗樣式，為藍地黃虎旗，龍在天，虎在地，以示尊卑；虎首內向，尾高首下，以示臣服於清。唐景崧「朝服出，望闕九叩首，旋北面受任」，[208] 改年號為「永清」。

臺灣民主國是在面臨日本侵略者即將武裝侵占臺灣的危急形勢下，在全臺人民誓死反抗日本侵略的愛國鬥爭高潮推動下，為抗日保臺而建立的抗日救亡政權。臺灣民主國成立後，曾以臺灣紳民的名義致電清朝政府表示：「臺灣紳民，義不臣倭，願為島國，永戴聖清。」唐景崧就職後向朝廷的電奏以及向各省大吏發出的通電中，也都反復強調「臺民忠義，誓不從倭」，「暫充總統」，「仍奉正朔，遙作屏藩」。臺灣民主國對外對內發佈了兩個文告。在對外宣言中說：「日本要索臺灣，竟有割臺之款。事出意外，聞信之日，紳民憤恨，哭聲震天。……今已無天可籲，無人肯援，臺民惟有自主，推擁賢者，權攝臺政。事平之後，當再請命中朝，作何辦理。倘日本具有天良，不忍相強，臺民亦願顧全和局，與以利益。惟臺灣土地政令，非他人所能干預。設以干戈從事，臺民惟集萬眾禦之，願人人戰死而失臺，決不願拱手而讓臺。」[209] 唐景崧另以「臺灣民主國總統前署臺灣巡撫布政使」名義發佈的曉諭全臺文告中說：「臺灣疆土，荷大清經營締造二百餘年。今須自立為國，感念列聖舊恩，仍應恭奉正朔，遙作屏藩。氣脈相通，無異中土。照常嚴備，不可稍涉疏虞。」以上所引文電，無不說明，臺灣民主國是臺灣人民為抗日保臺迫不得已而採取的應急救亡措施。臺灣民主國及其宣導者無不認為臺灣

---

[207] 據黃秀政《臺灣割讓與乙未抗日運動》一書記載，5月21日會後，23日曾發佈《臺灣民主國自主宣言》，此宣言中文原件已失，系據大衛遜的記載從英文再譯出，宣言中提出：「經大會議決，臺灣自主，改建民主國」，推唐景崧為總統，定5月25日舉行隆重開國典禮，號召全臺同胞、士農工商出席。譯件見黃秀政書第130頁。
[208] 江山淵．《丘逢甲傳》，載《小說月報》，第6卷第3號。
[209] 蔡爾康等編．《中東戰爭本末》卷四，見中國近代史資料叢刊《中日戰爭》（一），第204、202—203頁。

第五章 清代後期

與祖國血肉相連,改省為國,仍是中國不可分割的一部分。

臺灣民主國的建立,在全國人民中引起強烈的反響,受到了高度的重視和讚揚。6月3日,上海《申報》發表「專訊」報導:「接京友信,言臺灣電奏到京,計十六字,照錄於後:『臺灣士民,義不臣倭,願為島國,永戴聖清』。電奏若此,益見臺嶠一隅力拒鯨鯢之寇,仍稱蟣蝨之臣,佈置艱危,此中國大有人在也。」6月6日,該報又發表《論臺灣終不為倭人所有》的專論說:「臺民義憤,誓不臣倭,全臺之人,同心協力,佈告各國,擁立唐薇卿中丞為民主,已進臺灣民主國總統之章,儼然海外扶餘,別開世界,亦倭人們夢想不到者也。」7月15日,又載文稱民主國的出現,「遠足以震動天下,俾薄海內外聞之,知中國固大有人在,我君可欺;而我民不可欺,我官可玩,而我民不可玩」,對臺灣人民反抗清朝統治者妥協求和和誓死抗日的愛國精神給予了極高的評價和讚揚。

四、反對占領的武裝鬥爭

甲午戰爭爆發後,清政府先後命福建水師提督楊岐珍、南澳鎮總兵劉永福率部增防臺灣。臺灣民主國建立後,首要任務就是組織力量,團結民眾,抗擊日本侵略軍的進攻。但這時清政府已經下令所有文武官弁限期內渡,在比較精銳的楊岐珍所部5營、臺南鎮總兵萬國本所部4營內渡後,臺灣駐防軍隊一共只有3.3萬人,其中駐臺北一帶約1.3萬人,中部約1.2萬人,南部約8,000人,防務進一步削弱。日本侵略者為實現將臺灣全島和澎湖列島「併入日本版圖」的目的作了充分準備。馬關議和剛剛開始,便派兵攻占澎湖,封鎖了臺灣與大陸的聯繫,並造成武裝占領的既成事實和為攻占臺灣作戰略準備。馬關訂約後,日本不等雙方換約和辦理交割臺灣手續,便急不可待地派兵南下,直撲臺灣。臺灣民主國成立時,日本已任命樺山資紀為臺灣總督兼軍務司令官。在樺山統率下,由北白川宮能久親王統轄的陸軍精銳部隊近衛師團約1.5萬人,由海軍中將有地品之允和少將東鄉平八郎等率領的海軍常備艦隊共11艘軍艦,幾乎傾巢而出,已集結於臺灣北部海面。臺灣民主國缺乏艦艇,沒有制海權,只能作陸上防禦。5月29日,日艦佯攻

第四節 反對日本占領的鬥爭

基隆港,另一路日軍則在基隆東南之澳底登陸。30日,日軍向基隆進犯,占領三貂嶺。6月1日,日軍攻瑞芳,遭到守軍猛烈抗擊。也就在這一天,清朝政府派出辦理臺灣交接的專使李經方抵達滬尾(即淡水)港外,他懾於臺灣人民反割臺的巨大聲勢,不敢登岸,隨日艦改駛基隆口外。第二天,與日方代表樺山資紀先後在日艦橫濱丸和公義號輪匆匆忙忙三次會晤,便簽下了《交接臺灣文據》。[210] 3日,日陸海軍向基隆發動猛攻,守軍雖頑強抵抗,終因力量懸殊而告失陷。此時,通往臺北的軍事要地獅球嶺形勢危急,堅守一日後,獅球嶺遂陷敵手。4日下午,基隆潰兵退入臺北,唐景崧逃往滬尾,6日乘德輪逃往廈門。7日,日軍在辜顯榮引導下進入臺北城。9日,又占滬尾要塞。17日,樺山資紀在臺北宣佈建立殖民統治政權,並訂此日為所謂「始政日」。

日軍雖然占領臺北,但臺灣人民反占領的鬥爭卻更加迅猛地在全臺掀起。當時,各地義軍紛起,著名的有徐驤、姜紹祖、吳湯興、胡嘉猷、江國輝、蘇力、黃娘盛等各支義軍,其成員主要為農民,也有小部分散兵游勇。以劉永福為首的黑旗軍以及新楚軍等部清軍,在臺北陷落後,仍然堅持抵抗,與義軍聯合抗擊日軍。11日,日近衛師團分兵兩路南下進犯臺中門戶新竹,遭到徐驤、吳湯興、姜紹祖等義軍和清軍楊載雲部的激烈抵抗。22日,由於軍械不繼,糧食斷絕,義軍主動後撤。新竹陷敵後,義軍曾發起三次反攻,展開了激烈的新竹爭奪戰,先後進行大小20餘次戰鬥,牽制日軍達一個月之久。義軍著名領袖姜紹祖在第二次反攻時受傷,被俘後殉難。

新竹失守後,義軍退往大甲溪、臺中一帶。8月14日,日軍攻陷苗栗後,南犯大甲溪,遭到南岸吳彭年部黑旗軍和北岸徐驤所率義軍的伏擊。激戰一天,日軍紛紛落水,遺屍累累,還生擒日軍多名。此後,日軍雖多次反撲,均被擊退。最後日軍收買奸細帶路抄襲,依大甲溪奮勇阻擊的袁錦清部全部壯烈犧牲,徐驤退往彰化,日軍始得渡大甲溪進犯臺中。

日軍步步南逼,攻陷臺中等地。徐驤、吳湯興等率部退守彰化,依大肚溪天然屏障頑強阻擊來犯之敵。27日晚,日軍分三路撲向彰化城東。當時,

---

[210] 王鐵崖編.《中外舊約章彙編》第一冊,三聯書店,1957年版,第620—621頁。

第五章 清代後期

駐彰化義軍有黑旗軍吳彭年部及吳湯興、徐驤等共 7 營，劉永福又派來黑旗軍王德標等 5 營，共有兵力約 3,000 餘人，與由北白川宮能久親王、旅團長山根信成少將率領的近衛師團日軍主力在八卦山展開血戰，敵受阻不得進。28 日晨，日軍從山谷僻徑爬上山頂，義軍奮起肉搏拼殺。吳彭年率部由大肚溪趕來增援，擊斃日軍千餘人，山根信成少將被擊斃。吳彭年身中數彈，為國捐軀，其部幾乎傷亡殆盡。吳湯興也戰死於山下。徐驤率 20 餘人拼死突圍，八卦山陷於敵手。29 日，日軍又陷雲林，30 日，其前鋒已抵嘉義城北之大莆林。坐鎮臺南的劉永福，內無糧餉，外無援兵，所部已不足 10 營，形勢極為嚴峻。劉力撐危局，派王德標率七星隊守嘉義，派副將楊泗洪率部反攻彰化，當地群眾也紛紛起來抗擊日軍。黑旗軍與義軍在大莆林與日軍激戰，迫敵向北敗逃，楊泗洪在追擊中重傷身亡。經過近一個月的連續作戰，曾經收復雲林、苗栗一帶，殲敵近千名。但是，由於餉械極度匱乏，清政府不但不予接濟，連劉永福派人到大陸募集的捐款也被扣留，甚至封鎖去臺船隻，臺灣軍民處境更為艱難。9 月 16 日，日軍成立「南進司令部」，調集 4 萬大軍，海陸並進，傾巢南犯。北白川宮能久親王亦率近衛師團直撲嘉義。王德標率隊與徐驤、林義成、簡精華等義軍聯合抗擊來犯日軍。劉永福又派總兵柏正材統兵來援。10 月 11 日，日軍攻嘉義，王德標與徐驤等在城外暗埋地雷，誘敵深入，炸死日軍 700 多人。日軍倉皇撤走，中途又被義軍設伏截擊，北白川宮能久親王受重傷，不久斃命。次日，日軍反撲，轟塌嘉義城牆入城，王德標率軍浴血巷戰，傷亡極重，被迫退守曾文溪，該地距臺南府城僅 20 公里，為守衛臺南的最後防線。侵臺日軍集中全部兵力猛攻。徐驤、王德標及來援的簡精華義軍等拼死殺敵。徐驤在激烈拼殺中身負重傷，仍躍起高呼：「大丈夫為國死，可無憾！」壯烈犧牲。王德標和前來增援的總兵柏正材亦同時殉國。[211]

日軍得曾文溪，臺南已處於日軍南北夾擊、三面包圍之中，危在旦夕。當時，劉永福部柯王貴率部堅守臺南，劉永福與義子劉成良駐安平炮臺策應。由於外援早絕，糧餉告罄，精銳損失殆盡，士兵饑疲至極。18 日，臺南糧絕，守軍潰散。19 日，日軍大舉進攻安平炮臺，守軍頑強抗擊，斃敵數十

---

[211] 另一說徐驤犧牲於 10 月 9 日，又一說謂王德標下落不明。

第四節 反對日本占領的鬥爭

人，終因力量懸殊，無援戰敗。劉永福乘英國輪船退回廈門。21日，日軍占領臺南。至此，轟轟烈烈的有組織的臺灣軍民反抗日本占領的武裝鬥爭基本結束。11月中旬，日軍在占領全省重要城鎮之後，樺山資紀宣稱全島完全平定。然而，臺灣人民反抗日本殖民統治的鬥爭卻從未停息。12月30日，黑旗軍舊部林大北即在宜蘭揭竿而起，以「驅逐倭奴、恢復中華」相號召，打響了全臺淪陷後反抗日本殖民統治的第一槍。

以臺灣人民為主體的反抗日本武裝占領的鬥爭，是中國人民反帝鬥爭的光輝一頁。從1895年6月到10月，不畏強暴的臺灣義軍和清軍官兵前仆後繼，拋頭顱、灑熱血，歷經大小百餘仗，持續5個多月，在極為艱難的條件下，奮勇抗敵。日本侵略者前後出動了7萬大軍，和常備艦隊的大部分艦隻，並付出了包括近衛師團長北白川宮能久親王以及第二旅團長山根信成在內的4,800名官兵死亡，以及負傷2.7萬人的慘重代價。其傷亡人數比日軍在此前甲午戰爭中傷亡人數多出將近一倍。臺灣軍民用自己的鮮血和生命顯示了中國人民維護國家領土主權完整的堅強意志和浩然正氣，在臺灣史和中國近代史上留下了光輝的一頁。

第六章
日本統治的 50 年

第一節 殖民統治的建立

一、殖民統治機構與法律體系

　　1895 年 6 月 17 日，日本首任駐臺灣總督樺山資紀在臺北主持始政儀式，標誌著日本在臺殖民統治的正式開始，臺灣從此淪為日本的殖民地達半個世紀。隨著日本殖民統治的逐步確立，臺灣走上了殖民地化的進程，社會政治、經濟結構發生了巨大的變化，臺灣人民也飽受著日本殖民者的奴役和欺凌。

　　日本殖民者在臺灣建立了專制獨裁的總督統治，以海軍大將樺山資紀為第一任臺灣總督，日本內閣則設立臺灣事務局，由首相伊藤博文、參謀總長川上操六分任正副總裁。1896 年 3 月，臺灣劃歸拓殖省管轄，同時發佈的《臺灣總督府條例》規定臺灣總督的主要許可權為：一、統率陸海軍掌管轄區內防備事宜；二、在必要時可任命民事長官，獨斷處置判任以下文官；三、可在職權或特別委任範圍內發佈府令。隨後頒佈的「關於在臺灣施行法令之法律」（簡稱「六三法」），更賦予臺灣總督以律令制定權，其中第一條明確規定：「臺灣總督得在其管轄區域內發佈具有法律效力之命令。」雖然有報呈

第一節 殖民統治的建立

敕裁併由評議會議決的約束,但該法又規定「情況緊急時」,總督得逕直發佈命令。這樣,殖民總督便擁有立法權,同時它使得臺灣處於與日本國內不同的兩個法域,因而該法案在提交日本議會討論時,圍繞其是否違憲以及大日本帝國憲法是否當然地適用於臺灣等問題,引起很大爭議。結果,議會以追加三年立法時限為妥協,通過了「六三法」。此後,「六三法」每到三年即予延長。替代「六三法」的「三一法」於 1907 年開始實施,二者之間並沒有本質的區別,主要是增加了臺灣總督發佈的律令不得違反在臺灣施行的日本法律和敕令這一條。總之,「六三法」和以後的「三一法」,為總督在臺灣的專制獨裁統治提供了法律依據。臺灣總督據此發佈了一系列的律令,包括《匪徒刑罰令》《法院條例改正令》等,殘酷鎮壓臺灣人民的抗日鬥爭。臺灣總督集立法、行政、軍事大權於一身,掌握了人民的生殺予奪權,成為臺灣殖民地政治的一大特色。1919 年,臺灣實施文官總督制,日本殖民者提出「內地延長主義」政策,日本國內法律部分適用於臺灣。日本殖民者的治臺政策也從高壓、專制及強調臺灣特殊性轉向試圖通過文教、文治導化臺灣人民,強調消除臺灣特性,使臺灣和臺灣人成為日本帝國真正的領土和臣民。為了強化同化政策,日本殖民者對臺灣法律體制作了部分修正。1921 年頒佈法律第三號(簡稱法三號),臺灣總督的權力受到了某些限制,即只有在臺灣地方需要而日本國內法律尚無明確規定時,總督才擁有律令權,同時擴大總督府評議會規模。不過,由日人及部分御用紳士組成的評議會,只是供總督諮詢或提出建議而已。所以,臺灣總督的專制權力並未因此而有什麼實質改變。血腥鎮壓臺灣人民反抗鬥爭的《匪徒刑罰令》,就是根據總督的緊急命令權制定的。臺灣的武力反抗活動自 1915 年的西來庵事件後已基本停止,而《匪徒刑罰令》卻一直延續至日據末期,這反映出日本殖民者對臺灣人民反抗意志的高度警覺及內心深處的恐懼。

  為了維護對臺灣的統治,日本殖民者還充分運用員警機關這一暴力機器,在臺灣建立了遍及社會各個角落的員警網路,形成名副其實的員警社會,它成為臺灣總督府專制獨裁統治的有力支柱,也成為殖民權威的具體體現。

第六章 日本統治的 50 年

在殖民統治初期，面對風起雲湧的武裝抗日浪潮，日本在臺灣實施軍政。有關軍隊調動等事宜，須經軍參謀長認可，軍人在臺灣擁有相當大的權力，武官在軍事乃至民政上擁有很大的決定權，這不利於日本殖民統治深入展開。1895 年起，開始創設員警。首先從日本國內招募 759 人，佈置在全島各地。兒玉源太郎任臺灣總督後，決心加強員警職能，擴充員警機構，各地方廳政務均由員警協助處理，而支廳長以下的官吏多為員警官。其時，「一切政務皆由員警官施行，員警力大為更張，成為民政之羽翼」。[212] 員警人數也從 1895 年的 840 人增加到 1898 年的 3,375 人。當時有人指出：臺灣的行政系統，「雖是總督府—各廳各課—人民，而事實上，總督透過員警與人民相接，以巡查充任稅務、衛生、農政等諸般政事，人民耳目所見之官吏，唯有員警而已」。[213] 1902 年，除全臺 10 廳置員警課外，97 個支廳計有派出所 992 處。1898—1902 年間，臺灣總督府員警費占當時民政費的 44.8%。[214] 員警始終以日本人為主體。雖自 1901 年起錄用臺灣人為員警，但人數較少，並且多為巡查補等低級職員。員警除執行一般公務外，還擔負保甲、鴉片、行政、戶口、刑決、收容、取締、衛生、稅捐、征役以及外事等種類繁多的特別事務。在社會生活中，員警是「土皇帝」。各市街鄉莊都有員警派出所的存在，他們權重地方，無所不管，人們不得不稱其為「大人」。據 1922 年統計，同在日本治下，民眾與員警的比例，日本內地為 1,228：1，朝鮮為 919：1，而臺灣則高達 547：1。[215]

日本殖民者為進一步維護和鞏固殖民統治，還在臺灣復活並強化了傳統的保甲制度，與員警制度相配合，以更有效地控制和奴役臺灣人民。1898 年 8 月，臺灣總督府頒佈保甲條例，1903 年 5 月，制定保甲條例實施細則，全島居民以十戶為一甲、十甲為一保，保甲內的居民負有連坐的責任。保甲須成立壯丁團，負責防範「匪徒」及各種災害，接受員警官的指揮。這個條例成為日本殖民者控制臺灣人民的基本條規。[216] 顯然，恢復保甲制度的目的，

---

[212] 竹越與三郎.《臺灣統治志》，東京博文館，1905 年版，第 49、246 頁。
[213] 同上。
[214] 鹽見俊二.《日據時代臺灣之員警經濟》，載《臺灣經濟史初集》，第 131 頁。
[215] 黃昭堂.《臺灣總督府》，臺北自由時代出版社，1989 年版，第 230 頁。
[216] 洪秋芬.《臺灣保甲和「生活改善運動」(1937—1945)》，載《思與言》第 29 卷第 4 期。

在於使人民自相牽制，既不耗費殖民政府的錢財，又有利於統治秩序的穩定，其實質即「以臺治臺」。

在初期抗日武裝鬥爭被基本鎮壓之後，保甲制度發生了一些新變化，保甲組織從員警輔助機關轉為一般行政輔助機關，舉凡保甲內「不良分子」的教化、流浪者就業輔導、購買公債、勸導儲蓄、督促納稅、修建道路、戶口調查、傳染病預防等，均由保甲執行。它已成為臺灣總督府殖民統治的重要工具，日本殖民統治通過保甲組織而深入到社會的各個角落。

臺灣總督還擁有相當的人事權。日本在臺殖民官吏分為敕任、奏任、專任和判任四種。兒玉源太郎時代，民政長官和參事長官為敕任，警視總長、各局長為敕任或奏任，參事官、事務官、警視、技師、海事官、翻譯官為專任，此外各屬官、警部、技手、通譯等為判任。地方官廳方面，除三廳長為奏任外，絕大多數下層官吏均為判任官。依據《臺灣總督府條例》，總督對中下級地方官員擁有任免權，實際上對於奏任以上官員也多是根據總督的建議而定，這一人事權充分保障了臺灣總督對其統治構想的實施及政令的下達，從而樹立了總督的專制權威。

日本殖民者通過一系列立法手段，賦予臺灣總督專制者的權力，他除了對天皇及內閣負責外，不受議會的限制。尤其是在初期武官總督時代，總督在轄區內擁有立法、行政和軍事大權。總督一方面透過員警、保甲維護社會秩序，另一方面通過行政命令權掌控各級官吏，構成了層層疊疊的金字塔形權力結構，高高在上，發號施令，而壓在最底層的則是廣大的臺灣人民。

二、殖民地經濟「基礎工程」的建立

占據臺灣的最初幾年裡，殖民當局最主要的事務在於鎮壓人民武裝反抗，付出了龐大的軍事費用，使得經濟萎縮不前。而其時當局的經常歲入（主要為租稅和關稅），遠不夠支付軍費等開支，其不足部分只得由日本國庫提供補助。1896—1904年，日本中央財政對臺灣財政的補助金總額達3,000多萬元，占該時期臺灣財政收入的20%左右。最初三年的補助額更高。

第六章 日本統治的 50 年

　　為謀求財政獨立，維持殖民統治，第四任總督兒玉源太郎（任期 1898—1906 年）提出了以「殖產興業」為中心的 20 年財政計畫。通過發行公債，籌集資金，興辦鐵路、郵電、港口等官營企業以及其他民間企業來發展經濟。為實現以上目標，事先開展了土地調查，林野調查，幣制改革和建立金融體制，建立交通體系等「基礎工程」，即為殖民地經濟奠定基礎的工作。

一、土地調查

　　清代臺灣土地所有權分割成大租權和小租權，兩者又可以分別分割、繼承、典賣，使得地權十分零亂，同時存在著大量隱田或土地種目狀況不明，地籍混亂等問題。殖民當局於 1898 年 7 月公佈地籍規則和土地調查規則，開始調查工作。歷時六年，共投入人力 176 萬人次，資金 522 萬元，調查地籍面積 77,7850 甲，土地 1,647,374 筆，造成地租名冊 3,253 冊，大租名冊 2,371 冊，達到了確定土地權利所屬、區分土地種目及查明地形的目的。1903 年 12 月發佈確定大租權的公告，並禁止新設立大租權。1904 年當局公佈取消一切大租權，由官方對各大租權人發給補償金。總計應領補償的大租權者 30,000 人左右，補償金總額 3,779,479 元。土地調查的結果，田園面積從調查前的 366,987 甲增至 633,065 甲，賦課收入由 86 萬餘元增至 298 萬餘元。土地調查工作一方面因取消大租權而確立了一地一主的近代土地制度，另一方面，大量增加的賦課則給總督府的財政提供了重要的財源。

二、林野調查

　　1895 年當局頒佈「林野取締規則」，規定「凡無地契及其他可資證明其所有權的山林原野，悉為官有。」據此，除土著居民居住的「番界」以外，在 97 萬余甲林野中，被沒收為官有的達 916,775 甲，民有的僅 56,961 甲，其中還包括不承認其所有權，但因其長期使用而准予繼續使用的「緣故林」。以後，當局於 1914—1925 年間整頓官有林野地，出賣其中的 204,912 甲，獲得 5,459,863 元的巨額收入。

三、金融體制的建立

通過幣制改革和設立臺灣銀行,建立了金融體制,其主要目的是把臺灣納入日本的體系。晚清臺灣幣制十分混亂,流通著的各國銀元和自鑄銀元達數十種。1899年臺灣銀行開業,發行以一元銀幣兌換的紙幣。這種類似複本位制的做法,當金銀比價變化時,往往造成匯兌的投機和經濟上債權關係的混亂。總督府和臺灣銀行乃建議改行單一金本位制。1904年6月,臺灣銀行發行金幣兌換券,後來取消了銀幣的流通,臺灣的幣制完全納入日本的體制。臺灣銀行的另一個作用是承擔總督府的事業公債。1900年發行的2,210萬元公債,全部由臺灣銀行認購,其後共再發行15次,由日本國庫和臺灣銀行共同認購。因此,臺灣銀行創立之初的大部分資金用於認購公債和向當局貸款。1905年以後,產業和貿易金融業務才逐漸開展。此外,當局還把臺灣的關稅也編入日本的經濟圈,通過關稅來保護和扶植日本產業,在砂糖、茶葉、海運等方面,逐漸驅逐和排擠歐美資本。

至於員警制度的建立,在1898年,由後藤新平提出員警與行政合一的主張。各地方廳設置總務課、警務課和稅務課等行政機構。廳長雖然由文官擔任,但事務大半由警務課執掌。至於地方廳以下,支廳長由警部充當,其以下官吏全部為巡查,當局於1898年8月頒佈保甲條例,恢復清代的保甲制度。員警和保甲結合,成為殖民統治的基礎。員警機構在推行殖民地經濟政策方面的作用是不可忽視的。顯然上述各項「基礎工程」都是力圖把臺灣納入日本的經濟體系,以利於日本資本的投資和控制。[217]

在建立基礎工程的同時,臺灣總督府還實施殖產興業政策,最初僅限於官營事業。為了籌措資金以興建鐵路、築港、上下水道等建設事業,總督府擬發行6,000萬元公債,1899年經日本帝國議會修正,削減為3,500萬元。基隆、高雄的港口從1899年開始投資建設,南北鐵路405公里,於1908年完成。這些官營事業屬總督府擁有。為儘快解決財政困難,總督府在發展官營事業的同時,選定蔗糖業為民營企業的重點。這是因為日本自身粗糖產量極小,可以成為臺糖的市場,日本的砂糖消費稅將成為重要的稅源。總督府

---

[217] 隅穀三喜男等.《臺灣之經濟》,人間出版社,1993年版,第9—10頁。

第六章 日本統治的 50 年

決策層計畫勸誘民間成立一二間資金 100 萬至 200 萬元的大規模製糖會社（公司）。1900 年 12 月，在當局提供 6% 年息的保證下，三井出資 100 萬元的臺灣製糖株式會社宣告成立，並於次年在臺南橋仔頭建立臺灣第一家現代化製糖廠。但因日本資本對利潤不能確定的臺灣蔗糖業並無興趣，而總督府因財政困難也無法拿出更多的錢來保證提供年息。所以，1900—1906 年再無第二家日本財團投資設立新式製糖廠，總督府只得轉向本地資本。

由於本地資本規模小，在總督府提供機器設備等實物獎勵下，成立的幾家製糖廠規模都很小。除此以外，在總督府的示範與獎勵下，從 1905 年開始，本地人設立了許多改良糖廍，就是將傳統糖廍壓榨甘蔗的石碾改為小型壓榨機器，並將動力由牛改為石油發動機或蒸汽機。改良糖廍在初期蔗糖業發展中起過重大作用。1908 年以前，改良糖廍和舊式糖廍產糖量超過新式糖廠。但在日本資本大量湧來之後，本地資本的小型糖廠和改良糖廍很快就遭到滅頂之災，而總督府的政策轉而幫助日資兼併它們。「殖產興業」的結果是發展了總督府的官營事業和日本財團的民營企業，殖民當局「基礎工程」只是為官方和壟斷財團的事業奠定基礎。

三、武裝抗日運動

按照《馬關條約》的規定，在兩年內臺灣居民可以選擇去留。但是能夠回到大陸的主要是一些不願受日本統治又有能力離開臺灣的「有力人士」，一般民眾根本沒有選擇的自由，他們只能留在臺灣。日本殖民者的統治，使臺灣人民受到剝削和凌辱，因而激起了臺灣人民的反抗，從日據初期到 1915 年，進行了長達 20 年的以農民為主體的轟轟烈烈的抗日武裝鬥爭。

初期的武裝抗日運動在日本占領不久就爆發了。1895 年 11 月 18 日臺灣總督樺山資紀向日本政府報告：「今本島全歸平定。」[218]然而，就在日本人打算歡度其在臺灣的第一個新年之時，臺北城外的槍聲粉碎了他們的迷夢。1895 年年底，北部各地的抗日武裝集團首領陳秋菊、詹振、林李成、胡嘉猷等秘密商議，決定趁元旦日人鬆懈之機發動起義。他們襲擊各地憲兵屯所，

---

[218] 山邊健太郎. 現代史資料（21）《臺灣》，序論，東京，みすず書房，1971 年版。

第一節 殖民統治的建立

包圍宜蘭，直指臺北，回應民眾達 2 萬多人。在中南部，柯鐵等人推簡義為首，在鐵國山聚集各路人馬，號稱天運元年，決定將日軍牽制在中部地區，然後乘虛分襲南北兩路。他們圍殲日軍偵察隊，包圍南投，襲擊鬥六，突入鹿港，給予日本殖民者以沉重打擊。南部的溫水溪、十八重溪、蕃仔山地區，黃國鎮等 12 人號稱「十二虎」，率部進攻嘉義，襲擊各地派出所和辨務署。鳳山地區的林少貓，下淡水溪右岸的魏開、陳魚等，也接連攻擊憲兵屯所及阿公店、赤坎、阿蓮等地。在全臺各地抗日義軍連續不斷的攻擊下，日本殖民者顧此失彼，狼狽不堪。

日據初期臺灣人民的武裝鬥爭，有以下幾個顯著特點：其一，它得到了祖國大陸人民的積極支持。在各次起義中，均有為數不少來自大陸（福建）的志士參加義軍，如臺北大起義就有來自廈門的有生力量加盟其中。同時，福建也成為臺灣抗日武裝集團資金和武器彈藥的主要來源地之一，如林李成在廈門期間即得到熱烈支持和資助。臺灣總督府民政局長水野遵也說：「土匪騷動時，常有中國船自廈門方向將火藥等送來臺灣。」[219] 此外，流亡福建的臺灣抗日武裝集團首領與島內義軍保持著密切的聯繫，並伺機潛回臺灣，繼續指揮抗日鬥爭，其代表人物有簡大獅、林少貓、林李成等。其二，回歸祖國是臺灣抗日民眾的共同心聲。在北部，胡嘉猷等人在檄文中公開宣佈：「此次征倭，上報國家，下救生民。」他們使用清廷「賞戴藍翎」頭銜和光緒年號，並稱「諸國皆我清朝和好之國」，以恢復中國對臺灣的主權為訴求。在中部，柯鐵等人在大坪頂上豎起的義旗，書寫「奉清征倭」四個大字，也明明白白是以回歸祖國相號召。至於南部義軍，則準備「進攻嘉義，殲滅日本軍，以回復清政」。[220] 所有這一切，充分體現了臺灣人民強烈的祖國意識。

面對臺灣人民的武裝反抗，日本殖民者一方面組織力量鎮壓，調集國內軍隊馳援，迅速完善員警體系；另一方面，頒佈《匪徒刑罰令》，以此作為鎮壓臺灣人民反抗的法律依據。該令規定：「不問何等目的，凡結合多人以暴行或脅迫達成其目的者均以匪徒定罰。」、「首魁、教唆者、參加者、指揮者均處死刑，附和隨從或服雜役者，處有期徒刑或重懲役，如有違抗官吏或軍隊

---

[219]《第九回貴族院議事速記錄》，條約局法規課，昭和 41 年版（非賣品），第 24 頁。
[220] 臺灣憲兵隊編．《臺灣憲兵隊史》，龍溪書舍複刻本，第 200 頁。

第六章 日本統治的 50 年

者，不問既遂未遂均處死刑。」[221] 根據這一血腥法令而慘遭屠殺的臺灣同胞，從 1898 年至 1902 年短短的四年間，便達 11,900 多人。

此起彼伏的抗日運動，震驚了日本殖民者，他們出動大批軍隊、憲兵和員警，組織討伐隊，進行慘無人道的屠殺和焚掠，臺灣人民遭到空前的大浩劫。在北部，僅被第七旅團在短短時日內殺害的就有 2,454 人，整個「宜蘭平原大半化為灰燼」；在中部，雲林地區 4,000 餘房屋被毀，6 天之內，燒掠了 70 多個村莊。「殺良民之父、奪其母、害其兄、又殺其子、殺其妻、害其弟，……且又將其家屋及所有財產焚燒一空，使其無寄生之所。」製造了血腥的「雲林大屠殺」慘案。在南部，日軍對潮州和恒春進行鎮壓，「被害者達 2,053 名，傷者不知其數」，被焚房屋 5,813 戶，連日人自己也驚呼：「討伐被害意外之多」，充分暴露了日本殖民者的兇殘面目。

日本殖民者的屠殺政策並沒有嚇倒英勇的臺灣人民，卻「激怒了附近的人民」，將他們「推入彼等（指義軍）的隊伍中去」，當日軍「向人民詢問『匪情』時，便不告以事實」，[222] 並出現臺灣閩、粵漢人和土著居民同胞同仇敵愾、共同殺敵的場面。同時，日本殖民者的大屠殺也受到國際輿論的譴責。為此，兒玉源太郎繼任總督之後，強調「消滅『土匪』的根本性良策，為識別良民與『土匪』，不可驅民為『匪』。」後藤新平以施行尊重臺灣舊習慣，舉辦「饗老典」、「揚文會」，頒發紳章等活動，安撫籠絡地方士紳，力圖將地方有力人士納入殖民統治架構中，保良局所羅致的人大致即屬此類。

日本殖民者還改變鎮壓策略，採行陰險的招降政策，以圖瓦解抗日義軍。首先，派員與北部的陳秋菊等人談判，又派通譯與中部的林朝俊會面，百般勸誘。臺中縣知事則大肆張貼諭告書，勸降柯鐵等人；嘉義弁務署也加緊了對黃國鎮的招降活動。1899 年臺南縣知事磯貝靜藏更提出條件優厚的《歸順土匪處置法》，展開更大規模的招降活動。在日本殖民者的鎮壓和招降的雙重壓力下，各地抗日運動陸續被鎮壓和破壞。1900 年，簡大獅被從大陸引渡回臺灣處死；同年，堅持鬥爭的柯鐵病歿山中；1902 年黃國鎮戰死；林

---

[221] 山邊健太郎.現代史資料（21）《臺灣》，序論，東京，みすず書房，1971 年版。
[222] 許世楷.《日本統治下的臺灣》，東京大學出版會，1972 年，第 121、93 頁。

第一節 殖民統治的建立

少貓據點突遭日軍襲擊，一門被屠。臺灣人民的初期武力反抗鬥爭終於悲壯地落下了帷幕。

殖民統治秩序基本確立後，日本資本滲透至臺灣產業的各個領域，員警力量深入全島各地乃至窮鄉僻壤，臺灣人民原有的生產、生活方式受到衝擊，普通民眾遭受壓迫，部分鄉紳的既得利益也不免受侵害，於是一系列反抗日本資本壓迫及員警統治的武裝暴動接連發生。較著名者，如北埔事件、林圯埔事件、苗栗事件、六甲事件、西來庵事件等，這些事件大都由中下層民眾發動，以秘密宗教為組織形式，具有偶發性和區域性。在日本殖民者的強力鎮壓下，最終均歸失敗。值得注意的是，這些武裝反抗運動有的源於祖國辛亥革命的影響，有的以祖國軍隊將進攻臺灣作為號召，有的更以回歸祖國為目的。顯然，在臺灣民眾的心目中，祖國占據著重要的位置。

苗栗事件就是在中國大陸辛亥革命的影響下發生的，當時，同盟會員羅福星返回臺灣，在苗栗、臺北等地秘密發展革命組織，以「驅逐日人」、「光復臺灣」為號召，得到新竹、臺南、南投等地的響應，參加者達1,500多人。他們進行軍事編制，準備發動起義。由於被日本員警發現，參加者紛紛被捕。羅福星在《大革命宣言書》中指出，從事光復臺灣活動，是為了「雪國家之恥，報同胞之仇」。在法庭上，他公開承認此舉目的是「使本島（臺灣）複歸中國所有」。羅福星於1914年3月就義，同案受審的有261人，6人被判處死刑。1915年又發生由余清芳、羅俊、江定等人領導的噍吧哖起義，即西來庵事件。當時在辛亥革命的影響下，臺灣人民的愛國情緒相當高漲，餘清芳等人利用宗教信仰，鼓吹抗日。以臺南西來庵為據點，廣募黨徒，籌集軍費，並在各地「食菜堂」（齋教）進行活動。余清芳以大元帥的名義，奉「大明慈悲國」之旨發諭告文，提出「恢復臺灣」的口號。被日方發覺後，他們樹幟抗日，參加者大部分是農民。他們攻打甲仙埔支廳的幾個員警派出所，殺死日本官吏等數十人，後來又率領所部1,000多人圍攻噍吧哖市街，被日本員警和軍隊打敗，犧牲慘重。餘清芳等逃入山中，終於被捕。在這個事件中，有1,400多人被捕入獄，其中866人被判處死刑。從此以後，臺灣人民的抗日運動基本上便從武裝鬥爭向非暴力抗爭轉化了。

第六章 日本統治的 50 年

第二節 社會經濟的殖民地化

一、原料產地的建立與「米糖相剋」

對於宗主國來說，殖民地的一個重要作用，就是提供初級產品——農產品和工業原料。日據時期臺灣對於日本的作用，很重要的就是向日本提供粗糖和稻米。殖民當局通過推廣農業技術，發展水利灌溉等措施，提高了甘蔗、稻米的產量，並進而促進了農業生產的成長。在工業方面，則獎勵、扶持日資發展新式製糖廠，以製糖業為中心，發展了一定規模的現代製造業。投資者主要是日本人，產品主要運往日本。以米糖為主的農業經濟是當時臺灣經濟的主體。臺灣成為日本資本的重要輸出地，也是日本的重要原料產地。30 年代中期以前，臺灣工農業的成長都是為著適應宗主國對初級產品的需求。1905 年日俄戰爭結束後，日本資本主義迅速發展，資本不斷集中。日俄戰爭結束的次年，日本國內資金充裕，金融利率下降，資金急於尋求出路，在這種背景下，臺灣製糖業成了日本資本輸出的一個重要領域。在臺灣總督府的扶持下，短短的 20 多年中，日本壟斷資本在臺灣投資建立了許多龐大的製糖廠。

臺糖大量輸日，使臺灣殖民當局獲得巨額的砂糖消費稅，再加上土地調查以後大量增加的賦課、專賣收入、官營事業收入等，1905 年開始，總督府財政得到獨立。雖然本地人的小型糖廠和改良糖廍為殖產興業政策做出了貢獻，但總督府仍力圖發展日壓榨能力 1,000 噸以上的大規模糖廠，極力勸誘日本國內資本投資臺灣製糖業。1906 年 12 月，明治製糖株式會社的成立，開啟了日本國內資本大規模投資臺灣蔗糖業的新階段。隨後，日本國內資本紛至遝來，先前就成立的臺灣製糖株式會社則不斷增資擴展。此一時期，本地人成立的現代會社僅有林本源製糖一家而已，其餘的十幾家大規模製糖廠都是日資企業。

日資大糖廠興建後馬上就和本地人的小型糖廠和改良糖廍發生衝突，這

第二節 社會經濟的殖民地化

種衝突主要是圍繞著原料獲得問題。當時製糖廠的原料甘蔗 80% 要靠農民提供，而農民要比較甘蔗和糧食作物的收益，才能決定是否種甘蔗。另一方面，稻米向來也是臺灣的重要農產，為保證本島需要和向日本的輸出，甘蔗種植面積也不能無限擴大。由於本地人的小型糖廠和改良糖廍在日資大量湧到之前就已設立，因此都能擁有相應的原料採取區域。日資大糖廠為了占據這些原料採取區域，就兼併或收購本地人的小型糖廠和改良糖廍。

對於日資兼併，收購本地人的小型糖廠和改良糖廍，總督府是給予支持的。當時總督府禁止全部由臺灣人組織的企業使用「會社」名稱，本地資本被迫隸屬於日本資本，日本殖民者以強權政策抑制本地資本參與糖業經營。為了避免原料上的衝突，當局決定撤除改良糖廍，給予一定的賠償金。後來殖民當局實行「製糖能力制限政策」，許多改良糖廍就被取締。在日資糖廠和當局的兩面夾攻下，本地人開辦的改良糖廍迅速沒落，本地資本受到排擠，臺灣製糖業成為日本資本的一統天下。[223]

從 1910 年開始，日資糖廠進行了第一次合併運動，主要是為了瓜分原料產地。合併的結果形成了臺灣製糖、明治製糖、鹽水港製糖、東洋製糖、帝國製糖等幾家日資會社控制臺灣製糖業的局面。這五家日資會社占據了將近 70% 的甘蔗產區。第一次世界大戰期間，德、奧等甜菜糖產國產量劇降，使得日本砂糖（日本精製糖以臺灣粗糖為原料）輸出劇增。同時，日本國內的人均糖消費水準成長，使得糖價上漲，利潤暴增。為此，日資糖廠不僅將大部分紅利轉為投入資本，同時大量向臺灣銀行貸款，五大製糖廠的貸入資本均已超出實收資本。糖業界的「黃金時代」大約持續到 1920 年，1920 年 7 月，西方各國控制砂糖採購，以後的二三年中，糖價持續下跌，導致糖業界的蕭條。

於是各大製糖廠所屬的壟斷財團對所屬企業進行改組、合併，以加強對市場的壟斷控制。這次改組合併是以日本國內壟斷財團為主體來進行的。經過一系列互相之間的收購、合併，臺灣糖業界最終在 20 年代下半期形成三井系、三菱系、大日本製糖系三大資本系統鼎立的局面。這三大系資本占據

---

[223] 周翔鶴.《日據初期臺灣改良糖廍研究》，載《臺灣研究集刊》1995 年第 2 期。

第六章 日本統治的 50 年

了臺灣製糖業的 87% 的資本和 84% 的製糖量。30 年代後半期和 40 年代初期，這三大系資本更徹底地將其他所有製糖廠合併，而形成他們完全瓜分臺灣製糖業的局面。[224]「日本資本對糖業生產的侵入與控制非常徹底，充分反映了資本集中化與密集化的特色。」[225]

表 6-1 糖業資本的累積與集中（1926—1928 年）

單位：千日元，萬斤

系別		資本額（1928 年 6 月 30 日）			製糖量（%）			
		登記資本	實收	(%)	1926 年 11 月—1927 年 10 月		1927 年 11 月—1928 年 10 月	
三井系	臺灣製糖	63000	38100	(21.73)	1801.6	(26.45)	2377.8	(24.96)
三菱系	明治製糖	48000	34800	(19.95)	867.1	(12.73)	1877	(19.7)
	鹽水港製糖	58500	34875	(19.89)	837.8	(12.83)	1209	(12.69)
日糖系	大日本糖	51417	34749	(19.82)	613	(9)	1795.9	(18.85)
	新高製糖	28000	10705	(6.11)	530.5	(7.79)	670.4	(7.04)
	東洋製糖	-	-	-	818.1	(12.01)	-	-
以上小計		248917	153229	(87.4)	5504	(80.82)	7930.1	(83.82)
全體合計		282867	175326	(100)	6810.2[(1)]	(100)	9527.7[(2)]	(100)

摘自臺灣總督府《臺灣事情》1928 年，第 348—351 頁。（1）為 13 家會社之合計；（2）為 11 家會社之合計。轉引自塗照彥《日本帝國主義統治下的臺灣》，人間出版社，1990 年版，第 309 頁。

日資製糖業主要從事粗糖製造，在獲得巨額利潤以後，它們的投資領域拓展，一部分資金投入其他行業，一部分資金投向海外。投資於島內的主要為製糖相關行業，如利用製糖副產品糖蜜生產酒精等。為了運送甘蔗，各大製糖廠都鋪有輕便鐵道，1927 年，私營鐵路 1,327 英里，屬製糖公司所有的 1,280 英里。在榨季以外的時間裡，這些鐵道也供一般營運之用。此外，在 1917—1918 年間，因航運價高漲，臺灣製糖、帝國製糖、鹽水港製糖均購置海輪用於運送自家所產的糖，並且參與一般海運業。[226] 30 年代中期以前，碾

---

[224] 塗照彥.《日本帝國主義下的臺灣》，人間出版社，1990 年版，第 307—310 頁。
[225] 柯志明.《殖民經濟發展與階級支配結構》，載《臺灣社會研究季刊》1992 年第 13 期，第 222、207 頁。
[226] 矢內原忠雄.《帝國主義下之臺灣》，臺灣文獻委員會，1952 年版，第 244 頁。

第二節 社會經濟的殖民地化

米、鳳梨罐頭、紡織、採礦、窯業、機械、木製品以及一些日用品製造也有一定的發展，但其規模不大，製糖業仍然占據了工業構成中的絕大部分。

表 6-2　各種工業生產累年百分率（1914—1935 年）

年份	工產總額（千日元）	食品工業	化學工業	窯業	機械工業	金屬製品	紡織業	其他
1914	52638	86.3	3.5	2.8	0.8	0.6	0.5	5.6
1920	214008	81.1	6.1	3.8	2.2	0.7	1.7	4.3
1925	193799	73.4	9.8	3.4	2.0	1.2	2.2	7.5
1931	192567	76.8	6.3	3.5	2.7	1.9	1.1	7.8
1935	192494	75.4	9.5	3.3	2.5	1.9	1.3	6.1

資料來源：臺灣總督府殖產局《臺灣商工統計》。

表 6-2 中食品工業，是以製糖為中心的，以 1935 年為例，糖占了食品工業的 60% 左右。在農業方面，為適應日本帝國主義的需要，在日據期間，農業生產有巨大的成長。1895—1939 年生產持續上升；1940—1945 年產出下降。根據臺灣學者的研究，農業產出總指數 1910 年為 40，1939 年為 107，而 1945 年則下降為 48，1939—1945 年六年間下降 55%。平均年成長率，1910—1920 年為 1.4%，1920—1939 年為 4.5%，而 1939—1945 年為 −12.33%。同期人口成長率低於農業產出的成長率。[227]

從總產量來看，1900 年稻米產量為 307,000 噸，1938 年上升為 1,402,000 噸，成長 357%，1944 年下降為 1,068,000 噸，但比 1900 年仍成長 248%。甘蔗產量，1902—1903 年為 409,894,741 公斤，1938—1939 年為 12,835,395,277 公斤，為 1902—1903 年的 3131%。其他作物也表現出同樣的成長。稻米和甘蔗是日據時期臺灣最重要的農作物，它們構成了農業總產出中的絕大部分。它們的消長變化，基本上反映了農業生產的變化。

日據時期農業基本上還保留小農經營模式，農業的全面增產無疑要通過全體小農來實現。對於農業生產有貢獻的兩個要素——勞力和土地的成長，可以通過統計數字顯示出來。臺灣人口 1905—1943 年由 3,123,302 人成長為 6,585,841 人，成長了 110.86%，其中農業人口由 1,961,556 人成長為

---

[227] 李登輝.《臺灣農業發展的經濟分析》，聯經出版，1980 年版，第 15—18 頁。

第六章 日本統治的 50 年

3,271,131 人，成長 66.9%。農業人口是農業勞動投入的直接來源。據美國學者的測算，日據時期農業勞動投入成長 50% 以上。1898—1945 年耕地面積由 401,839 公頃增加到 816,016 公頃，成長了一倍多。土地投入的成長幅度超過勞動投入的成長幅度。

對農業增產起作用的還有資金投入和技術兩個因素。農業資金投入最主要的表現為水利投資（固定資產投資）和肥料（流動資金投資）兩部分。就水利投資部分而言，總督府直接投入部分起了很大的作用，總督府資金的來源，不外是賦課，也就是說，出自臺灣人民的身上。1901 年，總督府頒佈公共陂圳規則，把關係到公眾利益的陂圳指定為公共陂圳，受官方監督與管理。官方計畫興辦工程 14 處，其中最大的工程為桃園大圳和嘉南大圳。嘉南大圳投資 5,413 萬元，灌溉面積 15 萬甲，從 1920 年 9 月開始興建，歷時 10 年，於 1930 年 5 月完工，對當時整個農業經濟發生重大的影響。在農業技術的普及方面，引進甘蔗新品種、限制舊稻種、推廣蓬萊米都有一定的成績。但是，在 1925 年以前，農業生產快速成長，而農民生活水準卻很少改善。「臺灣農民變成日本資本剝奪相對剩餘價值的對象。」

殖民者著重發展臺灣的米、糖經濟，到了 1925 年以後，米的生產擺脫了停滯的狀態，於是發生了「米糖相剋」問題，表面上是稻米與甘蔗兩個部門的衝突，實際上是「糖業的利潤建立在米作部門的落後與不利的相對價格上」。[228]「所謂相剋的實質就是臺灣農民的利益和日資糖業資本利潤衝突問題」，[229]反映了臺灣農業的殖民地性質。20 年代以前，臺灣主要是作為日本的糖業基地，相應的，在農業方面就通過擴大甘蔗種植面積來提高甘蔗總產量。第一次世界大戰後，日本本國因急劇的工業化和都市化，對糧食的需求與日俱增，1918 年的米騷動集中地反映了糧食短缺問題。因此，日本要從它的殖民地朝鮮和臺灣進口稻米來緩解糧食需求問題。而殖民地較廉價的米，也有助於降低日本國內勞動成本。正是在這種背景下，蓬萊米於 1922 年在臺灣馴化成功並向全島推廣，絕大部分輸出到日本，小部分為島內日本人享用。臺灣輸日稻米比朝鮮少，是因為它還要供應日本糖消費量的 80% 左右。

---
[228] 柯志明.《日據臺灣殖民發展研究再思考》，載《臺灣史田野研究通訊》1989 年第 13 期。
[229] 周翔鶴.《日據時期臺灣農家經濟與「米糖相剋」問題》，載《臺灣研究》1995 年第 2 期。

第二節 社會經濟的殖民地化

「米糖相剋」問題產生的總背景，源自宗主國日本本身的需要：既要臺灣的糖，也要臺灣的米。

根據殖民當局原料採取區域制度，農民應將甘蔗賣給製糖廠，但農民可以不種甘蔗而轉種對抗性作物水稻、花生、番薯、旱稻等。農民在決定種植何種作物之前，要比較一下收益。當時，日資糖廠推行「米價比準法」，即甘蔗收購價格決定於米（或其他對抗性作物）的價格。在糖價大幅上漲時，日資糖廠由於生產成本基本不變（蔗價占據了製糖成本的大部分），可以獲得高額利潤。第一次世界大戰時，糖價猛漲，各製糖廠獲利超出上年一倍以上。因蔗價不決定於糖價，農民並不能分享到糖價上漲的利益。

蓬萊米輸日以後，它在日本市場的價格雖低於日本本地米價，但卻追隨日本米的價格波動，日本米價的穩定或上升，使臺灣蓬萊米生產者獲得好處，臺灣農民的生活有所改善。島內食用的蓬萊米的價格也隨之上升。米價的普遍上升使得農戶偏向種植稻米，而影響到甘蔗種植面積，這就產生了所謂「相剋」問題。日資糖廠對「相剋」問題的對策是採取慣用的債務捆綁辦法，對境地困難的農戶發放生產和生活貸款，同時與他們簽訂合同，規定他們按糖廠的要求種植甘蔗。但製糖廠認為這樣做尚不足以保證他們對甘蔗的需求，他們要求當局通過政策進行干預。殖民當局為了日商的利益，在嘉南大圳灌區採取強制輪作制度，來保證蔗田面積。後來情況發生變化，日本政府於1936年通過「米穀自治法管理案」，要求日本、朝鮮、臺灣都減產稻穀，臺灣總督府通過勸誘貼補轉作的方法來勸誘農民放棄稻作。但在1937年「七七」事變以後，因侵略戰爭的需要，對稻米需求上升，「相剋」問題才不再提起。

隨著米糖農業的發展，臺灣對日貿易也有所發展。出口以米糖為主，進口主要有肥料、紡織品、菸草、酒、鐵製品等。出超幅度很大。「這明顯地表明著日本與臺灣工農業垂直分工的貿易結構」，「這充分說明，臺灣巨額經濟剩餘轉移到日本去了」。[230] 應當指出，當時「臺灣的主要貿易對象已經由大

---

[230] 隅谷三喜男．《臺灣之經濟》，人間出版社，1993年版，第20頁。

第六章 日本統治的 50 年

陸轉為日本,兩岸之間仍有經貿往來」。[231] 兩岸間的貿易有過四個起伏,其中受第一次世界大戰的影響,歐美退出大陸市場,日本以臺灣為中繼站,對大陸的貿易有所增加;抗日戰爭發生以後,臺灣對大陸淪陷區之間的貿易又有增加。所以在日據時期,臺灣與大陸之間的傳統貿易關係受到很大破壞,但並未中斷,「仍在臺對外貿易中占有一定的地位」,「在臺灣對日本以外國家和地區貿易中占的比例更大」,只是因為受到日本殖民政策的影響,起伏很大。

表 6-3 日據時期臺灣對外貿易結構

單位:千日元

年份	出口額 (A)	大米、糖所占的出口比重	進口額 (B)	出超額	A／B×100	進出口額合計 (C)	對日貿易在貿易總額 (C) 中所占的比重*
1897	14857	30.7	16383	-1526	90.7	31240	18.7
1907	27376	49.7	30971	-3595	88.4	58347	64.1
1917	145713	66.6	88844	56869	164.0	234557	73.9
1925	263214	69.8	186395	76819	141.2	449610	76.8
1932	240728	78.1	164498	76230	146.3	405226	87.9
1937	440175	72.2	322124	118051	136.6	762299	90.3
1940	566054	54.8	481813	84241	117.5	1047867	84.5
1944	311204	51.5	164723	146481	188.9	475927	70.8

* 對日貿易指對日本本島的貿易。其他地區主要為朝鮮、中國東北(舊滿洲)等日本舊殖民地,但在中日戰爭以後,也擴大到華南和東南亞等地區。

資料來源:1937 年以前的數字來源於《臺灣總督府貿易年表》(1940 年)。以後的數字來源於《臺灣統治概要》(1945 年)所登載的統計資料。轉引自日本大藏省管理局的《有關日本人海外活動歷史的調查》,通卷第 14 冊,臺灣篇第 3 分冊第 5 部分的《臺灣經濟(一)》第 5-11 頁。

二、殖民地的社會結構與分配關係

隨著日本殖民統治的建立和殖民地經濟的發展,臺灣社會結構與清代後期相比,發生了重大的變化:殖民地官僚體系取代了清朝官員的統治地位;在清代後期占有重要地位的西方外國資本,受到日本的排擠,不得不陸續退

---

[231] 林滿紅.《四百年來的兩岸分合》,自立晚報社文化出版部,1994 年版,第 53 頁。

第二節 社會經濟的殖民地化

出臺灣；原有的銀行—洋行—媽振館—茶行的經營模式也逐漸衰頹，直至被完全淘汰；當年壟斷兩岸貿易的郊商，在日據初期進一步衰落，大陸資本勢力日益式微。在這種情況下，日本資本大量湧到臺灣，日本資本家集團成為臺灣最主要的剝削者，占據了統治地位。在農村，基本上保持原有的地主制和小農經營，但由於日本勢力的介入，也發生了一定的變化。

日本資本包括民間資本和國家資本。所謂「國家資本」，即殖民當局所直接擁有的資本，這些資本主要通過財政手段積累起來。隨著財政體制的完備，各種稅收和官營企業收入大增，財政收入豐裕。1921—1934年，由於受到世界經濟不景氣的影響，財政收入減少，當局增設酒專賣和增收所得稅以增加收入。1935年以後，為配合日本軍國主義對中國大陸和南洋地區的侵略，殖民當局建立戰時工業，財政收入再度膨脹。總的說來，1905年以後當局的財政都有大量盈餘，這些盈餘除了獎勵、扶持日資製糖企業以及戰時作為「軍事貢獻金」移交日本國庫以外（1936—1942年的「貢獻金」計12,547.8萬日元），大量作為總督府的直接投資用於鐵路、港灣、公路、水利等事業。殖民當局的國家資本規模比民間企業大得多。

表 6-4　總督府的固定資本構成（年度平均占總額的百分數）

單位：%

	1898—1904	1905—1909	1915—1919	1920—1924	1925—1929	1930—1934	1935—1939	
農業	4.4	11.8	15.5	16.9	15.1	12.0	25.3	19.5
灌溉	4.4	11.8	8.9	7.2	6.9	1.4	2.7	a
防洪	-	-	4.4	9.6	8.2	10.6	22.6	19.1
其他	a	a	2.2	a	-	a	-0.4	
交通運輸	71.1	62.7	47.8	55.4	67.9	68.1	60.0	65.9
港口	11.1	17.6	20.0	13.2	15.7	21.3	22.0	20.5
鐵路	55.6	41.2	18.8	27.7	40.3	29.8	20.7	24.1
公路	a	-	2.2	7.2	8.8	10.6	11.3	9.5
其他	4.4	3.9	6.6	7.2	3.1	6.4	6.0	11.8
其他	24.5	25.5	36.7	27.7	17.0	19.9	14.7	14.6

a. 不到 0.05%

資料來源：何保山：《臺灣的經濟發展》，第40頁。

第六章 日本統治的 50 年

　　日本民間資本主要在製糖業。1910 年前後，輸出到臺灣的日資已達 8,000 萬元左右，新式製糖廠已增加到 15 家。20 年代以後，除了繼續輸出到臺灣的日本國內資本以外，日資糖廠等企業的利潤轉為投資也構成資本的一大來源。同時，日資糖業企業還向採礦、酒精、造紙、金屬製品、藥品、罐頭和商業等領域投資。截至 1929 年，日資已在臺灣製造業資本中占據 90.7%，采礦業的 71.6%。1938—1941 年，在核定資本額 500 萬元以上的股份公司中，97% 為日本人所擁有。核定資本額 25 萬至 500 萬元的股份公司中，日本資本占據 65%。本地人的資本被排擠，只能投資於小企業。

　　日資就其自身結構而言，尚可區分為日本本國資本和島內日本人資本兩個來源。一般而言，日本本國資本多為壟斷資本性質的大財團，而島內日本人擁有的資本則較小，所掌握的多為較小規模的企業。但總的來說，日本資本在工商業中居於獨占地位。

　　日本不僅在經濟上占統治地位，而且「與西方帝國主義者比較，日本對殖民地的管理更為直接，對殖民地社會的滲透更為深入，對當地人進入政府的限制也更嚴格得多」。[232] 在政治上，也形成由少數日本上層階級獨占的政治專制主義。他們「有計劃的遷入上層社會的統治階級（包括殖民官員、殖民經濟執行者、技術專家等），昔日在臺灣的日本人以昭和十八年（1943 年）最多，將近 40 萬人」。[233] 日本人成為社會的上層。「幾乎全部的臺民薪水階級屈居日本機關和日本人公司的下級職位。」[234]

表 6-5　1945 年臺灣公務人員統計表

單位：人，%

	敕任官	比例	奏任官	比例	專任官	比例	判任官	比例
日本人	166	99	2091	99	152	86	17972	83
臺灣人	1	1	29	1	24	14	3726	17

　　當然，也有一些臺灣人居於社會上層，他們是與日本人合作的企業界人

---

[232] 高棣民.《殖民時期臺灣的資本主義根源》，載韋艾德等.《臺灣政治經濟理論研究》，鷺江出版社，1992 年版，第 141 頁。
[233] 南方朔.《日據時期臺灣的階級結構》，載《夏潮論壇》1984 年第 6 期。
[234] 戴國煇.《臺灣總體相》，遠流出版，1992 年版，第 91 頁。

第二節 社會經濟的殖民地化

物,主要是有錢有勢的鄉紳地主和商人,鹿港辜家、板橋林家、基隆顏家、霧峰林家、高雄陳家就是他們的代表。他們有的本來就是大地主大鄉紳,並參與商業活動,在社會上有一定地位,成為日本人籠絡的對象;有的則是積極追隨日本人,為日本效力,而得到日本人的賞識和扶持,不僅在經濟上成為巨富,而且在政治上也有相當的地位。在經濟地位上稍次於他們的還有原來的地主、富商、買辦等,也有日據時期崛起的新家族。[235]他們一方面與日本人合作,一方面也受日本人的排擠。例如林本源製糖與新興製糖都是本地資本僅有的較大的糖廠,最終也被日資所兼併控制。

至於本地的中小資本,更是處在從屬和被排擠的地位。本地資本多是依靠地租積蓄而轉化為商業資本和工業資本。據日本人的調查,1905 年,臺灣一般中產階層資產約在 4,000—10,000 元之間。後來規定臺灣資本在工業方面只能在資本額 20 萬元以內活動。他們主要經營極小工廠(工人不滿 5 人)和小工廠(工人 5—29 人)。1935 年,以上二者合計占工廠數的 95.3%。在極小工廠中,土礱間和制面廠占了大多數,其工人多是廠主本人和其家人、親戚等。這種極小工廠從事的產業附加值往往很小,如土礱間(兼米商),經營碾米、米的出口以及買青等放貸行為,主要收益是米的交易和放債的利息,實際上是鄉村高利貸資本,而不是資本主義的產業資本。不過中小資本在商業流通領域還是比較活躍的,在這方面,日本資本很少插手。還有一些中產階層向大陸尋求發展,除了經營貿易、航運、匯兌以外,有不少人在廈門、福州、汕頭投資。[236]

由於工業的發展,形成了一個不大的勞工階層。30 年代中期以後,職工人數增加較快,顯然是戰時「工業化」所引起的。工人的一個來源是農業部門。當時由於農村家庭人口增加,許多人耕種自己的土地而不出租,迫使佃農流向城市尋找就業機會。另一個來源是一部分日本移民加入了職工隊伍。1925 年,島內日本人有 183,722 人,1941 年為 312,386 人,他們大多數集中於製造業、交通運輸業、貿易、行政部門和專業性服務等五種行業。一般而言,大企業中雇傭的技術人員和熟練工人多為日本人,他們成為「勞動貴

---
[235] 林滿紅.《四百年來的兩岸分合》,自立晚報社文化出版部,1994 年版,第 132 頁。
[236] 同上書,第 132—143 頁。

第六章 日本統治的 50 年

族」，工資比臺灣人多。本地人一般都受雇為非熟練工，工資收入很低。此外，「每年約有一萬大陸勞工來臺，擔任採茶、採礦及金銀工、漆工、鞋工、人力車夫、理髮師、廚師等工作」。[237]

表 6-6　日據時期臺灣職工人數統計

單位：人

1914 年	1918 年	1926 年	1934 年	1938 年	1941 年
21859	40005	52341	66559	95641	147700

資料來源：《臺灣省五十一年統計提要》。

在農村，土地關係的變化就是取消了大租，確認原來的小租主為地主，形成了一田一主的土地所有關係。除此以外，殖民當局保留了農村中傳統的地主制和小農經營模式，不予改變。除了產生一個新的日本人土地所有階層以外，農村中的土地分配狀況改變不大。地主和農民仍然是農村的主要社會構成，農村的生產關係並沒有轉化為資本主義的勞資雇傭關係。據調查，1923—1939 年間，土地所有狀況變化見表 6-7：

表 6-7　自耕農與佃農之耕地面積

單位：公頃

時期			1923	1927	1930	1932	1939
總計			670566	762287	778919	756757	827884
自耕農		共計	280614	333451	352419	351501	361548
		水田	101203	127498	132396	128223	201367
		旱田	179411	205953	220023	223278	160181
佃農		共計	389952	428836	426500	405256	466336
		水田	226443	249540	257437	256084	318880
		旱田	163509	179296	169062	149172	147456
百分比	自耕農	共計	41.85	43.74	45.25	46.45	43.67
		水田	15.10	16.73	17.00	16.95	24.32
		旱田	26.75	27.01	28.25	29.50	19.35
	佃農	共計	58.15	56.26	54.75	53.55	56.33
		水田	33.77	32.74	33.05	33.84	33.52
		旱田	24.38	23.52	21.70	19.71	17.81

[237] 同上書，第 83 頁。

第二節 社會經濟的殖民地化

轉引自周憲文：《臺灣經濟史》，開明書店，1980年版，第463頁。

從表6-7來看，隨著耕地面積的不斷增加，自耕和佃耕的土地總數僅在2個百分點以內變化，幅度不大。大約有一半土地是掌握在地主手裡。至於土地分配，根據20年代的調查，擁有不到一甲土地的耕作者計259,642戶，其耕地面積為103,500甲。擁有10甲以上的戶數為8,221戶，其耕地面積為285,123甲，尤其其中擁有100甲以上的計196戶，其耕地面積為94,072甲。

也就是說占總戶數64.08%的農戶，只擁有耕地的14.35%；而占總戶數0.05%的大地主，卻擁有耕地的13.6%。這表明，一方面存在耕地的集中，另一方面卻存在著耕地零細化。實際上耕地集中部分，有許多日本人大地主，尤其是日資糖業會社，從殖民當局手中獲得「無主地」進行開墾，因而擁有了大量土地。1926年，僅日資糖廠擁有的耕地，就占耕地總面積的1/8。另一方面，農村中存在著廣大的小農戶，農業還是以小農經營為主的。只是由於米的生產利潤低微，日本資本才沒有侵入這個領域。

農村分配關係的變化，決定於兩個方面：一是傳統的土地制度，一是農業的殖民地性質。從傳統方面來看，地租往往要占到收成的一半，據1927年的調查，雙季水田租率平均為49.1%，單季水田為43%；旱田則為27.6%。除了地租，北部的地主還常常收取磧地金（押租）。南部旱田則須預先繳納租金，實際上也就是押租。地主可隨意撤佃或更換佃戶；繳納貨幣地租時，作物價格由地主單方面決定；大地主往往將土地委託「佃頭」管理，佃頭常有地租以外的索取；凡此種種，都使佃農處於很不利的地位。

從殖民地經濟性質方面來講，日本資本雖然沒有直接進入農作物生產階段，而僅把其加工階段從農業生產過程中分離出來，但日資通過諸如「典押、農家流動資金的貸放、在水利灌溉、運輸和倉儲上的投資以及市場的控制」，對農業生產加以控制和滲透，使得農民變成「製糖公司經濟設計之專業執行者」。[238] 由於農業主要為日本提供原料甘蔗和稻米，這兩種作物商品化程度都非常高，因此作物價格的變化對農家經濟的影響就非常大。一般來說，由於「土著（按：指的是本地）米作部門內的階級支配程度均遜於日資支配

---

[238] 柯志明．《糖業資本、農民、與米糖部門關係》，載《臺灣社會研究季刊》1992年第12期。

第六章 日本統治的 50 年

下的蔗糖部門」,[239]加上日資糖廠採取蔗價追隨米價的做法,所以稻農的收入要比蔗農穩定。蓬萊米大量輸日後,由於日本市場米價上升,有些蔗農轉向種稻,農民生活有所改善。在日資糖廠的獨占經營下,蔗農淪為單純的原料供應者,收購價格被壓到最低,許多人要向會社貸款才能維持生活。1931—1932 年間,單位產量的提高使得蔗田的收入高於稻田,蔗農生活略有改善。

到 1932 年後,蔗田產量停滯不前,蔗農生活又受影響。一般而言,蔗作要求比較少的勞力,而稻作(尤其蓬萊稻)不但要求較多的勞動,肥料的投入要求也較高。自耕農可根據自己的經濟狀況決定作物結構,但佃農則無此可能。尤其在米價上升時,地主常常要求種蓬萊米,否則就撤佃,這無疑使得佃農更加處於不利的境地。

據 1932 年調查,所謂「不耕作地主」有 84,000 多戶,占總農戶 1/5,其中只有少數是日本人。殖民當局把本地地主階級作為社會安定和財政來源的一個支柱,所以允許他們保持租佃關係。但是,當本地地主與日資糖業資本發生利益衝突時,殖民當局便出來袒護日資糖廠。從 30 年代末開始,殖民當局直接介入租佃關係,並對地價、地租作出決定,遏制地主的土地權利,削弱地主階級的自主性。

傳統農村高利貸殘酷地剝削農民,是農村殘破的一個重要原因。為避免農村經濟的凋敝,殖民當局曾極力提倡較低利息的農村信用組合。但信用組合的貸款對象主要是地主及中等收入以上的自耕農和半自耕農,因此傳統農村高利貸還有廣闊的活動餘地。高利貸者有地主、商人、土礱間等。據 1933 年的調查,在 37,543 戶被調查農家中,向地主個人借款的農家為 32,820 戶(占 87%),占這些農戶負債總額的 52%(800 萬元)。可見這種傳統高利貸形式在農村中保持著堅固的地位,對半自耕農以下農家作用尤其大。至於農村商人通過賒售生產物資和生活用品,以及購買農產品(買青等)向農民放貸也是一種傳統方式。本地資本被從製糖業排擠出來以後,多轉而開設土礱間。土礱間規模一般都很小,個人開設的占 70%,資金不足 2 萬元的也占 70%。土礱間利潤很低,它們實際上是一種高利貸機構,通過「買青」向農

---

[239] 柯志明.《殖民經濟發展與階級支配結構》,載《臺灣社會研究季刊》1992 年第 13 期。

民放貸。

最後應當提到的是新產生的日本人地主階層,其中一個主要構成是日資糖業會社。殖民當局將所謂無主荒地無償撥給糖業會社,供其開墾種植甘蔗。各日資糖廠共擁有土地 78,601 甲。再加上「佃權取得地」25,237 甲,製糖會社共支配耕地 103,838 甲(1926 年)。日資糖廠對於其所控制的土地,仍然采取傳統租佃方式租給農民種植甘蔗。除此以外,日本農業移民計畫雖失敗,但所占有土地卻仍歸日本人所有,再加上日本拓殖會社和其他會社占有的土地,以及當局發給退職官吏的土地,日本人共控制耕地 12 萬甲,為全部耕地面積的 15%。

總之,在日據時期,日本殖民者及日資資本成為社會的主導力量。在農村,土著地主占有重要地位,但米糖生產發生矛盾時,殖民當局便出來維護日資糖廠的利益,削弱土著地主的力量。殖民地的政治經濟導致了殖民地化的社會結構與分配關係。階級對立與民族對立互相交錯,「大體上日本人對臺灣人的民族對立,同時也是政治上支配者與被支配者的對立,並與資本家對農民、勞動者的階級對立一致」。[240]

三、殖民地教育的發展

日據時期的臺灣教育,可分為學校教育和社會教育兩大類。社會教育在普及日語和強化日本大和精神的灌輸方面,起著重要的作用。例如桃園興風會在其綱領中寫道,該會宗旨為:「1. 振興母國(日本)國風;2. 馴致內(日)臺人間及街莊內共同和親之美風;3. 獎勵國語(日語)、勵行習得母國(日本)禮儀作法及其他國風。」[241] 這顯然是一種典型的殖民地教化團體。僅據 1919 年的調查,與普及日語相關的社會教育團體有 887 個,會員 44,302 人,主要進行修身、日語等教育活動。

學校教育可分為初等教育、中等教育、師範教育和高等教育。初等教育設立公學校專收臺灣人兒童,設立小學校專收日本人兒童,土著居民兒童則

---

[240] 黃俊傑.《戰後臺灣農民社會意識的變遷》,載《臺灣風物》第 40 卷第 3 期。
[241] 臺灣教育會編.《臺灣教育沿革志》,南天書局,1939 年版,第 102 頁。

第六章 日本統治的50年

入「番童教育所」。其所設置的課程中，日語、修身、讀書等日式教育課時占總課時的70%—80%，普及日語則為其主要目的。1922年，隨著《新臺灣教育令》的頒佈，初等教育實施日臺學生共學制，實際上只有少數臺灣兒童進入小學校學習。1941年，取消公學校、小學校的區別，統一改稱國民學校。中等教育最初是為適應在臺日人升學需求而開設的。臺人子弟只有家境較殷或獲資助者，才能遠涉日本留學。為此，臺灣士紳呼籲給予臺灣人更多的受教育權利，並醞釀在臺中自行設立中學校。臺灣總督府出於統治安定及方便控制考慮，接手辦理，由臺人出資設立臺中中學校，收臺灣人子弟入學。學校採行日本式管理，目的在「使學生獲得作為日本國民所必需的知識」。中等教育在教學內容上，側重於臺灣地方的需要，安排了許多實用性科目，總督府不鼓勵本地學生升學，而是力圖將他們引導到服務於社會的方向，以滿足殖民地建設對中低級人力資源的需求。

師範教育早期附屬於國語學校，稱國語學校師範部。其中又分甲乙二科，甲科收日本學生，乙科專收臺灣學生。1899年，獨立的師範學校方才設立，辦學宗旨是培養一代尊崇日本皇室、富於日本精神的教師。換句話說，日本殖民者試圖首先將為人師表的師範學生訓練成日本帝國的忠實臣民，然後通過他們去影響和訓導下一代臺灣兒童，以達到同化的目的。師範學校只限於為初等教育培養師資，中等以上學校師資均來自日本國內，或是日本國內大學畢業的臺灣人方可擔任。

高等教育機構包括醫學校、農林學校、商業學校、工業學校等專科學校及臺北帝國大學。臺北帝國大學的設立，在島內外曾有過一番爭議，贊成者認為臺灣地理上接近華南、南洋，有利於對該地區進行研究，可以配合日本南進的需要；反對者則唯恐臺灣人接受大學教育會對日本統治帶來威脅。日本殖民者考慮到臺人轉赴日本或大陸求學，可能受到反日或赤化思想影響，同時，也想培養一批臺灣士紳子弟，作為殖民統治的助力，因而才同意開辦。

表6-8可見，這個時期教育得到了相當的發展，初等教育獲得普及、教育體系逐漸完備。1922年，小學以上教育程度者占29.2%，1935年為

第二節 社會經濟的殖民地化

41.5%，到了 1944 年則高達 65.8%。然而，日本殖民者發展教育的目的，並不在於提高臺灣人民的整體文化素質，而是為了培養可供其利用的特定的人力資源。在初等教育方面，他們要普及的是以日語和日本文化為主要內容的同化教育。在中等以上學校，其方針則正如總督兒玉源太郎所言：「教育一日不能忽視，然而徒為灌注文明，養成偏向主張權利、義務之風，將致使新附之民，陷於不測之弊害。」[242]臺灣學者認為，「從這番話可以看出，殖民地政府顯然瞭解教育的結果將可能使被殖民者覺醒，從而造成殖民地統治上的困擾。因此，殖民地政府並不願積極在臺灣推行教育，甚至是傾向於愚民的。」[243]

表 6-8　日據時期臺灣教育的發展（1900—1944 年）

單位：個、人、%

學校類別 年代	大學 校數	大學 學生數	專門學校 校數	專門學校 學生數	師範學校 校數	師範學校 學生數	中等學校 校數	中等學校 學生數	職業學校 校數	職業學校 學生數	公、小學 校數	公、小學 學生數	學齡兒童就學率 日本人	學齡兒童就學率 臺灣人
1900	0	0	1	89	1	195	0	0	0	0	127	13272	-	-
1905	0	0	1	140	1	242	1	136	0	0	204	31221	-	-
1910	0	0	1	194	1	443	1	266	0	0	291	49556	-	-
1915	0	0	1	205	1	764	3	1357	1	168	420	81979	95.5a	13.1a
1920	0	0	3	508	2	1188	6	2279	5	857	625	175596	98.0	25.1
1925	0	0	3	723	3	1699	21	7569	22	2246	861	244902	98.3	29.5
1930	1	180	3	831	4	1190	23	10507	38	4323	891	282641	98.8	33.1
1935	1	114	4	976	4	1379	24	12241	46	5552	917	407449	99.3	41.5
1940	1	322	4	1078	6	2002	36	18684	89	16240	974	671059	99.6	57.6
1944	1	357	4	1817	3	2888	45	29540	117	32718	1099	932525	99.6b	71.3b

資料來源：臺灣省行政長官公署統計室編印：《臺灣省五十一年來統計提要》，臺北，1946 年版，第 1211—1212、1241—1242 頁。

a 為 1917 年數字，b 為 1943 年數字。

應當指出，日本殖民者的一個重要目標，是要切斷臺灣人民與祖國大陸

---

[242] 宿利重一 .《兒玉源太郎》，東京國際日本協會，1943 年版，第 335 頁。
[243] 吳密察 .《臺灣近代史研究》，稻鄉出版社，1990 年版，第 157 頁。

第六章 日本統治的 50 年

的聯繫,「欲以教育的力量同化臺灣人及先住民」。[244]總督府民政長官內田嘉吉即明言,教育是「為了使臺灣人成為日本的善良臣民,即同化為目的」。[245]東鄉實也說:「大體上,即以將作為中華民族的臺灣人同化於日本為其根本方針。」[246]

作為殖民地被統治民族,臺灣人民遭受著不平等的差別教育。在初等教育中,專收日本兒童的小學校相對於專收臺灣兒童的公學校,師資力量較強,經費較多。教育程度的差別也一直存在,即使到取消公、小學校區別的國民學校時代,仍有適用於日本人的第一課程表和適用於臺灣人的第二課程表之分,前者程度明顯優於後者。同時,在臺日人與臺灣人兒童就學率呈現出明顯的差異。到 1936 年,臺灣兒童平均就學率艱難地上升到 43.8%,日人則已高達 99.4%。[247]公學校畢業的日本學生,升入中學的約占半數,而臺灣人卻不及 1/20。無怪乎日本人認為:「就多數的臺灣人說,中學校的門戶,事實上是封鎖住了。」[248]

在高等教育上,日本學生占了絕對優勢。1928 年,臺北經濟專門學校有日生 338 人,臺生 70 人;臺中農林學校日生 94 人,臺生 5 人;臺北帝國大學日生 49 人,臺生 6 人;1937 年,臺南工業專門學校日生 178 人,臺生 29 人;臺北經濟專門學校日生 229 人,臺生 23 人;臺北帝國大學日生 128 人,臺生 59 人;1941 年臺中農林專門學校甚至出現日生 160 人,而臺生僅 1 人的情形。[249]《臺灣民報》就此尖銳抨擊道:「將臺灣人所負擔的租稅,建設維持學校,然而受教育的恩惠的學生,不但是以收容在臺的日本學生為主,甚至每年由日本內地大批移入學生。如此使臺灣人負擔經費,而教育由日本內地移入的學生,此豈非明白的教育的榨取?」[250]

---

[244] 矢內原忠雄.《日本帝國主義下的臺灣》,臺灣銀行,1964 年版,第 76 頁。
[245]《帝國議會貴族院委員會速記錄》(明治篇 26),第 27 回議會,東京大學出版社,1987 年版,第 127 頁。
[246] 東鄉實、伊藤四郎.《臺灣殖民發達史》,晃文館,1916 年版,第 416 頁。
[247] 臺灣省行政長官公署統計室編.《臺灣省五十一年來統計提要》,1946 年版,第 1241—1242 頁。
[248] 山川均.《日本帝國主義鐵蹄下的臺灣》,收入王曉波編.《臺灣的殖民地傷痕》,帕米爾書店,1985 年版,第 78 頁。
[249] 臺灣省行政長官公署統計室編.《臺灣省五十一年來統計提要》,1946 年版,第 1214—1218 頁。
[250]《打破榨取的教育政策》,載《臺灣民報》1927 年 9 月 25 日。

日本在臺灣建立的殖民地教育體制，主觀上是為了同化臺灣人民並培養中下級技術人才，以利於殖民地經濟的運作和政治的統治；客觀上也引進了新的教育觀念和科學文化知識，打開了臺灣人民的眼界。對臺灣人民來說，前者與他們的文化傳統和價值觀相違背，勢必引起民族主義的反抗浪潮；後者則有助於增強自身對社會的適應能力，提供參與政治、經濟活動的機會。

　　日本殖民統治時期，臺灣人民一方面接受漢學傳統教育及家庭中華文化的傳承；另一方面則接受近代教育和日本皇民文化的灌輸。兩種文化的撞擊、衝突、磨擦，對新一代臺灣知識份子產生了不同的影響，他們中有些人竭力保持中華文化傳統，吸收近代科學文化，並以做一個堂堂正正的「中國的臺灣人」為榮。但在殖民者政治壓迫和統治者優勢文化的衝擊下，有些人又心生苦悶，感到迷茫。日本人柴田廉稱之為「迷失的羔羊」。這在一定程度上反映出當時一部分知識份子的心態。此外，還有一些人受到殖民教育較深的影響，他們的親日情結是不容易消除的。

第三節 民族抵抗的社會運動

一、政治抗爭與文化啟蒙

　　第一次世界大戰前後，世界政治格局及思想潮流發生了深刻的變化，民族自決原則廣泛傳播，各國民族運動此起彼伏，愛爾蘭獨立運動、中國的辛亥革命和五四運動、朝鮮獨立起義、俄國十月革命以及日本國內民主運動的興起，無不給予島內外臺灣知識份子以極大的刺激。在世界潮流的影響下，臺灣民族資產階級和知識份子開始發動並領導了反抗日本殖民統治的民族運動。

　　民族運動的開端，可以溯自1914年成立的臺灣同化會。由日本人板垣退助發起的臺灣同化會，是計畫以給予某些權利待遇來換取臺灣人同化於日本，而林獻堂等絕大部分臺灣人參加同化會的目的，則在於試圖經由臺灣同

第六章 日本統治的 50 年

化會爭取臺灣人的權利，以減輕在總督專制統治下的痛苦，二者同床異夢。同化會雖於 1915 年被解散，但參與其中的一部分臺灣人成為日後民族運動的領導和骨幹，同時該會開創了臺灣人從事近代政治運動的先河。此後發展起來的各種社會運動，理念不同、性質各異，從比較溫和走向比較激進，直到被平息和消滅。

議會設置請願活動是爭取臺灣人政治權利的抵抗運動的重要組成部分。鬥爭首先從留日臺灣學生中開展起來。1918—1920 年，彭華英、林呈祿、蔡培火等在東京先後成立了啟發會、應聲會和新民會等組織，林獻堂等臺灣士紳也參與其中。他們抨擊日本殖民暴政，並要求撤廢「萬惡之源」的「六三法」。1920 年底，「六三法」撤廢活動進一步發展成為臺灣議會請願活動。他們要求日本統治者確認臺灣地位的特殊性，承認臺灣人的參政權，以特別代議機關——臺灣議會的形式，實施特別立法。不過，臺灣地方議會只是日本帝國議會的補充，議會設置運動只是要求在殖民體制內尋求參政權。儘管如此，它畢竟敢於在殖民統治下，以公開的方式發起以臺灣人為主體的、針對總督府專制統治的鬥爭，其目標固然只是要求有限的地方自治，但它能在一定程度上減輕人民的痛苦，因而得到臺灣人民的支持，赴東京請願者返臺時獲得「凱旋將軍」式的熱烈歡迎。

然而，即使是這樣一種叩頭請願式的活動，也被日本殖民者視為眼中釘，必欲去之而後快。參加請願的人，「服務官方機關者，立即被解職，服務於銀行公司者，透過該銀行公司，各予以免職，有關公賣事業者則剝奪其特權，與銀行有借貸關係者，拒絕其資金之融通，且嚴禁有關政治之講演，雖系通俗之學術性講演，亦常被命令中止解散」。[251] 1923 年，日本殖民者更以違反治安警察法為名，拘押了蔣渭水、蔡培火等 49 人，未被檢肅者也受到監視，製造了震驚一時的「治警事件」。與此同時，日本殖民者還於 1921 年擴充臺灣總督府評議會，評議員多是日本官員和資本家，還有幾個投靠日本的臺灣人。該機構設置的目的，在於抵消議會設置活動的影響，表面上予臺灣人以參政權，但是，評議會「歸屬臺灣總督監督並開申其諮詢所應之意

---

[251] 蔡培火等．《臺灣近代民族運動史》，學海出版社，1979 年版，第 130 頁。

第三節 民族抵抗的社會運動

見」,[252]是一個「諮詢」機關,不過是臺灣人參政的「花瓶」而已。在日本政府及臺灣總督府的壓制下,臺灣議會設置請願活動前後進行15次,均在日本議會以「審議未了」、「不採納」的情況下而告失敗。

臺灣文化協會是留日臺灣學生運動與臺灣島內反抗鬥爭合流的產物,由以蔣渭水為代表的島內知識份子和留日學生、士紳林獻堂等人商議,於1921年10月成立,其宗旨為「助長臺灣文化之發展」。文化協會的中心任務,是對廣大民眾進行新知識和文化觀念的灌輸,實施文化啟蒙宣傳。文化協會創始人之一吳海水指出:臺灣人為「支那民族」,因此「我們期望著,在於促進我們民族文化之提高」。[253]可見,文化協會所要發展和弘揚的就是中華文化,其目的是促進臺灣民眾民族意識的覺醒。

文化協會是一個由民族資產階級(包括部分地主)領導的,以小資產階級知識份子為主體的,有相當部分工農群眾參加的反日民族陣線。他們舉辦各類文化講習會,發行《臺灣民報》,提倡漢文,介紹五四運動後大陸的思想文化,「宗旨不外欲啟發我島的文化,振起同胞的元氣,以謀臺灣的幸福」。[254]還利用這一陣地,抨擊殖民當局的橫暴,開展鄉土文學、臺灣話問題及民族運動理論等討論。此外,召開講演會,針對當時民眾關心的社會熱點問題,揭露殖民統治的實質,號召民眾起而抗爭,有時演講會變成「一種變相的示威運動」。[255]文協還進行普及文化藝術活動,寓教育於娛樂之中。如改良劇的演出即以宣傳民族意識、譏諷總督政治為主要內容之一,美臺團的電影放映,場內更同聲讚頌臺灣寶島,「當時,在臺灣鄉村,電影還很稀奇,加上解說者的諷刺又投合人心,每次都有眾多的觀眾,獲得預期以上的效果」。日本人認為這些活動「暗地裡詛咒總督政治,有挑撥民族反感的口吻」。

臺灣人民反日民族情緒的高漲及文化協會影響力的與日俱增,引起日本殖民者的恐慌和警惕,他們立即採取行動加強控制和鎮壓。臺灣總督府一方面組織御用人士成立「公益會」和「有力者大會」等團體,公開站在前臺與

---

[252] 黃昭堂.《臺灣總督府》,自由時代出版社,1989年版,第140頁。
[253]《臺灣社會運動史》第一冊,文化運動,創造出版社,1989年版,第191頁。
[254] 王曉波編.《臺胞抗日文獻選編》,帕米爾書店,1985年版,第65頁。
[255]《臺灣社會運動史》第一冊,文化運動,創造出版社,1989年版,第205頁。

第六章 日本統治的 50 年

文化協會相對抗，另一方面則直接運用員警、監獄等暴力機器進行赤裸裸的鎮壓。文化協會講演會動輒被以違反「治安」為由而遭禁止，文協負責人被恫嚇和拘捕，同時還散佈謠言，極力挑撥文化協會的內部矛盾，進行分化瓦解。而文化協會內部，伴隨著團體的擴大和島內外社會主義思潮的影響，其成員尤其是青年成員思想左傾者日益增多，不同思想路線的鬥爭開始表面化。以連溫卿為首的左翼激進派在文化協會內的影響力漸居主導地位，林獻堂等以溫和抗爭手段謀求有限地方自治的方針受到挑戰。1927 年 1 月，文化協會臨時總會上連溫卿派掌權後，林獻堂、蔡培火等退出，日趨激進的新文化協會遭到日本殖民者的數次鎮壓，於 1930 年後停止活動。1927 年 7 月成立的臺灣民眾黨，按照蔣渭水、蔡培火、謝春木等人的意圖是要繼續實施以非暴力體制內抗爭之手段，爭取地方自治，進而達成「民族解放」。民眾黨在建黨宣言中公開宣告該黨「沒有民族鬥爭的目的」，並強調「以合法的手段」進行鬥爭。[256]但這只是出於避開殖民當局壓制藉口而在文字上作表面的讓步，從日後的大會決議及其實際行動、提出的口號等各方面考察，民眾黨仍然是一個從事反日民族運動的政黨。

民眾黨的綱領包括政治、經濟、社會三個方面，即「確立民本政治，建立合理的經濟組織，及改除社會制度之缺陷」。要求實施地方選舉、地方自治以及集會、結社、言論和出版自由，廢除封建保甲制度、實現司法公正等；要求改變日本資本對臺灣經濟命脈的控制，以擺脫臺灣人在經濟領域的依附地位，自主發展民族資本；並且著重提出支持工農運動的發展。他們認為：「在帝國主義國內殖民地的被壓迫民族的解放運動，應取民族運動——以農工階級為基礎的——這是世界解放運動的原則。」[257]主張實行「以農工階級為基礎的民族運動」。[258]至於建黨思想，則試圖仿效孫中山先生革命的三民主義思想指導下的中國國民黨模式，建立以農工勢力為中心、聯合各階級的民眾政黨，或謂「大眾政黨」。

民眾黨既以農工階級為中心力量進行民族運動，因而在實踐活動中對工

---

[256]《臺灣社會運動史》第二冊，政治運動，創造出版社，1989 年版，第 149 頁。
[257]《以農工階級為基礎的民族運動》，載《臺灣民報》1927 年 5 月 1 日。
[258]《對臺灣農民組合聲明的聲明》，載《臺灣民報》1927 年 6 月 12 日。

第三節 民族抵抗的社會運動

農運動採行積極參與和支持態度。由於農民組合主要已為文化協會所控制，所以民眾黨側重於對工人運動的支持。1928年2月，工友總聯盟成立，蔣渭水、謝春木等任顧問，民眾黨實際上指導著工友總聯盟的活動。民眾黨指導下的工人運動與文化協會主導下的農民運動相呼應，促成了全島工農運動的廣泛開展及工農大眾的民族覺醒，從而將民族運動推向一個新的高度。

民眾黨還積極推動地方自治改革運動，反對向日人官吏放領官有地，反對頌揚殖民主義的始政紀念日活動，反對總督府的新鴉片政策，聲援霧社起義，抗議日本軍國主義的侵華戰爭活動。他們或舉辦講演會宣傳動員群眾，或發表文章、散發文告以表達民意，或組織群眾團體與日本殖民者相抗爭，在短短時間內，即造成臺灣島內範圍廣泛的反日鬥爭浪潮，給予日本殖民統治以很大的衝擊。

隨著民族運動的深入和無產者組織在民眾黨內影響力的膨脹，民眾黨內左傾思想路線日益占據上風，加上領導人蔣渭水受到中國革命的影響，著意仿效孫中山的建黨思想，在推進民族運動的同時，嘗試開展階級運動，從而激化了與以蔡培火等人為代表的黨內穩健派的矛盾。這些試圖以合法運動達成有限臺灣地方自治的人們，便退出民眾黨，於1930年8月17日成立臺灣地方自治聯盟。內部的分裂給予日本殖民者以鎮壓的良機，1931年2月18日，民眾黨就被加上「絕對反對總督政治和民族自決主義」的罪名而遭到禁止。[259]

二、農工運動與臺灣共產黨

日本殖民者對土地的兼併和掠奪，激起農民的強烈反抗。在蔗作領域，蔗農的生產、銷售乃至家庭生活都受到日資的控制，其所受盤剝較其他農家更甚。所以蔗農反抗日本糖業資本家的鬥爭十分激烈。殖民主義和封建主義的雙重壓迫，使得農民飽受欺凌和榨取，儘管在日本殖民統治時期，農民的生活水準相對有了提高，但他們的所得與所應得兩者並不成比例。這時農民運動的物件既有日本資本又有本地地主，其中農民與日本資本及殖民政府的

---

[259]《臺灣社會運動史》第二冊，政治運動，創造出版社，1989年版，第265—266頁。

第六章 日本統治的 50 年

矛盾鬥爭是農民運動的主要內容，這就賦予了運動鮮明的民族鬥爭色彩。1925 年，臺中二林莊蔗農成立「二林蔗農組合」，要求提高甘蔗收購價格，遭到製糖公司的拒絕。蔗農拒不收割甘蔗，並與前來取締的員警發生衝突，這就是「二林事件」。當時，殖民當局決定放領官有土地給日籍退職人員，這給世代利用該地的農民利益帶來極大損害，據統計，到 1926 年放領土地面積即達 3,886 甲。於是農民在文化協會的支持下，為反對放領土地和壓低甘蔗收購價格，開展了轟轟烈烈的抗爭，明治、鹽水港、大日本、鳳山以及林本源等幾大製糖會社甘蔗原料供應區均廣泛發生反抗運動。僅 1925 年此類抗爭事件即達 12 起，參加者 5,290 人。事態嚴重者，農民與日警發生暴力衝突，一大批農民運動積極分子被捕，如二林事件中即有 93 人遭逮捕，31 人被判刑。

農民運動的蓬勃興起，打擊了在臺日本資本的利益，也遭到日本殖民當局的鎮壓，分散的、各自為戰的鬥爭方式已不適應要求。在此背景下，1926 年 6 月成立了臺灣農民組合，由簡吉任中央委員長，至 1927 年底已有 23 個支部 24,100 名會員。農民組合提出提高農民知識水準，發揚互助友愛精神，以合法手段達成目的。1927 年後，農民組合先後由新文協及臺灣共產黨所主導，其第二次全島大會發表的宣言更號召全島工農大眾團結一致，提出擁護蘇維埃，打倒國際帝國主義等口號，體現出革命性和戰鬥色彩。在農民組合的領導下，1927—1928 年間，便發生了 420 件抗爭事件，其中發生在南投竹山、嘉義竹崎一帶的竹林事件，是因總督府支持三菱制紙強占當地居民賴以生存的竹林資源而爆發的反抗鬥爭。

如火如荼的農民運動深刻衝擊著日本殖民統治的基礎，而農民組合卻日趨左傾，並且提出在政治、經濟上向日本殖民統治發起進攻，因而日益成為臺灣總督府亟欲剪除的心頭之患。1929 年 2 月 12 日，臺灣總督府開展全島大搜捕，農民組合的主要幹部被捕，簡吉等人被判刑。日警並在各地搗毀組合支部，威逼農民退出組合，農民組合受到嚴重破壞。但是，農民運動並沒有中止，此後反抗日本地主資本家壓迫剝削的鬥爭及針對土著地主的租佃爭議仍不時發生。

第三節 民族抵抗的社會運動

　　工人運動也在 20 年代開始發展起來。據統計，1930 年全臺工人數為 577,752 人，其中製造業 87,351 人，占 15.1%；礦工 19,562 人，占 3.3%；運輸業 48,862 人，占 8.4%；短期雇工 421,976 人，占 73.3%。從民族分類來看，日本人占 3%，臺灣人占 93%，其餘為大陸、土著居民及外國人。[260] 工人階級深受日本資本、民族資本的雙重壓迫，處境十分困難。大多數工人在較惡劣的工作環境下勞動。在日人企業主的工廠裡，工人動輒遭到日本資本家及工頭的斥罵和虐待。山川均揭露，「企業家常懷征服者對被征服者的心理和態度，以對待勞工：是在進行一種不可形容的虐待」。[261] 本地工人受到嚴重的民族歧視，平均工資不及日本工人的一半。「臺灣工人的勞動力比機械力還要便宜，被為所欲為地榨取。」[262]

　　臺灣工人組織形成於 1919 年，當時臺北印刷工人結成具有近代工會性質的臺北印刷從業員組合。20 年代，在祖國工人運動的影響下，在臺大陸工人於 1923 年成立臺北華僑洋服工友會等多個工會組織，並帶動和影響了臺灣近代工人運動的興起。伴隨民族運動高潮的到來，在文化協會和民眾黨的指導下，工人運動蓬勃開展起來。據統計，1921 年至 1931 年間，勞資爭議 513 件，捲入人數 36,280 人，工人運動的矛頭集中指向日本資本家。按民族類別劃分的勞動爭議，針對日本人的約占 60% 以上。[263]

　　文化協會較深介入工人運動是在新文協時期。連溫卿、王敏川等於 1927 年 4 月參與組建臺灣機械工友會，會員 300 餘人。高雄鐵工所罷工即是新文協指導下最具規模的抗爭活動，這次罷工還得到了臺灣農民組合的支援。其他較有影響的工人運動還有日華紡織會社臺北辦事處罷工、嘉義營林所和阿裡山出張所罷工等。僅 1928 年就發生工人抗爭事件 23 起。不過，由於文化協會內部在有關工會組織、名稱及工人運動綱領諸問題上意見不一，無法形成有力的領導力量。加上新文協不久因新竹事件、臺南墓地事件遭到打擊，工人運動的領導權逐漸轉移到民眾黨的手中。1927 年，機械工人罷工失敗

---

[260] 向山寬夫.《日本統治下臺灣民族運動史》，東京中央經濟研究所，1987 年版，第 832—833 頁。
[261] 山川均.《日本帝國主義鐵蹄下的臺灣》，收入王曉波編.《臺灣的殖民地傷痕》，臺北帕米爾書店，1985 年版，第 60 頁。
[262]《臺灣社會運動史》第二冊，政治運動，創造出版社，1989 年版，第 219 頁。
[263] 向山寬夫.《日本統治下臺灣民族運動史》，東京中央經濟研究所，1987 年版，第 835 頁。

第六章 日本統治的 50 年

後，民眾黨提出實施以農工階級為基礎的民族運動，並在 1928 年創立臺灣工友總聯盟，該聯盟在宣告中明確認定：殖民地的勞動階級是「民眾群眾解放運動的急先鋒——前衛隊」，[264] 其領導人蔣渭水對工人運動也十分重視。相對新文協而言，民眾黨的政策更加統一、明確，其領導下的工人運動更具組織性和鬥爭能力，規模和影響力也較大。工友總聯盟成立之初即有團體會員 29 個，個人會員 6,367 人，1929 年猛增至團體會員 41 個，個人會員 11,446 人。工人運動蓬勃開展起來，如基隆砂炭、洋服、建築、木器、臺南機械、安平製鹽等行業的罷工。民眾黨指導下的工人運動主要有高雄淺野水泥會社罷工事件、臺灣製鹽會社罷工事件等，工人運動的核心組織為工友總聯盟。20 年代末，工友總聯盟的成員受社會主義思潮影響日趨左傾，他們主張階級鬥爭，以謀求無產階級的徹底解放。尤其在 1930 年工友總聯盟第三次大會後，左傾激進傾向十分明顯，這就引起日本殖民者的高度警覺和強力鎮壓。隨著民眾黨於 1931 年被禁，工友總聯盟的作用也走向衰退。

在臺灣產業工人隊伍不斷壯大，農民運動蓬勃興起的情況下，工農運動的發展迫切需要代表其利益的無產階級先進政黨的領導；同時，一部分知識分子在民族運動的洗禮和島內外社會主義思潮的刺激下，思想覺悟獲得提高。伴隨著國際共產主義運動的開展，第三國際對殖民地無產階級政黨組織的建立，也給予積極的重視和支持。在此背景下，由日共和共產國際策劃，在中國共產黨直接指導下，臺灣共產黨於 1928 年 4 月 15 日在上海成立。

臺共政治大綱認為：臺灣的殖民地地位決定了社會革命的主要對象是日本殖民者，革命的首要任務是推翻日本帝國主義的統治，同時消滅封建勢力，實行土地革命。臺灣革命的性質屬於民族民主革命，共產黨以工人階級為先鋒隊，依靠廣大的工人農民大眾，在一定程度上團結民族資產階級，又與它的動搖、妥協和不徹底性作鬥爭，並與之爭奪領導權。在組織形式上，臺灣共產黨作為日本共產黨的一個民族支部，「將透過日本共產黨去完成世界無產階級革命的一支隊的任務」。[265] 黨的中央常委由林木順、林日高、蔡孝乾三人組成。由翁澤生在上海同第三國際東方局及中共中央保持聯繫。

---

[264] 簡炯仁．《臺灣民眾黨》，臺北稻鄉出版社，1991 年版，第 158 頁。
[265]《臺灣社會運動史》第三冊，共產主義運動，創造出版社，1989 年版，第 18、32 頁。

第三節 民族抵抗的社會運動

臺灣共產黨的組織遭到日本員警的破壞，不久，由謝雪紅、林日高、莊春火等在臺灣島內建立黨中央。臺共十分注重擴大在工人、農民中的影響力，派遣幹部進入工會和農民組合，吸收新鮮血液。同時引導青年加入共產主義團體，以迅速在島內建立堅強的黨組織。政治大綱要求：「當前緊急任務乃急速地擴散至臺灣各地方，吸收參與實際運動的共產主義者，以這些革命的先進知識份子為中心，先著手於預備組織的召集。此種預備會議之後，再努力吸收擔任戰鬥員的勞動者與農民黨員，然後以勞動階級及貧農做基礎，如此始可建設成一個嚴密而鞏固的共產黨。」[266] 在臺共的積極活動下，吳拱照、莊守進入文化協會，並在文協第三次大會確立其主導地位，文化協會從而成為臺共的週邊組織；在農民組合第二次大會中，臺共關於「農民問題的適當對策」被全面接受，農民組合的工作實際上由臺共所主導。在工人運動方面，他們在北部礦場及南部鐵路廠籌備工會組織，同時嘗試建立赤色總工會，尋求統一全島工人運動。對臺共的影響力，有如下的記載：「（臺共）將臺灣農民組合、臺灣文化協會完全變為其指導下的週邊團體，而農民運動、小市民學生運動則依據黨的方針推行。至昭和五六年（1930—1931年），甚至連赤色工會的組織或勞動爭議方面亦有相當發展，在本島左翼運動中留下了甚大業績。」[267] 此外，臺共還組織青年農民以讀書會、茶話會的形式，講授「資本主義的騙局」、「共產黨宣言」等，提高先進分子的思想水準。蘇新、蕭來福、王萬德等人還深入林場、礦山，與工人打成一片，宣傳馬克思主義，號召起來與資本家做鬥爭。臺灣工友總聯盟第三次大會後，臺共的活動有所加強，並成立了打倒反動團體鬥爭委員會。其後，還組成了赤色勞動組合，他們曾計畫聯合各黨派共同發動工人鬥爭，不幸計畫被日本殖民者偵知而失敗。1931年七八月間，臺灣總督府大肆搜捕臺共，黨的領導人和大批黨員被捕，臺共中央遭破壞，建立才3年多的臺灣共產黨從此陷於癱瘓狀態。

臺灣的民族運動是中華民族爭取民族自由和解放鬥爭的一個組成部分。祖國意識是臺灣人民在反抗日本殖民壓迫鬥爭中湧動於心底的潛流。日本人寫的《員警沿革志》不得不承認，臺灣人的民族意識之根本起源乃系於他們

---

[266]《臺灣社會運動史》第三冊，共產主義運動，創造出版社，1989年版，第18、32頁。
[267]《臺灣社會運動史》第三冊，共產主義運動，創造出版社，1989年版，第215頁。

第六章 日本統治的 50 年

原是屬於漢民族的系統,「民族意識牢不可拔。……故其以支那為祖國的情感難於拂拭,乃是不爭之事實。」即使是以經濟鬥爭為目標的勞工運動和農民運動,也排斥日本內地人及日本資本,此種傾向從根本上說是出自「民族意識的一個現象」。[268] 被稱為抗日運動溫和派的代表人物林獻堂,同樣抱有明確的祖國意識,他說:「應知臺胞在過去五十年中,不斷向日本帝國主義鬥爭,壯烈犧牲,前仆後繼,所為何來?簡言之,為民族主義也,明乎此一切可不辯自明矣。」[269]

三、理番政策與霧社起義

在臺灣世代生息繁衍的土著居民,他們大部分居住在山地,那裡蘊藏著豐富的礦產資源,生長著茂密的森林,日本殖民者對此富源早已垂涎三尺。1896 年,臺灣總督府民政局長水野遵即曾指出:「今後樟腦之製造,山林之經營,林野之開墾,農產之增殖,以至日本人之移住,礦山之開發等,無一不涉及蕃地,臺灣將來事業,盡在蕃地。今欲在蕃地經營事業,首先須使蕃人服從我政府。」[270] 臺灣總督府繼承了清代的隘勇制,建立隘寮,不准土著居民隨意下山,進行分隔和控制。他們還以強制手段迫使土著居民改變生活方式。此外還以軍隊和員警為主力,發動了一次又一次的「大討伐」。1896 年,對高雄阿斯本社和臺中丘則卡斯社的鎮壓,1899 年,對花蓮太魯閣社的鎮壓,均遭猛烈抵抗,日軍被迫收兵。在 1900 年後的連續十餘年中,大嵙崁土著居民抵抗前來鎮壓的殖民軍警,使日本殖民當局受到重大損失。1911 年,殖民者試圖收繳北勢居民的槍支彈藥,在遭到拒絕後,日人出動大批軍警進行鎮壓,但遭到頑強的抵抗而接連受挫。1910 年開始實施「五年討蕃計畫」,出動全島大部分軍警分路合擊,一面強制收奪槍支,另一面對反抗者進行殘酷鎮壓。如 1911 年出動 2,000 餘員警圍剿馬利可宛居民,1913 年出動 3,000 餘人進攻奇那濟等。該計畫耗費 1,600 余萬元,付出 2,700 餘人傷亡的代價,終於依靠帶血的刺刀在山地站住了腳跟。腥風血雨剛過,日本殖民

---
[268]《臺灣社會運動史》第一冊,創造出版社,1989 年版,第 2—3 頁。
[269] 葉榮鐘.《林獻堂先生年譜》,收入《臺灣人物群像》,時報文化出版,1995 年版,第 160 頁。
[270] 伊能嘉矩.《臺灣番政志》(二),臺灣叢書譯文本第 4 種,臺灣省文獻會,1957 年版,第 630 頁。

第三節 民族抵抗的社會運動

者即大肆掠奪樟腦、林木等山地資源，迫使土著居民為其效力。

為了掠奪山地資源，日本殖民者頒佈《官有林野取締規則》，將山地收歸官有，土著居民由此失去了世代採集、狩獵的場所。總督府頒佈的《樟樹造林獎勵規則》規定，制腦業資本家可無償獲得土地試種樟樹，成功後無償取得土地所有權，這就為日本資本大舉侵入山地打開了方便之門。在殖民當局的扶持下，日本資本在臺灣山地建立了大批樟腦園、茶園、熱帶作物種植園、咖啡園，開發礦山、砍伐優質木材，進行肆無忌憚的經濟掠奪。同時他們還廉價徵用少數民族人民的勞力，修築公路、水渠、鋪設橋樑，少量的工資還不時遭到員警的無理克扣。同時，為了監視土著居民，防止反抗事件的發生，在山地建立了龐大的員警監控體系，約 20 名土著居民即配有一名警察，山地員警集軍、警、政、教於一身，人稱「草地皇帝」。殖民當局還百般誘迫組織「頭目勢力者會」、「家長會」等，企圖利用各部落首領達到「以蕃治蕃」的目的。此外，日本殖民者開設的山地交易所，更是控制當地人民的有力工具，它不僅廉價購入土特產品，高價出售工業製成品，從中牟取暴利，而且利用手中的鹽、米、彈藥等配給品，對不滿日本殖民統治的村社予以限制乃至斷絕供給。[271] 此外還開設番童教育所，由員警擔任教師，教授日語和修身等課目，進行殖民奴化教育。

然而，備受欺凌的土著居民並沒有在殖民者的淫威面前屈服，他們為了自身的生存權利和民族利益，一直開展著不屈不撓的鬥爭，這種鬥爭的突出表現，即是 1930 年 10 月的霧社起義。

霧社泰雅居民有著光榮的反侵略傳統，在日本據臺初期，他們就多次起來武裝反抗日軍的鎮壓和武器收繳行動。20 年代，日人為開發臺灣山地水電、林木資源，大批強征霧社居民從事伐木、築路和運輸等勞役，而所付工資卻僅有其他地區的一半，並且常受員警的克扣，當時有人揭露：「令蕃人工作，每日工資二十五錢，但員警只付給蕃人十五錢，其他則飽入私囊。」[272] 日本員警還常玩弄泰雅婦女，嚴重侵害了當地同胞的人格尊嚴。1930 年開始

---

[271]《帝國議會貴族院委員會速記錄》明治篇 17，第 22 回議會（明治 38 年），東京大學出版會，1987 年版，第 228 頁。
[272] 喜安幸夫.《日本統治臺灣秘史》，武陵出版社，1984 年版，第 198 頁。

第六章 日本統治的 50 年

的五年蕃地開發調查，計畫遷移土著居民，奪取其土地為日本資本服務，使得霧社居民感到莫大的生存威脅。積聚已久的怒火和仇恨，終於爆發了。

第四節 殖民統治的強化與戰時反日活動

一、戰時經濟統制

1930 年代，經濟大恐慌籠罩著整個資本主義世界，日本也不例外地被捲入，這時，日本軍國主義確定了侵略中國和太平洋地區的南進政策，臺灣遂成為南進的跳板。向來為日本提供米、糖的經濟政策開始被修正，轉向以軍需產業為重點的「工業化」。這個「工業化」給殖民地經濟結構帶來了某些變化。

早在戰前，就出現了新興工業的萌芽，包括合金鋼、化肥、煉鐵、機械、石油化工等工廠。日本政府在發動侵華戰爭後，於 1938 年 5 月頒佈了「國家總動員法」，它也適用於臺灣。總督府不但根據「總動員法」對米、糖生產進行統制，同時還統制資金、人力，以適應其「工業化政策」。

所謂「工業化政策」，基本上是軍國主義所要求的軍需現代化。1941 年 10 月，臺灣總督府召開有官方及金融產業界代表人物參加的「臨時臺灣經濟審議會」，確立了臺灣工業化的構想，工業化所必需的各項基礎工作是：發展電力工業、開發煤炭資源、建立工業區、確立必需的科研機構、確保勞動力、物資和資金的供給。需要發展的工業，有制鐵、機器、造船、化學肥料、水泥、碳化、紙漿、制油、鹵化、天然氣利用等。太平洋戰爭爆發後，日本因其存放在英美的資產被凍結，同時因對美國等貿易中止，精密機械等重要物品進口來源中斷，需要對其本國及殖民地的產業結構徹底修改、重新部署，以實現其「包容大東亞的自給自足經濟」。根據 1942 年 1 月所謂「日滿支第二次生產擴充五年計劃案」，日本本國將重點放在船舶、工作母機、重要機械、汽車、有色金屬部門，臺灣則將重點放在發展以煉鋁為重點的電氣

第四節 殖民統治的強化與戰時反日活動

化學工業部門。

工業化主要是由日本壟斷資本投資的。不少新興財閥都來臺灣投資,如日產、日曹、鐘淵、東洋重工等康采恩資本投資於化學、肥料、水泥、重工業等部門。本地日系中小資本也有相當成長。作為「國家資本」的臺灣拓殖公司,投資更是遍及島內各地,對推進工業化發揮了主導作用。

殖民當局為了在島內籌措資金,首先是採用加稅和通貨膨脹等辦法。早在 1931 年「九一八事變」後,就以「事變處理」為名,增加了「臨時利得稅」(1935 年 4 月適用於臺灣),接著有「支那事變特別稅」,該稅於 1943 年 3 月改為「臺灣大東亞戰爭特別稅」。40 年代,臺灣銀行貸款額年年大幅增加,貸款額已超出存款額的二倍,實則就是依靠發行鈔票。此外,臺灣的所有金融機構都必須認購日本國債。認購數額從 1937 年的 10,300 萬元到 1942 年增至 27,900 萬元,超過全島金融機構存款額的 50%。自 1941 年 4 月開始,一部分日本國債被允許作為銀行準備發行鈔票的擔保。隨著鈔票發行的增加,日本國債也累積式地增加,加速了通貨膨脹。為避免通貨膨脹的惡性循環,當局在「皇民化運動」中實行強制儲蓄,其目標額從 1938 年的 5,000 萬元增加至 1944 年的 7 億元。此外,當局還實行「繳出黃金運動」,即強制購買民間黃金,1938—1939 兩年中,當局就購買黃金達 6,700 萬元。籌集來的資金大部分根據當局的意圖直接貸給選定優先發展的工業部門,金融機構的融資,也都按總督府的規定流向指定的企業。這表明「臺灣人的資本是被殖民政府導引的銀行所動員而為日本資本效力的」。[273]

除了金融統制,還實行了人力統制。戰前,臺灣企業中的技術人員和熟練工人均來自日本,本地人多為非熟練工。推行工業化政策後,許多新企業成立,且日本自身人力資源緊張,「原本仰賴內地(日本)供應的高級中堅技術人員開始不足,接著因爭奪熟練工,無經驗者的投入,加上薪資高漲勞動者各處移動,以致工作效率降低,本島產業界也逐漸出現勞務狀況的紛爭」。[274] 為此,當局制定了「學校畢業者使用限制令」,統籌管理,以確保高

---

[273] 南方朔.《日據時期臺灣的階級結構》,載《夏潮論壇》1984 年第 6 期。
[274] 小林英夫.《1930 年代後半期以後的「工業化」政策》,載《臺灣史料研究》1993 年,創刊號。

第六章 日本統治的 50 年

級技術人員的需求。從 1939 年開始，又制定「國民職業能力申告令」、「從業者移動限制令」、「薪資統制令」、「青少年雇用限制令」、「勞務調整令」，1944 年 7 月以後，更採用了「國民徵用令」。這些法令的目的，就是要培養熟練工，但在實行中卻不重「技術教育」，而重「精神教育」，「培養這些人所謂的日本人性格，即使被毆辱、踢打也不會有民族糾紛」。此外，殖民當局還徵調大量勞力應用於電力設施、港灣、道路建設等部門，他們中許多人還被派到大陸和南洋戰場參加戰鬥和其他輔助工作。

此外，從 1939 年開始實行「臺灣米穀出口管理令」，即所謂「米專賣」，後來也對糖、地租、地價等進行統制，對農業經濟實行全面的支配。

戰時經濟統制大致可以劃分為三個階段。

第一階段為 1931—1935 年。隨著日月潭水電工程的完成，新興工業開始發展。日月潭水電廠 1934 年竣工，生產大量低廉電力，因此耗電巨大的煉鋁、煉鋼、化學工業得以發展。其他如蔗渣利用工業、火柴工業、造船業、汽車製造業均有設立，改變了以前單一製糖的工業狀況。在農業方面，殖民當局在限制米、糖生產同時，開始鼓勵發展棉花、麻類、小麥、水果、咖啡、薯類、可哥等生產，並相應發展這些農產品的加工業。

第二階段為 1936—1940 年。殖民當局繼續發展電力工業，興建了一些水電廠，在電力充沛條件下，利用海外資源發展冶煉、化肥、水泥、橡膠等工業。新辦的工業有紡織工業與機械製造工業。機械製造為軍事部門製造通訊器材、裝甲車、精密測量儀器、造船等。紡織工業很大程度上也是適應戰時需要，而且用的是從日本移入的舊設備。

第三階段為 1941—1945 年。太平洋戰爭期間，由於運輸困難，日本殖民當局被迫利用臺灣本島資源，集中人力物力發展鋼鐵、輕金屬、煤炭、水泥、肥料、酒精等工業。在這一階段中，水泥、堿、電力、酒精、紙、磷酸鈣等產量均達歷史上的最高峰。農產品加工工業則因戰爭而銷售困難，逐年減產。

經濟統制的實施，使得日本資本和本地資本全部被強制編入戰時體制，

第四節 殖民統治的強化與戰時反日活動

人力、物力的總動員，嚴重限制了民間資本的活動空間，削弱了他們的經濟實力和自主性。一般估計，工業化政策實施的結果只達到其預定目標的三成左右。以 1944 年而論，鐵塊、海綿鐵產量為 12,000 噸左右，以電氣精煉的合金鐵約 12,000 噸，均為目標額的三成左右。鋁為 9,000 噸，約達目標額的四成左右。

臺灣現代產業完全被日本資本所控制，戰時的工業化和經濟統制更是為日本軍國主義的「南進政策」服務的。「臺灣經濟是在日本資本主義統治下進行殖民地開發的。其成就的根本意義是對日本資本主義的貢獻。」[275]

二、統治的強化與皇民化運動

1937 年盧溝橋事變後，日本帝國主義發動全面侵華戰爭，繼而於 1941 年底發動太平洋戰爭。臺灣作為日本的南進基地，在對華南和東南亞擴張戰略中發揮著日益重要的作用。這時中日戰爭的全面爆發，給臺灣社會帶來了強烈震動，反日的所謂「非國民言行」四處出現，殖民者對臺灣人民的思想動向傾注了極大的關注。臺灣總督小林躋造曾說：「臺灣無論在政治，經濟和國防上都與我國有重大關係，倘若此地居住的日本人（按：指臺灣人）沒有作為日本人應有的精神思想，惜力謀私，僅披著日本人的假面具，政治、經濟方面暫且不論，國防上便如坐在火山口上。」因此，必須盡力使臺灣人成為「真正的日本人」。[276] 為此，日本殖民者進一步強化了在臺灣的統治。

以前，日本殖民者以「內地延長主義」為施政方針，進行同化宣傳。日本發動侵華戰爭以後，國內軍部法西斯勢力日益膨脹，臺灣軍部勢力也不斷擴大。他們針對當時臺灣民眾傾向祖國的民族情緒，指責臺灣總督府同化政策的軟弱，主張實施全民動員，強化統治。首先，確保在臺日本人的主導地位，重要機關部門均由日本人掌握，甚至提出在臺日人「員警化」的口號，加強對人民的監視和防範；其次，敦促總督府強化對社會的全面控制，強化

---

[275] 隅谷三喜男等．《臺灣之經濟》，人間出版社，1993 年版，第 25—26 頁。
[276] 戴國煇．《臺灣與臺灣人》，東京研文堂，1980 年版，第 208 頁。

第六章 日本統治的 50 年

保甲組織,把戰爭的動員落實到基層。[277] 臺灣軍司令親自威脅林獻堂等人,停止議會設置運動;軍部還公然叫囂對臺灣人民的「非國民言行」進行鎮壓。[278] 軍部法西斯勢力與右翼分子相勾結,使殖民統治日趨強硬。

這時,臺灣軍司令部設在臺北。在戰爭期間,臺灣軍曾編成波田支隊、飯田支隊、第 48 師團等赴大陸各地屠殺中國人民。在太平洋戰爭中,臺灣更成為日軍的基地和轉運中繼站。1941 年 12 月 8 日這一天,從高雄、臺南兩個基地起飛的日本陸上攻擊機、戰鬥機就有 197 架。日本的「臺灣軍」還成為進攻菲律賓和印尼的主力。[279] 臺灣作為日本南進軍事基地的地位日益突出。

為了使臺灣人為日本的侵略戰爭效力,殖民者推出了一個企圖使臺灣的人和地「都成為皇國的真正一環」的皇民化運動。這個運動大致可分為兩個時期。1937—1940 年為國民精神總動員時期。1937 年 9 月,臺灣總督府通過國民精神總動員實施綱要,重點即在於「確立對時局的認識,強化國民意識」。通過舉辦各種活動,企圖從思想上消除臺灣人民的祖國觀念,灌輸大日本臣民意識。1941—1945 年為皇民奉公運動時期,主旨在徹底落實日本皇國思想,驅使臺灣人為日本帝國盡忠。臺灣人民被迫參加各種奉公會團體。透過層層網路,日本殖民者將運動推向臺灣社會的最基層。

皇民化運動的目標既在於將臺灣人同化為日本帝國的「忠良臣民」,故破壞中華文化,灌輸大和文化及「忠君(天皇)愛國(日本)」思想便成為該運動的核心內容。首先,強制普及日語,不准使用漢語和地方方言,否則處以罰款。還在各地設置了眾多的日語講習所。據臺灣總督府統計,1937 年日語普及率為 37.8%,1940 年為 51%,1944 年則為 71%。其次,生活方式強制日本化。在全島大力推行神社崇拜,民間供奉的神明集中焚毀,不許奉祀。臺灣人世代相傳的祖先崇拜被伊勢大神宮的大麻奉祀取代,傳統的中元、春節亦遭禁止,家庭中更要設置日式風呂(澡盆)、榻榻米等。同時,迫使臺灣人改用日式姓名,試圖使人們「在不知不覺中感受皇民意識」,從而達成日

---

[277] 洪秋芬.《臺灣保甲和「生活改善」運動》,載《史聯雜誌》1991 年第 19 期。
[278] 近藤正巳.《對異民族的軍事動員與皇民化政策》,載《臺灣近現代史研究》1988 年,第 6 號。
[279] 劉鳳翰.《日軍占領臺灣期間軍事活動》,臺灣史學術討論會論文,江西廬山,1995 年 7 月。

第四節 殖民統治的強化與戰時反日活動

本化。[280]再次,強化皇民思想教育。在學校,強迫學生接受日本國民訓練,醜化中國,抹滅學生的故國觀念,提倡敬仰天皇,瞭解「皇國對東亞及世界之使命」,以期樹立「忠君愛國」觀;培養兇猛、好勝、服從、勇敢的日本式國民性格。在社會上,則進行兵役預備訓練和國民精神訓練,還開展崇敬日本國旗、學用日語、宣講時事等活動。在文學藝術領域,作家和刊物受到控制,人們被迫從事皇民文學創作,傳統的布袋戲、歌仔戲被禁演,所謂的皇民劇則盛極一時。

日本殖民者還組織各個行業的奉公團,在全島展開所謂獻金報國、儲蓄報國運動,發行公債,分派軍事費,以各種花招榨取臺灣人民的膏脂。同時,為彌補人力資源的不足,日本殖民者將大批臺灣人送上前線充當炮灰,1943年,實施陸海軍特別志願兵制,1945年,實行徵兵制,土著居民同胞則被編入所謂高砂義勇隊,送往南洋叢林地帶作戰。此外,被征為軍夫的民眾為數更多,據日本厚生省戰後發表的資料,臺灣籍軍人軍屬和軍夫有207,183人。

這一切皇民化運動的措施,往往在「內臺如一」、待遇平等之類的口號下進行,為此,他們也採用一些手段,籠絡臺灣上層人士,企圖消除臺灣人視日本人為「非我族類」的心態。但是,這些措施「無論任何一項,都不外是為了因應原原本本的侵略戰爭,希望把臺民改造成日本皇民的既傲慢且任性利己的行徑」。[281]

皇民化運動造成了人們心靈的創傷。一部分人對祖國歷史文化缺乏了解,而對日本卻有好感。甚至出現了一批日本殖民統治的「協力者」和親日派,他們有的在臺灣為日本帝國主義效力,充當他們的走狗,受到廣大人民的唾棄;有的在偽滿、汪偽政權中,以通達日語的「二等日本人」身份,做日本的爪牙。[282]也有的是在殖民統治高壓下,為了生存,而被迫為日本人服務的。他們多數擔任基層的保正、保甲書記、街莊役場(公所)等職務,除極少數為虎作倀者外,多數人一面替日人工作,一面為臺人說話。在這種情

---

[280] 同上。
[281] 戴國煇.《臺灣總體相》,遠流出版,1989年版,第86頁。
[282] 戴國煇.《臺灣總體相》,遠流出版,1989年版,第87頁。

第六章 日本統治的 50 年

況下,他們「暗地裡只有祈求神明庇佑,使日本早日戰敗,回歸祖國。及至轟炸日烈,日本節節敗退的消息傳來,本島住民對回歸祖國的願望愈高,信心愈強」。[283] 這可以說是這部分人心態的真實寫照。

更多的人是屬於被稱為「亞細亞孤兒」的民眾,他們受日本的教育、懂得日語,可是仍然被日本人視為二等公民,一旦發出不滿的言論,就會受到「滾回支那去」的斥責;而在大陸的一些地方,卻因為他們的日本籍,往往被懷疑可能是日本人的奸細,甚至被集中監視居住。「亞細亞孤兒」是日本殖民統治留下的歷史的傷痕,他們的處境和心情理應得到人們的同情和理解。

三、人民的抵制和抗爭

皇民化運動引起臺灣人民的抵制和反抗。臺灣人民以堅持民族氣節為榮,有一位作家講出了當年臺灣知識份子的心情:「堅持我們漢家兒女的傳統精神,不被日本人同化而為日本皇民,乃是我們不可否認的原則。……在日本人的淫威之下總能像蘇武在北海,一定能克服多種艱難而勇敢地苦守中華兒女的氣節。」[284] 有的臺灣人士指出:「在日本人強暴的統治下,度過了艱辛苦難的五十年之後,我們全體臺灣人民終以純潔的中華血統歸還給祖國,以純潔的愛國心奉獻給祖國。」[285] 連日本人也不得不承認,皇民化並不成功,末任總督安藤利吉說道:「如果統治真正掌握了民心,即使敵人登陸,全島化為戰場,臺灣同胞也會協助我皇軍,挺身粉碎登陸部隊。真正的皇民化必須如此。但是,相反的,臺灣同胞萬一和敵人的登陸部隊內應外通,從背後偷襲我皇軍,情形不就極為嚴重?而且,據本人所見,對臺灣同胞並無絕對加以信賴的勇氣和自信。」[286]

中國抗日戰爭爆發以後,臺灣島內民間傳聞便沸沸揚揚,心繫祖國的臺灣同胞相信:國土面積廣大而人口眾多的中國,必將打敗日本,並乘勝收復臺灣。一些人準備組織民眾起來回應,一些人向日本警察局投匿名信,還有

---

[283] 蔡慧玉采寫.《保正、保甲書記、街莊役場——口述歷史之二》,載《臺灣風物》第 44 卷第 2 期。
[284] 巫永福.《風雨中的長青樹》,中華書局,1986 年版,第 62 頁。
[285] 楊肇嘉.《楊肇嘉回憶錄》,三民書局,1977 年版,第 4 頁。
[286] 王育德.《苦悶的臺灣》,東京弘文堂,1964 年版,第 136 頁。

第四節 殖民統治的強化與戰時反日活動

一些人則暗地收聽祖國廣播,並予以宣傳。甚至在日人為慶祝某一戰役勝利而舉行提燈遊行時,故意將「萬歲」喊成閩南語的「放屁」以示蔑視。無怪乎臺灣軍司令稱:「島人(即臺人)陽表忠順,而陰懷不逞,常有非國民之言行。」[287]

當時漢語雖然被禁止使用,但民眾仍在暗中學習,日據末期尚有不少民眾延聘教師教授中文。衝破重重阻力一直生存下來的漢學書房,至 1943 年才因總督府強行禁止而關閉。人們在公開場合不得不說日語,但在家中大多還是以臺灣方言(主要是閩南話)交談。民族運動領導者林獻堂便是終身不學日語,以示不屑與同化論者同流合污之高風亮節。

更換日式姓名運動也受到相當的冷遇,1940 年 2 月至 8 月間,僅有 168 人改名。改姓名者多是公務員、公賣品出售者,他們迫於切身利益不得已而為之。但其所創姓氏,亦不顧「不得使用今姓所源之中國地名為姓」的禁令,大多帶有濃厚的民族色彩。如姓陳改為穎川、姓黃的改為江夏等,以示對祖國故地的懷念。針對日本殖民者不許祖先崇拜以防臺人祖國意識滋長的圖謀,許多人「在日寇壓力重重之下,毅然出面領導,不為所屈」。有的「仍能與諸宗循時序佳節,維持集會於不墜,因是而被日本人嫉忌國族之團結,迭次迫令解散,族人不為所屈,雖一時陽示解體,而實愈堅強也」。[288] 改中國傳統的寺廟神明奉祀為神社天照大神奉祀,是日本殖民者致力推動並大肆吹噓的同化活動之一。然而,臺灣人民多將神像偷偷藏起或只在神案上多擺一副天照大神牌位做個形式而已。一些臺灣同胞說:「上面叫我們拜,所以才拜。」、「上面要我們早晚拜它,所以我們拜它,但不知道是什麼意思。」[289]

此外,本地籍教師往往團結排斥日本色彩濃厚的教員及相關教學活動。在漢文被禁的情況,仍有作家在《臺灣文學》雜誌翻譯介紹祖國大陸作品。一部分作家還不顧白色恐怖進行反戰小說創作,如吳濁流便冒著危險暗中寫作《亞細亞的孤兒》一書。

---

[287] 葉榮鐘.《臺灣人物群像》,臺北帕米爾書店,1985 年版,第 256 頁。
[288] 陳小沖.《日本據臺時期的同化政策及其失敗》,收入《同祖同根源遠流長》,海峽文藝出版社,1993 年版。
[289] 鷲巢敦哉.《臺灣皇民化之諸問題》,載《臺灣時報》1939 年 12 月號。

第六章 日本統治的 50 年

　　由於 1937 年以後日本加強對殖民地反抗運動的取締，臺灣抗日的社會運動基本上結束了。「此後的抗日運動，都屬於零星事件，而無法形成一股力量和潮流。」[290]因此有組織的抗日事件很少發生，1941 年的東港事件、1944 年的瑞芳抗日軍事件和蘇澳漁民事件，都遭到殘酷的鎮壓。儘管在日本殖民者的高壓下，臺灣人民難以進行大規模的反抗鬥爭，但他們在思想文化乃至生活等各個領域的反皇民化鬥爭，都體現出不屈不撓的民族精神。

　　在戰爭期間，許多臺灣同胞在大陸參加祖國的抗日鬥爭。他們組織了臺灣革命青年大同盟、臺灣革命民族總同盟、臺灣獨立革命黨等，但由於力量分散，不利於抗日活動的開展。1940 年 3 月，各抗日團體聯合組成臺灣革命團體聯合會，該會的宣言闡述了臺灣與祖國的關係，決心集合臺灣抗日勢力，協助祖國抗戰，並推翻日本在臺灣的統治。1941 年，該會改名為臺灣革命同盟會，團結臺籍志士達千人以上。開羅宣言發表後，該會更積極配合收復臺灣的準備工作，發行《臺灣民聲報》，就戰後臺灣地位問題提出建言。

　　在祖國東南沿海，以李友邦為領導的臺灣義勇隊和臺灣少年團，積極從事「對敵政治，醫務診療，生產報國，宣慰軍民」的工作，得到抗戰軍民的高度評價。義勇隊出版的《臺灣先鋒》《臺灣青年》及抗日叢書等，為宣傳抗戰、促進臺灣人民族意識的高漲、幫助大陸同胞瞭解臺灣等方面，發揮了積極的作用。1941 年日軍偷襲珍珠港以後，「在臺灣強迫徵召軍夫、通譯、海軍工具、學徒兵、護士等，並實施所謂志願兵制，驅使臺灣同胞前往中國大陸、日本或南洋各地前線充當炮灰」。從 1941—1943 年，被迫參加海南島作戰的臺灣同胞近 20 萬人，後來有不少人起義投誠，參加抗日。[291]臺灣同胞的抗日反戰以及參加祖國的抗戰，充分顯示出臺灣人民作為中華民族一分子，在民族危亡的緊要關頭，與祖國人民同生死共患難的英勇精神，他們的鬥爭，為抗戰的勝利、臺灣的光復做出了積極的貢獻。

---

[290] 張炎憲．《日治時代臺灣社會運動分期和路線的探討》，載《臺灣風物》第 40 卷 2 期。
[291] 陳顯忠．《抗戰時期海南島的陣前起義》，載《史聯雜誌》1985 年第 6 期。

第七章
當代臺灣

第一節 臺灣光復

一、光復與接收

　　1945年，中國人民經過八年全面抗戰，終於打敗了日本侵略者，取得了抗日戰爭的偉大勝利。從此，臺灣擺脫了日本帝國主義的殖民統治，重新回到祖國的懷抱，這是中國歷史上的一個重大事件。

　　早在1943年11月，中、美、英三國簽署的《開羅宣言》就指出：「三國之宗旨在剝奪日本自1914年第一次世界大戰開始以後在太平洋所奪得或占領之一切島嶼，在使日本所竊取於中國之領土，例如滿洲、臺灣、澎湖列島等，歸還中國。」1945年中、美、英三國簽署（後蘇聯參加）的《波茨坦公告》重申「開羅宣言之條件必將實施」。1945年日本投降時，正是根據以上規定，《日本投降條款》才這樣寫道：「茲接受中美英三國共同簽署的、後來又有蘇聯參加的1945年7月26日的波茨坦公告中的條款。」1945年8月29日，即日本投降後不到半個月，設在重慶的國民政府下令設立「臺灣省行政長官公署」，任命當時任陸軍大學校長的陳儀出任臺灣省首任行政長官。10月25日，臺灣省行政長官兼警備總司令陳儀在臺北市公會堂（後改名為

第七章 當代臺灣

中山堂），接受日軍第 10 方面軍司令長官安藤利吉的投降。陳儀宣告：「自即日起，臺灣及澎湖列島已正式重入中國版圖。所有一切土地、人民、政事皆已置於中國主權之下。」至此，被迫割讓 50 年又 156 天的臺灣省，重歸於中國主權的管轄之下，臺灣人民恢復了中國國籍。全省同胞熱烈慶祝臺灣光復，家家戶戶張燈結綵，街頭上鑼鼓喧天，鞭炮震耳，男女老少興高采烈，滿懷著幸福的憧憬。

　　光復時的臺灣面臨著一系列問題：在經濟方面，由於受到戰火的摧殘，工業廠礦、港口、船塢毀壞過半，電力設施處於半癱瘓狀態；農田水利、交通運輸體系也都受到不同程度的破壞。有關民生的工農業生產基本上處於停頓狀態，生活物資匱乏。當時農業就業人口約占就業總人口的 46%，而 1945 年稻米生產量卻只有 64 萬噸，比全省最低消費量還少 22 萬噸，出現嚴重米荒。工業生產只能勉強維持，發電量以及肥料、水泥產量都只達以往的 1/3。臺灣產品由於失去日本市場，對外貿易陷於停頓。生產衰退，百業凋敝，人民生活水準顯著下降。

　　在政治方面，國民黨當局不敢起用抗日臺胞中的人才，所依賴的是從大陸調來的官員和從大陸回臺的「半山」，所以，臺灣民眾所面對的是他們所陌生的新的統治者。臺灣民眾由於不瞭解大陸的政治經濟情況，不知道當時中國正處在大地主、大官僚、大買辦的統治下，而對號稱「五強」之一的中國懷有過分的期待，以為從此可以當家作主、揚眉吐氣了，一旦發現新的統治者存在許多問題，便感到失望，甚至認為今不如昔；而新的地方當局所面對的則是他們所陌生的經過日本統治 50 年的臺灣民眾，其中有愛國的人民，也有受日本帝國主義皇民化政策影響的「士紳」和民眾，還有與日本人關係密切的人們以及所謂「殖民地菁英」。新來的官員們對於臺灣受到日本影響的一切觀念和習性感到非常不適，一律當作是「奴化」的表現，他們往往以統治者的姿態出現。雙方都缺乏必要的瞭解，因此，臺灣人民與從大陸去的官員之間的矛盾就很難避免了。

　　陳儀出任臺灣行政長官以後，「其治臺策略，主要系靠特殊化的行政體系

第一節 臺灣光復

加上全面性的經濟統制，二者相互為用」。[292] 基本施政方針是：第一，在臺灣實行行政長官公署制度，由長官掌握行政軍事一元化的權力，這本來是他和當時一些臺籍人士共同設計的，其目的是避免大陸各省事權分散、牽制過多的弊病，以便集中權力，提高辦事效率。第二，實施統一接收，全面掌握日本機關和人員的財產，不讓其他勢力介入，以確保臺灣的財政基礎。第三，保持幣制穩定，力圖防止大陸通貨膨脹的影響。但是在實施過程中，發生不少問題。

首先，長官公署「從名義上、體制上予臺灣同胞以不愉快之觀感」。因為它實行的是一種集全省行政、司法、立法、軍事大權於一身的獨裁專制統治，與大陸內地各省實行不同的制度，本地人很難取得從政或參與政治的機會，當時還留用了一批日本官吏和員警，容易令人想起日據時代的總督府，因而引起人們極大的不滿，加上官吏的貪污腐敗、軍警的橫行殘暴，使接收變成為「劫收」，這就為不久後的社會動亂埋下了禍根。

在接收和處理日本資產方面，先後共計接收的日產企業（包括日臺合辦企業）860個，其中日本人支配（即日籍資本過半）的企業為775個，臺灣人支配的企業85個。在處理上，臺籍資本支配的企業原則上賣給民間；對日籍資本支配的376個規模較小的企業則進行出售或預定出售，其餘399個大型企業實行公營，其中有19家企業由國民黨臺灣省黨部接收。戰前日本人在臺灣的獨占企事業，戰後幾乎全部以「國家資本」的形式為國民黨政府接收，這些資產幾乎壟斷了臺灣產業、金融、貿易等各個領域，特別是官方擁有的公有土地占臺灣全部耕地的60%—70%，其產值在1947年占了臺灣工礦業生產總值的70%。臺灣當局還成立了貿易局和專賣局，獨攬內外貿易和菸酒專賣的權利，這也和當地私人企業的利益發生衝突。

在建立獨立的貨幣金融體系方面，鑑於臺灣的特殊性，南京當局決定不在臺灣實行法幣制度，而是由臺灣銀行發行新幣（即舊臺幣），作為臺灣地區通行的貨幣。凡是新幣的印製、發行、新幣與舊幣之間的匯兌比率及期限，均由臺灣銀行獨立辦理，中央銀行只是在臺灣派駐監理人員，對其業

---

[292] 鄭梓.《戰後臺灣的接收與重建》，新化圖書，1994年，第207頁。

第七章 當代臺灣

務進行監督。這項重大舉措,大大減少了當時大陸嚴重的通貨膨脹對臺灣的衝擊,並使臺灣執政當局便於籌措和掌握資金來源,能夠更加有效地配合經濟重建。

二、「二二八事件」

接收中的問題日益嚴重,新的統治者缺乏經營現代產業的能力,臺灣同胞對此已經有相當強烈的反映。1946年10月蔣介石巡視了臺灣,他發表談話說:「中正此次來到臺灣,看到臺灣復員工作已經完成80%,衷心甚為欣慰。……一般經濟事業都能迅速恢復,人民都能安居樂業,以臺灣的交通經濟以及人民生活情形,與內地尤其是東北華北比較,其優裕程度,實不可同日而語。」[293] 可是臺灣的實際情況卻遠非如此。工人失業,城市居民破產,大量走私,米糧外溢,糧食恐慌,物價飛漲,民眾掙扎在貧困線上,則是臺灣當時的真實寫照。壟斷性的經濟統制政策,也使工商業者得不到發展的機會。貪污大案層出不窮,政治腐敗日益加劇,並且沒有任何改善的希望。光復才一年多,臺灣民眾對國民政府的期望已經變成失望。有人在舊總督府的大門上掛了一幅「狗去肥豬來」的漫畫,[294] 反映了人民的不滿情緒。「二二八事件」就是在這種環境下發生的。1947年2月27日,臺灣省專賣局緝私人員和員警在臺北市南京西路「天馬茶坊」附近查緝私菸時,蠻橫地用槍管將女菸販林江邁打得頭破血流,並且打死了圍觀的群眾陳文溪。在場群眾憤憤不平,湧到警察局和憲兵團,要求嚴懲兇手。他們的要求沒有得到滿意的答覆。2月28日,更多的群眾圍攻了專賣局。下午,四五百名群眾湧向行政長官公署請願,衛兵公然向徒手群眾開槍射擊,打死打傷幾名民眾。[295] 事後,陳儀宣告實行戒嚴,軍警巡邏市區,打死不少民眾。這時整個臺灣已經失去了控制,臺北民眾罷工、罷課、罷市,全島各縣市都出現了抗官與排外(省)事件,人們衝擊警察局和專賣局等部門,甚至阻止正常交通運輸、搶劫軍用倉庫、燒毀公營機構、釋放在獄犯等,也發生盲目毆打外省人的暴力事件。3

---
[293] 陳鳴鐘等.《臺灣光復和臺灣光復後五年省情》。
[294] 同上書,下冊,第565頁。
[295] 死傷人數說法不一,無法確定。見賴澤涵總主筆.《二二八事件研究報告》,時報文化,1994年版,第54、263頁。

月2日，臺北民眾成立「二二八事件處理委員會」，這個機構曾經扮演了民眾代言人的角色，就事件的處理和政治的改革向行政長官公署進行交涉。3月7日，處理委員會提出「三十二條要求」，比較全面地反映了當時臺灣各界民眾有關民主與地方自治的要求。但是處理委員會的成員比較複雜，內部各方勢力發生衝突，還有一些特務、流氓混跡其中，致使政治目標不斷提高，甚至要求接管長官公署，終於遭到官府的鎮壓。

南京國民黨政府接到陳儀有關這一事件的報告後，無論是蔣介石，還是其他高層官員，都認為要以叛亂案處理，派出軍隊堅決鎮壓。3月8日和9日，憲兵第4團和整編21師先後在基隆登陸，進駐臺北。在國民黨殘酷鎮壓下，「二二八事件」以失敗結束，處理委員會被當作非法組織而遭到解散，被列為「叛亂首要人犯」者都被逮捕或處死。17日，蔣介石派出當時任國防部長的白崇禧到臺灣，「宣慰視察」。3月間進行收繳槍支和「肅清參與分子」的清鄉工作。4月24日，國民黨政府下令改組臺灣行政長官公署為省政府，由魏道明接替陳儀出任臺灣省首任省主席。

「二二八事件」是一次人民民主自治運動，其主要要求是進行政治改革，剷除專制與貪污腐敗現象，實行地方自治。可是國民黨當局卻不能容忍，他們把這個事件加上「企圖顛覆政府，奪取政權，背叛國家」的叛亂罪名，進行殘酷的鎮壓。在事件程序中，許多臺灣知名人士和大批民眾被殺，死亡人數至少有幾千人。與此同時，還有不少人被逮捕或失蹤，或逃亡。[296]許多老一輩臺籍菁英受到摧殘，從此，「臺灣進入一段很長很長的政治冬天」，[297]臺灣人民與國民黨當局之間、本省籍與外省籍之間產生了嚴重矛盾與隔閡，給當代臺灣政治生活留下了陰影。所以，「二二八事件」是臺灣當代史上一個有重大影響的歷史事件，它所造成的「二二八情結」，至今在臺灣政治生活中仍然有著一定的影響。

---

[296] 死傷人數說法不一，無法確定。見賴澤涵總主筆.《二二八事件研究報告》，時報文化，1994年版，第54、263頁。
[297] 黃富三.《「二二八事件處理委員會」與二二八事件》，載賴澤涵主編《臺灣光復初期歷史》，「中研院」中山人文社會科學研究所，1993年。

第七章 當代臺灣

三、戰後臺灣經濟、文化的重建

農業生產的恢復是戰後臺灣經濟重建的重點。當時臺灣官方採取重新整治農田水利、加強化肥供應、調整土地關係等措施，使遭到戰爭嚴重破壞的農業生產力逐漸得到恢復。到 1947 年，全省受戰爭和自然災害破壞的農田水利設施基本修復，河患的防治與農田水利工程的建設進一步加強，農田灌溉面積有所增加。化肥產量也逐年增加，部分緩解了「肥荒」問題。

在工業生產方面，製糖工業是日據時期的重要工業部門，1939 年，年產量曾高達 140 余萬噸。光復之初，受戰火重創的製糖工廠達 34 家，1945—1946 年度全省有收穫的蔗田僅 3.3 萬公頃，年產糖 8.6 萬噸。1946 年 5 月當局將接收自日本人的四大製糖會社組成臺灣糖業股份有限公司，壟斷了島內的製糖工業。臺糖公司成立後，鼓勵蔗農增加甘蔗種植面積，但由於受資金限制，糖產恢復緩慢。到 1949 年，臺糖公司年產砂糖提高到 63.4 萬噸，仍遠未達到戰前最高水準。在電力工業方面，1946 年臺灣電力股份有限公司成立，1949 年日月潭兩個發電所修復工程基本完工，使臺電公司年發電量由 1946 年的 472 百萬千瓦時提高到 854 百萬千瓦時，但仍未達到戰前最高水準。工業部門中恢復較快的是水泥工業，1946 年當局接收日本人的各水泥工廠後，組成臺灣水泥股份有限公司，對水泥進行統製生產，並注入了較為充裕的資金，使 1950 年臺灣水泥總產量達到 33.19 萬噸，大大超過日據時期水準。

在金融方面，當局對日本人的金融機構進行接收和改組，先後成立臺灣銀行、臺灣土地銀行、臺灣工商銀行及華南銀行、彰化銀行等商業銀行。實施新幣制度後，為防止和削弱全國通貨膨脹的衝擊，不斷調整臺幣與法幣的匯率，但仍然受到通貨膨脹的影響，物價飛漲。到 1949 年 5 月臺幣改革的前夕，物價上漲率達到月幅 122.2%，創下臺灣史上最大幅度的上漲紀錄，給當時的經濟建設與人民生活帶來嚴重的影響。

在教育和文化方面，由於日本統治期間實行日語教學，禁止學習、使用漢語言文字，致使不少臺灣同胞對漢語相當生疏。光復後，教育上面臨的首

第一節 臺灣光復

要任務即是推廣國語教學,掃蕩殖民主義教育制度及其影響。1946年1月,長官公署宣佈進行教育改革,注重中國傳統文化,加強國文、國語教育,禁止在學校中用日語進行教學(特定專業除外)。同年4月正式成立「臺灣省國語推行委員會」,逐漸展開各項基礎工作,如編訂加注中文拼音的國語教材,舉行國語示範廣播,舉辦各類國語培訓班,在各縣市設置國語推行所等。這些措施的實行,在社會上很快掀起了學習國語的熱潮,促進了國語的普及,為新教育制度的建立奠定了基礎。與此同時,針對日籍教師被遣返後造成中小學師資嚴重短缺的狀況,教育行政當局採取征選、甄選、考選、訓練及講習等措施,同時設立臺灣省立師範學院,以解決對師資的需求。

在文化上,一方面對殖民文化進行掃蕩、摒除,一方面則著手恢復和重建中華傳統文化。1945年11月18日,臺灣省籍知識份子游彌堅、許乃昌、楊雲萍、陳紹馨等人成立了「臺灣文化協進會」,旨在「剷除殖民地統治所遺留下來的遺毒,創造民主的臺灣新文化」,[298]並發行刊物《臺灣文化》。他們或出版書籍,或舉辦音樂會、畫展,或開展促進國語運動等活動,積極宣傳中國文化,努力肅清日本殖民文化的殘餘;在強調臺灣地方特殊性格之外,他們也強烈地表現出隸屬於中國新文學一支的屬性,[299]對戰後臺灣文化回歸和重建中華民族文化起了促進作用。但是,在全面禁止日文、日語中有操之過急的毛病,而沒有採用循序漸進的方式,以致大批接受日文教育的人才被排斥在外,忽視了臺胞的實際困難,更欠缺對臺胞的同情諒解,使得語言問題政治化。「二二八事件」以後,一些本地作家遭到拘禁或無辜殺害,臺灣作家的愛國熱情和創作激情受到壓抑。

總之,從1945年到1949年的四年是臺灣從日本帝國主義統治下回歸中國懷抱的轉折時期,不論從政治上、經濟上、文化上都面臨著重大的改變,臺灣人民不適應國民黨的統治,國民黨對臺灣和臺灣人民也未有清楚的認識,二者之間的差距,引起了種種問題,發生了「二二八事件」這樣的對當代臺灣政治產生重大影響的歷史事件。但是,臺灣人民畢竟在艱難的條件下,進行了工農業生產的恢復和重建,在文化教育等方面也開始剷除日本殖

---

[298] 葉石濤.《臺灣文學的回顧與前瞻》,載《臺灣在轉捩點上》,洛城出版,1986年版,第20頁。
[299] 同上書,第15—24頁。

第七章 當代臺灣

民統治的影響，在與中國各地重新融合的道路上邁進了一步。

第二節 國民黨的專制統治

一、東撤臺灣與國民黨的改造

臺灣歷史的發展受到國共內戰的巨大影響。當時國民黨發動全面內戰，向解放區發起軍事進攻，在國民黨統治區內，各地人民展開了反饑餓、反內戰等運動，到了 1949 年初，經過三大戰役，國民黨統治已經面臨徹底垮臺的命運。早在與中共進行最後的決戰前夕，國民黨當局就在謀求退路，經過再三權衡，他們決定東撤臺灣。以歷史地理學者出身的張其昀為首的幕僚，從政治、經濟、地理等方面進行了充分的論證之後，提出了方案，其要點是：挑選強人主管臺灣，搶運各種戰略物資，充實臺灣防衛力量，嚴格控制去臺人員。這個方案經過蔣介石同意後，於 1948 年底開始實施。

蔣介石任命陳誠為臺灣省主席兼警備司令，以蔣經國為臺灣省黨部主委。

他們向臺灣搶運各類物資，其中包括從中央銀行金庫運去的黃金 80 萬兩以及大量銀元、美鈔、外匯等，同時裝甲兵、空軍、海軍、特種兵種等大量軍隊，各類專家、技術人員、管理人員以及故宮博物院的文化財寶都被運往臺灣。據不完全統計，當年進入臺灣的有近百萬人。原來只有 600 萬人口的臺灣，一下子增加了許多外來人口，這就為臺灣未來的發展提供了新的變數。1949 年 10 月 1 日，中華人民共和國宣告成立。從這時起，國民黨集團的一部分軍政人員退踞臺灣，並且在 1949 年 5 月 20 日發佈戒嚴令，封閉全省，限制出入境，實行軍事管制，封鎖大陸的消息，嚴禁一切違禁的言論、出版和罷工、遊行等活動。臺灣海峽兩岸形成了長期隔絕的狀態。臺灣與大陸走上了不同的發展道路。1950 年 2 月 23 日，國民黨中央常委會決定蔣介石恢復「總統」的職務。3 月 1 日，蔣介石正式視事。當時由陳誠出任「行

政院長」。蔣介石等人鑒於在大陸失敗的教訓，決定對國民黨進行改造。7月22日，國民黨中央常委會召開臨時會議，通過了《中國國民黨改造案》。8月，蔣介石又以「總裁」身份提出由陳誠、蔣經國、張其昀等16人組成中央改造委員會，這些人成為以後相當長時間內活躍於臺灣政治舞臺上的重要人物。

蔣介石強調，國民黨幾乎到了滅亡的絕境，整個生命寄託於臺灣，而臺灣的前途則要看改造的得失。在具體做法上，則是追究失敗的責任，把一些黨政元老、軍事將領、派系領袖列為整肅對象；全面更換舊有的黨政軍系統；整肅黨內舊有的派系，黃埔、中統、CC、政學以及親美英系等全被制服。與此同時，培植新的實力派，通過各種培訓，整頓各級組織，進行黨員登記，發展新黨員等，清理了一批異己分子，並為蔣經國培養堅定的擁護者，把黨的權力掌握在蔣氏父子手中。1952年10月9日，國民黨中央改造委員會宣佈：國民黨改造工作全部結束。次日，國民黨召開第七次「全國代表大會」，建立起以蔣介石為總裁的國民黨中央領導機構。大會選出32名中央委員，16名候補中央委員。以陳誠、蔣經國、張其昀、張道藩、谷正綱等10人為中央常務委員，張其昀出任中央黨部秘書長。中央評議委員會則專門安置一些黨政軍元老。

與此同時，對軍警憲特機構也加以整頓。由蔣經國主持整軍工作，他出任總政治部主任，以「政工」來控制軍隊。特務系統的整頓也由蔣經國負責，打亂原有的結構，加以重組。蔣經國還負責組建「中國青年反共救國團」，親自擔任主任，極力培養忠於蔣氏父子的青年，成為社會上的一股特殊力量。

總之，國民黨改造是國民黨歷史上少見的一次整黨運動，它把經過大失敗、已處於混亂狀態中的國民黨重新加以整頓，清除舊有的某些勢力和派系，設立新的組織機構、挑選各級新的負責人，組成以陳誠、蔣經國為首的實力派，為以蔣氏父子為首的國民黨在臺灣的統治奠定了基礎。

第七章 當代臺灣

二、「縣市自治」與「法統危機」

　　早在「二二八事件」時，檯面民眾就提出了實行縣市長民主選舉的要求。1950年4月，當局公佈了「臺灣省各縣市實施地方自治綱要」，同時進行縣市長選舉。1951年舉行省議會議員和縣市議會議員選舉。此類選舉，成為國民黨標榜「民主政治」的範例，實際上在地方公職選舉中，非國民黨籍的參選者是個人，而國民黨候選人則有組織系統完整、社會基礎複雜的政黨助選；非國民黨籍參選者是依靠個人及家族的力量，而國民黨則掌握著他人所沒有的政治資源、行政財務權；只選縣市長以下政務官及省縣市以下的「民意代表」，不選「國民大會代表」、「立法委員」和「監察委員」；整個選舉過程為國民黨控制，沒有實行公開、公平、公正的原則。這種選舉實際上是國民黨與地方勢力的結盟，所選出的議會，在法制上聽命於行政命令，只能參與議事，職權有限。不過，這類地方公職選舉，對政治反對派和有志於投身政治的黨外人士來說，還是提供了一定的參政機會；對當局來說，成為紓解專制統治下政治反對勢力的手段。地方勢力也在政治上得到發展的機會，逐漸形成地方派系，在以後的地方政治中起著重要的作用。

　　國民黨當局所謂「法統」，主要是指以「中華民國憲法」和「動員戡亂時期臨時條款」作為統治權力的法律依據。有了這個法統，他們的統治就是「合法」的，「正統」的。為了堅持「中華民國」的「法統」，國民黨當局不肯變更大陸時期選出來的「中央民意代表」，這就和「民意代表」的任期發生矛盾。早在1950年12月，為保證即將到期的「立法委員」的合法性，蔣介石以「總統批准」的辦法，延長任期。次年1月，「司法院大法官會議」又作出解釋，在第二屆「立法委員」、「監察委員」未能依法選出並集會以前，第一屆「立法委員」、「監察委員」繼續行使職權。這樣，「立法委員」、「監察委員」任期制就變成變相的終身制。

　　與之相應的「國民大會代表」的任期更顯得重要。1954年，蔣介石的「總統」任期屆滿，他的「連任」需要「國民大會」的認可，他的「終身總統」的意願要通過「國民大會」去實現，這就有必要解決「國民大會代表」的任期問題。「國民大會代表」在國民政府遷臺過程中已經各奔東西，離法定人數相去

甚遠。1947年底實際選出2,908人，而去臺的只有1,080人，如果按照需半數以上選票才能當選的原則，蔣介石永遠也不可能獲得通過。1953年9月，臺灣當局規定：「在第二屆國民大會代表未能依法辦理選舉集會以前，第一屆國民大會代表自應適應該項條文之規定，俟將來形勢許可，再行辦理改選。」為解決人數不足問題，採取兩個步驟：從海外及港澳召回314名「代表」；從原來的「代表候補人」中遞補230人，這樣人數就達到1,624人，超過了半數。為避免以後的自然減員，決策部門乾脆將此條改為：「國民大會非有代表1/3以上人數之出席，不得開議。」負有選舉「總統」職責的「國民大會代表」也就成為變相的「終身代表」。這些挽救「法統危機」的程序都在1954年3月舉行的「第一屆國民大會」第二次會議上完成了，「中央民意機構」成了國民黨專制統治的工具，為蔣介石的獨裁統治蓋上了「合法」的印記。

按照「憲法」的規定，「總統」只能連任一次，1960年蔣介石的兩屆任期已經屆滿，將不得再任「總統」，「法統危機」再度發生。但是蔣介石為了擔任「終身總統」，操縱國民黨中常會通過了《修正動員戡亂時期臨時條款以鞏固國家領導中心案》。2月間，召開「第一屆國民大會第三次會議」，主要議題就是完成蔣介石的連任安排。3月11日，參加這次會議的「國代」中有966人提出提案，要求在已經擴大「總統」許可權的「臨時條款」中，再增加「動員戡亂時期總統連選得連任，不受憲法第47條連任一次的限制」的條文，並獲得通過。有了「法統」的依據，國民黨中央在次日召開臨時「全會」，決定由蔣介石和陳誠出任國民黨「總統、副總統候選人」。3月21日，「國民大會」舉行「總統」選舉，蔣介石作為唯一的「總統候選人」，當選為第三屆「中華民國總統」，陳誠當選為「副總統」。通過上述地方和「中央」的選舉，在50年代和60年代，國民黨大陸籍人士占據了「中央」的領導權，而臺籍地方人士把持了市縣級以下機構的權利，出現了「中央」與地方的分層。

三、白色恐怖下的政治事件

在戒嚴體制下，國民黨不能容忍任何反對國民黨和蔣家王朝的行為、

第七章 當代臺灣

言論和思想，把在大陸實行過的白色恐怖移植到臺灣，為此採取了以下主要措施：

- **鼓動反共情緒**。要人們樹立「主義、領袖、國家、責任、榮譽」等五大信念，誓死效忠蔣介石；要相信反攻大陸計畫能夠實現；要支持所謂「三分軍事、七分政治」，進行「反共文化戰、心理戰、意志戰、總體戰、立體戰」等所謂反攻大陸的方針、戰略；鼓動人們為把臺灣建成「反共復國基地」而作出犧牲。

- **實行特務控制**。從黨政機關到中小學校，從軍隊系統到社會各界，特務無處不在，無時不在。七大特工系統中，僅就員警而言，其規模、許可權就到了驚人的程度。全島有 10 萬多名員警，分屬於臺灣省警務處、20 個縣市警察局、87 個分局、187 個分駐所、1,268 個派出所、5,027 個警勤區，員警網遍布島內各個角落。加上另外六大系統的特工人員，使人民隨時隨地處於員警和特務的監控之中。

- **實行嚴格的管制制度**。在「戒嚴令」之後，又陸續公佈了「戡亂法」、「戡亂時期檢肅匪諜聯保連坐辦法」、「戡亂時期檢索匪諜條例」等許多法令，在嚴格的管制下，人權、自由、民主、生命安全等基本權利，已經成為一紙空文。再加上控制嚴密的特務網，使臺灣人民生活在專制統治下，隨時隨地都有被查、被抓、被判刑、被處決的危險。50 年代初，在國民黨實行白色恐怖政策的情況下，人們絕口不談國事，視政治為畏途，對國民黨的專制統治敢怒不敢言，不可能發動任何政治運動。但是，國民黨為了維護其統治，卻主動發起了「防諜肅奸」活動，製造出許多「匪諜案」、「叛亂案」。當時保安司令部到處抓人，「抓到共產黨就有功」，報紙上經常刊登「匪諜伏法」的消息，造成全社會的恐懼。不少要求停止國共內戰、實現國家統一的人士，遭到當局的殘酷鎮壓。據不完全統計，從 1949—1952 年，被當局以「匪諜」、共黨人員名義槍斃的達 4,000 人左右，而被以同罪判處有期、無期徒刑者有 8,000 到 10,000 人，至於被秘密處決者則無從統計。1993 年，在臺北六張犁公墓附近，就發現 163 座當年在白色恐怖環境下被殺害者的墳墓，其中既有本省人也有外省人。白色恐怖造

第二節 國民黨的專制統治

成成千上萬的冤案,許多優秀青年和抗日一代的臺灣人慘遭迫害。白色恐怖造成了這樣的局面:「人性被扭曲,互不信任的人際關係和陽奉陰違的社會風氣,很快地蔓延到臺灣整個社會;另一方面,奉承和追隨得志的權貴的人則越來越多。」[300] 與此同時,也強化了一個專制獨裁的政治體制,它們和臺灣社會的矛盾加深了。

雖然社會矛盾暫時受到壓抑,沒有形成重大的政治事件,但是蔣介石的專制統治,則引起了國民黨內部的一些政治勢力的反抗。在 50 年代初期,國民黨為了爭取美國的支持,起用了早年從美留學歸國的吳國楨出任臺灣省主席兼保安司令。他和陳誠、蔣經國等人發生一系列矛盾,曾經公開對蔣經國主持特務活動表示不滿。隨著美蔣關係的加深,蔣介石不再重用吳國楨。1953 年,吳國楨以治病為名,辭去臺灣省主席一職,前往美國。不久,臺灣出現吳國楨「攜資外逃」的傳言。1954 年 2 月,吳國楨在美國公開發表譴責臺灣當局的談話,指責臺灣不民主、「政府」過於專權、國民黨一黨統治。從此,雙方開始「越洋大戰」。3 月 17 日,蔣介石發表「總統令」,撤銷吳的「政務委員」,國民黨中常會則開除吳的黨籍;次日,省議會成立專案組,開始調查吳任職省主席期間的貪污瀆職罪行。這就是所謂吳國楨事件。

與此同時,又有所謂孫立人兵變。孫立人畢業於美國維吉尼亞軍校,1950 年出任「陸軍總司令」。他在陸軍整頓中,得罪了大批黃埔系將領,更嚴重的是他不贊成部隊內的政工制度,而直接向擔任「國防部總政治部主任」的蔣經國挑戰。他與美國顧問團團長蔡斯關係密切,也引起猜疑。1954 年 6 月,孫立人被調任毫無實權的「總統府參軍長」。1955 年,他的舊部郭廷亮被加上組織屏東兵變的罪名,孫立人則受到牽連而被長期軟禁。人們認為孫立人是「官邸政治的犧牲者」,「孫立人之所以賈禍,國民黨黨內派系鬥爭與美國人的逾分關愛,實為兩大主因。」[301] 以上兩個事件,既反映了統治階層內部對蔣介石統治的不滿,也反映了蔣介石對美國插手臺灣內部政治事務的擔心。1957 年發生的「五二四事件」是一次臺灣人民自發的反美運動。當年 3 月 20 日深夜,美軍駐臺人員雷諾上士槍殺「革命實踐研究院」職員劉

---

[300] 戴國煇.《臺灣總體相》,遠流出版,1989 年版,第 129 頁。
[301] 鄧維賢編.《孫立人冤案平反》,臺北新梅出版社,1988 年版,第 6 頁。

第七章 當代臺灣

自然，5月23日，美軍軍事法庭宣判殺人兇手無罪。對此，臺灣人民義憤填膺，要求還以公道。在美國方面拒不認罪、臺灣當局置之不理的情況下，各界民眾掀起了一場規模空前的群眾性反美運動。5月24日，劉自然的遺孀奧特華到「美國駐臺使館」門前靜立抗議、哭訴，圍觀和聲援的群眾開始向「美國大使館」衝擊，同時，也圍攻了美國新聞處和美軍協防司令部。臺北市警察局逮捕了一些抗議的群眾，3萬群眾強烈要求放人，被員警打死1人，傷30多人。

當晚，當局派3個師的軍隊進入臺北，群眾遭到鎮壓。在事件程序中，當局抓了數十名民眾，事後又抓了近百人，並把其中40多人定為「有意製造事件的暴動者」。蔣介石為挽回對美方的不良影響，下令撤銷「臺北衛戍司令」、「憲兵司令」、「省警務處長」的職務，「內閣」總辭，並親自出面向「美國大使」道歉。

這次事件由於臺灣當局授予美軍以治外法權，美國援臺人員包括臨時指派的人員，均享有「外交」人員待遇，所以劉自然被槍殺後臺灣方面無可奈何。起初臺灣當局企圖利用民眾的力量，對美方施加壓力，後來由於這個運動具有反美傾向，表現出臺灣人民的不滿情緒，並威脅到國民黨的統治，因而，為防止該事件向更大的規模擴展，蔣介石和蔣經國改變了放任不管的態度，派出重兵予以鎮壓。

在50—60年代之間，《自由中國》事件是一次影響最大的政治事件。《自由中國》原是由胡適、雷震等人創辦的雜誌，以自由、民主、反共為標榜。50年代中期，該雜誌曾經表露出對獨裁專制的不滿，也曾對「總統」連任問題發表過不同意見，後來又就「修憲」、選舉等敏感問題開展討論，他們所宣揚的西方民主自由思想，在自由派知識份子和一些地方人士中引起了共鳴。1960年，該刊發表多篇討論反對黨問題的文章，並著手籌組一個「真正反共」、「真正民主」的政黨。雷震與一些本省政治菁英籌組「中國地方自治研究會」，進而準備在9月底成立中國民主黨。但是，他們過高地估計了自己的力量。當國民黨看到大陸人和本省人合作進行政治活動，對其統治構成威脅時，便以「配合中共統戰陰謀」、「涉嫌叛亂」的罪名，於1960年9月初逮捕

了雷震等人，中國民主黨從此便夭折了。《自由中國》事件是國民黨內部一些自由主義分子要求改革的一次嘗試，也是「臺灣地區組織反對黨的第一個企圖」，[302] 這個事件對臺灣後來的民主運動起了一定的啟蒙作用。

四、美日的支持和兩岸的對峙

第二次世界大戰後，在冷戰體制下，臺灣和中國大陸分屬於兩大陣營。1950年6月，朝鮮戰爭爆發。美國公然干涉中國內政，支持臺灣當局對抗中國政府，控制臺灣，使之成為面對中國大陸的軍事基地，成為帝國主義陣營包圍中國鏈條上的重要一環。6月27日，杜魯門總統發表聲明，一反過去的態度，聲稱「臺灣未來地位的決定必須等待太平洋安全的恢復」，同時下令第七艦隊侵駐臺灣海峽。隨後，美國第13航空隊進駐臺灣。1954年12月2日，臺美「共同防禦條約」正式簽訂，把臺灣置於美國的「保護」之下，美國干涉中國內政造成兩岸長期對峙的局面，從此臺灣問題成為中美兩國的重大爭端。次年1月美國參眾兩院通過「臺灣問題決議案」，授權美國總統在認為需要的時候可以在臺灣和臺灣海峽使用武裝力量。更為重要的是，臺灣成為美國在遠東地區的重要基地之一，臺灣安全所需要的武器、資金和物資均由美國提供。美國的軍事及經濟援助，增加了國民黨當局的統治實力，同時也使臺灣問題複雜化了。

與此同時，國民黨當局與日本的關係逐漸得到恢復和發展。1952年4月28日，臺日雙方簽訂了所謂「和平條約」，7月間又成立了「臺灣日本經濟協會」，以求經濟上共同發展，政治上共同反共。日本經濟的發展，需要市場，曾為日本殖民地的臺灣成為日本的首選目標。50年代中期以後，臺日關係發展迅速，與臺美關係一起，成為國民黨當局對外關係發展的兩大支柱，也成為國民黨統治步入穩定期的重要助力。

蔣介石在建立起控制臺灣的統治機構以後，提出「以臺灣為基地」，實行「反攻大陸、雪恥復國」的方針。其口號是「軍事第一、反攻第一」、「一年準備，兩年反攻，三年掃蕩，五年成功」。在這個時期，臺灣當局多次派出

---

[302] 黃德福.《民主進步黨與臺灣地區政治民主化》，臺北時英出版社，1992年版，第41頁。

第七章 當代臺灣

飛機轟炸大陸一些城市,並派遣海軍騷擾沿海地區,但反攻大陸的企圖並沒有得逞。1953年美國加強對大陸的武力威脅,他們大幅度增加對臺灣的軍事援助,國民黨軍隊也加強對大陸沿海的武裝騷擾和海空襲擊。7月間以1萬多軍隊襲擊福建東山島。美臺之間還加緊進行「共同防禦條約」的談判,美國企圖進一步控制臺灣。在這種情況下,1954年9月3日,中國人民解放軍對金門進行了炮擊。當時美國企圖說服臺灣當局退出沿海島嶼,遭到蔣介石的拒絕。美國還策動在聯合國討論臺灣海峽停火問題,企圖使臺灣問題國際化,也遭到中共政府的拒絕。

　　1955年4月周恩來總理聲明:中國人民不要同美國打仗,願意與美國政府進行談判。接著,又宣佈,解放臺灣有兩種可能的方式,即戰爭方式與和平方式,「中國人民願意在可能的條件下,爭取以和平的方式解放臺灣」。在國際輿論的壓力下,美國被迫改變策略,7月,中美雙方決定舉行大使級會談,海峽緊張局勢才得到緩和。1958年8月23日,中共政府一方面為了打擊美國企圖迫使臺灣當局放棄金馬地區、造成臺灣與大陸「劃峽而治」的陰謀,另一方面也為了打擊臺灣當局對大陸的騷擾活動,再次對金門進行炮擊。當時美國要求臺灣方面從沿海島嶼撤軍,又遭到蔣介石的拒絕,指出杜勒斯的講話是美國的片面聲明,臺灣當局「沒有任何義務遵守它」。[303]從10月初開始,中共政府決定改為「單(日)打雙(日)停」,炮擊成為防止美國逼迫臺灣當局從沿海島嶼撤兵的鬥爭手段。這一時期美國一直在臺灣海峽炫耀武力,經常駐紮臺灣的戰鬥人員達1萬人左右,其中包括以327空軍師為主的空軍打擊和運輸力量,以及鬥牛士地對空導彈、B52遠程轟炸機和原子炮等。美方除向臺灣方面提供至金門的運輸艦外,還把巡邏戰鬥艦增加到14艘。臺灣方面也增加了金馬地區的兵力部署。金馬地區既是臺灣的「防衛陣地」,又是針對大陸的「進攻基地」。

　　進入60年代,臺灣同大陸的關係基本上處於軍事、政治對峙的狀態。臺灣當局提出了「建設臺灣、光復大陸」作為其指導方針,其大陸政策也由過去以軍事騷擾破壞為主,轉變為加強政治滲透、特務潛伏、建立地下反共

---

[303]《中美關係資料彙編》第2輯,下冊,世界知識出版社,1960年版,第2884頁。

組織、「待機而動」的政策。臺灣當局不斷派遣武裝特務潛往大陸沿海和內陸地區進行破壞，並用美國 U2 間諜飛機對大陸進行偵察。1965 年 2 月，新任「國防部長」蔣經國曾經宣佈全島進入局部性戒備狀態，各部隊停止休假，陸軍戰備機動部隊隨時待命，空軍進入三級戰備。1967 年初，蔣介石、蔣經國又下令進入全面性戒備，企圖利用「文化大革命」造成的混亂局勢，襲擾大陸。但是，臺灣當局對大陸的軍事計畫一直處於「備而不動」的狀態，只是在特務活動和政治滲透方面卻不斷加強。

第三節 經濟的恢復與發展

一、土地改革與經濟恢復

1949 年國民政府遷臺後，臺灣面臨的壓力驟然增加，經濟環境相當惡劣，人口激增、物價飛漲、大量失業、財政赤字巨大、外匯嚴重不足。穩定和重建經濟成為當時的主要目標之一。從 1949 年開始，當局推動多項重大改革措施，其中最主要的是進行土地改革。

臺灣光復後，把日據時代的地主占有制完全保留下來，從日本人手中接收的公地，也多由地主包攬而後轉租給農民，因此土地占有不均現象十分嚴重。56.01% 的耕地為只占農村人口 11.69% 的地主所有，而占農村人口 88.31% 的農民只占有 22.24% 的耕地。國民黨當局吸取了在大陸失敗的慘痛教訓，決定在臺灣實行土地改革，以鞏固其統治。在 1949 年到 1953 年間，先後實施了三個改革步驟：一、三七五減租：耕地租金降到土地主要作物全年收穫量的 37.5% 為限；二、公地放領：將從日本人手中收回的公地出售給農民；三、實行「耕者有其田」：地主持有土地超過 3 公頃部分，出售給「政府」，再按公地放領方式出售給佃農，分十年支付。這些土地改革措施，較為徹底地打破了農村封建土地制度，這是因為國民黨當局與本地地主沒有什麼瓜葛，這些政策不會損害自身的利益，卻有利於緩和農村社會矛盾，鞏固其

第七章 當代臺灣

統治地位。主持這項工作的陳誠採取權威手段堅決實行。

改革的結果,一方面在一定程度上減輕了農民的負擔,公地承領農戶得到較大利益,自耕農在農民總數中從原來的 33% 增加到 52%,激發了農民的生產積極性,農業經濟得到穩定的成長,農業盈餘轉向工業投資;另一方面由於採取對地主妥協的政策,向他們補償地價,其中 70% 是實物債券,分十年償付,30% 是四大公司(水泥、紙業、農林及工礦公司)的股票。於是,有些擁地較多的地主,如板橋林家、高雄陳家、鹿港辜家等取得了大量股票,成為工商巨頭,在工業上獲利很大。而另一些地主也轉營工商業,這有助於工商業發展的資本積累,為以後民間企業的發展提供了有利的條件,這是當時當權者所未曾預料到的。

土地改革是 50 年代臺灣經濟方面最重大的事件,它和「美援」共同奠定了戰後臺灣經濟發展的基礎。

與此同時,還採取了以下一些措施:改革幣制和稅制,實行外匯管制和貿易管制,並確立工業發展方向:加強軍工與生活必需品、外銷產品及進口貨替代品的生產;並以電力、肥料及紡織工業為優先發展工業。經過上述努力,1952 年臺灣經濟生產已大致恢復到戰前最高水準,物價漲幅也漸趨緩和。不過當年人均國民所得只有 86 美元,一般人民生活還相當窮困。

二、以農業培植工業與進口替代工業

50 年代初期,儘管經濟恢復已基本完成,但臺灣當局面臨的經濟形勢仍十分嚴峻:一是軍事支出龐大,財政仍然呈現巨額赤字;二是人口快速成長,失業率達 10% 左右;三是工業資源缺乏、資本不足、技術落後;四是外匯短缺,原來賴以賺取外匯的糖、米、香蕉等農產品因人口增加而剩餘減少,無法繼續換取所需外匯,等等。在這種形勢下,臺灣當局在大力發展農業、「以農業培植工業」的同時,決定採取進口替代政策,重點發展消費品工業以替代進口,節省外匯和增加就業。

「中國農村復興聯合委員會」(簡稱農復會)在農業發展中發揮了重要作

第三節 經濟的恢復與發展

用。土地改革完成後農復會的主要工作轉向農業教育、技術推廣、土地利用、水利設施興建、農林漁牧生產改進等方面。1953—1956 年間，農業生產年均成長率為 5.7%，1957—1960 年間為 4.3%。農業產業結構也發生變化，大量的農產品及加工品開始外銷。農業快速發展不僅為工業提供了勞動力、農產原料與消費市場，而且臺灣當局實行米糖統制和低糧價政策，並通過田賦征實、隨賦收購、肥料換穀、出口差價等政策，剝奪了農民自由購買的權利，榨取了農民的部分所得，加重了農民的負擔。「農民在農地改革中所獲得的利益，通過米糖統制而被剝削、抵消了。」[304] 通過這種方式，將農業剩餘有效地向工業轉移，加速了工業部門的資本積累。此外，當時農產品及農產加工品出口占總出口額的 80% 左右，並在同類貿易中保持巨額順差，為工業發展賺取了大量外匯，其中僅米糖出口一年就獲得一億美元的外匯收入，相當於一年的美援金額。總之，在這個時期，臺灣的主要產業仍然是農業，出口也主要依賴米糖，利用農業換取外匯支援了工業化，農業還為支援軍事財政、穩定物價發揮了作用，可見所謂「以農業培植工業」，表明了臺灣農民為工業化做出了很大貢獻，也做出了很大犧牲。1953 年，臺灣開始實施第一期四年經建計畫，決定發展進口替代工業，即重點發展消費品工業以替代進口。為此，臺灣當局採取了以下措施：保護關稅，對已能自行生產的產品以高關稅進行保護；管制進口；複式匯率與外匯管制；限制設廠，以防止島內工業部門間的盲目競爭，使有限資源集中於亟需建立的工業部門。

  進口替代工業發展策略大大提高了工業的發展水準。1953—1962 年間，工業生產總值以年均 11.7% 的速度成長，前後增加近兩倍；其中製造業年均成長 12.5%，成為國民經濟中成長最快的部門。工業占臺灣島內生產總值（GDP）的比例由 1952 年的 15.4% 提高到 1962 年的 21.9%。製造業行業結構發生較大變化，許多新工業產品不斷湧現，替代了進口產品。工農業的發展帶動了整體經濟水準的提高，1956—1962 年間，經濟實質年均成長率達到 7.1%，為 60 年代的經濟起飛打下了基礎。

  臺灣經濟得以在 50 年代站穩腳跟並有所發展，以下因素也有很大的促

---

[304] 隅谷三喜男等.《臺灣之經濟》，人間出版社，1993 年版，第 38 頁。

第七章 當代臺灣

進作用：

一是美援的注入。從1951年到1968年，美國向臺灣提供的援助總額達14.8億美元之巨，對經濟發展產生了巨大的推動作用。首先，美援對穩定財政、抑制通貨膨脹的作用相當大，當時，美援主要通過相對基金的形式補助臺灣當局的預算，總數達101.9億新臺幣，使當局不僅消除了財政赤字，而且有了較大數目的儲備；而對通貨膨脹的抑制作用，據分析，在第一期經建計畫期間降低通貨膨脹率7.74%，第二期經建計畫期間降低1.35%，第三期經建計畫期間降低4.11%。其次，美援填補了當時嚴重制約臺灣經濟發展的「兩個缺口」。一是外匯缺口，1951—1968年間，國際經常賬逆差，共達16.09億美元，綜合逆差達11.6億美元，由於美援的注入，反而使臺灣產生3.2億美元的國際收支節餘，在出口創匯嚴重不足的情況下得以進口所需生產設備與生產原料。二是資本與儲蓄缺口，美援占臺灣年均投資總額的36.8%，其重點支持的電力、水庫、肥料、紡織、鋁業、機械與一般化學工業等部門，都是經濟發展初期最重要的基礎產業。第三，美援為臺灣培養了大量技術人才，通過美援協助臺灣在職人員赴外國接受專業訓練的科技人員高達2,129人。總之，臺灣經濟從穩定到發展，美援起了重大作用，同時也大大縮短了臺灣經濟實現起飛的時間。

二是大幅提高利率，大幅貶低匯率。1953年惡性通貨膨脹基本被遏止後，高利率政策對吸收社會遊資、增加社會儲蓄發揮了功效。1952年到1964年，民間存款占銀行存款總額的比例由54.4%上升到68.8%，成為臺灣資本形成的重要來源。同時還大幅貶低臺幣對美元的匯率，以打開國際市場。這些措施一方面使企業更加有效地提高資本的使用效率，一方面客觀上起到了鼓勵發展節省資本的勞力密集型企業的效用。

三是大陸資本與人才的大量流入。在國民黨轉進臺灣前後，大量資本隨之流入，先後三批實際運臺的黃金共277.5萬市兩，銀元1,520萬元。同時，以上海為中心的大陸紡織資本也大舉流入臺灣，1953年前後有11家棉紡企業成立，其中10家來自大陸資本，棉紡織企業的紡錘數在幾年內增加了近

10 倍。[305] 紡織業成為僅次於糖業的第二大製造業部門。國民黨帶到臺灣的大量經濟技術人才，基本填補了日本人退出造成的人才空白，一大批財經專家和技術官僚，對臺灣經濟的發展做出了一定的貢獻。

三、出口擴張與第二次進口替代

50 年代後期，進口替代工業因島內市場的飽和而產量過剩，使得工業成長速度減緩，無法進一步吸收當時仍然存在的大量失業人口。因此，當局開始採取鼓勵出口政策，即以島內過剩的輕工業品出口代替傳統的初級農產品，使臺灣走向出口擴張的經濟發展新階段。當時主要採取了以下措施：

實施「獎勵投資條例」和「技術合作條例」，改善投資環境；實行獎勵出口、放寬進口的外匯貿易政策；放寬過去的各種經濟統制、企業保護和外匯管理，恢復市場正常機能；實現經濟營運制度化，創設資本市場等。從 1965 年起，先後建立高雄、楠梓和臺中三個出口加工區，在區內投資的廠商可以享受種種優惠。加工出口區在吸引外資方面取得成功，到 1975 年 10 月，共吸引僑外資金 1.41 億美元，占投資總額的 82.4%；其出口額在 1974 年達 5.1 億美元，占當年總出口額的近 1/10。[306]

這些鼓勵出口的政策取得明顯成效，出口大大增加了。從 1960 年到 1972 年，進出口貿易總額從 4.61 億美元迅速增加到 55.02 億美元，成長了 10 倍多，其中出口額由 1.64 億美元增加到 29.88 億美元，成長 18.2 倍，出口平均年實質成長率達到 24%。到 1971 年，臺灣結束了連年貿易逆差的局面，首次出現了 2.16 億美元的貿易順差。工業品出口逐漸成為臺灣出口貿易的主力。1960—1972 年，生產總值實質年均成長率達到 10.2%，人均國民生產總值由 154 美元增加到 522 美元。60 年代成為臺灣戰後經濟成長最快的時期，從而進入了經濟起飛的階段。

與工業的蓬勃發展相反，農業部門在 60 年代經歷了由興至衰的發展歷程。1968 年以後，過去「以農業培養工業」政策造成的積弊開始暴露出來，

---

[305] 黃東之.《臺灣之棉紡工業》，臺灣研究叢刊第 41 種，第 21 頁。
[306] 臺灣加工出口區管理處編印.《加工出口區統計月報》，1975 年 10 月號，第 8—9 頁。

第七章 當代臺灣

農業勞動力與資本大量外流，農業投資相對減少，農工產品間的不平等交換都對農業產生了十分不利的影響。在其他發展中國家和地區的激烈競爭下農產品外銷減少，農業發展面臨前所未有的困境。1969年，臺灣農業首次出現負成長。60年代臺灣經濟之所以能獲得高速成長，當時有利的外部環境發揮了重要作用。50年代末和60年代，正是世界資本主義經濟迅速發展的時代，國際產業分工體系也發生了重大變化。發達國家借助第三次技術革命，開始致力於資本與技術密集型產業的發展，而將勞動密集型工業逐漸轉移到工資低廉的發展中國家和地區，形成垂直分工體系。這一時期，外國人和華僑在臺灣的投資額猛增，1965年到1972年投資總件數達1,354件，投資總額為7.56億美元，平均每年近1億美元。1965年美援基本停止後，大量的外來投資和技術無疑對臺灣經濟起到了輸血的作用。外資成為臺灣經濟起飛的重要條件。此外，當時世界能源及其他重要原料價格低廉，為臺灣的出口加工型工業提供了極為有利的條件；越南戰爭的爆發，也使臺灣工業獲得大量訂單。美國市場對臺灣開放，使美國成為臺灣的主要出口地。臺灣在市場上依賴美國，在生產上依賴日本。美、日、臺的「三環結構」支撐著臺灣的經濟。[307]

至於內部的條件，主要是原有的經濟基礎和人力資源（經營者和低工資勞動力）、積極的開放政策，使外資與本地民間企業結合，帶來了工業化和出口的發展，在其中，中小企業起了重要的作用，扮演了臺灣經濟起飛先鋒的角色。

出口導向經濟策略帶來了高速經濟成長，但也產生了一定的弊端。當時臺灣形成了「二元化市場結構」，一是大量的中小企業，其產品主要銷往國際市場；二是大企業，其產品主要內銷，並受到高度保護。這一方面造成資源配置的扭曲，大企業因受到保護而在追求生產效率與技術進步上積極性不高；另一方面造成中小企業滿足於在進口原料—加工—出口的代工型生產模式中迴圈，原料與技術嚴重依賴進口，從而形成所謂「淺碟式」經濟。1973年爆發的世界石油危機，對臺灣經濟的衝擊是嚴重的。1974年進出口貿易再次出

---

[307] 隅谷三喜男等.《臺灣之經濟》，人間出版社，1993年版，第48—50頁。

第三節 經濟的恢復與發展

現高達 13.27 億美元的逆差，連續十餘年的經濟高速成長勢頭受到重挫。以加工出口工業為主的產業結構亟需轉型升級。

從 70 年代初期開始，臺灣當局提出「一切為經濟，一切為出口」的口號，在繼續大力推進出口擴張工業的同時，實行第二次進口替代。所謂「第二次進口替代」是指在島內製造資本密集和技術密集的產品，以代替同類的進口產品。具體說來，主要是發展重化工業產品以替代進口，建立較為完整的工業發展體系。同時，大力建設電力、交通等基礎設施，以改善投資環境。從 1976 年開始，為了加速經濟結構的調整和實施第二次進口替代策略，先後進行「十項建設」與「十二項建設」。

「十項建設」以鋼鐵工業（「中國鋼鐵公司」）和石油化工工業（「中國石油公司」）為重點，同時進行交通運輸基本建設，包括高速公路、鐵路電氣化、北回鐵路、臺中港、蘇澳港、桃園機場，此外，還發展造船工業，興建核能電廠。「十項建設」在 1979 年完成，它大大緩解了基礎設施的緊張狀況，為重化工業發展奠定了基礎；而且在石油危機後世界不景氣、島內投資意願低落的情況下，這些建設的投資刺激了內部需求，吸收了部分失業人口，對減緩經濟的衰退起了重要作用。

在「十項建設」基本完成後，當局又宣佈推動「十二項建設」，主要包括：環島鐵路網、臺中港二三期工程、改善高屏地區交通、新建東西橫貫公路三條和拓建屏鵝公路；興建核能二三廠及「中鋼」第一期第二階段擴建；興建海堤、改善農田排水及促進農業全面機械化；每一縣市建立文化中心，開發新市鎮、廣建居民住宅。除少數項目外，大部分在 80 年代中期以前建成。

在第一次石油危機的衝擊下，當局及時進行經濟調整，使得 70 年代臺灣經濟仍有較快速度的發展。1974 年經濟實質成長率僅為 1.2%，1975 年提高到 4.9%，1976 年大幅回升到 13.9%，此後一直保持較高的成長速度，使得 1972—1980 年間實質年均成長率達到 8.9%，工業生產和出口年均實質成長率分別達到 11.4% 和 12.8% 的高成長速度。重化工業占製造業生產淨值的比重由 1973 年的 49.9% 上升到 1980 年的 54.5%，輕工業則相應下降到 45.5%。

第七章 當代臺灣

到 70 年代末和 80 年代初，製造業基本形成了上（重化工業）、中（中間產品）、下（加工製造）遊的較為完整的發展體系。產業結構水準也進一步提高，1980 年農業、工業和服務業三大部門占島內生產毛額（GDP）的比例由 1970 年的 15.5%：36.8%：47.7% 改變為 7.7%：45.7%：46.6%，人均國民生產總值 1972 年為 522 美元，1980 年上升為 2,344 美元。

四、經濟轉型與產業升級

1979 年的第二次石油危機，再次對臺灣經濟產生了衝擊，出口產品競爭力因能源價格和工資水準的大幅提高而面臨衰退危機，尤其是石化工業衰退最為嚴重，減產及停工現象十分普遍。因此，當局開始改變繼續發展重化工業的策略，轉而強調發展技術密集的產業。1979 年宣佈積極發展機械、資訊、電子、電機、運輸工具等附加價值高、能源密集度低的技術密集工業，並確定這些工業為策略性工業，予以優先發展。1980 年，設立新竹科學工業園區，吸引島內外廠商前往投資高科技工業。80 年代，農業發展仍十分緩慢，當局於 1982 年頒佈「第二階段農地改革方案」，主要內容是提供購地貸款，辦理農地重劃，推行農業機械化，以及推行共同、委託及合作經營等方式來擴大農場經營規模。但是，有些政策不太切合實際，農業生產仍未擺脫徘徊局面，農戶收入與非農戶收入的差距更加擴大，農業勞動力大量移向都市和非農業部門。80 年代中期以後，經濟環境又發生一系列變化，其主要表現是：新臺幣大幅升值、勞動力成本急劇上升；長期巨額貿易順差形成外部失衡；公共投資不足及民間需求疲弱，儲蓄率提高，形成內部失衡；全球貿易保護主義加強，使對外貿易的進一步擴張受到阻力；兩岸經濟關係的迅速發展，成為影響臺灣經濟發展的重要因素。這時傳統產業大量外移，形成大規模的對外投資，而新興產業及重化工業發展受到多種因素限制；外需與內需的失衡，遊資氾濫，股票、房地產飆漲，造成所謂「泡沫經濟」，對物價、生產、貿易形成強烈衝擊。

在這種情況下，臺灣被迫實行貨幣升值和開放島內市場，走向「自由化、國際化與制度化」的經濟發展方向，減少干預，擴大開放，確立新的市

第三節 經濟的恢復與發展

場規範,使臺灣經濟更大程度地參與國際經濟體系。在進出口貿易方面,對進口關稅稅率多次作出調降,並放寬內外投資的限制。在金融方面,廢除利率與匯率管制;對島內外資本流動的限制大幅放寬;放寬對民間新銀行設立和金融業務的限制;開放新證券商的設立和准許外國投資機構正式到臺設立分支機構。在公營事業民營化方面,放寬公營事業民營化的範圍,完成「中國石油開發公司」、「中國產物保險公司」與「中華工程公司」移轉民營。

繼「十項建設」、「十二項建設」之後,當局又於1984年開始推動「十四項建設」,企圖改善經濟與社會發展的失衡,但因土地取得困難、工程底價偏低工程不易發包等因素影響,進展很不順利。80年代中期以來,為增強產業的競爭能力,當局鼓勵民間投資科技事業。進入90年代後,當局又以「促進產業升級條例」代替執行20多年的「獎勵投資條例」,以引導經濟資源由低效率的部分農業及勞力密集型產業流向高競爭力的資本及技術密集型產業。

臺灣當局推動產業升級的基本策略是:鼓勵傳統部門的創新投資;確保對新興部門生產資源的有效供應;以工業的科技化支援服務業的發展。

經過對經濟體制的大幅革新和對經濟結構的宏觀調整,臺灣經濟自80年代中期以來發生了一系列重大變化,出現了一些新的重要特徵。成長速度趨於較為穩定的中速成長,並更多地依靠內需擴張帶動。1981年至1986年,年均實質成長率為7.8%,1986年經濟實質成長率為12.6%,其中島內需求與島外淨需求的貢獻分別為5.2%和7.4%。[308] 1987年以後,年均實質成長率降為6.7%,轉向中速成長,而經濟成長的來源也發生重大變化,尤其1988年後臺灣貿易順差明顯減少,外需對經濟成長的貢獻每年均為負值。出口成長相對減緩,島內需求尤其是民間消費需求和公共投資需求迅速成長,從而使島內需求成為帶動經濟成長的主要動力。

服務業開始成為主導產業。1986年,三大產業占島內生產毛額的比重分別為5.5%:47.6%:46.8%,工業仍為第一大產業;而到1990年則分別為4.2%:42.3%:53.5%,服務業成為第一大產業。產業升級初見成效,資

---

[308]「經建會」綜合計畫處.《總體經濟結構的階段性調整(1986—1993年)》,載《自由中國之工業》1994年7月。

第七章 當代臺灣

本及技術密集型產業成為製造業的主力。由於島內投資環境的持續惡化，傳統產業大量移向海外，重化工業及技術密集型產業則繼續保持成長，在製造業總產值和總出口中的比重都有上升。但高水準的科技產業基礎仍十分薄弱，關鍵技術及零部件仍嚴重依賴日、美等發達國家，產業升級還有很長的路要走。

出口市場趨於多元化，貿易重點移向亞太地區。過去外銷市場高度依賴美國，1986 年對美國出口占其總出口的 47.7%。後來隨著對歐洲、東南亞尤其是香港及大陸地區出口的迅速成長，其出口市場已趨於多元化。對美出口比重有所下降，而對香港出口比重則呈上升趨勢。但臺灣對美國貿易出超約占美國入超的 10%，在貿易政策上受到美國的巨大壓力；在進口市場上嚴重依賴日本的局面也未得到根本改觀，對日貿易逆差仍然居高不下。

臺灣已由資本淨輸入地區轉變為資本淨輸出地區。1952—1983 年，華僑及外國人對臺灣直接投資金額為 38.98 億美元，而同期臺灣對外直接投資僅 1.34 億美元。[309] 從 80 年代後期開始，臺灣大量對外投資，1988 年對外投資額超過僑外對臺灣投資，開始成為資本淨輸出地區。

第四節 社會與文化的變遷

一、社會結構的變化

經濟的發展和變化為社會階級結構的變化提供了基礎。第一個重大的經濟變化是土地改革，它引起農村階級關係與社會結構發生了歷史性的變化：農村的封建經濟體系瓦解，地主作為一個階級，在農村已不復存在，廣大農民成為農村社會最重要的力量。1953 年，自耕農占農戶的 57%，而佃農與半自耕農只占 37%，在農民階級內部，自耕農階層取代佃農成為農民的主

---

[309]「經濟部」投審會．《中華民國華僑及外國人、技術合作、對外投資、對外技術合作、對大陸間接投資統計月報》，1994 年 6 月，第 59 頁。

第四節 社會與文化的變遷

體。許多地主離開農村進入城市，成為城市資產階級。但整個社會仍是以農民為主體的農業社會。60年代以後，隨著工業化的發展，產業結構發生變化，社會結構和階級結構也發生變動。大批農民進入城市，農民階級走向衰微，勞工成為人數最多的階級。接著，城市的中間階層不斷壯大，形成了中產階層；隨著民間私人資本的發展，其中的一部分形成了企業集團，整個社會從農業社會向工業化社會轉變。

隨著工業化與都市化初步發展，農業走向衰落，農村人口不斷流入都市與工廠，成為城市工人階級隊伍的一部分，農民階級隊伍人數相對減少。農村人口從50年代初的420多萬人（1952年），持續增至1969年的615萬人，達到歷史高峰。據估計，60年代每年大約有10萬人流入城市。90年代初，農村人口只有400萬人，較60年代末期減少約200萬人。在400萬農村人口中，自耕農達340多萬人，占農村總人口的85%；半自耕農與佃農合計達60多萬人，占農村總人口的15%。70年代末開始推行的第二次土地改革，鼓勵農民進行共同、委託與合作經營，宣導「離農轉業」與實行專業農民制度，一大批農民從農業生產中分離出來，從事非農業活動，成為「半農半工」或「半農半商」階層。兼業農戶不斷增加，專業農戶日益減少，專業農民與兼業農民收入差距逐漸擴大，專業農戶中有1/4要仰賴其他經濟來源加以補貼。80年代以後，農民之間的貧富差距迅速擴大。大部分農戶的子女在非農業部門就業，留在農村的多是老人和婦女。

所謂自耕農是一個成分複雜的階層，包括原來的一些中小地主、新的富農和農場主，以及相對貧苦的農民。耕地不足1公頃的農戶占總農戶的70%以上，他們是自耕農中的小農。農村土地主要集中在大農和中等以上農戶手中。所謂大農是租用小農土地，雇用農場工人或其他農民，實行規模化經營的農場主。大農與小農、富裕農民與貧苦農民、農村居民與城市居民的差距日益擴大。農會、水利會都被以商業資本為主的地方勢力所把持。

在政治上，農民曾經是支持國民黨的一支重要力量，這是因為農民從土地改革中得到了好處，而國民黨控制的農會、漁會、水利會等與農民建立了利益交換關係，加上農民的保守性格，所以在農村容易形成支持執政黨的力

第七章 當代臺灣

量。但是，80年代以後，小農階級中已有五成沒有特定政黨偏愛的中立選民。近年來農民為了反對不合理的農業政策，進行了抗爭。1988年3月16日為抗議當局擴大開放美國農產品進口，全省各地有幾千農民舉行示威。5月20日雲林縣農權會為維護農民權益，發動數千農民前往臺北市示威，與警方發生衝突，造成數百人受傷，成為「二二八事件」以來最大的流血衝突事件，體現了農村問題的嚴重性。

城市工人階級隊伍隨著工業化的迅速發展而不斷壯大。50年代初，工人階級人數約100萬人，60年代以後，隨著現代工業的逐漸建立與勞力密集工業的蓬勃發展，吸引了大批農村剩餘勞動力，工人階級人數迅速增加。到60年代中期，工人階級人數增至200萬人；1988年總數達680多萬人。在第二、第三產業就業的勞動力，分別占勞動力總數的42.24%和44.86%。勞工約占就業人口的80%以上，工人階級已成為一支最重要的社會力量。

在工人階級中，多數是60年代後期以來脫離農村的農民，近年來城市青工有所增多。廣大勞工用自己的血汗為經濟發展做出貢獻，可是卻處於政治上無權、經濟上受剝削的境地。資本家總是極力壓低工資、延長工時、提高勞動強度，把工人當作他們的生財工具；大多數工人在中小企業中工作，而中小企業「壓低勞動成本，任意剝削勞工，減縮防汙投資，罔顧環境生態的惡劣後果」，致使工人的工傷和職業病相當普遍；受雇於家庭加工業的勞工，甚至從事著「人身從屬的勞動」。[310]勞工還不能自由組織自己的工會，無法進行集體的抗爭；勞工無法參與政治，只能成為「人頭選票」，在民意機構中基本上沒有自己的代表。長期以來，各類工會幾乎都是官辦的，並且規定30人以下的工廠不得建立工會，所以大多數中小企業的工人沒有自己的組織，在1984年以前沒有勞工運動。「1987年底到1988年初，為爭取春節獎金、春節休假等問題，發生了三二怠工事件，是戰後最大的工潮。」[311]1988年發生臺鐵火車司機「集體休假」、苗栗客運公司集體罷駛事件。勞工的利益在民意機構中得不到反映和保護，勞工的政治力量十分薄弱，勞工階級在社會中仍然處於低下的地位。

---

[310] 參閱工黨中央黨部.《工黨黨綱黨章》。
[311] 彭懷恩.《臺灣發展的政治經濟分析》，風雲論壇出版，1990年版，第320頁。

第四節 社會與文化的變遷

所謂「中產階級」，或稱「中間階層」，是臺灣學術界常用的一個概念，還沒有一個確切的界定。一般將介於資本家階級與工人、農民階級之間的社會階層稱作中產階級或中間階層。在臺灣，中產階級大致包括了企業經理或管理人員、中小企業主、專業技術人員、知識份子上層與部分公務人員等。這裡實際上包括「舊中產階級」和「新中產階級」兩個類屬。「新中產階級主要是以技術、專業、文憑作為地位取得的憑藉；而舊中產階級主要是指自營小店東、自雇作業者，他取得這樣的身份，靠的不是專業知識，而是自身原先擁有的資本。」[312] 中產階級的出現是臺灣經濟發展的結果。在民間私人資本的發展中，存在著一批小店東、自雇作業者，60年代後，隨著經濟起飛和出口的發展，造就了一大批具有經濟實力的中小企業主。中小企業到80年代末已達到70多萬家。這些中小企業在官僚壟斷資本與民營大資本對資源與市場的壟斷中生存與發展，他們與大資產階級存在著矛盾；同時，他們又代表企業的資方，同廣大的工人階級也存在著矛盾。公、民營大企業還培育了一大批中、上層管理人員，他們也成為中產階級的組成部分。高等教育的發展，培養了一大批知識份子與專業人才，其中許多人深受西方思想文化的影響，他們對中產階級新生代的思想與行為方式產生重大影響。此外，大批在行政機關工作的公務人員，也被列為中產階級的一部分。然而，對中產階級的人數，學者們估計不一，從數十萬人到200多萬人不等。

中產階級在70年代以後迅速興起，成為一支重要的社會力量，深刻地影響著社會、政治和經濟的發展。一般說來，中產階級是經濟發展的受益者，他們對現實是比較滿意的，他們也要求進行一定的改革，要求參與政治，以求得自身更大的發展。他們與上層階級有著相互依存的利害關係，與勞工階層較有距離；另一方面又同上層階級有著一定的矛盾，有可能與上層階級發生抗爭。他們與資本主義經濟體系有著密切的關係，又受西方價值觀念的影響，所以既要求改革，又存在局限，這種雙重性格是中產階級的重要特性。70年代初，一批青年知識份子創立《大學》雜誌，發出「革新保臺」的呼聲，在一定程度上反映了中產階級的政治願望與要求。黨外勢力成為中產階級的政治代表力量。他們的政治態度並不一致，但都要求民主、自由、

---

[312] 蕭新煌.《臺灣的未來不是夢？》，不二出版，1992年版，第203頁。

第七章 當代臺灣

平等，改革「國會」，廢除戒嚴法，取消「報禁」、「黨禁」等，極大地衝擊著臺灣舊有的政治體制。中產階級中有一部分人支持國民黨，而另一部分則支持民進黨，當然還有其他的政治主張，所以中產階級成為各種政治勢力爭奪的對象。

　　大資本家，或稱「上層階級」，是臺灣社會中最具政治經濟實力的階層。它的形成與發展較為複雜。起初是官僚資本占主導地位，後來在土地改革後，一部分地主取得地價補償，掌握四大公司的股票，轉變成為資本家，這是本地大資產階級崛起的開始；另一些富裕的商人與高利貸者，通過收購小地主的股票或出售地價補償的有價證券，發展為商業資本家與金融資本家。還有一部分是隨國民黨從大陸遷來的大陸籍工商業資本家，以及在進口替代時期崛起的臺籍企業，如臺南幫、臺泥辜振甫、臺塑王永慶等。經過 40 多年的發展，私人資本力量增強，少數大資本家掌握了社會的巨額財富。到 1988 年，100 家企業集團營業額為 12,193 億元臺幣，占國民生產總值的 34%。集團企業不僅是民間企業的骨幹，而且是整體經濟的重要支柱。[313]

　　國民黨當局除了發展公營事業以外，也以其政策及資源極力扶持私人資本，並以經濟特權來籠絡地方派系，使他們擁有地區性的獨占事業。官僚資本與民間大資本構成臺灣社會的支配力量，儘管二者在經濟利益上存有矛盾，但在複雜的政商關係下結合在一起。許多大企業的建立就是由政府、資本家（有時加上外國資本）構成的。民間大資本的發展在很大程度上依靠政府或大官僚的幫助與支持，甚至一些資本家就是政府大官僚。國民黨通過控制所有的上游工業和金融業，來控制工商界，這樣的政商關係，「使國民黨政府得以鞏固它在這個島上的權力」。[314]

　　資產階級的構成也發生了變化，地方大資產階級在 70 年代後迅速興起，並逐漸取代大陸籍資產階級成為統治階級的主體。80 年代後期推行公營企業民營化，公營大企業的股權大部分落在本地大資本家手中。在一百家大企業集團中，90% 以上是本地財團。政治權力結構基礎也從以傳統的大陸資本勢

---

[313] 韓清海.《戰後臺灣企業集團》，鷺江出版，1992 年版，第 53 頁。
[314] 王振寰.《資本，勞工與國家機器》，臺灣社會研究叢刊，1993 年版，第 74 頁。

力為主體轉為以新興的本地資本勢力為主體。大批地方財團與派系滲入「中央民意機構」，大資產階級的聲音愈來愈成為「民意」，他們有了政治後盾，更便於操縱市場和民意，使政黨政治變為金權政治，國民黨與大資產階級的政治結盟成為臺灣社會結構的一大特徵。

二、社會運動的發展

進入 80 年代以後，社會階級結構兩極分化日趨明顯，一方面是擁有巨額社會財富的資本家階級在增加，財富也更集中；另一方面是收入偏低的勞工人數的擴大與相對的貧困化。社會結構大致由大資本家、中產階級和工人、農民所構成。

隨著社會結構的變遷，出現了都市化的現象，在西部沿海，以臺北、臺中、高雄為中心，形成三個都會區。城市人口已達到總人口的 80% 左右。都市化所帶來的人口、勞動就業、青少年犯罪、吸毒、娼妓、黑社會以及消費者權益、環境污染等問題也相繼出現並惡化。反對運動在批評當時社會狀況時指出：「暴力橫行，色情氾濫，處處充斥著奢靡和墮落的現象，人與人間的和諧信賴瓦解殆盡……整個社會變得愈來愈自私、愈來愈暴戾、愈來愈殘酷」；「環境污染、食品公害、河川污染、交通混亂，不論衣食住行只有惡化而非進步」；「違規犯法，在臺灣社會似乎變成常態」；「臺灣社會在執政黨錯誤政策和權威體制的統治下，文化正在日漸倒退中。」[315] 80 年代，隨著政治體制的某些鬆動，民間力量開始發揮出來，一些社會運動，如消費者運動、環境保護運動、勞工運動、婦女運動、校園民主運動、「原住民」運動、老兵返鄉運動、反核運動、教師人權運動、農民運動、政治受刑人人權運動、殘障弱勢團體請願運動、無住屋者團結運動等，正是在這種條件下發生和發展起來的。

消費者運動是涉及大多數人利益的公益性社會運動。由於臺灣當局的經濟政策主要是鼓勵工業投資，而長期忽視或犧牲了廣大消費者的利益，因而引起廣大消費者的不滿。70 年代開始，不斷發生消費者受害事件與糾紛，消

---

[315] 參閱《揭民進黨內幕》，風雲出版社，1987 年版，第 9、17 頁。

第七章 當代臺灣

費者保護問題日益成為大眾關心的焦點。《消費時代》《消費者》等報刊相繼出現，學術界也呼籲以立法形式保護廣大消費者的權益。1979 年發生的「米糠油中毒事件」成為消費者運動的導火線。4 月間，臺中、彰化地區幾個鄉鎮先後發現 1,000 多人的皮膚怪病症狀。經幾個月的反復診斷調查，確定為米糠油食物中毒，引起廣大民眾與社會知識界人士對侵害民眾利益廠商的反抗與對當局處理事件的不滿，並促成 1980 年 11 月「消費者文教基金會」的成立。這一民間組織，接受消費者的意見，提供對民生必需品、食品、飲料、藥物等抽樣檢驗報告，通過媒體進行宣傳報導，並且發起了一系列保護消費者的活動，如拒乘「日亞」航空公司老舊班機、參與消費者保護法的修訂、追蹤有毒玉米流向、向廠商索賠等。這些行動對於提高消費者的保護意識及監督企業的生產行為起了積極的促進作用。

環境保護運動是最受民眾支持的一種社會運動。在經濟發展過程中，當局忽視環境保護，造成嚴重的環境污染與破壞。廣大勞動者是直接的受害者，污染嚴重的社區多是勞動者聚居的場所。到 70 年代，廣大民眾逐漸重視環境保護問題，環保抗爭增多。據統計，1976 年水與空氣污染糾紛案件達 372 件，1979 年增為 553 件。進入 80 年代，反污染與公害的「自力救濟」行動興起，其中較具影響的有高雄阿米諾酸污染事件、彰化花壇磚窯廠事件、臺中大裡三晃農藥廠污染事件等。1985 年 8 月，臺灣當局核准了美國杜邦化工廠在鹿港附近的彰濱工業區設廠，生產二氧化鈦。起初，該鎮民眾發動 10 萬名群眾聯名上書，反對設廠，沒有受到有關部門的重視。1986 年 6 月初，鹿港鎮民眾走上街頭，散發傳單，張貼海報，示威遊行，迫使當局取消了杜邦公司的興建計畫。自此以後，環境保護運動進入高潮。1988 年 9 月，高雄林園石化工業區內一個廢水處理工廠，因廢水外溢，造成附近河川的魚貝大量死亡，引起附近漁民的極大不滿。索賠條件未能滿足後，居民進占工廠，迫使工廠停工，一時造成石化業的危機。在環保運動中，反對興建核能四廠是一場重要的抗爭。早在 1980 年，臺灣就提出興建第四核能發電廠計畫，但因各方存有較大爭議而擱置。1984 年，臺灣電力公司再度提出該案，遭到部分「立法委員」及環保運動者的反抗。1986 年，新投入運轉的核能三廠連續出現故障，而蘇聯曾發生的切爾諾貝利核洩漏事件，則使島內民

第四節 社會與文化的變遷

眾對核安全與核輻射更加擔心,因而一再興起強烈的反核行動。

學生運動則帶有一定的政治性質。80年代初,一些大學開始出現官方不准出版的地下刊物,廣泛討論學校體制改革與校園民主等敏感問題。1982年,臺灣大學社團首次提出取消學生會主席由校方指定的規定,要求進行普選,實行校園民主,但受到學校當局的警告、制止,並取消該社團活動。1984年5月4日,臺灣大學8名學生向當局陳情,要求大學獨立自主,學生參與校政,反對學校政治化。同年,臺大學生推舉的候選人擊敗校方推舉的候選人,當選為臺灣大學學生會主席。1987年初,臺灣大學「自由之社」社團起草了大學改革芻議書,發動了16,000多人簽名,上書校長,要求改革教育體制。隨後,又組織大學改革請願團,要求「政治校長退出校園」、「大學自治」,反對不合理的學校教育制度。為促進改革,臺灣13所大專院校學生於1987年7月聯合成立了跨校際的學生組織——大學生改革促進會。學生運動還走出校園,融入社會運動,如支持並參與婦女等團體組織的反對販賣人口的雛妓救援遊行活動,聲援「三一六」農民抗議行動,參加「五二〇」農民運動及開展環保運動等。1987年11月,臺灣大學生還自行組織並發起要求「國會改選」的遊行活動,開始直接參與政治活動。

婦女運動主要是一種爭取公平待遇的社會運動。70年代初,在美留學的臺灣女性學者受到美國婦女解放運動的影響,回臺首倡女性意識,宣傳新女性主義,宣導兩性平等,呼籲人工流產合法化等。新女性主義是一種思想啟蒙教育,主要是通過一系列的演講、座談、發表文章及出版著作等方式,喚起女性的覺醒和社會對婦女的關心,但在當時並未得到多數女性的回應。80年代後,由知識女性發起、組織的婦女團體,如婦女新知、主婦聯盟、彩虹專案等紛紛出現,推動了婦女運動的發展。1984年6月,婦女新知團體組織7個婦女團體到「立法院」抗議,使婦女界長期積極爭取的墮胎合法化法案得以通過。1987年1月,彩虹專案、婦女新知等婦女組織,與其他團體共同發起反對販賣人口、救援雛妓的萬人示威遊行活動,迫使當局執行「正風專案」,展開掃黃行動。然而婦女運動參與的人數有限,且多是有知識的中產階級婦女,廣大的中下層婦女並未動員起來。「原住民」人權運動也是爭取公平

第七章 當代臺灣

待遇的社會運動。「原住民」是當地的少數民族，人口約 30 多萬，占總人口百分之一以上，是臺灣政治、經濟、社會生活條件最差的一個族群。「男性往往到都市從事勞力工作，或是擔任礦工、漁民等危險性高的職業，女性更是悲慘，為數不少在年幼就被賣到風化場所淪為雛妓」，「原住民的文化傳統都被壓制，失去了對族群的認同及尊嚴。」[316] 1983 年，「原住民權利促進委員會」成立，發動了多次街頭示威，爭取少數民族的法律和社會權利。

在「解嚴」以後，社會運動形成一股風潮，1983—1988 年，街頭抗議事件的次數逐年增加，涉及的領域相當廣泛，參加的成員也逐漸多元化。這些運動多是針對當局進行抗議，要求改變某些政策或要求維護其權益，所以它實際上與政治反對運動一道，在迫使國民黨進行政治改革方面，發揮了一定的作用。某些社會運動也曾與政治運動結合，與選舉結合，有些政黨勢力也參與社會運動中來，使社會運動更加複雜化。

三、教育的發展

1949 年，國民黨轉進臺灣，在對失敗的原因進行全面「反省檢討」時認為，政治、經濟、軍事各方面的失敗只是一時的，唯有教育的失敗「影響巨大，且非短時間所能補救」，是失敗的「主因」。[317] 教育的失敗，不只是學校教育的失敗，更主要的是「缺乏健全的教育方針和教育政策」，即「忽視了國家觀念，民族思想和道德教育」。[318] 為此，國民黨敗退臺灣後，一直比較重視教育的發展。

早在1950 年，臺灣的小學適齡兒童入學率即已達到約80%；至1955 年，進一步達到97%，顯示小學教育已基本普及。但當時初級中學數量不足，直到 1967 學年度，小學畢業生升學率仍只有約 62.3%。由於經濟建設開始起飛，急需大量人力，初中畢業生尤受歡迎，據有關方面統計，配合「第四期經建計畫」，每年需初中畢業生 8.2 萬人，但 1966 年 10.8 萬初中畢業生除

---
[316] 彭懷恩.《臺灣發展的政治經濟分析》，臺北風雲論壇出版社，1990 年版，第 325 頁。
[317]《中華民國第三次教育年鑒》，正中書局，1957 年版，第 6 頁。
[318]《中華民國第四次德育年鑒》，正中書局，1976 年版，第 98 頁。

第四節 社會與文化的變遷

80%升入高中和高職外,所餘不足2萬人,與計畫需求相距甚遠,為此,決定延長「國民教育」的時間。[319]

推行「九年國民教育」是以金門縣為試點的,從1968年起在臺灣及金門地區全面實施。按照規定,學生免納學費,所需增加教師、增建校舍的經費由地方稅收籌措,所需建校土地也作出規定給予劃撥。8月1日,開始實施「九年國教制度」時,共有公立及代用(私立)初中487所,學生人數為61.7萬餘人,加上已有小學2244所,小學生238.3萬余人,小學升學率為74.6%。1982年實施「強迫入學條例」,對適齡兒童入學作了強制性的規定。到1989年初中增加到691所,學生112.5萬人,小學2,484所,學生238.4萬人,小學生升學率達到99%以上。中等教育原包括中學(初中、高中)、師範學校、職業學校(初職、高職)三類。實施「九年國教」以後,初中劃歸「國民教育」範疇;初職停止招生,逐年結束;師範學校早在1960年度起即分年改制為師範專科學校。後來的高級中等教育實際上只包括高中與高職兩類。1950學年度時,高初中合併中學共有62所,高中學生計1.88萬多人。

到1972學年度,高級中學增至203所(其中高初中合設97所),學生人數增至19.72萬人,這是高中教育發展的最高峰。此後,為配合經建人才的需求,高中與高職兩類學校人數比例逐年被調整,高中校數和學生人數不斷下降,而高職的學生數在十年內增加了兩倍。到1988年,高職學校達212所,學生44.4萬人;高中則只有168所,學生20.8萬人。高中與高職學生的比例為31.9%對68.1%。大量高職畢業的就業人口對臺灣經濟的發展是有相當關系的。

在高等教育方面,經過50—60年代的發展,至1966年,已有專科學校35所,在校學生近3萬人,大學21所,在校學生5.48萬人,研究所59所,碩士和博士研究生993人。隨著經濟起飛,對高級專業人才和技術人才的需求不斷增加,高等教育也得到相應的發展。研究生教育發展迅速,1967年公私立大學共有研究所69所,到1988年發展到327所,研究生達到17,341人,其中博士生3,222人。高等學校的師資素質也有所提高,留學回臺以及

---

[319] 汪知亭.《臺灣教育史料新編》,商務印書館,1978年版,第327頁。

第七章 當代臺灣

博士學歷和碩士學歷的師資所占比重大幅增加。高等學校的規模得到擴充，1980 年有大專院校 104 所，學生 34.3 萬人，1988 年增加到 109 所，學生 47.9 萬人。隨著美國教科書的廣泛流傳和大量留美學生回臺執教，高等教育領域基本上受到了美國式的改造。

在科學研究方面，1954 年 7 月設立「科學教育委員會」，負責主持和策劃全面的科研工作。1959 年，成立「長期科學發展委員會」，充實和加強較有基礎的科研機構，發放科研補助經費，開設「國家」學術講座，資送部分研究人員到外國進修。1969 年，「長期科學發展委員會」改組為「科學發展委員會」，科研機構逐漸充實完善。按性質大體分成三大系統：「中央研究院」及高等院校的研究系統，偏重於基礎科學和學術理論方面的研究；「工業技術研究院」等隸屬於「行政院」、省政府以及財團法人和事業單位的科研機構，主要從事應用科技的研究、開發與引進；「國防部」下轄的「中山科學研究院」，負責軍事科研活動。基礎科學研究在物理學、數學及應用科學、海洋科學、地球科學、醫學等方面，現代應用科技研究在核能技術及運用、電子技術、電機及機械、化學工業、材料科學及材料工程學、生產自動化、農業、食品科技、生物技術等方面，都有一定的進展。並且重視技術成果的轉移，使之迅速轉化為生產力，獲取經濟效益。1979 年，「經濟部」成立「創新工業技術轉移公司」，具體辦理有關技術轉移工作。

從 1950 年到 1988 年，教育經費增加了 490 多倍，教師人數增加 7 倍，學校數增加 4.45 倍，1988 年在校學生達 519.5 萬人，占人口總數的 26%，其中大專學生 47.9 萬人，占人口總數的 2.4%。從數量上看，確有很大的發展。實施「九年國民教育」對於增加兒童升學機會、造就建設人才、提升人口素質都有一定的作用。但是，教育的弊端也日益顯現出來。青少年犯罪、毒品流行、翹課、飆車等現象引起社會廣泛關注，受到社會精英主義影響的「升學主義」、「過度功利實用化」、重視眼前利益忽視長遠利益以及宣揚「反共復國」、領袖崇拜、「正統論」等泛政治化的教育，更阻礙了教育的發展。一些教育學家在總結 40 年來的教育發展時指出：「在量的方面確有顯著的成長（如學校數、學生數、入學率、德育投資的增加），然而教育的品質提升仍

第四節 社會與文化的變遷

不夠理想（如升學主義導致的教育不均等、學前教育的忽略、特殊教育的不夠普及）；在形式上及硬體上的建設已有些基礎，但教育內容、方法及相關軟體上卻落後；在教育效率、技術上已有成效，但教育內在理想及人文精神的提振，卻日益萎縮。」[320]

四、文化領域的論爭

國民黨當局在實施「軍事戒嚴」專制統治的同時，在思想文化領域也實行全面的管制。他們一方面對新聞出版事業進行嚴厲的控制，陸續制訂出一套鉗制言論的法規和辦法，取締具有進步傾向的作品，並從 1951 年起對報紙實行各種限制，在言論上稍有不慎，便會受到當局的警告、停刊等處分。另一方面，又通過各種途徑加緊進行「反共」宣傳，提倡文藝作品的所謂「反共救國」的「戰鬥精神」，50 年代「反共」文學氾濫一時。美國文化、西方文化的影響也不斷加深。50 年代中後期，由雷震等一些從大陸赴臺的自由主義知識份子創辦政論性雜誌《自由中國》，鼓吹西方的民主自由和憲政主義，批評國民黨的獨裁專制統治，在當時言論界中扮演了重要角色，不過它只能在思想文化界、軍公教人員以及少數臺籍士紳中產生一定的影響，得不到臺灣社會的廣泛支援。60 年代，在政治、經濟、軍事各方面都依賴美國的情況下，西方的價值觀念、生活方式日漸滲透到島內，知識階層開始對思想文化領域的泛政治化傾向以及精神生活的貧乏感到不滿，他們希望從西方文化中尋找出路，出現了以《文星》雜誌為代表的主張「全盤西化」的刊物。在文學界，也出現了一批介紹當代歐美作家的作品與思潮的雜誌，並嘗試用西方超現實主義手法進行創作，由此產生了所謂「現代派文學」。另一方面，一批臺灣省籍的鄉土文學作家也重新活躍，他們以反映本地一般民眾的現實生活為目標，創作了許多頗有社會影響的文學作品。在不同思潮的相互激盪下，思想文化界圍繞著如何對待傳統與西化展開了一場「中西方文化論戰」。

「全盤西化」論者主張「要就得全要，不要也得全不要」，「除了死心塌地學洋鬼子外，其他一切都是不實際的」。他們還對社會現狀進行批判，大力

---

[320] 高英茂編．《邁向二十一世紀，問題‧議點‧方向》，二十一世紀基金會，1989 年版，第 330 頁。

第七章 當代臺灣

提倡現代化和西化，宣揚西方的民主自由。這些言論在批判傳統文化的消極面、反對獨裁、要求民主方面有一定的意義，引起知識界的震動，也得到一些青年學生的支持，對以傳統文化繼承者自居的臺灣當局則是一個有力的沖擊。但他們全盤否定傳統文化的民族虛無主義，則成為他們的致命傷，因而遭到了相當猛烈的反駁和打擊。批判者認為，中國的情況、環境、問題與西方不同，不能全盤西化，而應當超越傳統、超越西化、超越俄化，因而提出所謂「超越前進論」。這本來是一場學術性的論戰，但是，由於全盤西化派自由主義的政治理念，可能造成對當局的威脅，國民黨當局便組織力量進行批判，並封閉了宣揚民主自由的《文星》雜誌。這場論戰終於在當局的介入和高壓下結束了。60年代中後期，面對西方文化的衝擊和社會道德風尚的日趨下降，臺灣當局企圖以「固有文化」來「充實國民精神生活」，成立了「中華文化復興委員會」，推動所謂「中華文化復興運動」。這項運動在70年代初達到高潮，為保存、傳播和發揚中華傳統文化做了一些工作，使臺灣出現了重視傳統、回歸傳統的趨勢，但由於運動具有「濃厚的政治含義」，以及過於重視形式忽視內容，也就「相對降低其文化的功效」。[321]

70年代臺灣當局在「外交」上挫折連連，政治上面臨權力轉移的關頭，加上「保釣運動」的影響，激發了臺灣人民民族意識的覺醒。在這種形勢下，知識文化界從文化論戰和西化思潮氾濫中解脫出來，掀起了「回歸傳統，關切現實」的思潮。70年代中期興起鄉土文學運動，一批鄉土文學作家立足於本土現實社會，創作了一大批反映現實社會問題、描寫普通百姓生活及心態的文學作品，同時也發表了一批抨擊日本殖民經濟對臺灣經濟的衝擊、揭露美軍和日本人損辱臺灣婦女的作品。鄉土文學的發展顯示出時代批判精神，社會影響日益擴大，終於引起臺灣當局的不安和一些文學界人士的異議，於是1977年夏圍繞「鄉土文學」問題爆發了一場論戰。有人認為鄉土文學是「地方主義和褊狹的」，是販賣「階級文學」，擴大矛盾、醜化社會，還被扣上「工農兵文藝」的帽子，似乎凡主張鄉土文學的人，不是「臺獨」分子就是共產黨的「統戰工具」。當局對鄉土文學的圍剿一度使文壇充滿恐怖氣氛。鄉土

---

[321] 李亦園.《臺灣光復以來文化發展的經驗與評估》，李亦園著.《文化的圖像》（上），允晨文化，1982年1月版，第27頁。

第四節 社會與文化的變遷

文學作家們面對挑戰,討論了一些較重大的理論問題,闡明了文學應建立民族本位,抵抗新的經濟帝國主義和外國文化的侵略;文學應「回歸鄉土」,反映現實,為社會和為人民大眾服務;臺灣鄉土文學是現實主義文學,屬於中華文化的一部分,「回歸臺灣本土的感情與大中華的民族意識是融會不分的」等觀點。

隨著臺灣經濟社會的變遷和本土化、自由化的發展,人們對臺灣發展前途出現不同看法,1983—1984年對「臺灣意識」與「中國意識」問題,發生了一場空前的思想論戰。論戰主要圍繞著「臺灣意識」涵義及其產生的歷史背景和現實根源、「臺灣意識」與「中國意識」的關係而展開。論戰的參加者包括政論家、經濟學家、歷史學家、社會學家以及文化界人士,為數眾多,觀點各異。這場論戰實際上是國際政治動盪和島內政治鬥爭的一種反映,「是政治鬥爭在理論方面的展開」。「中國意識論」者有的否定「臺灣意識」的存在,有的以「中國意識」涵蓋「臺灣意識」,有的認為「臺灣意識」絕非「獨立的民族意識」,它與中國意識或中華民族意識並不矛盾、對立。此一論者包括主張中國統一的人士,也包括要以「三民主義統一中國」的人士在內。極端的「臺灣意識論」者認為,「臺灣意識」是「以臺灣本土為主體的人們400年來休戚與共互相依存而產生的一種共同意識」。「臺灣意識」是「相對於中國人意識而獨立存在的臺灣人的意識」,而「中國意識」則是「國民黨當局強加給臺灣人的,在臺灣毫無實質基礎,只是一種『虛幻』」。他們否定臺灣人是中國人,甚至認為臺灣人已經形成獨立的「臺灣民族」,從而主張「臺灣住民自決或臺灣獨立」,主張臺灣文化與中國文化劃清界限。有的學者指出,這個論爭的「背後暗流」,「乃是在國際政治關係的動盪不安中,一部分人企圖以強調承認臺灣現狀並維持現狀來對抗中國大陸對臺灣的影響」。[322] 這場論戰表明島內思想界在文化主體認知上存在著尖銳的矛盾和對立。事實表明,片面鼓吹「臺灣意識論」是給「臺獨」分裂勢力的活動提供「理論依據」。

由於都市化的發展、中產階級的崛起和知識份子隊伍的擴大,社會對文化的需求日趨多元化,「大眾文化」便以強勁的姿態出現在社會上。臺灣所

---

[322] 戴國煇.《臺灣史研究》,遠流出版,1985年版,第142—145頁;施輝敏編著.《臺灣意識論戰選集》,臺灣出版社,1985年版,第31—37頁。

第七章 當代臺灣

謂「大眾文化」，指的是具有規格化、大量化、快速化的特徵，同時又是通俗性和消費性的文化。易看、易懂、易學、易參與、易獲得滿足，所以有人將它比喻為「速食文化」。它倚重於媒體強大的複製傳播功能，將社會大眾納入它的影響範圍之內。大眾文化的興起是臺灣經濟社會發展的產物。由於工商業社會的結構已基本定型，人們工作生活的節奏加快了，對娛樂、休閒形式的需求也日益多樣化。商人們不失時機地大量製作滿足大眾多樣休閒口味的文化商品。於是大量的武俠、言情作品、功夫片、警匪片、言情片及科幻片充斥市場，MTV 與 KTV 以及盜版錄影帶租售店盛行，此外還有各種各樣的電玩器械、日本色情漫畫、暢銷企管書籍等，組成了商業取向的大眾消費文化。不僅如此，一向被知識份子視為高層文化的精緻文化、精緻藝術也感染了商品化的氣息，逐漸趨於交換、展示的價值，以製造娛樂效果為目的，而且日益依賴於美國、日本的學術文化界，創造精神大大削弱。這種商品化的消費型文化，使社會上出現價值觀念混亂和脫序現象，日益成長的物質欲望、享樂主義、急功近利、投機取巧等，對精神文化建設帶來極大的衝擊。有的學者指出：「臺灣目前文化的發展，無疑地失去了人本的基本立場。物質文明再蓬勃，沒有社群文化、精神文化映現人性光輝，必然只是暴發戶式的庸俗文化。長此以往，中國文化將深陷龐大的黑洞，前途十分可悲。」[323]

第五節 本土化和自由化的推行

一、蔣經國當權與「革新保臺」

進入 70 年代，隨著國際形勢和島內社會經濟的巨大變化，國民黨的統治出現了嚴重的外挫內困的局面。1971 年在聯合國第 26 屆大會上，美國等 17 國提交了「關於代表權的決議草案」，主張既「確認中華人民共和國的代表權」，又「確認中華民國繼續擁有代表權」，這個提案違背了聯合國憲章的

---

[323] 李亦園語，見杭之《邁向後美麗島的民間社會》上冊，唐山出版，1990 年版，第 250 頁。

第五節 本土化和自由化的推行

規定，遭到聯合國大會的否決。在這次大會上，通過了第 2758 號決議，明確指出：「承認中華人民共和國政府的代表是中國在聯合國的唯一合法代表。中華人民共和國是安全理事會五個常任理事國之一。」根據這個決議，中華人民共和國在聯合國竊取了合法席位和權利，而國民黨當局的代表則被聯合國及其所屬的一切機構驅逐出去。此後，有許多國家與國民黨當局「斷交」。接著，美國政府調整了對華政策，1972 年 2 月，美國總統尼克森訪問中國，並聯合發表了《上海公報》，開始了中美關係正常化的進程，駐臺美軍決定分階段撤退。9 月，日本政府宣佈與中國建交，與國民黨當局「斷交」。這一連串事件使得長期依賴美國的國民黨當局，頓時陷入了空前的危機，在國際社會上日益孤立。

在島內，由於從農業社會向工商業社會的轉化、工商業經濟的快速發展和教育的普及與提高，帶動了階級關係的變化。新興的中產階級不滿足於政治的現狀，他們要求參與政治，反對缺乏民意的民意機構和專制統治，國民黨內的臺籍新生代也對傳統的政治秩序進行批判，要求改變限制臺籍人士參與政治的各種做法。70 年代初，青年學生的「保釣運動」，是在專制統治下發起的一次反帝運動，反映了他們民族意識和政治意識的復甦和覺醒。與此同時，一批學術界和企業界青年，以《大學》雜誌為陣地，議論「國是」，倡言政治革新，直接觸及了統治體制和一向被視為政治禁區的「法統」問題，給國民黨當局造成了很大壓力。社會上要求改革政治的願望相當強烈。這些情況表明，國民黨當局不僅在國際上失去依靠，在島內的統治也出現問題，它不得不「向內尋求更大的社會支持」[324]。

當時蔣經國已準備上臺，他鼓勵《大學》雜誌的青年們對時政發表建言。「青年的建言，以及青年對他的期望與好感，對蔣在政治上的聲望及政治權力的提升，有相當積極的作用。」[325] 1972 年 2 月，國民黨當局召開了一屆「國大」五次會議，蔣介石再次當選「總統」，嚴家淦當選「副總統」。同年 5 月，經嚴家淦推薦，蔣經國出任「行政院長」。6 月 1 日蔣經國正式就職，從此，臺灣開始進入蔣經國時代。

---

[324] 王振寰.《資本,勞工與國家機器》,臺灣社會研究叢刊,1993 年版,第 41—44 頁。
[325] 李筱峰.《臺灣民主運動四十年》,自立晚報社文化出版部,1987 年版,第 92 頁。

第七章 當代臺灣

　　蔣經國出任「行政院長」是蔣介石的精心安排。面對「外交」潰敗、社會矛盾上升、內憂外患一齊襲來的局面，為了應變求存，蔣經國開始對內外政策進行調整，實行「新人新政」，推行了一系列「革新保臺」的措施，其核心是本土化，即向社會內部尋求支持，籠絡臺灣本土的政治、經濟精英，以達到鞏固國民黨統治的目的。

　　蔣經國對「行政院」進行了大幅度改組，吸收大批具有專業知識的技術人才，破格提拔國民黨第二代，取代原來一身暮氣的老官僚。在各「部會」及直屬機構的主管中，起用新人占一半以上，「閣員」平均年齡降為61.8歲；有6名臺籍人士「入閣」。到1978年，臺灣省籍的「閣員」占32%，1987年上升為40%。當局通過增額選舉，增加「國會」中臺灣省籍和海外華僑的代表人數，至於大陸代表則不再選舉，這對緩和「法統」危機、滿足部分本土人士參與政治的要求有一定作用。在國民黨內部也採取「啟用青年才俊」的政策，在中央和地方黨部中啟用了臺籍人士。國民黨還注意吸收臺籍人士入黨，從1972—1976年，臺籍黨員人數增加到全體黨員的一半以上，國民黨成為以臺灣人為主體的政黨。在國民黨中常委中，臺籍人士也逐漸增加，到1987年臺籍中常委已占48%。

　　蔣經國的本土化是在強有力的反對力量尚未形成以前進行的，所以，「它的開放，是向社會的精英，而不是向廣大的民眾。它是在臺灣化，但並不是在自由化。」[326] 這種改革是屬於所謂「體制內改革」，是「在不危及反共戡亂體制穩定的前提下，有意識地提高臺灣省籍勢力在政權內的政治地位」。通過這次改革，「使大批在臺灣生長的年輕力量湧入各級政府和黨務機構，國民黨在政治意識、組織形態和年齡結構上都出現明顯變化」。國民黨當局與臺灣民眾的矛盾有所緩和，省籍矛盾也得到了一定程度的緩解，蔣經國個人的權力地位也因而得到了鞏固和強化。1978年2月19日，國民黨當局召開一屆「國大」六次會議，3月21日，蔣經國被選為「第六任總統」。至此，蔣經國集黨政最高權力於一身，成為新的政治強人。

---

[326] 王振寰．《資本，勞工與國家機器》，臺灣社會研究叢刊，1993年版，第41—44頁。

二、「黨外」勢力的崛起和「政治革新」的開展

所謂「黨外」，在臺灣當代史上是一個專有名詞，它指的是國民黨以外同國民黨持不同政見的人士。有人認為，黨外是包括分離運動、自治運動、反對運動、社會運動、本土運動和民主運動等不同政治力量組成的「反國民黨的聯合陣線」。黨外的組成成分相當複雜，政治主張不一，內部經常發生矛盾，因而在運動中不斷發生分化和重組。1977 年 11 月，在舉行五項地方公職人員選舉時，非國民黨籍人士紛紛以「黨外」名義投入「選戰」，黨外人士進行全島性大串聯。選舉結果，黨外人士取得了 30% 的得票率，有 21 人當選為省市議員，有 4 人當選為縣長。這使得黨外運動「表現出一個整體力量的雛形」。[327] 這次選舉使黨外人士受到很大鼓舞，參政欲望更為強烈。為了準備 1978 年的「中央民意代表」選舉，黨外人士首次組成全島性的「黨外助選團」，並提出十二項共同政見，以組織化的形式向國民黨當局發起挑戰。但是，12 月 16 日，國民黨當局因中美即將建交而發佈緊急命令，停止選舉活動。同時對黨外勢力的快速發展，採取高壓政策。黨外勢力在參政道路被阻和國民黨當局的高壓政策下，走上街頭，掀起了一連串反抗專制爭取民主的群眾運動。1979 年《美麗島》雜誌的創辦，把這個運動推向高潮。

《美麗島》雜誌不僅刊登黨外人士的政論文章，抨擊國民黨當局的專制統治和政治體制，而且在各縣市設立了服務處，作為開展群眾運動的基地。12 月 10 日，該雜誌在高雄組織了一場聲勢浩大的紀念世界人權日群眾集會，並在當晚舉行火炬遊行，喊出了「解除戒嚴、開放言論」和「結社自由」等口號，參加和圍觀的群眾達 2 萬多人。集會進行當中，國民黨當局出動了大批鎮暴部隊進行鎮壓，遊行群眾與軍警發生了大規模衝突，雙方搏鬥直至凌晨才平息下來。有上百名憲警受傷，民眾受傷的人數則未有可靠的統計。事後，國民黨當局以「具有叛國意念，共謀顛覆政府，與海外叛國分子勾聯，策劃暴力奪權」的罪名，逮捕了黨外人士 150 多人，查封了《美麗島》雜誌及其服務處。經過軍事法庭審判，有 40 多人被判刑。這就是所謂「美麗島事件」，或稱「高雄事件」。

---

[327] 杭之．《邁向後美麗島的民間社會》上冊，第 48 頁。

第七章 當代臺灣

　　國民黨當局的鎮壓，使剛剛崛起的黨外勢力受到重挫。但是在1980年底的增額「中央民意代表」選舉中，幾位美麗島事件的「受刑人家屬」和辯護律師獲得高票當選。此後，在1981年地方公職選舉和1983年增額「立委」改選中，黨外勢力又有相當收穫。這時黨外人士意識到組織化的必要性，於是先後成立了「黨外編輯作家聯誼會」、「黨外公職人員公共政策研究會」等組織。1985年5月，「公政會」和「編聯會」共同組織了「黨外選舉後援會」，實現了兩股黨外勢力的聯合。1986年3月，「公政會」開始在各地設立分會。這時，在美國的許信良等人宣佈將在海外組黨，然後「遷黨回臺」，這對島內形成相當的壓力。於是7月間黨外籌組建黨十人小組，並舉辦各種「組黨說明會」。9月28日，舉行「黨外選舉後援會」會議，原定討論提名年底參加「中央民意代表」選舉的候選人及組黨事宜，但會上有人動議先討論群組黨問題，後來又有人主張立即宣佈成立民主進步黨，得到很多人的贊成。民進黨就在出人意料的情況下，倉促成立了。11月10日，民進黨召開第一次黨員代表大會，通過了黨綱和黨章，選舉了領導機構。

　　民進黨的成立，實際上是享受了臺灣各界人士多年來對國民黨專制統治鬥爭的果實。它的出現，對國民黨的一黨專制體制無疑是一個巨大的衝擊，並在一定程度上造成了臺灣政治多元化和多黨政治的格局。然而，這個在胚胎裡就具有濃厚分離傾向和「臺獨」意識的政黨，隨著臺灣政治環境的變化，「臺獨」主張日益顯露：1987年5月，由民進黨主導的街頭運動，第一次出現「臺灣獨立萬歲」的口號；8月，民進黨人把「臺灣應該獨立」的條文列入「臺灣政治受難者聯誼會」的總章程；10月，該黨主席公開表示「臺灣人絕對有主張臺灣獨立的自由」；11月，在該黨第二屆黨員代表大會上，把「人民有主張臺灣獨立的自由」列入決議；1988年初，該黨第二任主席公然聲稱：「沒有任何力量可以禁止臺灣獨立。」

　　人們原以為國民黨將「依法處置」民進黨，可是國民黨卻決定採取「寬容應對之策」，後來甚至對民進黨的「臺獨」言行加以縱容，成為臺灣社會動蕩與不安的隱患。80年代中期以後，社會多元化的趨勢也在發展。環保運動、校園民主運動、勞工運動及「原住民」運動等各種自發性群眾「自力救

第五節 本土化和自由化的推行

濟運動」相繼湧現，街頭請願、遊行、抗議事件頻頻發生。這時又發生「江南命案」、「十信弊案」，專制體制的弊端公開化。同時，圍繞著蔣經國的身體狀況和接班問題，議論紛紛，人們對強權政治和專制體制的不滿日益強烈。在這種情況下，國民黨於 1986 年 3 月 29 日召開了十二屆三中「全會」。蔣經國在會上提出「政治革新」的主張，聲稱今後將採取「較為開明的做法」，「以黨務革新結合行政革新」，進而「帶動全面革新」。[328] 其目的是在確保臺灣安全的前提下，加強「憲政建設」，採用比鎮壓較為理性的政策，以適應新的時代潮流的要求，維持在臺灣的長久統治。會後，由 12 位中常委組成政治革新議題研究小組，研議有關解除「戒嚴」、開放「黨禁」、充實「中央民意機構」、地方自治法制化、黨務革新及改善社會風氣與治安等六大革新議題，其核心是加強國民黨政權與臺灣社會的聯繫，「將反對派勢力納入議會競爭的軌道，對民眾的集會、遊行、請願、罷工等活動加以約束控制，防止內部出現動亂」。[329]

解除「戒嚴」是政治革新的第一個步驟。1987 年 7 月，蔣經國宣佈廢除在臺灣實施達 38 年之久的「緊急戒嚴令」，取消「非常狀態」下的相關法規，適度放寬對言論、結社、集會、罷工、罷課、遊行、請願等基本民權的限制。同時，「行政院長」俞國華也宣佈自 15 日起正式實施「動員戡亂時期國家安全法」。解除「戒嚴」使專制統治有所放鬆，也使國民黨與臺灣社會的矛盾有所緩和。

第二個步驟是允許臺灣民眾經其他國家和地區赴大陸探親。當局於 1987 年 8 月宣佈從 11 月起開放探親，這是臺灣當局借海峽兩岸的互動來抑制分離意識的一個政治手段，也表明臺灣當局對大陸政策的調整已經列入議事日程。1988 年 1 月，蔣經國去世，由李登輝繼任「總統」。由於「解嚴」和開放探親已經對臺灣社會造成重大衝擊，「軍事戒嚴」時期已經結束，一黨專制的體制開始解體，本土化和自由化的進程已經無法阻擋。

---

[328]《蔣經國言論集》第八輯，第 42 頁，《中央日報》1987 年出版。
[329] 李水旺.《論國民黨當局的「政治革新」》，載《臺灣研究》1988 年第 1 期。

第七章 當代臺灣

三、兩岸關係的變化

自從1979年中共全國人大常委會發表《告臺灣同胞書》，提出「和平統一」的方針以後，中共政府採取了一系列有利於緩和兩岸關係的措施。但是，國民黨當局擔心兩岸關係的發展將對其「反共戡亂體制」造成威脅，因而制訂出「不接觸，不談判，不妥協」的「三不」政策。1981年國民黨「十二全」大會上，以「三民主義統一中國」取代了過去「反共復國」的口號，在處理兩岸關係問題上也出現一些政策性的鬆動。但是，在政治上卻仍然處於僵持的局面。1987年臺灣當局在沒有制訂出新的大陸政策的情況下，宣佈從當年11月起，允許臺灣民眾經其他國家和地區，赴大陸探親。這表明臺灣當局已經將調整大陸政策列入議事日程，但又疑慮重重。探親在臺灣社會上引起強烈的反應，這時，國民黨內主張謹慎的意見占了上風，美國政府高級官員也私下表示擔憂，在這種情況下，蔣經國公開表態，臺灣當局的大陸政策是堅持反共立場的「三不」政策，「這個立場不會改變」。

臺灣歷史綱要
從史前到戒嚴，發生在臺灣本土的 7 個年代記錄

作　　者：	陳孔立 主編
發 行 人：	黃振庭
出 版 者：	崧燁文化事業有限公司
發 行 者：	崧燁文化事業有限公司
E - m a i l：	sonbookservice@gmail.com
粉 絲 頁：	https://www.facebook.com/sonbookss/
網　　址：	https://sonbook.net/
地　　址：	臺北市中正區重慶南路一段六十一號八樓 815 室

Rm. 815, 8F., No.61, Sec. 1, Chongqing S. Rd., Zhongzheng Dist., Taipei City 100, Taiwan (R.O.C)

電　　話：	(02)2370-3310
傳　　真：	(02) 2388-1990
印　　刷：	京峯彩色印刷有限公司（京峰數位）

國家圖書館出版品預行編目資料

臺灣歷史綱要：從史前到戒嚴，發生在臺灣本土的 7 個年代記錄 / 陳孔立主編 . -- 第一版 . -- 臺北市：崧燁文化事業有限公司 , 2021.05
　面；　公分
POD 版
ISBN 978-986-516-571-0(平裝)
1. 臺灣史
733.21　　110001509

電子書購買

臉書

── 版權聲明 ──────────
本書版權為九州出版社所有授權崧博出版事業有限公司獨家發行電子書及繁體書繁體字版。若有其他相關權利及授權需求請與本公司聯繫。

定　　價：360 元
發行日期：2021 年 5 月第一版
◎本書以 POD 印製